漆南薰文集

郑洪泉　唐润明
常云平　王志昆　○主编

重庆出版集团
重庆出版社

图书在版编目(CIP)数据

漆南薰文集 / 郑洪泉等主编. —重庆：重庆出版社, 2022.4
ISBN 978-7-229-16655-7

Ⅰ.①漆… Ⅱ.①郑… Ⅲ.①漆南薰(1892-1927)—文集 Ⅳ.①K825.31-53

中国版本图书馆CIP数据核字(2022)第042452号

漆南薰文集
QI NANXUN WENJI
郑洪泉　唐润明　常云平　王志昆　主编

责任编辑：吴　昊
责任校对：何建云
装帧设计：李南江

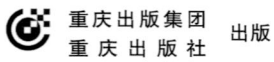

重庆出版集团
重庆出版社　出版

重庆市南岸区南滨路162号1幢　邮编：400061　http://www.cqph.com
重庆出版社艺术设计有限公司制版
重庆天旭印务有限责任公司印刷
重庆出版集团图书发行有限公司发行
E-MAIL:fxchu@cqph.com　邮购电话：023-61520646
全国新华书店经销

开本：787mm×1092mm　1/16　印张：32　字数：430千
2022年4月第1版　2022年4月第1次印刷
ISBN 978-7-229-16655-7
定价：105.00元

如有印装质量问题，请向本集团图书发行有限公司调换：023-61520678

版权所有　侵权必究

《巴渝文库》编纂委员会
（以姓氏笔画为序）

主　　　任　　张　鸣
副　主　任　　郑向东
成　　　员　　任　竞　　刘　旗　　刘文海　　米加德　　李　鹏　　吴玉荣
　　　　　　　张发钧　　陈兴芜　　陈昌明　　饶帮华　　祝轻舟　　龚建海
　　　　　　　程武彦　　詹成志　　潘　勇

《巴渝文库》专家委员会
（以姓氏笔画为序）

学术牵头人　　蓝锡麟　　黎小龙
成　　　员　　马　强　　王志昆　　王增恂　　白九江　　刘兴亮　　刘明华
　　　　　　　刘重来　　李禹阶　　李彭元　　杨恩芳　　杨清明　　吴玉荣
　　　　　　　何　兵　　邹后曦　　张　文　　张　瑾　　张凤琦　　张守广
　　　　　　　张荣祥　　周　勇　　周安平　　周晓风　　胡道修　　段　渝
　　　　　　　唐润明　　曹文富　　龚义龙　　常云平　　韩云波　　程地宇
　　　　　　　傅德岷　　舒大刚　　曾代伟　　温相勇　　蓝　勇　　熊　笃
　　　　　　　熊宪光　　滕新才　　潘　洵　　薛新力

《巴渝文库》办公室

（以姓氏笔画为序）

王志昆　艾智科　刘向东　杜芝明　李远毅　别必亮　张　进
张　瑜　张永洋　张荣祥　陈晓阳　周安平　郎吉才　袁佳红
黄　璜　曹　璐　温相勇

总序

蓝锡麟

两百多万字的《巴渝文献总目》即将出版发行。它标志着经过六年多的精准设计、切实论证和辛勤推进，业已明确写入《重庆市国民经济和社会发展第十三个五年规划》的《巴渝文库》编纂出版工程，取得了第一个硕重的成果。它也预示着，依托这部前所未有的大书已摸清和呈现的巴渝文献的厚实家底，对于巴渝文化的挖掘、阐释、传承和弘扬，都有可能进入一个崭新的阶段。

《巴渝文库》是一套以发掘梳理、编纂出版巴渝文献为主轴，对巴渝历史、巴渝人文、巴渝风物等进行广泛汇通、深入探究和当代解读，以供今人和后人充分了解巴渝文化、准确认知巴渝文化，有利于存史、传箴、资治、扬德、励志、育才的大型丛书。整套丛书都将遵循整理、研究、求实、适用的编纂方针，运用系统、发展、开放、创新的文化理念，力求能如宋人张载所倡导的"为天地立心，为生民立命，为往圣继绝学，为万世开太平"那样，对厘清巴渝文化文脉，光大巴渝文化精华，作出当代文化视野所能达致的应有贡献。

这其间有三个关键词，亦即"巴渝""文化"和"巴渝文化"。

"巴渝"称谓由来甚早。西汉司马相如的《上林赋》中，即有"巴渝宋蔡，淮南于遮"的表述，桓宽的《盐铁论·刺权篇》也有"鸣鼓巴渝，交作于堂下"的说法。西晋郭璞曾为《上林赋》作注，指认"巴西阆中有渝水，僚人居其上，皆刚勇好舞，汉高祖募取以平三秦，后使乐府习之，因名巴渝舞也"。从前后《汉书》至新旧《唐书》，以及《三巴记》《华阳国志》等典籍中，都能见到"巴渝乐""巴渝舞"的记载。据之不难判定，"巴渝"是一个地域历史概念，它泛指的是先秦巴国、秦汉巴郡辖境所及，中有渝水贯注的广大区域。当今重庆市，即为其间一个至关重要的组成部分，并且堪称主体部分。

关于"文化"的界说，古今中外逾百种，我们只取在当今中国学界比较通用的一种。马克思在《1844年经济学哲学手稿》里指出："动物只生产自己本身，而人则再生产整个自然界。"因此，"自然的人化"，亦即人类超越本能的、有意识地作用于自然界和社会的一切创造性活动及其物质、精神产品，就是广义的文化。在广义涵蕴上，文化与文明大体上相当。广义文化的技术体系和价值体系建构两极，两极又经由语言和社会结构组成文化统一体。其中的价值体系，即与特定族群的生产方式和生活方式相适应，构成以语言为符号传播的价值观念和行为准则，通常被称为观念形态，就是狭义的文化。文字作为语言的主要记载符号，累代相积地记录、传播和保存人类文明的各种成果，则形成文献。文献直属于狭义文化，具有知识性特征，但同时又是广义文化的价值结晶。《巴渝文库》的"文"即专指文献，整部丛书都将遵循以上认知从文献伸及文化。

将"巴渝"和"文化"两个概念和合为一，标举出"巴渝文化"特指概念，乃是二十世纪中后期发生的事。肇其端，《说文月刊》1941年10月在上海，1942年8月在重庆，先后发表了卫聚贤的《巴蜀文化》一文，并以"巴蜀文化专号"名义合计发表了25篇文章，破天荒地揭橥了巴蜀文化的基本内涵。从五十年代到九十年代，以成渝两地的学者群作为主体，也吸引了全国学界一些人的关注和参与，对巴蜀文化的创新探究逐步深化、丰富和拓展，并由"巴蜀文化"总体维度向"巴蜀文明""巴渝文化"两个向度切分、提升和演进。在此基础上，以1989年11月重庆博物馆编辑、重庆出版社出版第一辑《巴渝文化》首树旗帜，经1993年秋在渝召开"首届全国巴渝文化学术研讨会"激扬波澜，到1999年间第四辑《巴渝文化》结集面世，确证了"巴渝文化"这一地域历史文化概念的提出和形成距今已达三十多年，并已获得全国学界的广泛认同。黎小龙所撰《"巴蜀文化""巴渝文化"概念及其基本内涵的形成与嬗变》一文，对其沿革、流变及因果考镜翔实，梳理通达，足可供而今而后一切关注巴渝文化的人溯源知流，辨伪识真。

从中不难看出，巴蜀文化与巴渝文化不是并列关系，而是种属关系，彼此间有同有异，可合可分。用系统论的观点考察种属，自古及今，巴蜀文化都是与荆楚文化、吴越文化同一层级的长江流域一大地域历史文化，巴渝文化则是巴蜀文化的一个重要分支。自先秦迄于两汉，巴渝文化几近巴文化的同义语，与蜀文化共融而成巴蜀文化。魏晋南北朝以降，跟巴渝相对应的行政区划迭有变更，仅言巴渝渐次不能遍及巴，但是，在巴渝文化的核心区、主体圈和辐射面以内，巴文化与蜀文化的兼容性和互补性，或者一言以蔽之曰同质性，仍然不可移易地存在，任何时势下都毋庸置疑。而与之同时，大自然的伟力所造就的巴渝山水地质地貌，又以不以任何人的个人意志为转移的超然势能，对于生息其间的历代住民的生产方式和生活方式施予重大影响，从而决定了巴人与蜀人的观念取向和行为取向不尽一致，各有特色。再加上巴渝地区周边四向，东之楚、南之黔、北之秦以及更广远的中原地区的文化都会与之相互交流、渗透和浸润，巴渝文化之于巴蜀文化具有某些异质性，更加不可避免。既有同质性，又有异质性，就构成了巴渝文化的特质性。以此为根基，在尊重巴蜀文化对巴渝文化的统摄地位的前提下，将巴渝文化切分出来重新观照，合情合理，势在必然。

周边四向其他文化与巴渝文化交相作用，影响之大首推蜀文化自不待言，但对楚文化也不容忽视。《华阳国志·巴志》有言："江州以东，滨江山险，其人半楚，姿态敦厚。垫江以西，土地平敞，精敏轻疾。上下殊俗，情性不同。"正是这种交互性的生动写照。就地缘结构和族群渊源而言，理当毫不含糊地说，巴渝文化地域恰是巴蜀文化圈与荆楚文化圈的边缘交叉地域。既边缘，又交叉，正负两端效应都有。正面的效应，主要体现在有利于生成巴渝文化的开放、包容、多元、多样上。而负面的效应，则集中反映在距离两大文化圈的核心地区比较远，无论在广义层面，还是在狭义层面，巴渝文化的演进发展都难免于相对滞后。负面效应贯穿先秦以至魏晋南北朝时期，直至唐宋才有根本的改观。

地域历史的客观进程即是巴渝文化的理论基石。当第四辑《巴渝文化》出版面世时，全国学界已对巴渝文化概念及其基本内涵取得不少积极的研究成果，认为巴渝文化是指以今重庆为中心，辐射川东、鄂西、湘西这一广大地区内，从夏商直至明清时期的物质文化和精神文化的总和，已然成为趋近共识的地域历史文化界说。《巴渝文库》自设计伊始，便认同这一界说，并将其贯彻编纂全过程。但在时空界线上略有调整，编纂出版的主要内容已确认为，从有文物佐证和文字记载的上古时期开始，直至1949年9月30日为止，举凡曾对今重庆市以及周边相关的历代巴渝地区的历史进程产生过影响，具备文献价值，能够体现巴渝文化的基本内涵的各种信息记录，尤其是得到自古及今广泛认同的代表性著述，都在尽可能搜集、录入和整理、推介之列，当今学人对于巴渝历史、巴渝人文、巴渝风物等的研究性著述也将与之相辅相成。一定意义上，它也可以叫《重庆文库》，然而不忘文化初始，不忘文化由来，还是《巴渝文库》体现顺理成章。

须当明确指出，《巴渝文库》瞩目的历代文献，并非一概出自巴渝本籍人士的手笔。因为一切文化得以生成和发展，注定都是在其滋生的热土上曾经生息过的所有人，有所发现、有所创造的共生结果，决不应该分本籍或外籍。对巴渝文化而言，珍重和恪守这一理念尤关紧要。唐宋时期和民国年间，无疑是巴渝文化最辉煌的两大时段，非巴渝籍人士在这两大时段确曾有的发现和创造，明显超过了巴渝本籍人士，排斥他们便会自损巴渝文化。所以我们对于文献的收取原则，是不分彼此，一视同仁，尊重历史，敬畏前贤。只不过，有惩于诸多发抉限制，时下文本还做不到应收尽收，只能做到尽可能收。拾遗补阙之功，容当俟诸后昆。

还需要强调一点，那就是作为观念形态狭义的文化，在其生成和发展的过程中，必然会受到一定时空的自然条件和社会条件，尤其是后者中的经济、政治等广义文化要素的多层多样性的制约和支配。无论是共时态还是历时态，都因之而决定，不同的地域文化会存在不平衡性和可变动性。但文化并不是经济和政治的单相式仆从，它也有自身的构成品质和运行规律。一方面，文化的发展与经济、政治的发展并不一定同步，通常呈现出相对滞后性和相对稳定性，而在特定的社会异动中又有可能凸显超前。另一方面，不管处于哪种状态下，文化都对经济、政治等具有能动性的反作用，特别是反映优秀传统或先进理念的价值观念和行为准则，对整个社会多维度的、广场域的渗透影响十分巨大。除此而外，任何文化强势区域的产生和延续，决然都离不开文化贤良和学术精英的引领开拓。这一切，在巴渝文化的演进流程中都有长足的映现，而巴渝文献正是巴渝文化行进路线图的历史风貌长卷。

从这一长卷可以清晰地指认，巴渝文献为形，巴渝文化为神，从先秦迄于民国三千多年以来，历代先人所创造的巴渝地域历史文化，的确是源远流长，根深叶茂，绚丽多姿，历久弥新。尽管文献并不能够代替文物、风俗之类对于文化具有的载记功能和传扬作用，但它作为最重要的传承形态，如今荟萃于一体，分明已经展示出了巴渝文化的四个行进阶段。

第一个阶段，起自先秦，结于魏晋南北朝。这一阶段长达千余年，前大半段恰为上古巴国、两汉巴郡的存在时期，因而正是巴渝文化的初始时期；后小半段则为三国蜀汉以降，多族群的十几个纷争政权先后交替分治时期，因而从文化看只是初始时期的迟缓延伸。巴国虽曾强盛过，却如《华阳国志·巴志》所记，在鲁哀公十八年（前477年）以后，"楚主夏盟，秦擅西土，巴国分远，故于盟会希"，沦落为一个无足道的僻远弱国。政治上的边缘化，加之经济上的山林渔猎文明、山地农耕文明相交错，生产力低下，严重地桎梏了文化的根苗茁壮生长。其间最大的亮点，在于巴、楚共建而成的巫、神、辞、谣相融合的三峡文化，泽被后世，长久不衰。两汉四百年大致延其续，在史志、诗文等层面上时见踪影，但表现得相当零散，远不及以成都为中心的蜀文化在辞赋、史传等领域都蔚为大观。魏晋南北朝三百多年，社会大动荡，生产大倒退，文化生态极为恶劣，反倒陷入了裹足不前之状。较之西向蜀文化和东向楚文化，这一阶段的巴渝文化，明显地处于后发展态势。

第二个阶段，涵盖了隋唐、五代、两宋，近七百年。其中的前三百余年国家统一，带动了巴渝地区经济社会恢复良性发展，后三百多年虽然重现政治上的分合争斗，但文化驱动空前自觉，合起来给巴渝文化注入了生机。特别是科举、仕宦、贬谪、游历诸多因素，促成了包括李白、"三苏"在内，尤其是杜甫、白居易、刘禹锡、黄庭坚、陆游、范成大等文学巨擘寓迹巴渝，直接催生出两大辉煌。一是形成了以"夔州诗"为品牌的诗歌胜境，流誉峡江，彪炳汗青，进入了唐宋两代中华诗歌顶级殿堂。二是发掘出了巴渝本土始于齐梁的民歌"竹枝词"，创造性转化为文人"竹枝词"，由唐宋至于明清，不仅传播到全中国的众多民族，而且传播到全球五大洲。与之相仿佛，宋代理学大师周敦颐、程颐先后流寓巴渝，也将经学、理学以及兴学施教之风传播到巴渝，迄及明清仍见光扬。在这两大场域内，中华诗歌界和哲学界，渐次有了巴渝本土文人如李远、冯时行、度正、阳枋等的身影和行迹。尽管只是局部范围的异军突起，卓尔不群，但这种文化突破，却比1189年重庆升府得名，进而将原先只有行政、军事功能的本城建成一座兼具行政、军事、经济、文化、交通等多功能的城市要早得多。尽有理由说，这个阶段显示着巴渝文化振起突升。

第三个阶段，贯通元明清，六百多年。在这一时期，中华民族国家的族群结构和版图结构最终底定，四川省内成渝之间的统属格局趋于稳固，经济社会发展进入了新的里程，巴渝文化也因之而拓宽领域沉稳地成长。特别是明清两代大量移民进入巴渝地区，晚清重庆开埠，带来新技术和新思想，对促进经济和文化繁荣起了大作用。本地区文化名人前驱后继，文学如邹智、张佳胤、傅作楫、周煌、李惺、李士棻、钟云舫，史学如张森楷，经学如来知德，佛学如破山海明，书画如龚晴皋，成就和影响都超越了一时一地，邹容宣传民主主义革命思想更是领异于时代。外籍的文化名人，诸如杨慎、曹学佺、王士祯、王尔鉴、李调元、张问陶、赵熙等，亦有多向的不俗建树。尽管除邹容一响绝尘之外，缺少了足以与唐宋高标相比并的全国一流性高峰，但认定这一阶段巴渝文化构筑起了有如地理学上所谓中山水准的文化高地，还是并不过分的。

第四个阶段，从1912年民国成立开始，到1949年9月30日国共易帜为止，不足四十年。虽然极短暂，社会历史的风云激荡却是亘古无二，重庆在抗日战争时期成为全中国的战时首都更是空前绝后。由辛亥革命到五四运动，重庆的思想、政治精英已经站在全川前列，家国情怀、革命意识已经在巴渝地区强势愤张。至抗战首都期间，数不胜数的全国一流的文化贤良和学术精英汇聚到了当时重庆和周边地区，势所必至地全方位、大纵深推动文化迅猛突进，从而将重庆打造成了那个时期全中国最大最高的文化高地，其间还耸出不少全国性的文化高峰。其先其中其后，巴渝本籍的文化先进也竞相奋起，各展风骚，如卢作孚、任鸿隽、刘雪庵就在他们所致力的文化领域高扬过旗帜，潘大逵、杨庶堪、吴芳吉、张锡畴、何其芳、李寿民等也声逾夔门，成就不凡。毫无疑问，这是巴渝文化凸显鼎盛、最为辉煌的一个阶段，前无古人，后世也难以企及。包括大量文献在内，它所留下的极其丰厚的思想、价值和精神遗产，永远都是巴渝文化最珍贵的富集宝藏。

由文献反观文化，概略勾勒出巴渝文化的四个生成、流变、发展阶段，指定会有助于今之巴渝住民和后之巴渝住民如实了解巴渝文化，切实增进对于本土文化的自知之明、自信之气和自强之力，从而做到不忘本来，吸收外来，面向未来，更加自觉地传承和弘扬巴渝文化，不懈地推动巴渝文化在新的语境中创造性转化，创新性发展。对于非巴渝籍人士，同样也有认识意义。《巴渝文献总目》没有按照这四个阶段划段分卷，而是依从学界通例分成"古代卷"和"民国卷"，与如此分段并不抵牾。四分着眼于细密，两分着眼于大观，各有所长，相得益彰。

《巴渝文献总目》作为《巴渝文库》起始发凡的第一部大书，基本的编纂目的在于摸清文献家底，这一目的已然达到。但它展现的主要是数量。反观文化，数量承载的多半还是文化总体的支撑基座的长度和宽度，而并不是足以代表那种文化的品格和力量的厚度和高度。文化的品格和力量蕴含在创造性发现、创新性发展，浸透着质量，亦即思想、价值和精神的精华当中，任何文化形态均无所例外。因此，几乎与编纂《巴渝文献总目》同时起步，我们业已着手披沙拣金，精心遴选优秀文献，分门别类，钩玄提要，以编撰出第二部大书，亦即《巴渝文献要目提要》。明年或后年，当《巴渝文献要目提要》也编成出版以后，两部大书合为双璧，就将对传承和弘扬巴渝文化，持续地生发出别的文化样式所不可替代的指南工具书作用。即便只编辑出版这样两部大书，《巴渝文库》工程便建立了历代前人未建之功，足可以便利当代，嘉惠后人，恒久存传。

《巴渝文库》的期成目标，远非仅编辑出版上述两部大书而已。按既定设计，今后十年内外，还将以"文献""新探"两大编的架构形式，分三步走，继续推进，争取总体量达到300种左右。"文献"编拟称《历代巴渝文献集成》，旨在对著作类和单篇类中优秀的，或者有某种代表性的文献进行抉取、整理、注疏、翻印、选编或辑存，使之更适合古为今用，预计180种左右。"新探"编拟称《历代巴渝文化研究》，旨在延请本土学人和外地学人，在文献基础上，对巴渝历史、巴渝人文、巴渝风物等作出创造性研究和创新性诠释，逐步地产生出著述成果120种左右。与其相对应，第一步为基础性工作，即在配套完成两部大书的同时，至迟于2017年四季度前，确定"文献"编的所有子项目和项目承担人。第二步再用三至五年时间，集中精力推进"文献"编的分项编辑出版，力争基本完成，并至迟于2020年四季度前，确定"新探"编的所有子项目和项目承担人。第三步另用五年或者略多一点时间，完成"新探"编，力争2027年前后能竟全功。全过程都要坚持责任至上、质量第一原则，确保慎始慎终，以达致善始善终。能否如愿以偿，有待多方协力。

总而言之，编辑出版《巴渝文库》是一项重大文化建设工程，需要所有参与者自始至终切实做到有抱负，有担当，攻坚克难，精益求精，前赴后继地为之不懈努力，不竟全功，决不止息。它也体现着党委意向和政府行为，对把重庆建设成为长江上游的文化高地具有不容低估的深远意义，因而也需要党委和政府高屋建瓴，贯穿全程地给予更多关切和支持。它还具备了公益指向，因而尽可能地争取社会各界关注和支持，同样不可或缺。事关立心铸魂，必须不辱使命，前无愧怍于先人，后无愧怍于来者。初心长在，同怀勉之！

2016年12月16日于淡水轩

凡例

《巴渝文库》是一套以发掘梳理、编纂出版巴渝文献为主轴，对巴渝历史、巴渝人文、巴渝风物等进行广泛汇通、深入探究和当代解读，以供今人和后人充分了解巴渝文化、准确认知巴渝文化，有利于存史、传箴、资治、扬德、励志、育才的大型丛书。整套丛书都将遵循整理、研究、求实、适用的编纂方针，运用系统、发展、开放、创新的文化理念，力求能如宋人张载所倡导的"为天地立心，为生民立命，为往圣继绝学，为万世开太平"那样，对厘清巴渝文化文脉，光大巴渝文化精华，作出当代文化视野所能达致的应有贡献。

一、收录原则

1.内容范围

①凡是与巴渝历史文化直接相关的著作文献，无论时代、地域，原则上都全面收录；

②其他著作之中若有完整章（节）内容涉及巴渝的，原则上也收入本《文库》；全国性地理总志中的巴渝文献，收入本《文库》；

③巴渝籍人士（包括在巴渝出生的外籍人士）的著作，收入本《文库》；

④寓居巴渝的人士所撰写的其他代表性著作，按情况酌定收录，力求做到博观约取、去芜存菁。

2.地域范围

古代，以秦汉时期的巴郡、晋《华阳国志》所载"三巴"为限；民国，原则上以重庆直辖（1997年）后的行政区划为基础，参酌民国时期的行政建制适当张弛。

3.时间范围

古代，原则上沿用中国传统断代，即上溯有文字记载、有文物佐证的先秦时期，下迄1911年12月31日；民国，收录范围为1912年1月1日至1949年9月30日。

4.代表性与重点性

《巴渝文库》以"代表性论著"为主，即能反映巴渝地区历史发展脉络、对巴渝地区历史进程产生过影响、能够体现地域文化基本内涵、得到古今广泛认同且具有文献价值的代表性论著。

《巴渝文库》突出了巴渝地区历史进程中的"重点"，即重大历史节点、重大历史阶段、重大历史事件、重要历史人物。就古代、民国两个阶段而言，结合巴渝地区历史进程和历史文献实际，突出了民国特别是抗战时期重庆的历史地位。

二、收录规模

为了全面、系统展示巴渝文化，《巴渝文库》初步收录了哲学宗教、政治法律、军事、经济、文化科学教育、语言文学艺术、历史与地理、地球科学、医药卫生、交通运输、市政与乡村建设、名人名家文集、方志碑刻报刊等方面论著约300余种。

其中，古代与民国的数量大致相同。根据重要性、内容丰富程度与相关性等，"一种"可能是单独一个项目，也可能是同"类"的几个或多个项目，尤以民国体现最为明显。

三、整理原则

《巴渝文库》体现"以人系文"、"以事系文"的整理原则，以整理、辑录、点校为主，原则上不影印出版，部分具有重要价值、十分珍贵、古今广泛认同、流传少的论著，酌情影印出版。

每一个项目有一个"前言"。"前言",包括文献著者生平事迹、文献主要内容与价值,陈述版本源流,说明底本、主校本、参校本的情况等。文献内容重行编次的,有说明编排原则及有关情况介绍。

序二

关于漆南薰及其遗著

郑洪泉

一

　　漆南薰又名漆树棻、树芬，1892年出生于江津县李市乡（今重庆市江津区李市镇），是中国现代革命史上的一位重要历史人物。他于1925年10月出版的《经济侵略下之中国》一书，是中国最早用马克思主义学说和列宁关于帝国主义的理论为指导，系统剖析鸦片战争以来资本帝国主义对中国实行经济侵略的罪行，翔实揭露资本帝国主义剥削、压迫殖民地半殖民地人民真相研究中国近代经济的著作。这本书为正在兴起的以反对帝国主义支持的北洋军阀为主要目标的第一次国内革命战争提供了精神武器。对唤起人民群众的觉醒起到很大作用，许多热血青年在这本书的激励下投入了革命行列。1926年春，漆南薰自上海回到四川，接替萧楚女担任重庆《新蜀报》的主笔，他以犀利的笔锋，痛快淋漓地揭露帝国主义勾结封建军阀残酷统治和压榨中国人民的罪行，还以严谨的科学论证、深入浅出的文字，论述了中国民主革命的对象、任务、对外政策等许多重大问题，系统地阐释了孙中山先生提出的联俄、联共、扶助农工三大政策和新三民主义的真谛。他的这些充满革命激情的政论文章，是刺向帝国主义和封建军阀锋利的匕首、投枪，是鼓舞和引领革命群众向帝国主义和封建军阀冲锋陷阵的响亮号角。漆南薰不仅用笔作为斗争的武器，他还以火一般的激情参加各种实际工作，常常在群众集会上发表慷慨激昂的演说，甚至亲临群众斗争第一线参与指挥战斗。漆南薰是中国国民党重庆市党部负责人之一，作为国民党的左派，他与中国共产党重庆地方执行委员会领导人亲密合作。他曾应聘为由共产党人吴玉章任校长的重庆中法大学中学部教员，讲授政治经济学，此外还兼任国民革命军第二十军向时俊师政治部主任，在军中进行政治教育工作。1927年3月24日，英美等帝国主义者于北伐军进驻南京之际，为了阻挠北伐军胜利进军，竟以所谓"保护侨民"为借口，调集军舰，炮轰南京城，造成打死打伤2000多平民的惨案。消息传来，重庆各界人民义愤填膺，在中共重庆地方执行委员会和国民党（左派）四川省党部组织领导下，于31日在打枪坝举行"重庆各界反对英帝炮击南京市民大会"。漆南薰被推举为大会主席团成员，与杨闇公等中共重庆地委领导人和国民党（左派）省党部领导人一起，负责主持这次大会，当由蒋介石反动集团支持的、四川军阀刘湘预先安排潜伏的刽子手们向与会人民群众突然发动血腥屠杀时，漆南薰急趋主席台口制止暴徒行凶，不幸被打倒在台上，后来又被拖到场外，惨死于两路口荒冢之中。

漆南薰惨烈牺牲，在全国引起强烈的反响。距重庆"三三一"惨案发生仅十二天，蒋介石集团于4月12日在上海发动反革命政变，实行反共反人民的白色恐怖，大肆屠杀和关押共产党人与革命志士，并在南京建立反动政权，但是还存在着与蒋介石对抗的武汉革命政权。武汉出版的《中央日报》于1927年4月26日、6月3—6日和25日，连续五次刊登谷万川、封岳菘和萧余等人撰写的哀悼漆南薰及其他被杀害的革命烈士，抨击蒋介石集团与四川军阀施行白色恐怖的文章。漆南薰的惨死还惊动了在上海的鲁迅，尽管上海是蒋介石发动"四一二"反革命政变的策源地，是国民党反动派实行白色恐怖最猖狂的地方，鲁迅还是在自己主编的《语丝》杂志第四卷第六期上，对作者署名为"瘦莲"的《某报剪注》一文，以加编者"按语"的形式，巧妙地揭露了四川反动军阀与蒋介石集团勾结，制造重庆"三三一"惨案和残酷杀害漆南薰的真相。

在此后的几十年时间内，人们一直都在缅怀漆南薰。我国著名的历史学家、文学家和社会活动家郭沫若，是漆南薰中学和在日本留学期间的同学。郭沫若在其《学生时代》这部自传中，叙述了与漆南薰交往的经历。他称赞漆南薰具有"慷慨激昂"的爱国情怀。在他看来，漆南薰的《经济侵略下之中国》是"能使我国同胞，对于资本帝国主义得到一个明确的观念，能于我国前途投出一道光明"的"巨大的著作"。对于漆南薰的牺牲，他感到非常痛惜。他在书中写道：如果漆南薰不被杀害，我们国家"关于经济方面的问题，总有许多是由他的手里给我们解答了的吧！"老一辈无产阶级革命家吴玉章在20世纪50年代撰写革命回忆录时，多次向助手谈及曾经同自己一起战斗过的漆南薰"是个难得的人才，既是政治家，又是理论家"。吴玉章认为："漆南薰的思想和著作，影响是很大的、很深远的。他虽不是共产党员，但他对马克思主义理论宣传的贡献，是可以与当时我党著名的理论宣传家瞿秋白、恽代英和萧楚女等同志并驾齐驱的。"漆南薰遇难60周年前夕，四川地区革命老前辈张秀熟于1987年2月为即将出版的《漆南薰遗著选编》（该书收录了1926年春至1927年初漆南薰在重庆《新蜀报》上发表的政论文章）题词，称漆南薰"是第一个与萧楚女同志配合着站在岷峨高峰向全国大呼反对帝国主义侵略的伟大的革命战士"。总之，漆南薰被认为是中国新民主主义革命时期，为改变国家半殖民地半封建社会制度而进行学术研究的"笃挚的研究家"和学者，是在新闻战线和群众斗争第一线参加战斗的大无畏的革命战士，同时又是坚持孙中山联俄、联共、扶助农工三大政策，同中国共产党亲密合作的颇有政治见地的国民党左派革命家。

二

1949年11月30日重庆获得解放，四个月后的1950年3月31日，是重庆"三三一"惨案二十三周年纪念日，中国人民解放军重庆市军事管制委员会、中共重庆市委和重庆市人民政府召开了隆重的纪念大会，到会各界代表千余人。大会主席团成员除重庆市党政军各方面领导人外，还有各民主党派、各人民团体的负责人，其中一些人是"三三一"惨案的亲历者。会上，军管会主任张际春、解放军驻渝部队王维舟将军和重庆市副市长曹荻秋等先后致辞，各民主党派、人民团体代表先后发言。他们一致表示，为了继承烈士遗志，完成革命先辈未竟事业，坚决拥护共产党的领导，将革命进行到底。漆南薰等烈士家属在会上发言，表示继承烈士遗志，为革命奋斗到底。会后，重庆《新华日报》发表了题为《"三三一"烈士永垂不朽！——纪念"三三一"惨案二十三周年》的社论，出版了包括宣扬漆南薰等烈士生平事迹的"纪念专辑"。1954年11月，生活·读书·新知三联书店出版了新中国成立后第一版《经济侵略下之中国》，新版书与解放前版本不同之处是略去了原书的"总论"和各篇的概述部分，仅保留"总论"中的第四章"帝国主义在我国之史的发展"和第五章"我国条约特质之分析"这两部分，将前者作为新版书的第一章的内容，后者作为新版书第二章的内容。新版书取消了原书的"总论""各论"和"第一篇""第二篇""第三篇"的标题，使全书结构较原书简洁。新版书之所以略去"总论"对于资本主义和帝国主义所做的理论解释，是认为重印这部分内容"已无必要"。1987年3月31日是"三三一"惨案六十周年，重庆市举行了"四川省、重庆市纪念'三三一'惨案六十周年大会"。这是一次空前高规格的纪念活动。纪念大会由重庆市委副书记、市长肖秧主持，中共中央政治局委员、中央军委副主席杨尚昆，中共四川省委书记杨汝岱，大革命时期在四川和重庆参加革命的老同志张秀熟和中共重庆市委书记廖伯康先后讲话。他们高度评价在"三三一"惨案中牺牲的重庆地委书记杨闇公，地委组织委员冉钧，国民党左派人士、著名经济学家漆南薰和国民党左派人士陈达三等的英勇斗争，为四川人民革命斗争历史谱写了光辉的篇章。他们指出，六十年来党和人民始终没有忘记革命烈士们的历史功绩，号召广大人民继承革命烈士的遗志，发扬他们的革命精神，在中国共产党领导下，为争取我国新时期社会主义物质文明和精神文明建设的更大胜利而斗争。在这次纪念活动中，人民政府在漆南薰家乡——江津县李市镇五斗坎新建了烈士墓。墓园内矗立着聂荣臻元帅题写的"漆树棻烈士永垂不朽！"的纪念碑。1987年3月29日举行了烈士墓落成典礼。同年3月31日，江津县召开了有800多人参加的隆重纪念漆南薰和冉钧殉难六十周年大会。与此同时，中共重庆市委党史工作委员会等六单位编印的《漆南薰遗著选编》正式发行。这本书由党和国家领导人邓小平题写书名，书中附录了7篇由郭沫若、萧楚女等人撰写的有关漆南薰及其著作的回忆和研究文章。本次出版，以2013年出版的《漆南薰和他的遗著》为基础，删除了其他缅怀、纪念和研究漆南薰的历史资料，增补了漆南薰早期发表和发表在《新蜀报》等期刊报纸上的多篇文章。

三

之所以要勿忘漆南薰，主要由于以下几方面的原因：

首先，他是一位赤诚的爱国者。在国家民族不断遭受帝国主义凌辱压迫的年代，他把国家民族的命运与前途同自己的命运与前途完全融入一体，不惜为维护国家和民族的利益而奉献自己的一切。

青年时代的漆南薰，每当谈起国事，便慷慨激昂。他把改变国家民族危亡的命运视为自己终生的职志，最突出的表现就是在日本京都帝国大学经济系留学期间，全身心地投入到鸦片战争以来中国遭受帝国主义列强侵略的历史研究之中。大学三年级时，他开始撰写题为《帝国主义与中国》的毕业论文。作为在日本留学的中国学生，漆南薰这样做是需要相当勇气的。漆南薰完成大学学业回国在上海法政大学任教后，又用了一年半的时间，特别是在1925年上海五卅惨案爆发以后，广大人民群众在中国共产党领导下，爆发全国规模的反帝爱国运动之时，他以惊人的速度，加紧写成了《经济侵略下之中国》一书，以适应当时反帝斗争高潮的需要。漆南薰在书中写道："鸦片一役，海禁大开，国际资本帝国主义遂如狂飚怒涛之袭至。……我国之领土遂沦为列强之殖民地矣。"他痛心疾首地指出："弱我中国者，资本帝国主义也；致我于危亡者，由此产生之不平等条约也。资本帝国主义实为蚕食我之封豕长蛇，不平等条约实为束缚我之桎梏陷阱。国人如欲坐以待亡则已，否则排除此资本帝国主义之侵略，取消此种条约之不平等，时乎时乎不再来，非伊异人任也。"在他看来，为了唤起人民群众为反对资本帝国主义侵略和废除不平等条约而斗争，就必须向广大人民群众"详析资本帝国主义之为何物"，并要使他们明了不平等条约的内容。他自觉地把这份责任承担起来。他说:"著者是一个学经济的,尝以为我们专攻经济者之重大责任,研究学理固甚重要,而以学理应用于解决我国之经济问题尤为重要。本书即著者欲达此种希望著作中之一种。此即著者之动机。"这段表白鲜明地显示出漆南薰这位爱国的学者与一般只看重自己个人学术成就的学者的最大差别。诚如郭沫若所说:"这努力,这坚忍,单只这层早就在(是)我们侪辈中所少见的。"漆南薰不仅用《经济侵略下之中国》这本著作引导广大人民群众参加反对帝国主义的革命斗争,他还积极投身于当时正在高涨的五卅运动,他四处奔走,组织力量支援群众斗争,并在上海《民族日报》发表《五卅事变之真因》的政论文章,对帝国主义的暴行进行有力的抨击。他深刻地指出:"五卅惨案之发生,表面上虽为英捕之行凶枪杀事件,论其实,乃一英国资本帝国主义经济侵略中国之一种必然结果。"英帝国主义之所以制造血腥的五卅惨案,对中国人民实行大肆屠杀政策,"实因彼深知中国民众近年来之觉醒运动,将失去对华经济侵略之机会,而难以维持其帝国主义之命运,故对于中国革命势力,不惜采用严厉手段,以冀一网打尽,使中国永远陷于殖民地地位,而一任其宰割剥削"。漆南薰特别强调,正在兴起的五卅运动乃是中国人民"争生存权"之斗争。他的这篇文章对当时的群众斗争是具有推动作用的。五卅运动爆发后不久,郭沫若去了当时革命运动中心广东,一度担任广东大学文科学院院长,漆南薰则于此前回到四川重庆。当郭沫若向他打来电报并邮寄来聘书,聘请他担任广东大学经济学教授,动员他离川时,漆南薰则执意留在重庆,坚持同家乡人民一道进行反帝反封建斗争,不幸被反动军阀所残杀。漆南薰是为挽救国家民族危亡的命运,视争取民族的解放与振兴、国家的独立与富强为己任,并为之奋斗终生的爱国知识分子的崇高典范。无论是在革命战争年代,还是在和平建设时期,漆南薰这种将国家民族的命运系于己身的精神都应当为后人所效法。

其次,他呕心沥血留下了《经济侵略下之中国》这部唤起中国人民奋起进行反帝反封建斗争,实行民族民主革命的巨著。它是中国现代最早以马克思主义为指导进行中国近代经济问题研究具有里程碑意义的重大成果。

漆南薰这部著作由"总论""各论"和"结论"三部分组成。其中"总论"

共五章，依次阐述什么叫帝国主义、什么叫资本主义，近代国家组织之解剖，近代资本帝国主义对中国侵略的历史发展及其强迫中国订立之条约的不平等的特质。"总论"突出地显示了本书的一个重要特点，就是著者旗帜鲜明地公开宣示：他的这部著作是以马克思学说作为"祖述"。漆南薰明确指出：对我国实行经济政治侵略最厉害的就是资本帝国主义，这已经成为我国之心腹大疾，全中国人民"俱应有扑杀彼獠之义务。"而作为一名专攻经济的学者，在履行向人民说明资本帝国主义侵略中国之真相的职责，以激励人民起来对抗资本帝国主义所造成的中国半殖民地半封建社会制度时，绝对不能采取资本帝国主义国家御用学者的经济学说，因为他们从来都只知讴歌和赞美资本帝国主义。"而应该为我们采用的就是一马克思派。因为世界上除了马克思派，实无人能将资本帝国主义的真相暴露于外，马克思派实为该主义之照妖镜、锄奸鼎。自此学说一出，那资本帝国主义吃人的凶相，便赤裸裸暴露在我们眼前了。马克思主义之所以为本书所祖述，也就在这个地方。"在那个将马克思主义视为"异端邪说"，把共产主义当作"洪水猛兽"，把共产党污蔑成实行"共产共妻"的邪恶势力的年代，尤其是在帝国主义势力麇集的上海，漆南薰如此义正词严地作出上述宣示，充分彰显出他作为坚持真理和正义的刚正学者的大无畏气概。这部书的第二部分"各论"，是分门别类的专门论述，共分"商埠论""交通论"和"国际投资论"三篇。每篇各有若干章节，分别从商埠、交通和国际投资这几个方面，对鸦片战争以来的八十多年间，世界资本帝国主义国家通过发动侵略战争迫使清政府乃至北洋军阀政府签订的一系列不平等条约，进行历史的和系统的条分缕析，揭露各资本帝国主义国家强迫中国割地、赔款、开辟通商口岸和商埠、设立租界，并攫取领事裁判权、关税协定权、内河航运权和在我国境内驻兵等特权，强行向中国倾销商品和输出资本，控制中国的经济命脉，对中国施行层层经济侵略和主权剥夺，对中国人民进行残酷剥削和强盗般的掠夺，将中国沦为半殖民地和半封建社会的历史真相。漆南薰在本书的"全书结论"中不仅一针见血地揭露出所谓近现代资本帝国主义国家，不过是"外标文明人道之美名，内怀侵略野蛮之实者"，"然其根柢，则在一资本帝国主义之发纵有以致之"。也就是说近现代资本帝国主义国家的这种特性，完全是这些国家的统治阶级剥削性、垄断性和侵略性所决定的。漆南薰还指出："惟我中国，土地则广袤数千万方英里，人口则拥有四万万众。对于货物与资本之需要量，对于原料品食料品之供给量，大而无伦，恰为资本帝国主义欲继续其生存发达之最好的理想地。"故而"外国之资本帝国主义国家，遂如万马奔腾之势，以践踏于我国矣。于是，为解决其市场问题，而我有百个商埠之提供；为解决其投资问题，而我有二十余亿元资本之吸收，而有数多利权之丧失；为圆滑其市场与投资地之经营起见，而我有巨大交通权之让与。我国一部之对外关系史，具于此矣。不但此也，从政治而言，他们在我国又有治外法权，领事裁权利之设定，遂在我国俨成一支配阶级；从经济而言，他们向我获有关税之束缚权与投资之优先权，在我国遂成一剩余价值榨取之阶级。他们这一种行动，实如大盗之入我室而搜我财绑我票，使我身家财产荡然无存一样"。漆南薰的结论写至此处，径直向读者发出如下之强烈呼吁："同胞乎，今日国家之大病，实在于国民生活维艰，而生活维艰之所以，即在外国资本帝国主义之侵略与榨取"，"欲救我中国"，"须协我亿众之力！出以必死奋斗之精神。建设强有力之国家始获有济！然此非使我四万万人个个都根本觉悟不为功，本书者，即为使我同胞人人皆悉帝国主义之侵略我之戾害，并促之起而奋斗者也！"这番吐露作者心声的话，也正是五卅运动兴起后广大中国人民的迫切愿望，所以此书在1925年10月一出版即受到广大革命群众的欢迎，不到一个月初版书就销售一空。当年11月出第二版，亦在3个月内售罄。

漆南薰的《经济侵略下之中国》一书出版后，立即引起了中国共产党早期青年运动领袖和马克思主义理论宣传家萧楚女的关注，该书出版后不到两个月，萧楚女即怀着敬意和诚恳友善的态度，在当年12月出版的中国共产主义青年团中央机关刊物《中国青年》第105期上发表《评〈经济侵略下之中国〉》一文。萧楚女在文中首先表示要向作者"致一个'国民'的和反对帝国主义的革命党人的敬礼"。之所以怀着如此敬意，是因为漆南薰向读者提供的是一部"暴露帝国主义压迫中国的罪恶之作"，而且"实为目下中国一般国民——尤其是青年的革命者所应当人手一卷的书"。萧楚女指出，"此书的优点在于他的理论的大前提是取纯粹的'唯物史观'。他对于帝国主义的定义，肯定列宁和巴布鲁两人的诊断，对于资本主义形成之过程则完全接受马克思主义的理论。因为它是这样，所以读了它这本书，便极容易叫人了解近世国家主义和资本主义相结合所以要去侵略一般经济落后的弱小民族的唯物趋势之所以然，使人对于工业革命以后的世界大势之进展及其将来，能有一个很明了的系统概念：使人知道中国之被侵略乃是客观的世界经济组织之结果，可以增加中国人民革命的决心"。萧楚女特别强调指出：这本书虽然存在着一些"遗憾"的地方和"比较不大好的毛病"，然而，该书"对于商埠、关税、航权、铁道，领事裁判权、租借地及国际投资、外债等事实的条约的分析，确是极好——不啻给了我们一部分很有系统的'中国外交史'，一般中学生得此读之，实胜于读一百课干枯无谓的所谓'历史'课程"。这样就从该书的价值和对当时革命运动的现实意义两个方面给予了很高的评价。与此同时，萧楚女对于这本书中一些"使人引为遗憾的地方"和"不大好的毛病"，也提出了友善而中肯的批评。这样做除了表明是"站在友谊的前面"对作者负责以外，也是为了指导广大读者，特别是青年读者正确地从书中获益。针对漆南薰在书中关于"帝国主义即是资本主义，如果我们以打倒的手段何异……干涉其内部组织？匪特为理论上所不通，抑又为事实所不许"，故而"帝国主义可以从我国排除之，而不易打倒"的说法，萧楚女明确指出：既然压迫中国的就是各帝国主义国家的资本主义，我们联合世界弱小民族联合各帝国主义国家内部的被压迫阶级，从根本上打倒这个压迫我们的资本主义，从而得到我们所要求的解放——为什么在理论上不通，为什么在事实上不许！反之，既承认帝国主义为我们中国人并且是世界人类之大敌，既承认在正义上它原不应存在；乃又不取彻底手段而以怕去干涉它的内部组织为理由，反对"打倒"，让它仍然存在于世界上，这才真正是"理论所不通"。这种既承认帝国主义在它的内在的性质上，非以侵略经济落后的殖民地，不能存在，既承认被侵略者与侵略者之间，已无缓冲余地，不是你死便是我亡；乃又反对"打倒"，而以为只可"排除"，这才真是"事实所不许"。萧楚女还指出书中的一些其他偏颇之处，例如在阐述国家起源的问题上，著者虽然采用了马克思主义关于经济条件是国家形成的动力的原理，承认国家是阶级斗争的产物，但却又掺杂进了几分主观唯心主义的卢梭"自然法则"学说的气味，用所谓人类在心理上的种种动机来解释国家的起源,实在不符合社会进化的客观历史事实。书中在关于帝国主义崩溃的问题上,仅看重其内在原因,而忽视无产阶级世界革命这个因素等,这说明作者在思想上存在机械唯物论和片面性。另外,本书内还存在着对帝国主义者的侵略行径作所谓"法学通论"式的讨论等既枯燥,又不必要,甚至有害的内容。然而,当时马克思主义在中国的传播才刚刚开始,中国共产党还处于幼年时期,正在探求马克思主义原理与中国实际相结合的途径,在这种情况下,很难要求漆南薰这部早期马克思主义的中国近代经济著作没有任何瑕疵。尽管如此,毕竟瑕不掩瑜。《经济侵略下之中国》仍然是当时渴望求得革命真理的青年人迫不及待阅读的一本好书,一本将广大进步青年引向革命之路的好书。这本书也是漆南薰遗留下来的一份值得珍惜的宝贵精神财富。

最后,漆南薰1926年春至1927年初担任重庆《新蜀报》主笔期间,撰写的大量政论文章,不仅是他在新闻和理论战线上开展大无畏斗争的见证,更是他对中国民主革命作出的卓越的理论贡献。在这些政论文中,漆南薰不仅以犀利的笔锋,痛快淋漓地揭露了帝国主义勾结封建军阀残酷统治和压榨中国人民的罪行,还以严谨的科学论证,深入浅出的文字,论述了中国民主革命的对象、任务、对外政策等许多重大问题,系统地解释了孙中山先生提出的联俄、联共、扶助农工三大政策和新三民主义的真义。

漆南薰于1926年5月17日在《新蜀报》上发表了题为《谁是我们的敌人》的社论,后来又在《世界大局和中国国民革命》等政论文章中论述了与认清敌友问题相关的内容,从而提出了中国革命的一个根本问题,即必须认清谁是我们的敌人,谁是我们的友军。漆南薰指出:我们的敌人"就是以武力压迫我,经济侵略我之各帝国主义国家和甘心充当其走狗之滥军阀"。而其中"第一大敌,就是各帝国主义国家。他们联合向我一致进攻。以无形之经济侵略来榨取我们之脂膏,以有形之炮舰政策对付我们之反抗。其结果我们祖宗传来之宝贵河山,便变成他们的投资地与商场;我们轩黄遗胄,便变成他们服役之苦力","我国的地位,是危险到十二万分","民族之废兴存亡,是迫于俄顷"。他还指出:帝国主义对中国的侵略和统治,是和中国的封建军阀勾结在一起进行的。正是由于中国遭受这二重压迫,所以一直未能从资本帝国主义的殖民地和次殖民地的境遇中解脱出来。他认为只有认清了这两个大敌。人民觉醒了，中国革命"便有下手之处了"。他指出我们的友军就是"世界各弱小民族与无产阶级"。因为自工业革命以来，整个世界已经截然分成"帝国主义国家与有产阶级"同"无产阶级与弱小民族"相互对立的"情势"，世界各弱小民族和无产阶级在反对帝国主义剥削和压迫的斗争中有着共同的利益。我们必须与这些友军切实联络。就国内来说，进行反对帝国主义及其走狗封建军阀的斗争，还必须"重视""有绝大无形势力"的民众，做到"武力与民众相结合"，"使武力渐成为民众化"，"不论农工商学，俱视为好友，一律爱之敬之，唯恐不至"。

漆南薰认为，打倒帝国主义坚决废除一切不平等条约，求得民族之解放；打倒封建军阀，以消灭军阀制度，就是中国革命的任务。而革命的具体目标是：建立实行孙中山先生的新三民主义和联俄、联共、扶助农工三大政策的广东政府那样的革命政权。只有中国人民"奋百折不挠之精神""作百战之血斗"，才能完成打倒帝国主义和封建军阀的两大任务，实现我们的目标。

漆南薰深刻地论述了中国革命必须联合世界被压迫民族，联合各帝国主义国家内无产阶级和联合苏俄的必要性。因为他们同我们有着共同的敌人，故而成为我们必须与之联合的并肩战斗的友军。他特别着重强调中国革命联合苏维埃俄国的极端重要性。由于十月革命以后，俄国"内部已由君主专制一变而为民主共产国家；即对外部亦显然去其帝俄时代之侵略性，而为扶助世界农工利益之大福星。所以对于我国遂改变其旧时俄罗斯式之强暴，而为极端援助我之国家"。他认为，苏俄与各帝国主义国家之利害关系，是极端立于冲突地位，是势不两立的。加之苏俄当时也面临着英日帝国主义咄咄进逼，所以，苏俄之敌人，即是压迫我们之敌人；我们之敌人，即是对苏俄之敌人。对中国来说，非联俄无以图存；对苏俄来说，非助我则自己之国基莫能巩固。故中国同苏俄的这种联合乃是彼此利害一致之联合，正义之联合。根据以上论述，他得出了这样一个结论：国民党的联合各被压迫民族、世界无产阶级和苏俄的三大外交政策，是中国人民抵抗帝国主义侵略之唯一良方。

漆南薰竭诚维护孙中山制定的联俄、联共、扶助农工的三大政策，维护以国共合作为基础的革命统一战线。他对于那些对中国共产党采取"极端攻击"

和"毫无容恕"态度的那一部分人，给予了严厉的批评。他认为，以反对所谓"赤化"为口实来反对共产主义和共产党都是没有道理的。这是帝国主义及其走狗封建军阀等"腐败势力借以倾轧革新势力的工具"，是"反正义的不正当的分子借以戕害正义分子之手段"。漆南薰认为，从实质来看，真正意义上的"赤化"，"从它最终的目的而论，就是实行共产主义。而共产主义就是解决人类大多数之生活问题"，其"精神所在，就是最高尚之人道主义，虽耶稣之天国，佛家之西方极乐世界，又何以异，而耶稣天国，佛家之西方极乐世界，多陷于空想家之误谬，不若共产主义之有实现之可能性。所以所谓共产主义，所谓'赤化'，从最高价值之判断而论，是超空间时间永久为最美最善的"境界，"决不是如我国一般人之宣传为洪水猛兽的"，只是当时没有实行这种主义的条件罢了。至于有的人反对共产党的存在，同样是没有道理的。漆南薰指出："英国为资本主义国，尚容共产党之存在呢；日本为君主国，尚容共产党之设立。何以我国为民主共和国家，集会结社反不能自由呢？"他还反驳了由于中共"亲俄"，即加以反对的错误言论。他说："俄国是以无产阶级为立国之基础，而我国之共产党，是以扶助农工为职志，他们在利害上当然是趋于一致。故视他们为彼此互相亲善则有之，务深曲其辞，说他是苏俄之走狗，则未免诬枉太甚。"他赞扬中国共产党的"内部组织严密"和对"帝国主义的奋斗精神"。可见漆南薰对于维护国共两党的合作完全是出于维护革命的根本利益，并出于一片至诚。

在20世纪初，漆南薰对中国革命中的一些重大问题，提出了在大方向上同中国共产党关于中国民主革命的纲领基本一致的主张，是难能可贵的，是在中国现代政治思想史上的一大贡献。虽然，在对某些具体问题的分析上，漆南薰尚未能完全摈除唯心史观的杂质和摆脱认识上的局限性，与中国共产党的主张还有一定距离，但这是我们不应当苛求于前人的。从总的方面来说，漆南薰始终高举爱国主义和民族解放的旗帜，不愧为民主革命的坚强战士和具有卓越见解的理论家。

漆南薰是一位名垂青史的爱国学者和充满革命激情的革命战士与革命家。我们缅怀他革命的一生，重温他的遗著，是具有重要历史和现实意义的。我们的国家在中国共产党领导下，经过长期艰苦的革命斗争，打倒了帝国主义和封建主义的统治，解除了帝国主义国家一百多年来强加给我们不平等条约的束缚，推翻了半殖民地半封建的社会制度，从1949年10月1日中华人民共和国成立之日起，新中国便始终坚忍不拔地沿着中国特色社会主义道路，向着国家富强与民族复兴的目标奋勇前行。我们国家的面貌已经发生了天翻地覆的变化。但是我们实现民族复兴的任务仍然十分艰巨，我们正在为建设高度现代化国家而同外部的一些阻碍我们和平统一、阻遏我们和平崛起的敌对势力作艰苦卓绝的斗争。面对这种情况，我们应当珍惜漆南薰遗留下来的《经济侵略下之中国》和他的政论文章这些宝贵的精神财富，并从中获取教益和启迪。我们应当继续发扬漆南薰的爱国主义精神和他大无畏的革命气概，为实现中华民族之和平崛起而奋斗。

序二

漆南薰烈士传略

郑洪泉

漆南薰名树棻、树芬，字兰薰，南薰是后来改的字。1892年出生于四川省江津县李市乡一个世代书香门第。

漆南薰少年时聪颖好学，所读诗书，能过目成诵。稍长，重气节，慷慨有大志。在国势阽危的清朝末年，他成了一名同盟会会员。在江津中学读书时，他表现出高昂的革命热情，曾因反对学校当局迫害学生而被无理开除。1912年漆南薰进入成都联合中学，他学习努力，成绩优秀，对政治经济的兴趣尤为浓厚。1915年漆南薰东渡日本留学，他先是入东京第三高等学校，毕业后，考入京都帝国大学经济学部，师从于著名经济学家河上肇博士，对导师的学识和人品漆南薰深为钦佩。此时，他对祖国的命运和前途更为关注，他与中学时代的老同学郭沫若相聚时总要纵谈国家大事，有时慷慨激昂，竟至声泪俱下。从大学第三学年起，他即潜心搜集有关中国近代经济资料，并努力以马克思主义观点进行分析研究，写成了《资本帝国主义与中国》的毕业论文。毕业后，于1924年回到祖国，此时正值中国第一次大革命风暴的前夜。

漆南薰回国后偕妻子儿女住在上海，一边在法政大学任教，一边继续从事有关中国经济问题的研究和著述。1925年他写成一部30万字的专著。他公开声称，此书系采用马克思派学理以解决中国经济问题。他说："世界上除了马克思派，实无人能将资本帝国主义的真相暴露于外。"此书阐释了资本帝国主义的性质，并以大量无可辩驳的事实揭示了资本帝国主义列强侵略中国之真相。其目的，在于唤起国人一致奋起反对帝国主义，取消一切不平等条约，争取中华民族之自由解放。这是一部努力以马克思主义为指导论述中国社会经济问题的"巨大的著作"，它产生于20世纪20年代之中国，确实揭开了中国经济学史上光辉的一页。此书原名为《帝国主义铁蹄下的中国》，后经著名学者马寅初题写封面，改为《经济侵略下之中国》。此书的出版，产生了广泛的社会影响，许多进步青年在其引导下步入革命征途。

五卅惨案爆发时，漆南薰对英帝国主义者屠杀中国人民的暴行义愤填膺，毅然投入群众的抗议斗争，坚决支持罢工罢课，他在《民族日报》撰文，指出：五卅惨案的发生，乃是"英国资本帝国主义经济侵略中国之一种必然结果"，其"元凶乃是英国政府"，全国人民必须同英帝国主义者进行坚决斗争。五卅惨案后，他应郭沫若之邀请，积极参与创办创造社之《洪水》半月刊。

漆南薰于1926年初，应友人之请回到重庆，任重庆《新蜀报》主笔，主持该报社论。回乡途中，他眼见家乡在帝国主义与封建军阀的统治之下，已成了一个"军械的世界"和"鸦片烟的世界"，家乡同胞惨遭军阀战祸和苛政之害，被整得财产荡然，家破人亡，这更加激起了他对帝国主义与封建军阀的无比愤慨。他于是在新闻战线上，以笔为匕首投枪，向帝国主义和封建军阀展开了猛烈的搏击。他几乎每天都要为报纸写一至二篇社论、时评或其他文章，淋漓尽致地揭露帝国主义和封建军阀压迫剥削中国人民的罪行，深入浅出地论述反帝反封建的革命任务，系统地宣传孙中山先生的"联俄、联共、扶助农工"三大政策，有力地批驳帝国主义、封建军阀、国家主义派和国民党右派破坏革命统一战线的谬论，鼓舞人民为争取国家独立和民族解放而斗争。

漆南薰是国民党重庆市党部执行委员会常务委员，后来又以特别区代表的身份出席国民党四川省第一次代表大会。他是同共产党人并肩战斗的著名国民党左派人士。同刘伯承等共产党员保持密切联系。他与其他国民党左派人士同共产党人一道，共同组织了重庆地区各项重大的革命运动。北京"三一八"惨案发生后，他是"北京惨案重庆后援会"的委员，是重庆五卅惨案周年纪念会负责人。1926年6月2日，当重庆地区的国家主义分子发动对进步报纸《新蜀报》的进攻后，重庆新闻界召开紧急大会，漆南薰在会上讲话，主张动员舆论界对国家主义派进行反击，他被推举为"重庆新闻界雪耻大会"执行委员。他还是"重庆'七二'惨案周年纪念大会"宣传部主任，万县"'九五'惨案全川外交后援会"执行委员。他始终站在斗争第一线，不知疲倦地为开展反帝爱国运动而奔走呼号，犹如一团熊熊燃烧的烈火，无私地奉献出自己的光和热。

除了在《新蜀报》担任主笔之外，他还担任二十军向时俊师政治部主任，又是重庆中法大学的兼职教员，并受聘在巴县中学担任公民和国文课的教学工作，为培养军队中革命的政治工作人员和革命群众运动的骨干呕心沥血。

漆南薰还经常深入到群众中去做宣传鼓动工作，甚至不顾便衣特务的恐吓，到江边向过往人群发表演说。妻子凌淑珍为他的安全担忧，他风趣地说："一百年的老鸡公就死一回，怕什么！"

1927年3月24日，北伐军进占南京，美英等帝国主义国家借口"保护"侨民，炮击南京军民，制造了流血惨案。全国人民无比义愤，纷纷提出强烈抗议。中共重庆地方执行委员会和国民党（左派）四川省党部决定发动群众，于3月31日在打枪坝举行"重庆各界反对英帝炮击南京市民大会"，漆南薰被推举为大会主席团成员。大会前夕，反动军阀四处造谣惑众，谓打枪坝群众大会将冲击外国领事馆，毁教堂，要举行暴动，为镇压革命群众制造舆论。与此同时则暗中布置反革命大屠杀，甚至公开扬言要杀害杨闇公、漆南薰等共产党员和革命人士。在此险恶形势下，漆南薰不顾敌人的威吓，毅然坚守革命阵地。3月31日，他与杨闇公等中共重庆地委和国民党（左派）四川省党部领导人一起登上大会主席台。11时许，大会即将开始，乔装进入会场的敌人突然开始蓄谋已久的血腥大屠杀。当漆南薰急趋主席台制止暴徒行凶时，不幸被打倒在台上，后来又被拖到场外，惨死于两路口荒冢之中。当天遇难的还有国民党（左派）四川省党部监察委员陈达三等一百几十人，伤者上千人。4月1日，中共重庆地方执行委员会委员冉钧遇害，4月6日，中共重庆地方执行委员会书记杨闇公壮烈牺牲。漆南薰和杨闇公、陈达三及冉钧等革命领导人的遇难，造成革命事业的重大损失。

漆南薰虽已长眠于地下，然而，他那为民族解放而献身的革命精神却得以永存。他以民族大义为重，呼吁国人为中华之崛起而团结奋斗的一片赤忱，对于我们今天努力实现祖国之统一和民族之振兴，仍具有重要的启迪作用。他所留下的充满革命精神的著作，是一笔珍贵的历史遗产。

漆南薰烈士永垂不朽！

编辑说明

一、《漆南薰文集》以2013年出版的《漆南薰和他的遗著》为基础，删除了其他缅怀、纪念和研究漆南薰的历史资料，增补了漆南薰早期发表在期刊上的多篇文章。全书仍分成上、下篇，上篇为"漆南薰遗著"，下篇为"漆南薰其他遗文"。

二、原书虽有标点，但并不符合现有标点符号的使用规则，本书按标点符号使用规则对之进行了修改。

三、原书中表示计量单位的数字为汉字数字"一二三四五"，为方便读者阅读和使用，本书根据需要，改为阿拉伯数字"12345"。为照顾前后文的阅读与习惯，其他汉字数字未作修改。

四、原书中有部分异体字，本书在点校时统一更改为标准的简体字。

五、原书中残缺、脱落、污损、无法辨认的字用"□"代替。

六、原书中的"如左""如右"，一律按现代排版要求，直接改为"如下""如上"。

七、本书的翻译，如"佛郎""塞尔比亚"等，一律遵照当时的翻译，不作改动。其中，正文原文中"马克斯"保留当时译法，未改为今天通行译法"马克思"。

八、在点校过程中，凡是需要向读者解释和说明的地方，一律采用脚注方式。

九、原书中的年号纪年和民国纪年，均附括号注明公元纪年。

十、漆南薰《读者注意》中说明："本书材料，采自东西书籍者多，实以我国既缺乏参考书籍，又无精确之统计材料可供引证，故不得已而取材于外，自知不免有种种错误遗漏。惟本书系为著者之一种试作，不敢以云发表。本书译名，多系杜撰（自译），实以我国迄今尚无标准译语可遵之故。译文下面，概附原名，尚希读者加以参考。"有鉴于此，本书中很多引文和参考资料，无从查考来源，故在此次整理的过程中，仅对必要部分加以注释，其余一概从略。

目录

总序◎1

凡例◎1

序一 关于漆南薰及其遗著◎1

序二 漆南薰烈士传略◎1

编辑说明◎1

上编 经济侵略下之中国

吴敬恒序◎3

唐绍仪序◎5

徐谦序◎8

郭沫若序◎9

著者第三版序◎12

著者第二版序◎14

著者序◎15

读者注意◎18

第一篇 总论◎21

第一章 什么叫帝国主义◎23

第二章 什么叫资本主义◎45

第三章 近代国家组织之解剖◎56

第四章　资本帝国主义在我国之史的发展◎64

第五章　我国条约的性质之分析◎70

第二篇　商埠论◎77

第一章　世界商业政策之概要◎79

第二章　资本主义为什么要开拓商埠◎85

第三章　资本帝国主义在我国商埠之政治的侵略◎97

第四章　帝国主义在我国商埠之经济的侵略◎147

第三篇　交通◎169

第一章　交通概观◎171

第二章　帝国主义对于我国交通之侵略◎178

第四篇　国际投资论◎241

第一章　国际投资之一般的考察◎243

第二章　帝国主义在我国之投资的侵略◎273

结　论◎309

附　录　五卅潮感言◎311

下编　漆南薰其他遗文

帝国主义底性质之研究◎315

马克斯派之国家观◎335

五卅事变之真因◎344

军阀膨胀法则之研究◎347

为日本出兵东三省警告国人◎353

归川所见——军械的世界，鸦片烟的世界，老百姓要死完◎356

一团应声虫◎358

请国民一致声讨媚外成性之段祺瑞◎360

为北京惨杀事件敬告国人◎362

循环式的内乱又将告一段落◎365

令人悲愤的北京惨杀案◎366

北京政府之帝国主义的基础◎370

军阀与帝国主义◎372

论不平等条约◎375

什么叫帝国主义◎384

战事痛言◎394

我之请愿于当地官厅者◎396

敬告国民党员◎397

重庆金融界之又一大危机◎399

五四运动感言◎402

北京政变与时局◎404

帝国主义是什么◎406

帝国主义铁蹄下之北京◎408

时局前途之推测——中国之五大势力、将来时局转换之方向◎410

谁是我们的敌人◎412

成都官吏之糊涂◎414

为今后当局进一言◎416

五卅惨案周年纪念——重庆纪念会宣传大纲◎419

噫！去年之今月今日——冷雨凄风！何处招魂！◎425

联省自治之宣告死刑◎428

告鱼肉人民之滥军阀◎430

四川民众快快起来◎432

时局今后之趋势◎434

要求国人必死决心◎437

与国人为万案作最确实之商榷◎439

吾人对于官厅方面之怀疑◎441

外交失败三大原因与万县惨案◎443

千钧一发之时局◎445

为万案失败勖民众根本觉悟◎448

双十节的几句话◎450

孙中山之诞生日◎452

祝重庆市总工会◎455

川局之一大变化◎457

国民革命军成功原因之研究与今后川当局应有之觉悟◎458

今年之我◎462

存亡之秋◎464

时局严重中国民应有之觉悟◎465

我之所望于省党部者◎467

上编　经济侵略下之中国①

---

① 《经济侵略下之中国》自1925年10月由孤军杂志社第一次出版后，先后进行了多次再版：1925年11月孤军杂志社印行了第二版；1926年独立青年杂志社印行了第三版；1929年2月，光华书局印行了第五版，此后，光华书局又先后于1930年、1932年、1933年印行了第七版、第九版、第十版。在对比各个版本的基础上，本文采用了最具影响力的1926年独立青年杂志社的第三版。

吴敬恒序

近三十年关于新思潮之名著，译述者或著作者种类亦不少。然凡一编到手，读之忘寝食，一起读下，欲罢不能者，在吾经验中，第一部则为严又陵先生之《群学肄言》；过十数年，又有胡适之先生之《中国哲学史大纲》；至今又过八九年，而漆南薰先生之《经济侵略下之中国》，又迫我穷两日夜，一起读下，欲罢不能。此种动机何在乎？由于本书价值至高，自不待言，而简单追求其欲罢不能之原因，尚当别有浅解。则一曰闻所欲闻，一曰明白爽朗。帝国主义四字，若盲目蔽其罪，自然称之为恶名词，迨无不一致。然一求其定义，则晦闷痞塞极矣，无人不往来糊涂，如落十丈云雾中。帝国主义之护法者，方且笑谈妄拉"赤化"等为抵制，作驴头不对马嘴之批评，暗示人以一若不归杨，似乎即归墨，是直以帝国主义，与民族主义、国家主义等有同等政治上之价值，诋诃帝国主义，无非止是失势者流对之为示威之暴行。此种见解，取证不必在远，即德皇威廉第二炙手可热之时，东邻三岛之大国民，且悍然以帝国主义自命，言之口有余沫也。至欧战既罢，协约各国，甫以正义人道之假面具取胜，又有不达时务之惠尔逊，提出和平方案。帝国主义始捉襟见肘，翳裹破裂，左右露出不可掩之凶相。于是彼等每有讼言，止闪烁嗫嚅，隐身于晦闷痞塞之含义中，弄支离之手术，以延其生命。虽与之为剧烈之战骂者，忽有共产党单刀直入，使无回旋之余地。然彼即借共产党之面目太咆哮，嚛一般所谓缙绅也者，以警怵近祸之心理，不得不张口甘饮其鸩，遂若帝国主义真倒，即共产实现之日。虽明知侮小儿亦不能如是简单，然彼亦无可如何也。殊不知帝国主义，终古为恶物。质言之，彼即独霸主义，极其满志之意态。止许强者一小部分共全世界之产，举大部分之弱者，非但屏之于无产阶级，且从而竟灭绝之。是彼实狭义的共产党，非与共产主义有相反之心理也。新底克脱拉斯，即少数共产之变相名词耳。故不于经济上观察，而帝国主义之狠毒不可得而全见。仅就政治立论，诚如漆先生所言，秦皇汉武与夫罗马诸帝，皆能攻城略地。是帝国主义，早已不分东西，不论古今，超空间时间而存在。此种解释，即非错误，至少亦太浑含。恒亦以为举彼未成熟已成熟之帝国主义，浑含类视，易以为政治上优胜劣败，互相主奴，皆兴亡细事。而使全人类，被歼于最少数之大祸，反隐于生活力背后，不能觉知。故帝国主义虽古今为恶物，但今日之资本帝国主义，为已成熟之吃人主义，乃结晶于经济上。并非如古代在政治上萌芽之帝国主义，仅为殃民之主义也。孟轲反抗当时未成熟之帝国主义，注重于政治，故曰善战者，服上刑，连诸侯者次之。不过隐隐亦留意于经济方面，复曰辟草莱任土地者又次之。辟草莱任土地，与今日之资本输出，不同而相似，皆所谓开发富源，为人类努力也。何以孟氏早判以又次之刑，今且举为蔽罪帝国主义之主点？因孟氏当时已微悟必有计臣为之开辟财源，于是战得而善，诸侯得而连。即生孟氏后之秦皇汉武，当野心方侈，亦必因供亿繁苛，四海嗟怨，不得不扫兴而罢。当日帝国之未成熟，皆与经济绝缘之故。先时孔仲尼有言，与其有聚敛之臣，宁有盗臣。皆往哲自然冥合，知逞志非金钱不可，强迫绝经济之缘。充自春秋战国、罗马以来，作二千年之停顿，未任帝国主义达吃人地位。不料去今百年之间，突然尊尚聚敛家，行其千百倍工巧之辟草莱任土地，于帝国主义，遂如黄河之灌决，浩瀚莫之能御，吃人之方法，完全成熟，少数共产之趋势，若不及早日遏制，人类将灭十分之七。故帝国主义者，政治开其野心，经济握其中枢，方成人类之大患者也。以上云云，皆于读漆先生书时，一读一快，聊抒吾之繁感，以与同读是书者一印证，实不成理趣也。其主旨，在表明漆先生止自研究其经济学理而已。然在帝国主义当之，方如受最猛烈之机关排炮，而晦闷痞塞之翳障一空，赤裸裸止露其吃人之凶相，非仅如党人书报，止为冲锋肉搏之词，虽自信可抵毛瑟枪三千，直毛瑟枪三千而已，将如其晦闷痞塞足以屏障其真相何？故夫需要于目前反抗帝国主义之读者，唐、徐两先生序之已备，尤不待言也。

民国十四年（1925年）八月一日

吴敬恒

唐绍仪序

人类，一竞争生存之物也。生存得其解决，则生；不得其解决，则亡。综观历史公例，未有或爽者。故马克斯谓经济为政治、法律、文学之基，征之今日群众渐见趋重于经济之势。而我国民今日之生存权，反不能与之竞争，且危若朝露者何也？时至今日，人第知迫害我生存权者军阀耳，而不知尚有侵害我之生存权千百倍于军阀者乎。夫武人专政，不过为一时代之产物，无论其如何流毒社会，假我数年或数十年，以国民之力，终能掊击而消灭之，往史具在，可以覆按也。噫："内乱不已，外忧何止？"须知内讧实不足以御外侮，而内乱之来，多为外人唆使利用以助成之也。是则为我生存权之大敌，且足危及子孙而永难解脱者，半在内部之军阀，半在国际资本帝国主义之侵略也。内部之军阀暂且莫论，而资本帝国主义侵入我国以来，而我历史遂变其一治一乱之公例，永久陷于循环式之自相残杀。不独政治上受其支配，即生活根据之经济，亦将受其钳制剥夺，而沉沦于奴隶之域也。今者五卅事变初起，不旋踵而汉皋喋血与东粤伏尸，相继见告。我国民始憬然于资本帝国主义之流毒至于此极，遂哗然以废除不平等条约、打倒帝国主义为抗争。而不知资本帝国主义之侵入我国，迄今垂八十余年，其根深，其蒂固，与我关系复杂，我国人之沐其唾余以生活者达数千百万。嗟嗟！是资本帝国主义已成腹心之致命伤，欲一旦锄而去之，果为事实之不可能耶？余曰："否否。"吾国人不欲为生存竞争则已，若欲为生存竞争，则不可不排除此资本帝国主义之侵略。欲排除此资本帝国主义之侵略，则不可不充分为之准备。惟此充分准备之步骤：其一须使国人明其真相，其二须使国人讲求排除之手段是也。

今日为我国上下其最感苦痛者，非此生活困难之问题乎？试问何以困难若此？即不外受外国工商业之压迫，遂致生计日蹙，糊口无方也。次为举国上下之疾首蹙额者，非此金融枯竭利息腾贵乎？而金融何以枯竭，利息何以腾贵？即不外由商战失败，漏卮外溢。闻之管子曰："仓廪实而知礼节，衣食足而知荣辱。"以我国今日仓廪之不实，衣食之不足，而欲跻国家于昌明，导政治于轨道者，殆真戛戛乎其难耶？然而为此现象之原动力，酿成此现象之重要条件者无他，一即资本帝国主义有以侵略也，一即一部不平等条约为之厉阶也。而演成事实者，则有协定之关税，割让变相之租界，破坏国际法例之领事裁判权，与无限制之治外法权，单方义务之门户开放，机会均等之工商业投资等。无一不足以致我国之死命，即无一不足以竭我国民之脂膏而有余，此即我病源症结之所在也。然则吾人之急务可知矣，我国今日关税之真相为何如？何谓领事裁判权与治外法权？租界在我国设定后所生之效果为如何？其性质奚若？外国人侵略我工商业之情形为何如？我国负外债之真相有何如？吾人第一若能洞悉而了解之，则第二步如何挽救之手段讲求，实为重要，即关税自应由我收回，收回后将采如何税制？领事裁判权与无制限之治外法权应请撤销，撤销后我司法行政权之应如何改善？租界之应收回，如何方能达收回之目的？我国工商业应加保护，保护后应如何防止外人之侵略？外债之应偿还，如何方能达偿还之目的？凡此者皆非空言所能应付，势必就上述诸问题，施以极精确之观察，以明其本源所在，衡以极合理之论断，以究其因果关系，由是切实进行，自收迎刃而解之效也。诚如是，则此次死难诸烈士之碧血，将洒作华族自由之花，此次空前之民气，将莳作富强之种也。吾人虽经重大之牺牲，又何辞乎？

漆君树芬为日本京都帝国大学经济学士，痛心于资本帝国主义之侵略，经数年之稽考，著成此书，名曰：《经济侵略下之中国》。举凡资本帝国主义之真相以及侵略我国之利害关系，皆慨乎其言之，如燃千犀，一一毕现。是书甫成，适五卅难作，吾知读是书者，更恍然于帝国主义之不可不排除，不平等条约之不可不改订也。欲排除帝国主义、改订不平等条约，则真相之阐明，与补救手段之讲求，实为重要。此书即能副此二点之要求而出现也。吾承同志吴山、陆杰夫两君之介绍，得读是书，快慰无艺！顺笔序之，用告读者，是为序。

民国十四年（1925年）七月二十三日

香山唐绍仪

徐谦序

俗话说，杀人不见血。我想这句话用来描写资本帝国主义，真算是须眉毕现。但是我没料着这回英国这个资本帝国主义代表者用这样拙劣的手段，在上海、汉口、广东等处大杀我们中国人，流了无限的血。就是最近一件惹起全世界无产阶级对我们表同情的事，名为五卅事件，也算是资本帝国主义反面的描写。因为资本帝国主义本是令人不知不觉的，甚至令人以为是可亲可爱的，并不是令人可惊可怕的，尤其不是令人看得清清楚楚明明白白的。我想世界上资本帝国主义或者已到了末运了，因为中国向来是不懂得他的，现在也懂得了。英国向来是最巧妙的，现在反最不巧妙了。你说打破资本帝国主义，不就在这时候么？

漆君树芬研究了好几年，又用了两年整工夫，才写成一本书，名为《资本帝国主义与中国》，在五卅事件发生后发行出来，真是应时势的需要，一定是洛阳纸贵了。我不是空赞美这本书，实在是盼望人人看一看，就明白为什么孙中山先生最后一句口号就是"取消不平等条约"。那骂他是"赤化"的，就是那向来杀人不见血的英人。我们借漆君这本书做英人的照相片，真是不可不看。

中华民国十四年（1925年）六月二十八日
徐谦序

郭沫若序

漆君树棻是我十五年来的老同学。民国光复的时候，我们同在成都住过中学校，后来先后留学日本，又先后进了日本帝国大学，我们的学籍几乎完全相同的。不过日本帝大分为四个，他进的是京大，研究的是经济学，我进的是九大，研究的是医学。因此我们学籍虽同，而我们也有多年不相见面了。

去年冬季，我浪游了日本回来，漆君也正寄寓在上海，我们因为是少年时代的旧友，也时相过从，但我们于思想上、主义上，彼此得到一个彻底共鸣，都是最近的事件。

时间是几时？我记不十分清楚了，大约是在今年三四月间的时候罢，漆君有一次来访问我，我们的谈话，渐渐归纳到中国的经济问题上来。我们都承认中国的产业的状况还幼稚得很，刚好达到资本化的前门，我们都承认中国有提高产业必要。但是我们要如何去提高？我们提高的手段和程序是怎样的？这在我们中国还是纷争未已的问题，我在这儿便先表示我的意见。

我说，在中国状况之下，我是极力讴歌资本主义的人的反对者。我不相信在我国这种状况之下有资本主义发达之可能，我举出我国那年纱厂的倒闭风潮来作我的论据。欧战剧烈的时候，西洋资本家暂时中止了对于远东的经营，在那时候我们中国的纱厂便应运而生，真是有雨后春笋之势。但是不数年间，欧战一告终结，资本家的营业，渐渐恢复起来，我们中国的纱厂，便一家一家底倒闭了。这个事实，明明证明我们中国已经没有发达资本主义的可能，因为：（一）我们资本敌不过国际的大资本家们，我们不能和他们自由竞争；（二）我们于发展资本主义上最重要的自由市场，已经被国际资本家占领了。我当时证据只有这一个。其实这一个，已就是顶重要的证据。资本化的初步，照例是由消费品发轫的。消费品制造中极重要的棉纱事业，已不能在我们中国发展，那还说得上生产部门中机械工业吗？

我这个显而易见的证明，在最近实得到一个极有力援助，便是上海工部局停止电力的问题了。我们为五卅案，以经济的战略对付敌人，敌人亦以经济战略反攻。上海工部局对于中国各工厂把电力一停，中国的各工厂，便同时辍业。这可见我们的生杀之权，是全操在他们手里。我们的产业，随早随迟，是终竟要归他们吞噬的。我们中国的小小的资产家们哟！你们就想在厝火的积薪之上，做个黄金好梦，是没有多少时候的了。

要拯救中国，不能不提高实业，要提高实业，不能不积聚资本。要积聚资本，而在我们的现状之下，这积聚资本的条件，通通被他们限制完了，我们这种希望简直没有几分可能性。然而为这根本上的原动力，就是帝国主义压迫我们缔结了种种不平等条约。由是他们便能够束缚我们的关税，能够设定无限制的治外法权，能够在我国自由投资，能够自由贸易与航业，于不知不觉间便把我们的市场独占了。

由这样看来，我们目前可走的路惟有一条，就是要把国际资本家从我们的市场赶出。而赶出的方法：第一是在废除不平等条约；第二是以国家之力集中资本。如把不平等条约废除后，这国际资本家，在我国便失其发展根据，不得不从我国退出。这资本如以国家之力集中，这竞争能力便增大数倍，在经济战争上，实可与之决一雌雄，是目前我国民最大之责任！除废除不平等条约与厉行国家资本主义外，实无他道。这便是我对于中国经济问题解决上所怀抱的管见。

我那天把这些意思先向漆君表明了。万不料漆君和我是同样的意见。不但意见相同，并且他于数年前到现在，已经就这个问题著作了一本书，定名为《经济侵略下之中国》。我这种意思，就是他书中所得的结论。他不久便把这部巨大的著作给我阅读。我读了之后，真是惊喜出自望外了。我惊喜的，是现在这样浮薄的学术界，竟有漆君这样笃志的研究家。我惊喜的，是漆君这样的笃志家，恰好是我十几年来的老同学。我惊喜的，是我自己这一种直观的见解，完全被漆君把真凭实据来替我证明了。

漆君现在要把这部著书刊梓问世，不消说我是很快乐的。漆君要叫我做篇序文介绍，不消说我更是快乐的。介绍漆君的，当然是漆君自己的著书和漆君精神与学问，我敢于佞妄的承受漆君的嘱托的，只是表示我自己对于漆君的同感，表示我自己的惊喜罢了。我在此敬祝漆君的大作功成！而同时由这部书，能使我国同胞，对于资本帝国主义得到一个明确的观念，能于我国前途，投出一道光明，那漆君这一番苦心庶不至辜负，而我亦深所愉快的。

民国十四年（1925年）七月三十日

郭沫若序于上海

著者第三版序

拙著自去岁双十节初版，11月二版，到今岁2月即已售罄无遗，读者对著者如此之热烈同情，与社会对读者属望如此之重大，真令荼惭愧无地！

但是，我可以向读者告白的，即默察我国一年以来之人心，对于帝国主义侵略我国之真相，弥觉观察得清楚。对于帝国主义之敌忾，弥觉与日俱涨，对于不平等条约，弥觉有废除之必要。只此一点，已就使著者鼓起莫大之勇气，涌起无限之希望。著者之心情，实非常之感激而愉慰的！

不幸的，我国之现势，五卅恶潮未息，京中惨杀案又相见告。我志士青年舍生取义前仆后继的，以赤手空拳，与卖国军阀之恶魔抗，以与联合一致向我压迫之帝国主义抗，以图废除不平等条约。此等崇高之精神，决死之气魄莹然曒照耀于我国之黑暗世界，深刻于我们之心底，烈士在天之灵已催促我们四万万众一步一步的向着打倒军阀与帝国主义之战线前进，我同胞见之，当作何之感想呢？呜呼！比年以来，帝国主义与军阀之狼狈为奸，加重我内乱，掠夺我金钱，屠戮我民命，已成不可掩之事实。而为彼等最便于勾结，最利于进攻之工具，犹当数一部不平等条约。有了这一部不平等条约，在政治上帝国主义者遂得向我行其极严重之压迫，他们在我国为最有特权之阶级，我们遂侪于被压迫之阶级。在经济上，他们为榨取之阶级，我们为被榨取之阶级，而我遂成为一国困民穷之现象。有了这一部不平等条约，海关遂为英帝国主义者之所管理，各国政治嗾使之，各资本主义式的商人贩卖之，而军阀恃以为威胁民众抢夺民财之大批军械子弹，遂得源源输入我国，我国循环式之内乱于以发作，纷乱扰攘，迭为起伏而尚不知所止。有了这一部不平等条约，军阀与军阀相火并，如一仗打败了，便可躲藏在外国人家屋内，跳上外国轮船与军舰，遁逃在外国租界与租借地内,而我行政司法权遂不能达其捕逮搜查审判之目的。因之军阀之生命遂得无限延长,甲来乙去,甲去乙来,使我之循环式内乱愈演愈烈。有了这一部不平等条约,外国人在我国到处皆可以设置银行,购置不动产。其结果军阀如抢了大批银钱,遂有外国银行为之存储,而无没收之虞。如购了广大之田园土地,遂可以登入外籍,而无充公之患。是这样看来,军阀一依傍了帝国主义,杀人利械即可自由到手,生命毫无危险,财用又无匮竭之虞。焉得不靠乱事以为生活,焉得不仰承洋大人之鼻息咧?

由此观之,帝国主义则根据不平等条约以达其压迫榨取之目的。军阀则靠此不平等条约以酿成此循环式之内乱,所以这一部不平等条约,实为我之酸心疾致命伤。最近帝国主义者更复滥用此不平等条约以为杀甲活乙之手段而图竟其侵略之素志。如见有利于帝国主义之军阀,则务必援不平等条约以维护之;如见有作反抗帝国主义之工作,则不论其为军人与民众,务必援此不平等条约,出种种行动,不使之倾陷不已。如此次日舰炮击大沽口事件,已显然干涉我内争。犹复勾结列强,向我提出最严酷之八国最后通牒,口称国民军违犯《辛丑条约》,封锁大沽,不得不出此行动。而考其实,则不外帝国主义者之利用此条约以助一方而抑他一方。呜呼!帝国主义与军阀之在我国,已有相依为命之概,决不容我新兴之民气发生。见有兴起者则务必扑灭之摧残之以为快。此即去岁五卅事件外人之忍下毒手,奉系军阀大施其压迫爱国运动之手段,今次北京段贼枪毙力争外交群众之原因也。然而为其根本上之原动力,即在一不平等条约。如吾人欲救自己以救同胞,则不可不首先打破此军阀与帝国主义之勾结。欲打破彼辈之勾结,则不可不致力于不平等条约之废除。不平等条约若除,我四万万同胞始有自由解放之望。同胞同胞!不平等条约关系我国万分重大,拙著对不平等条约研究较详。所以于第三版付梓时,感慨时势,特列论数言,以便读者进行救国工夫知所注意。

中华民国十五年(1926年)三月三十日
漆树芬识于北京惨杀潮中

著者第二版序

拙著初版于双十节，不谓一月未逾，即已销罄，实开我国出版界未有之奇例，此岂棻之言论足以耸视听哉？毋亦由我同胞感帝国主义侵略之痛苦至深，不期然以棻书而表示其热烈之同情耳！棻益知自勉矣。第一版仓忙付印，遗误甚多，殊无以对读者。今谨于第二版，皆施以至善之改正，务以符读者之盛意。其改正点略陈于下：

一、一版错字落字甚多，今皆施以精校，期无遗漏。

二、一版装订，微欠美观，今已改为精装、纸装二种，以从读者之所好。就在纸装，亦较一版封面美好。

三、一版印工，不免时有模糊，致读者阅读时吃力不小，此甚为著者所抱歉。今次印刷，务期显明，此可为诸君告者。

棻尚有微衷不能不一白者，棻之喜，非喜棻书之迅速销罄，乃喜棻书之能博社会同情。盖此同情，从他面观之，即为爱国观念之发露。苟因拙著而引起社会大多数人爱国观念之发露，国家其庶有豸也！斯即棻之所深幸矣！

中华民国十四年（1925年）十一月五日
漆树棻谨识

著者序

　　国势阽危，民生凋敝，国人醉生梦死久矣。近日五卅事起，霹雳一声，全国震骇，导火线发生于上海，英捕在我领土内，枪毙我同胞数十人，复继之以汉口、广东之事变，我男女同胞饮英人之弹以死者又无数。呜呼！我国其真亡耶？不然，何英人至再至三，屠杀我同胞而无忌也？我同胞鉴覆亡之无日，痛英人之蛮横，已全国一致，实行对英经济绝交以为抵抗；至必要时，诉诸武力亦在所不辞！是我国之生存问题，将于今后能否坚持之一念卜之矣。然我之对英抗争，非仅为沪上局部事件之抗争，乃为自争生存权之抗争。亦非概对英全国民之抗争，乃为对英之向我行使资本帝国主义侵略者之抗争。幸现在全世界之工党无产阶级，已翕然同情于我，今后世界大势，将由此问题，影响至如何程度，殊难预言。而拙著《经济侵略下之中国》一书，适于此时脱稿，不可不谓勉应时世之需要也。现在我全国同胞，既经一度警悟，应知此次事变，非仅一英捕枪杀之事件，乃系资本帝国主义侵略之流毒，与不平等条约缔结后数十年酝酿而成之结果。今后若欲极全力以排除此资本帝国主义之侵略，不可不详析资本帝国主义之为何物。若欲废除此不平等条约，不可不明了其内容，与及于我之利害关系，否则月晕必风，础润必雨，非一朝一夕之故。若云祸之作仅作于作之日，而不知其所由起，无怪乎资本帝国主义何以必出于侵略，不平等条约何以必出于强迫。我国人多未注意，犹之病症未明，而遽投药剂，欲无偾事，其可得乎！此拙著所以瞻顾徘徊，以研究资本帝国主义为职志，以分析不平等条约为目的，以推论我国所受之利害关系为主意，以筹谋对付方法为归结也。

　　概自工业革命以还，机械日精，交通愈便，而生产力因愈以加速度之势而发展。其所制造货物，不仅足供给本国之需要，并供给他国而有余。所蓄集资本，不仅足供本国各种投资之用，并可输向他国而吸收厚利。于是市场与投资地尚矣，生产过剩之忧亦可免矣。有市场方足分销其过多之货物，有投资地，方足收容其大量之资本。从世界史发展观之，工业革命，实可划为一新时期，自兹以后数世纪，列强一切之军事、外交、政治、经济诸设施，无不以投资地与市场为中心，而极其纵横捭阖之能事。盖其目的，端在于攫得商埠与殖民地而已。其造端微，其结果巨。

故世界舆图，因之屡呈变色矣。非洲之瓜分，南洋之侵掠，印度之附属，至二十世纪，微特不能恢复自由，且有灭种之忧，夫岂无故哉？

惟我中华，以人口言，拥有四亿之众；以面积言，则广袤达千万方哩①，最适于列强之商场与投资地。果也，鸦片一役，海禁大开，国际资本帝国主义遂如狂飙怒涛之袭至。缅甸失，越南亡，朝鲜灭，而我之藩篱撤；香港割，台湾丧，东北且由外兴安岭以至乌苏里江失地数千哩，而我国之领土，遂沦为列强之殖民地矣。商埠则自《南京条约》之五口通商起，以至今日，已开放九十余处。因供此资本帝国主义销货之用，而此商埠之关税，又由条约受极大之束缚，而外货反得自由输入，是彼等之市场问题已得解决于我国矣。而且结《马关条约》，外人在我国，遂擅有工业制造权；结《中英续约》与《中日通商条约》，外人遂得在我国有作股东权与合办事业权。自经数次《内河航行章程》之发布，而我全国，不论领海与内河，皆变为万国之航业投资地。于是彼等之资本，不但直接得源源输入我国，而且间接借给我外债亦复不少。例如因政治多次之大借款，因铁路、电信多次之经济借款，然皆以复利式榨取我资金，几不可以数计！而彼等投资地问题遂得解决于我国矣。市场与投资地既得解决，加以治外法权之无限扩张，领事裁判权之行使，其结果，彼等外人，俨然在我国之贵族，彼等所设之租界，俨于我领土内，为无数之独立小王国。而在我则经济被其榨尽，利权被其攫尽，以故国民之脂膏遂日剥月削以趋于枯竭，驯至金融恐慌，利息腾贵，企业因之愈难，我国人民中之有产者，降为中产，中产沦于无产，

---

① 原作中所有的长度单位都为英制里，写作"里"。为了不产生混淆，编辑时将具体数字后的单位统一改成"哩"以区分公制米、千米（启罗米突）。1英里约合1.609344千米。

以酿成今日穷困之境,虽无五卅事件发生,国民其可儳焉终日乎?

由是观之,弱我中国者,资本帝国主义也;致我于危亡者,由此产生之不平等条约也。资本帝国主义实为蚕食我之封豕长蛇,不平等条约,实为束缚我之桎梏陷阱。国人如欲坐以待亡则已,否则排除此资本帝国主义之侵略,取消此种条约之不平等,时乎时乎不再来,匪伊异人任也。惟排除之必有其道,取消之必有其法,断非空言所能了事,亦非徒唱高调所能竟功耳。撮要言之:第一须明我受病之所在;第二须析其及于我之利害关系;第三须研究其补救之方策。综合数者而熟察之,然后于事有济,此拙著之编作所以不容已也。阅此书者,其将奋袂兴起乎?

中华民国十四年(1925年)七月四日
蜀东漆树芬识于申江五卅潮中

读者注意

一、本书系合总论、各论二编而成，属于总论中讨论的题目，是一般的；属于各论中讨论的题目，是特别的。惟为本书始终一贯方针，即理论与事实并重。盖非理论，不足以推究事实之因果关系并其救济方策；非事实，不足以证实对现象精确之观察，其推理即难保不流于错误。

二、本书原名《资本帝国主义与中国》，徐季龙先生之序中即引用此名。后以上海书局有《帝国主义与中国》之汇刊出版，著者为避免混淆起见，特改为《帝国主义铁蹄下的中国》。惟经慎重斟酌，以为帝国主义虽为侵略我之祸魁，但无往而不以经济侵略为前提，谓帝国主义为资本主义之产物，亦未尝不可。且本书之内容，又纯以经济学理、经济材料来论证我之对外关系，故最后之定名为《经济侵略下之中国》，取名实相符之意。书中仍袭用旧名，以付印时间关系，不及更改，读者谅之。

三、我国各种外交条约、章程、合同，与因此所生之惯例，实为资本帝国主义在我国侵略之一个结晶体。我国现在弄得这样穷，这样糟，大概受赐予他们的！故本书对之讨论特详，不外示此等条约不废不改，国事终难振兴。惟有时以限于纸幅，未及列举全文。读者如能参考《国际条约大全》或《商约大全》，实为著者之幸甚。

四、本书材料，采自东西书籍者多，实以我国既缺乏参考书籍，又无精确之统计材料可供引证，故不得已而取材于外，自知不免有种种错误遗漏。惟本书系为著者之一种试作，不敢以云发表。苟有万一补益于社会，即所深幸，如得指教，尤为欢迎。

五、本书译名，多系杜撰（作者自译），实以我国迄今尚无标准译语可遵之故。译文下面，概附原名，尚希读者加以参考。又本书引用年号，多用公历，此则由采用书籍使然，非著者之有意崇拜欧风。至本书所列各国之度量衡，如金镑、佛郎①等，未换算成我国国币者甚多，兹将最近中外货币折合市价列下，用资参考。英金1镑，合中币8元5角，法币1佛郎，合中币9分，美金1弗，合中币1元9角，日币1元，合中币7角5分。其他之马克与卢布，则变动甚大，略不列。

六、统计材料，务求精确与新颖，凡杜撰与年代陈腐者，皆所不取。故本书所引之统计材料，务列其所从出之书籍与年代。又为本书所参考之书名，皆列于各章末，用备读者之参照。

七、著者自信资本帝国主义之经济侵略为全世界之大问题，抑实为我国今后生死存亡之一大问题，愿我全国人皆应殚心尽虑以讨论之研究之！此书不过为著者志愿中之一表示，以后当竭全力继续研究，以符读者之希望。

八、现在国人有一大误解，即目资本帝国主义之名词为共产派专用之口号。殊不知排除资本帝国主义为一事，国内主张共产又一事，一为对外关系，一为对内关系，二者截然两事，不能混为一谈。前者之帝国主义已为我国腹心之疾，全国人俱应有扑杀此獠之义务，而后者对于我国为时尚早，目下绝对不能实行，不可视主张排除资本帝国主义者即为宣传共产者，此为著者郑重申明之点。

九、本书文言与白话并用，系著者因时间关系，未及改成一致，望读者勿以辞害意为幸。又书中引有何编何卷何条，系就商务印书馆所出之国际条约大全之篇幅说的，请读者参考为幸。

十、本书到现在算完成了，价值之如何？则付诸社会之公论。惟为著者不得不向读者告白的，即编著此书之著者的动机，是如何会发生？著者是一个学经济的，尝以为现在我们专攻经济者之重大责任，研究学理固甚重要，而以学理应用于解决我国之经济问题尤为重要，本书即著者欲达此种希望著作中之一种，此即著者之动机。不过在我国经济政治界，侵略我最厉害的，就是一资本帝国主义，而后来的经济学者，只有对之讴歌的、赞美的。如我们要与此种制

---

①佛郎，即"法郎"的旧译，下同。

度取敌抗态度，他们的学说，当然为我们不采的。应该为我们采用的，就是一马克斯派。因为世界上，除了马克斯派，实无人能将资本帝国主义的真相暴露于外。马克斯派实为该主义之照妖镜铸奸鼎。自此学说一出，那资本帝国主义之吃人的凶相，便赤裸裸露在我们之眼帘前了。马克斯学说之所以为本书所祖述，也就在这个地方。

十一、本书虽为马克斯学说之祖述，然为本书直接建设之基础者，实为日本河上肇博士。博士实为著者在大学之经济学指导教授，著者的思想，差不多是由博士熏陶出来的，对于本书著成上，助力绝大，此为著者深深感谢之所。吴稚晖、唐少川、郭沫若、马寅初诸先生，徐季龙校长，萧娴女士皆当代之硕彦，而为著者平素最佩服者。此次书成乞教时，不但未与摈斥，反奖励有加，弥滋疚已。卷首各序及题签，尤为著者求之不得，此则著者引为无上之光荣，兹谨借此表其悃忱之谢意，然此亦足以征诸贤彦奖进后学心之深切也。此外，蒲伯英、何奎垣、黄石安、吴山、陆杰夫、罗冠英、沈松泉诸先生，孤军诸友对于本著直接间接，曾予以莫大之援助，尤为著者之感铭不忘也。特此鸣谢。

第一篇 总论

第一章　什么叫帝国主义

现在这帝国主义侵略的怒涛，已经奔腾澎湃于全世界，我们弱小民族的同胞，遭其荼毒者，何止十余亿。我国亦是弱小国家之一，又以地大物博著名，当然不能幸免此厄。所以我青年，我同胞，大家都迫于这一种侵略之水深火热的痛苦，口内说也是说的帝国主义，耳内听也是听的帝国主义，心坎中脑海中，印也是印的帝国主义。哎呀！现在提起这帝国主义四个字，几乎好像三岁小孩子也都晓得的光景。但是我们如一问这"帝国主义"究竟是什么一个东西？他的特别性质在什么地方？恐怕一般人瞠目不能对的。论起帝国主义譬如是侵袭我国的一个最凶猛的病，我们要想救国的人，就像医病的医生一样，哪有病原不清，病症不明，能够医得好病。所以我们既是来讲救国，来讲反对帝国主义，那么，帝国主义究竟是什么一个性质？第一我们非把他来研究明白不可。我们如把他的性质了解，则对付他的手段，自然是容易讲求了。论起帝国主义的性质，现在解释他的人，已多似过江之鲫。不是说他的特征在侵略领土，就是说他特征在扩张国权，发扬国威。如照他们这种主张，欧洲古代的罗马不消说是帝国主义之本家，我们的秦皇汉武，也是帝国主义之嫡派。那帝国主义，简直不分东西，不论古今，都是超空间时间而存在的。我以为这种主张，不是错误，是太过于浑含，太重其政治要素，而略其经济要素了。他们这一种，只可呼之为政治的帝国主义，现在我们要解释的不仅是政治，就是经济亦要注重。因为政治，不过帝国主义一种行动之表现，而其根基，实在于一经济要素，而尤以生产关系为重要。因经济要素，是为帝国主义之因，而政治要素为其果，其间有一种因果关系之可能性。因生产关系发达到一定程度，遂以必然之势发现于政治方面，不得不带其侵略之性质也。譬如往昔之罗马与今之英国，如仅从政治而言，二者是同一立于侵略之地位，然一论其生产关系，则一为手工业，一为大工厂工业，一为自足之生产，一为货物输出与资本输出，其差别何啻霄壤。如我们舍其经济要素不论欲以解决此帝国主义之问题，是犹不习数学者之欲行测量，哪能得个结果。所以现在我们认定解决此问题之关键，就在一经济要素之探究。好在从这方面着手研究之学者，也不乏其人，但是最可以供我们的参考，为我们最佩服的学说，不过有四。此四者，皆属于马克斯派（Marxism），我们试一分述于下。

一、柯芝克氏（Kautsky）[①]之工业资本政策的帝国主义论；
二、赫鲁发丁氏（Hilferding）[②]之金融资本政策的帝国主义论；
三、列宁氏（Lenin）之资本主义最后阶级的帝国主义论；
四、巴波努氏（Pavlovitch）[③]之钢铁政策的帝国主义论。

第一节　工业资本政策的帝国主义论

关于帝国主义（Imperialism），如依马克斯派学者之意见，总认此为资本主义发达的极盛时代，始出现的东西。先就柯芝克氏之学说一观其定义。什么叫帝国主义呢？如从其性质而论，实含有征服一切农业国家之欲望，而为资本主义发达到极端时始出现之一种产物。

因为工业国家，是以制造货物为专务。这一种大批货物造出后，单靠自己国内销售，无论如何是销不完的。如欲其销完，则非向农业国侵略不可，于是帝国主义遂从此发生了。何以要向农业国行侵略手段呢？则以工业国最富的是制造品，最缺乏的是原料食料品。制造品则实望向农业国销售，所需之原料食料品，则要从农业国买进。而农业国则反是，最富的是天然物。天然物未见得

[①] 柯芝克氏（Karl Kautsky），现一般译为卡尔·考茨基。
[②] 赫鲁发丁氏（Rudolf Hilferding），现一般译为鲁道夫·希法亭。
[③] 巴波努氏（Pavlovitch），现一般译为米·巴·巴甫洛维奇。

有要求工业国购买之必要，最缺乏的是制造品，制造品则须仰给于工业国，如一切之机械钢条等，是其最著之例。此从经济方面观察工商国有侵略农业国之必要。我们再从军事而论，农业国之最大缺点，即在于军器之制造，工业国之最大优长，即时在于握有最新军器制造之技术，设有数多军器制造之机关，因此农业国家就全立于被征服地位。

我们试就英国一为观察，英国不消说是世界上第一大工业国，于陆地则设有数多之铁路网，于海洋则分布无数之艟艨巨舰，其对于殖民地之运兵，可以借此朝发而夕至。不特是交通机关占其优长，并且于此种机关以外，实拥有弹药工厂无数，装甲汽车、战斗舰、潜水艇与其他之种种新式武器无数。既拥有如此巨大之军器，纵有四万万之印度民众，哪不俯首帖耳受其支配？不单是海中之小岛英国，因此尝为世界之霸王，即小如弹丸之法兰西亦征服有数多之殖民地，如摩洛哥、安南、非洲等处。而此等农业国对之，实无何等之抵抗。请看号称四万万民众之中国，连仅足以维持国家独立之兵力，都创不出来。此无他，实由农业国第一之弱点，即在于军事。所以俄国至1917年之参战而败北。中国与各资本国家之宣战，更形败北。所谓天津事件，仅以英兵4万，而陷其首都北京，使其为不名誉之讲和；所谓拳匪之役，仅以联军5万，而割地赔款，都可以用此公式说明的。

然则帝国主义者，实一侵略农业国的资本主义工业国家之外交政策者也。什么叫帝国主义呢？通常由不平等之二部分构成。于中央则有工业国，于其周围则有数多之农业国，实如各行星之拱绕太阳一样。而农业国常绕一工业国家以为行动。

以上为柯芝克氏对于帝国主义说明之概略。即以帝国主义之根本特性为在于农业地方之获得。以我们的见解，此说固有一部分之真理，然实不能概得帝国主义之全部。因帝国主义之侵略，除农业地外，工业地亦在其欲望中。所以我们再有研究第二说之必要。

第二节　金融资本政策的帝国主义论

此派之代表,当首数赫鲁发丁氏。他的学说之要点,大概以帝国主义为发源于近代之资本金融政策,试一述其大意如下。原来银行业之发达,从时间上可分为两期,即第一期为银行之借贷营业期,第二期为银行侵入于工商业期,兹就前期一述其大要。

第一期之银行,在经济界上所做的事情,非常稳当,其营业则常止于介绍金钱之借贷。如资本家要用钱时,则加以一定之利息计算贷与之,如私人要存钱时,则出以一定利息存储之。其对于政府,亦如对于资本家、私人一个样子,通常附加一定利息,而为国家营借贷存储等业务,已惟作中间之一种介绍人,将自己所集基金,作一种信用,而获其大入小出利息相差之一种利益,毫未与于生产买卖之工商事业。总之,在本期内银行所营之业务,极有制限,经济行为极形简单。质言之,银行简直是为介绍人民金钱借贷之一种机关,所以本期称为银行之营业期。

然银行此种营业之范围,终不能不与经济发达并行,而形扩张。计自18世纪工业革命以后,欧洲各国之经济,渐形发达。不单是大资本家得资本巨大之集中,即一部分之工人劳动者,无不见有多数资本之蓄集。既个个人都有点蓄集,则利用金钱,存于银行,以图生利,亦属应有之事。然此实启银行侵入工商业界之一个好机会。因为银行到了现在,已成为江海纳百川之势,所储集的金钱,也不知有多少。如仍靠从前放债生息的方法,未见得能将此项巨金安顿得完,就作算安顿得完,放债之收入,哪能及由经营工商业所得收入之大?所以银行家,自此念头一起,遂一改其旧来之面目,而侵入于工商业界。从时间而论,此实为第一期之告毕,而蝉联于第二期。银行自达于此期后,有买卖就做买卖,有货物制造,就从事制造。不单是一切工厂,归其支配,即远在数千里路之铁路轮船,亦在其掌握,全国之市场,亦受其指挥,巨大之矿山,亦供其开采。换言之,银行一入此期内,即渐向工商业界获得最高支配权之基础,而各工商事业之所有权，即全部移于银行。新来之银行家，遂渐次变成工商业界之主人，而旧来之工场主商业主，则反降于一种代理人之地位，而原属于银行之资本，遂由此夺工商业之资本而代之。此种资本，即称为金融资本。如我们试一论此金融资本之机能，已不像从前时代，单以周转借贷为满足，并进而向一切工厂、货物、机械为资本之投资。这一种独占扩张结果，他们的力量，说来骇人听闻，简直可以操纵一国市场之供给需要。如见生产有利益时，则扩张之，如见有减缩之必要时，则减缩之，务以达其大利获得之目的。一国的经济界既到这样地步，则在实际上，为各种事业之支配人，一非是个人之资本家，二非是其国之政府，乃是由数多的匿名存在之财阀集团，而握有其权利。起初是在一国内发生此种现象，渐次如波动状态，传播于各国。驯至国际间，亦见有银行团之联合，而全世界归其支配，此为银行宰割世界之时代。然此联合，绝不是可以持久可靠，苟对于地域分配上，因肥硗之不同，而利害亦自各异。所谓世界冲突之大战，即随之以起，资本主义之有缺陷，亦实在这个地方。

　　以上为银行由一期入二期达于极盛之经过情形。然因此金融资本的政策，竟能使帝国主义发生之理由安在呢？关于此个问题之解答，据赫氏意见，则谓金融资本实含有获得新领土最强之欲望，且最富于侵略性质。其侵略之程度，实较前时工业资本更为厉害。如据赫氏之意见，此次世界之大战之原因，实由金融资本可以说明。世界各国之所以相率卷入此项世界政策之潮流，热心从事于未经宰割的地球部分之分割，亦无不以此项金融资本为原动力。因为在金融资本以前之工业资本，是以制造货物，输出货物为目的，而现在之金融资本，其特征非在于货物之输出，乃在资本之输出。此一种货物与资本之输出，实极端有其差异地方。盖前者以其为货物之输出，故受有限制极大，后者以其为资本之输出，故受的限制极小。试以例证，非洲之撒哈拉一带不毛之地，几乎出产也没有，人烟也没有，如在工业资本，则当弃之而不顾。因为他们是以销货为目的，设如此地没有顾客，当然不受他们的欢迎，他们即不投资，那沙漠就是一缺乏顾客的地方。然在金融资本则不然，不论沙漠地方也好，什么地方也好，只要能供他们要塞之修筑，铁路之建造，他们的资本，就算一种输出了，他们的目的，就达到了，绝不因地方之肥瘠而有其限制，此为资本之易于输出缘故一。

其次，资本如向殖民地输出，向有利益之事业投下时，对于银行，实无何等之危险，并且还有大利存在，因为此等银行，如于小亚细亚或非洲某部分，为一定铁路建设之计划，则必以种种之广告方法宣传其有利，并为大批公债之募集。其结果，该银行必得大多人之购买，而资本输出之目的于以达。是这样看来，凡殖民事业所投下之资本，既非由银行本身所出之血本，又非向被征服之殖民地人获得，乃由本国一般国民募集所得。换言之，此种殖民事业，实为榨取本国人民经济最好之手段，此为金融资本之易于收集之缘故二。

资本既收集也容易，输出也容易，那金融资本，遂可为无限之扩张，到处发挥其独占性质。铁路亦可建设于沙漠，军队亦可以输送之于沙漠，一切军用大炮军装，亦可以设置于沙漠。是殖民地，实为其榨取经济之一种手段，纵不贩卖物品，亦可膨胀其资本，此实为金融资本政策含有侵略性质之原因，而为帝国主义发生之原动力。

第三节　资本主义最后阶级的帝国主义论

赫氏所说之帝国主义，我们由上段，大概可以略窥其一斑了。其要点，即在于以金融资本政策为帝国主义之定义。而金融资本是什么？即不外一侵入于工商业界之银行资本，或支配一切实业界之银行资本。然列宁关于帝国主义之学说，则较赫氏为更进一步，爰为介绍如下。

现代资本主义第一之特性，无论从哪一方面看来，都是在一独占，但独占又是什么一个东西？是不可不以详论的。

原来旧时之资本主义，其特征系在于一竞争自由。譬如在一个地方，有数个工厂存在时候——如制糖、制革、纺织、炼铁工厂等——他们为多得买主，制胜市场起见，互相必为极激烈之竞争。惟其为自由之竞争，则价廉物美四字，实为他们竞争制胜必需之重要条件。但此价廉物美四字，亦非容易可以办到之事。其根本上，尚有需乎技术上之改良，经营之经济，新式机器之应用等。是这样看来，此自由竞争之时代，即一工业进步技术改良之时代，不论何国，不论何方，不论国内国际市场，此种趋势，皆为普遍之传播。如欲在竞争上占优胜，无不以改良货物，低廉价格为前提，资本主义第一期之特质，也是在于此一点，而今不过仅留有余迹存在。

现时资本主义之特质是什么？则非自由竞争而为独占。什么叫独占呢？即由资本家团体，共同议定一定货物价格，不准任意放盘，设定一定规约，防止互相竞争是也。譬以制糖一项工业而论，此种工业间，即有脱拉斯（Trust）①、新底克（Syndicate）②等种种独占团体之组织，通常对于糖价，则一律为同一之规定，决不许任意照所定价格以下贩卖，如同业中有违背此项公约时，或于组合外，发见有其他商人任意减价时，则由此等组合抵制，拼得以全体一个月之损失，务使之达于破产。其结果，此等独占团体之威力，既得发挥，市场完全之独占权，归其支配，而独占之势以成。由是凡砂糖之制造主，不得超过公共组织所议的定量以上，为砂糖之制造，此即制造权之受限制的地方。其次凡砂糖贩买主，不得照公共组合所定之价格以下，为砂糖之贩卖，此即是贩卖权受限制的地方。又其次砂糖之存储者，不得超公共组合所定之界限外，在市场为多量之存储，此即是存储权受限制的地方。如生产存储过多之时候又如何办理？则不外或烧之，或投之海中，务使砂糖不为过剩之供给，而达享有最高价格之目的。

一国内之糖公司之组织既得成立，则为避免世界市场之竞争，必须与他国公司相为联合。如美国糖公司与英国、法国、德国诸糖公司之互相成立协定，以属必然之趋势，于是国际间独占公司之形式，遂从此产生。

现代资本主义新底克之制度，实以洋油脱拉斯为最完备之组织，最初成立于美国，而渐次伸张其势力于全世界，收有世界之油田于其掌中。其次美国之钢铁脱拉斯亦声势浩大，于全世界遍设其贩卖店。此等脱拉斯惟其为大规模之组织，故先为一国市场之独占，而渐次企图全世界市场之独占，并以导其他工业独占制度之成立。此种独占制度既形成立，则旧来之自由竞争制度，已渐次

---

① 脱拉斯（Trust），现一般译为托拉斯。
② 新底克（Syndicate），现一般译为辛迪加。

归于淘汰。然如自由竞争果因此消灭，则工业之进步，不能不停顿。其结果，我们可以于此过程中，发现两个最好对照，即在前时代之经济现象，实以技术进步，货物优良，价格低廉为其特征；而一至后时代之经济现象，则与前相反，以工业退化，货色恶劣，价格昂贵为其特征。然则此资本主义发达到最后阶级，已非是经济进步之时代，乃为经济退化之时代，我们由此可以断言了。

论起这帝国主义，如简单说来，实以资本主义为基础，而继续发展的，而资本主义之所以成为帝国主义，实由资本主义发达到最后阶级才形成的。这资本主义一发达到于此期，遂于其根本之性质上，发生一种正反对之变化。此一种变化为何？即由资本主义之独占性，取自由竞争之位而代之一事。本来自由竞争，实为旧时资本主义及一般货物生产之特性，而独占则刚与自由竞争成为反对。不过后者实由前者渐次变化而来，以达于一般人之眼帘前，一般人殊不觉耳。自这独占组织一成，大企业起，小企业仆，大工业更代以愈大之工业，而发生大公司之独占。

虽然，独占虽为从自由竞争而发生，而自由竞争，决不因独占之发达，而即行废止。二者之关系，到现在实有相并而行之势，于是此二者间，遂发生几多重大之矛盾冲突，独占特不过为较高有秩序的资本主义之一种过渡形式。换言之，现代的资本主义，实着着的发展到独占主权之确立，此与自由主义实为相对立之二大经济现象。独占从今以后，愈得趋于发达之途，而自由竞争则为旧经济组织传来之剩物。惟其二个现象并存，所以在现今社会上，实添了无数之纠纷。如我们试一分析其纠纷之所在，已非存于个人与个人间之轧轹，实为多数经济团体之交战。此种团体，至现在已成无数工厂，无数银行之包围混战，带有极激烈之性质。先以自身投于国与国之交战，继续卷入于世界之漩涡战，此即列宁所述关于帝国主义综合观察的概要。若照他的简单定义，则所谓帝国主义者，实可云为独占期之资本主义者也。此种主义，最为重要，因为一方面金融资本，实为与大工业独占团体资本相融合之少数大银行资本，而在他方面，世界之分割，已由扩张领土之殖民政策，而移于以独占为目的之领土保持之殖民政策。

列宁关于帝国主义之综合的观察既明，我们再进而研究其关于帝国主义之分析的观察。

帝国主义第一之特征是什么？其最显著可指的，即因生产与资本之集积，达于极端之发达，在经济生活上，必然的引起独占之发生。

经济史上之发展的阶级，最初为自给自足之家内工业，其次移于市场交换之手工业，又其次由手工业而移于工厂工业，以至于现在之大工业，这一种小工业，遂以必然之势，日趋于减少。彼等原有之资本，遂渐次移于大资本家之手。换言之，前次分散于无数小规模事业之资本，遂由此集中于少数之资本家。此种趋势既成，在社会上，富者愈为有钱，贫者更为贫困。试以美国而论，其生产事业，异常发达，最大工业有三千，其所雇用劳动者数目，实占有全国事业所雇用者之半，其制出之货物数量，亦略达全国事业总制出品二分之一，而其他事业总数，虽为三十万，其制造能率，则仅得与三千之大工业相匹敌。是这样看来，美国全国生产之半数，至现在已集于百分之一少数事业家之手了。此种生产事业之集中，即不外表示全国之机械劳动者，向全国少数之数十数百大工业家之集中，而向独占方面进行。何以向独占方面进行？如依列宁氏之意见，则不外以一方面企业家既占少数，实容易得独占协约之缔结，而在他方面所经营事业范围，既愈形扩张，则独占之倾向，亦自增加。这一种独占势力，既愈趋愈强，则自由竞争，愈受排除，而少数之数十数百之企业家，遂得握生产事业之最高无上权，敢于国内外市场，对于货物之分量与价格，为一定限制之规定，而达操纵货物供求之目的。其结果，市场虽大，可以由少数资本家垄断一切，生产费无论如何减少，可以依然维持其高价而贩卖，而使物价下落之重要动机，早已失其存在。此实为使近代脱拉斯发生之因，亦即为工业发达之果。起初是由一国内之数多工业家相联合而成立一国内之脱拉斯，其后由一国之脱拉斯与其他国之脱拉斯相联合，而成立国际之脱拉斯（International Trust）。此种组织既成，则生产与资本之集积，均达于非常之发达，而独占遂至于发生。

帝国主义第二之特征是什么？即银行资本与工业资本之相融合，及以金融资本为基础之财阀独裁政治之创立是也。

现代资本主义之特质，实在于银行资本向工业界之侵入。由其侵入结果，各国内之少数银行，其地位因之愈得巩固，而掌握各种工商业之实权。举例而论，于法国则由四五之银行，于德国由五到七之银行，于俄则由十至十五之银行，而支配其国之工商业界。而此等银行事务，又由其二三之首领而指挥一切。弊之所极，势非举全国之工商业，而移于二十乃至三十，多的乃至四十或二百之少数资本家支配之下，非使为其从属不可。所谓财阀之独裁政治，即由此产生，凡经济、财政、军事，无不仰其颐使。

在昔欧洲地主与贵族当权之时，一国事无大小，皆决之于十万或二十万贵族地主之手。然自农奴制灭，资本主义代兴，一国之政治、经济各种权利，遂渐次移于大工场主之手，而归其支配。虽有所谓民主立宪政治议会制度之创设，论其实，不过少数人行其专制，此实为现代最不良之政治状态，而其特质为我们不可不一说的，即一般民众，尚未识得何人为其真之统治者一事。所谓鼎鼎大名之库来满氏（Clemenceau）[①]、路易乔治氏（George Leoyd[②]）等，一般民众皆信之为彼等之支配者，然而在实际上，彼等之真支配者，则非库来满与路易乔治，乃为有些未知名之人物。顾此等人物之究为何者？对于我们，皆密封得紧紧的，大有不许我们窥探之势，惟留心国民生活者，始能略知一二。此人物为何？即一国之财阀是也。此种财阀之支配政治，实为现代资本主义发展阶级上，最有特质之一种制度。故不论为德国之威廉二世之开明专制也好，为英国之君主立宪也好，为法国之共和国也好，按其实，凡一切之军事、政治、经济，无不受有此等少数财阀之支配。此等财阀，我们可呼之为财政王，金融上之贵族，现实为支配世界经济之中心点。

帝国主义第三之特征是什么？即与货物输出有别之资本输出，在世界上占有重要之位置。

在自由竞争全盛时代之资本主义，实以货物输出为其特征，而在独占全盛时代，则以资本输出为特征。试以英国而论，其国前期之经济特别现象，在于货物输出。是时之英国，实为世界经济最大之国家。然至于现在之英国，则情形与此相异，一方面虽有多处之货物输出，而在他方面，更有多数资本输出。试以列宁所列之三大强国之对外投资表，以示资本输出之概势。

[①] 库来满氏（Georges Clemenceau），现一般译为乔治·克里孟梭，法国激进党政府总理。
[②] 此处拼写有误，应为 Lloyd George，即劳合·乔治，英国自由党政治家、首相。

单位：10亿佛郎

年	英	法	德
1862	3.6	—	—
1872	15.0	10.0（1869年）	—
1882	22.0	15.0（1886年）	—
1893	42.0	20.0（1890年）	—
1902	62.0	27.0—37.0	12.5
1914	75.0—100.0	60.0	44.0

据上表看来，这资本输出之增加程度，实在令人可惊！在1862年，仅有36亿在外资本之英国，至1914年——50年尚不足——已拥有三十三倍之资本在海外。其他之法国，约40年间，亦有五倍之增加。德国12年间，亦约为四倍之增加。于以知现代资本主义之根本特性，实在于多数资本之海外输出，且其资本，不论对于如何缺乏购买力之国家与贫乏之国民，都可向其输出的。现今世界之经济现象，可以说资本输出，有渐渐的超过货物输出之势。

试以非洲而论，其地本极荒凉，其住民又甚贫瘠，对于货物，实可云无有购买力，故此等地方，对于货物输出实为不宜。然一至资本输出，则毫不以地方之情形而受限制，无论如何之硗瘠地方，亦能受此资本之输出。此理由无他，因为凡一领土之并吞，都需莫大之费用，到处须为要塞之建筑，铁路之建造等。是这样看来，资本输出，实足以致帝国主义极端之发达，而诱起帝国主义之政策树立。

帝国主义第四之特征是什么？即各国资本家实际着手于国际的独占团体之组织，而为全世界之分割。

一国之脱拉斯，不论关于油与铁，砂糖与煤，已如前所说，既渐次组织于国内，其第一下手的地方，即为国内市场之分配。然国内市场与国外市场实有密切之关系，如一国内市场分配之势既成，则联合他国而组织国际脱拉斯亦属必然之势。由此英国之糖脱拉斯，或与德国之糖脱拉斯相联合，德国之铁脱拉斯，或与美国之铁脱拉斯相联合之事，遂见发生。

此等国际的新底克及脱拉斯尝为国际会议之开催①，有时是公开的，有时是绝对秘密的。

因为世界资本家，须靠唆使世界各国之劳动者，互相不和，才能得保其优越地位。所以他们如欲长久榨取民众之经济，此一种国际之联合是必要的。然此种行动，如取公开的态度，对于他们，自然是有不利，所以于1913年在比京（Brussels）②开第一之端的，即为万国钢铁业之秘密大会，约有400代表之出席，就是有产阶级（Bourgeoisie）之新闻记者，亦拒不与旁听。究竟他们讨论的是什么题目？开会结果，互相为如何之协定？则非局外人所得而知。据我们所推想的，大概不外一世界市场之独占同盟。换言之，即分割世界于数个新底克脱拉斯加帝儿（Kartel）③间之一个问题。各国究应该分取多少，其数量都由本大会而定，此实为国际联合独占同盟之一个好例。与此同样的，于1910年，尚有铁路工业之国际组合大会，其会系为规定在世界市场，各国应输出钢轨额而开的，暂定以向后三个年为有效期。计英国之应输出额为三成七，德占二成，其他各国皆有一定之规定。此种资本家大会，不单是能定世界市场分割之部分，即货物之价格，亦为划一之规定，凡加盟于本团体的，不得照定价以下贩卖。

此种联合形式，在讴歌资本主义的，以为借此可以废止世界市场之竞争，间接可以保持各国间之和平。其实此种意见，何异于痴人说梦！因为此等财阀，个个都是贪得无厌的，现代之资本主义，又是以独占为特质的。故虽有此等名义上之联合，然而在他们自己本意，谁不想自己一个独占世界市场，谁愿意他人参加？只要有好机会来的时候，英国、法国、德国都是要做一做建设世界帝国之梦的。

所以在1910年之国际会议，本规定法国应输出于世界市场之钢轨数量为25%。然于1912年之会议，又因法国代表之要求，改定为50%，较前所定额，不啻倍增。然此终不能使法国之钢铁业满足，于是他们遂决心于阿尔沙士洛兰

---

① 开催为日文，即开会、举办的意思。
② 比京（Brussels），现一般译为布鲁塞尔。
③ 加帝儿（Kartel），现一般译为卡特尔。

（Alsace Lorraine）①产铁区域之独得，而图在世界钢铁市场法国独占支配权之确立。此即国际资本家不能始终联合之例一。

我们再一看大战前之摩洛哥问题，本来法、德二国资本家，最初在摩洛哥，曾为一法、德共同投资团之组织，以图向该处为经济之榨取。法国以特别关系，得占其投资额之六成二，德国仅二成。然双方均满满的不平，在法国则欲其独占，而在德国亦更欲其独占。故虽有此种联合机关之成立，然法德之关系，决不因是而改善，而反趋于不良。不特不能保证世界平和之维持，反为诱起世界战争最大之原动力。

帝国主义第五之特征是什么？即资本主义国家之对世界领土分割，已经完了一事。列宁为说明此个定义，从地理书，曾引出欧洲列强之殖民地获得面积比较表——中含有美洲之合众国——列之于下。

地　名	1876年	1900年	增　减
非　洲	10.8%	90.4%	79.6%
南洋群岛	66.8%	98.9%	32.1%
亚　洲	51.5%	56.6%	5.1%
海洋洲	100.0%	100.0%	—
美　洲	27.5%	27.2%	-0.3%

据上表看来，凡地球上之荒僻地方，20世纪初头，悉已为人所占领，于亚于非实未剩有何物之存在。如要再分割，除了向其他所有者夺取而外，实无二法。这一种详细理由，我们可以稍申论如下。

距今五六十年以前，在地球表面上未经人占领之地方，实是不少。故凡有志于殖民政策之诸国，毫不与其他国家冲突，即可以获得若干之地方。试以数十年前之法国而论，丝毫未诉于战争，即夺得亚尔格里亚（Algeria）②之一国。不单是法兰西，即其后之意大利，亦与欧洲诸国，毫无冲突，即并得北非洲领

---

①阿尔沙士洛兰（Alsace Lorraine），现一般译为阿尔萨斯–洛林，法国东北部地区名，与德国隔莱茵河相望，工业重镇。

②亚尔格里亚（Algeria），现一般译为阿尔及利亚。

土之大部分。不单是意大利,即同样之德意志,亦全未与他国生争端,而获得中非洲领土之大部分。小如比利时,亦于孔哥①获得殖民地。然至现在,曾几何时,而世界之形势已呈大变!世界未曾遭人占领之领土,至今已寸土不存。由是以来之殖民地问题,实为国际间最易诱起纠纷之一原动力。如像德国要想染指于摩洛哥,则该处已成法兰西之势力范围;俄国如欲伸张势力于波斯,则该处早已有先人为主之英国存在。由这样看来,现在之地球,可云为已经列强宰割殆尽,如有万不得已须扩张其领土时,则除与他国以干戈相见外,实无他道。其所以然者,因列强之境界,已成为犬牙相错,即仅前行一步,亦须侵入他国之区域,虽欲不起冲突,不可得也。不但侵入于非亚二洲一等强国之领土内有其危险,即小如葡萄牙、比利时、荷兰之殖民地,亦不能任意许人侵略的。盖非此等小国富有抵抗力之可怕,实其背后大有人在,动辄即借保持黄色—亚洲、黑色—非洲二大陆之势力均衡为名,而干涉此行侵略主义之国家。

然则现今之世界,分割已经被人分割了,分配已经被人分配了。这各国之境界线,不论在欧洲与非洲,是不能许乱移动的,苟欲移动,则不可不入于世界战争之危险。由此我们可得一个结论,即殖民政策者,实使资本主义之列强,为黑色、黄色最后大陆之分割,而终致世界战争之出现者也。

关于列宁对帝国主义之分析的观察既明,我们再一介绍其对于帝国主义特别之见解。依列宁氏之意见,帝国主义实不外一寄生主义。而寄生主义又是什么?则不能不一说明如下:原来帝国主义之特质,即是一资本巨大之蓄积,既有如是大批资本之蓄积,则代表此种资本之有价证券,实如前所说,可达1000亿乃至1500亿佛郎,于是专靠证券上之利息收入以为生活之一种阶级遂此发生。此种阶级之特征,是与职业劳动离缘的,每天是以游荡过日的。如在国内资本过于膨胀须向外输出时,这一种倾向,愈足以使他们与生产事业生乖离,而惟以榨取海外殖民地之劳动为生活,所谓帝国主义即寄生主义就由此起的。

试以英国而论,其海外一年总贸易额之收入,在现世纪之初,实为1800万镑。然同时投资于各种事业之收入——由证券额面所代表资本总数之红利与利

---

①孔哥,即比属刚果。

息之收入——实达 90 万镑乃至 1 亿镑。是这样看来，即在占有世界贸易最大之英国，其靠利钱以为生活之阶级，一年之收入，实为其贸易收入之五倍。所谓寄生主义之特质，实存于此个地方。

英国本来是最富于资本的，所以商品输出，虽渐不及后起之美国、德国，而资本之输出，尚在世界握有其霸权。然就在美德二国，其资本之输出，亦实年年有增无减，而渐占有经济之重要关系。由是在世界上，凡有可以输出其资本之范围，即为列强之竞争目的，而在国际经济上，又因此多添一层之纠纷。

帝政时代之俄国，实为各国之资本投下范围，曾未具有独立国之资格。不单是受支配于法兰西之资本，即英比德美诸国之资本，亦尝发挥势力于其国内。所以当革命后，各国之财阀，实尝助白党而抑苏俄之赤军。此缘故无他，一方虽由顾虑其投下之资本而欲有以收回，而在地方，则恐失此 1.5 亿人口之投资地。

然则是这样看来，帝国主义及于一国最大之影响，当然要算由此产出一极大部分之不耕而食不织而衣的阶级之出现。掉句话来说，他们就是一各种公债股票之所有者。虽然他们什么事业也不做，但是他们无论要什么好东西，都可以拿的来，甚至于有时，他们连以票领钱这一种手续都嫌繁难，而托与信托公司或银行代办，以惟向银行领取现金。

忆昔一国在工业阶级时代，他们的情形是怎么样？其当否姑且不论，总之他们个个之对于企业，无不亲身经营指挥、管理，以图得最大之报酬，并借以增进其国之生产力。然至现在，彼等若祖若父传来资本主义企业之典型，与对于工业之指挥、管理已为陈绩！而占有其势力的，只有靠利息以为生活一种寄生阶级。此种阶级既逐日增加，则一国之各阶级，皆受其传播，亦属必然之势。所以在大战前之英法德数百万劳动者与农民，皆具有小股东之资格，其势之所趋，显使有产阶级与无产阶级将有调和机会之出现。因为他们只要稍买有俄国公债与摩洛哥公债，他们皆与资本家之心理一样，仍是重视俄国同盟与于摩洛哥法兰西所行之政策。如同盟与在摩之政策得其成功，即当成他们之利益。然自大战结果，受损害者，实为此等劳动阶级与农民。因银行之所以能卖出此一种无信用之公债，实全靠此种阶级为购买之。结局，俄国公债全部皆由法国农

民与劳动者之负担。

要而言之：在大战发生之间，数多之劳动者与农民，实甚有兴味于帝国主义政策与殖民事业，亦为不可掩之事实。然此种阶级，已非为纯粹之无产阶级，实多少带有资本家之色彩。自大战后，有产阶级内之寄生阶级既逐日增加，则于此阶级内，起解体之变化，亦属必然之势，而资本主义于是不得不入于衰颓之时代。因为社会既因此而愈呈腐败，则支配阶级亦将愈趋愈下，可以断言。

以上为列宁关于帝国主义一贯之见解。其议论虽浩瀚，然归纳言之，其要点之所在，则不外以独占为帝国主义发达之源，以寄生主义为帝国主义将濒破灭之因，论旨切中肯綮，而为现今说明帝国主义最有价值之学说。

第四节　钢铁政策的帝国主义论

钢铁政策的帝国主义论，实为现在最新之学说。俄国之巴波鲁氏，则为此学说之主张者，试一述其要点如下：

帝国主义是什么一个东西？简单说来，就是代表一个侵略政策之形式。然此侵略政策，实尝依钢铁工业之利害以为左右。所以这钢铁工业，在现在世界经济上，实占有极重要之位置，而其他之凡百工业，大有为其从属之势，如各个行星绕太阳以为回转一样。钢铁工业，不单是在实业界握有其霸权而已，并于一国之外交政策上，尤有重大之势力存在，凡帝王大总统，无不承其意旨以为行动，至为其下属之外交官，更不消说了。故凡一事之出也，如属于其他工业界向政府之要求，则不论此事之关系于国计民生如何重大，他们亦概置之不理，然如属于钢铁王之要求，则虽其事为毫无足轻重，他们亦莫不与以处办，此犹可云为二者之异其利害关系也。然如二者同其利害关系而生有冲突之时，则胜利必尝归于钢铁工业，此可云为一定不易之法则。

原来帝国主义之行侵略，实始于19世纪。此时代之特征是什么？其最可令我们注意的，即当时资本主义国家之经济生活的重心，实渐由纺织工业而移于钢铁工业一事。此二种工业之变化推移，在资本进化上，实为最重要之一种事实。国际关系,因此更形酿出重大之纠纷,所谓军国主义、帝国主义、海军主义,皆以此为原动力而发生的。

先一论资本主义之重心在于纺织业之关系。原来纺织工业之特征,是在于以一般民众为顾客之一点,其工业之能发展与否,全视一般人购买力之如何以为定。如一般民众之购买力骤形减少,则此项工业必蒙重大之损失。然国际战争者,实为减少此种购买力之原动力者也。所以在纺织工业为重心之时代,资本家通常对于战争,是持反对之态度的。不特对于战争有其反对,即与战争有关系之殖民政策与武力政策,亦为他们不赞成的。试以英国而论,其国之工业重心在于纺织之时,则其政策常倾于拥护自由贸易与自由竞争,而反对侵略之殖民政策,带有和平主义之色彩极厚。这缘故无他,因他们所用的原料棉花,全靠由海外不断的输入,如战争一起,则原料之输入,必行杜绝,而至纺织界之恐慌。果不其然,拿破仑翁战事突起,英国由美国输入之棉花,遂致中绝,于是在英国之纺织界,顿呈极大之纷乱,无数之劳动者,均陷于饥饿之状态,大多数之工厂,亦遭破产之厄。

然而这资本主义之重心,如从纺织工业一移到钢铁工业之时,这倾向遂与前大不同了。英国第一殖民地侵略之急先锋,首数这由巴民加姆区域（Birmingham）[①]所选出之议员张伯伦氏（Chamberlain）[②],而巴民加姆区实为英国最有名钢铁工业之区域。钢铁工业系之侵入英国政界,实以张氏为始。计自张氏执政后1884年到1900年之十余年间,英国所拓得之土地面积,实达400万平方启罗米突[③],此岂不是资本主义由纺织工业,转入钢铁工业时代,骤带侵略性质之铁证吗?此外次于英国之欧洲诸国,亦于此时群起向外发展,争取海外之殖民地,计法国从1884年到1900年之10余年间,实获得人口3600万,面积3600万平方哩之土地。属德国领有的,约为人口1470万,面积100万平方哩之土地。属于比领的,约有人口2000万,面积90万平方哩之土地。属于葡领的,约有人口900万,面积80万平方哩之土地。

[①] 巴民加姆（Birmingham）,现一般译为伯明翰。
[②] 张伯伦氏（Arthur N.Chamberlain）,后任英国首相,20世纪30年代绥靖政策代表人物。
[③] 启罗米突,也译为基罗米突,英文 Kilometer 的音译,即千米（公里）。

这资本主义之经济的重心，何以由纺织工业与其他工业，一定的，必然的，推移到钢铁工业呢？此个缘故无他，如据马克斯所树立之法则，通常这资本中之不变部分，都是渐次超过资本中之可变部分以上为增大的。换言之，即在资本主义之生产行程中，凡不变资本之量，都是以可变资本为牺牲，而渐次增大的。试一申明其理由，因为资本通常由二部分而组成的，其一为可变资本，其二为不变资本。什么叫不变资本呢？即以资本投于一切带有不变性之生产工具，如机械、钢轨、工厂与其他之生产器具等是也。什么叫可变资本呢？即于生产行程中，一回投下，即消费得干干净净之部分是也，如材料、原料等属之，工钱亦是属于此类。如据马克斯之证明，这不变资本，必然的，是带有以可变资本为牺牲而增大之一种倾向。试举实例而论，如在19世纪工厂之资本中，不变部分与可变部分，同占二分之一，而今则不变资本已占八分之七，可变资本仅为其八分之一。

现在我们试一溯此钢铁工业发达之程序。本来钢铁工业之发达，极为缓慢，然为非常之发达的，实距今不过五十余年。我们试以下列之数字以观，即可以知其发达之程度。计在1860年，全世界之钢铁制出总量，不过仅700万吨，然至1910年，实达7000万吨，50年间，实为10倍之增加。

欧罗巴诸国中，尤以德国之钢铁工业为最大加速度之发达。计在开战前，欧大陆之钢铁工业霸权，全握于德人之手。试以1910年欧洲各国之产铁额来相比较，德国一年钢铁制出量，实多于英、法二国钢铁制出量之合计60万吨，多于俄奥比之合计400万吨。以前曾在世界占有钢铁工业第一位之英国，由是遂不得不降于第三位，而第一位则被占于美，第二位则被占于德。计英国本国所产之钢铁，从20世纪起，即不足以供本国之需要，年年都要从外国为大批钢铁之输入。于是由德国输入英国之钢铁量，遂为急激之增加。从1891年到1900年之10年间，其输入英国额，约13万吨。然自1901年到1910年之10年间，遂增至60万吨，至1913年，遂超过100万吨。计德向英全期间之输出额，实膨胀至八倍余。

是这样看来，德国在欧洲诸国中，实为最富于钢铁工业之国家。惟其执欧洲钢铁工业界之牛耳，所以德国在大战中，军事上之地位，亦极强固，约四个年间，保有其战胜者之地位。

钢铁工业为什么缘故，能使国家强大呢？则不外一军事工业之关系。换言之，即不外由与现代之军国主义及立于一切大兵工厂背后之一切财阀、银行团、工业大脱拉斯有特别之关系。从这资本主义之组织而论，一切之军事工业与其他工业，皆为上层之构造，其下之基础，则实为一钢铁工业。所以欧洲占第一等之军事国德国，即为欧洲大陆第一之钢铁工业国，实不是无故的。

论起煤炭工业，与钢铁工业，从来是并行发达的。然自这资本主义发于极端发展后，这钢铁工业，遂一跃而为煤业界之主人翁。例如合众国本是一极富于产煤之国家，然走遍全国，却没有一个独立煤炭市场之存在。此何以故？则不外由并吞于钢铁市场，一切之煤坑，皆属之钢铁工业界。

钢铁工业之特征，不但此也，其于各种独占团体之组织，以时间而论，实较其他工业成立为早，以条件而论，实较其他工业之联合适宜。所以这钢铁工业，到了现在，已成为世界上最大之一个独占团体，其他工业，实有望尘莫及之慨！

若然，在现代资本主义之经济制度上，既有这样优势的钢铁工业之存在，乃欲以言和平之维持，平和主义之实现，殆亦戛戛乎其难！何也？因钢铁工业已如前所说，在军事工业上，占有极重要位置，断非其他工业所能企及。具体言之，如一国苟欲为军备之扩张，则凡一切军装之储办，要塞之建筑，巨舰之装修，飞行机、飞行船、装甲汽车之制造，均在需要之列。顾此等物件，无一不以应用钢铁之材料为前提。如这材料一缺乏的时候，没有哪一样东西能制得出来的。是这样看来，钢铁简直为战争最有用之利器。钢铁工业既日趋于发展，则军事上所需各种之精良武器，自然有增无减，战争当因之频兴，哪有世界永久平和之希望。不但是战争有需乎钢铁工业，即钢铁工业亦有需乎战争。因为世界上各种工业，都是怕战争的，这战争一起，他们通通都要受损失的，惟有钢铁工业不怕战争，如这战争一起，他反因之还要赚大钱的。试以大战将起之前数年而论，各国无不备战汲汲，大有一触即发之势！此时之凡百工业之债票价格，皆异常跌落于国际市场。然一至钢铁工业之证券，则与此相反，而市价异常腾贵，此战争有利于钢铁工业者一。此为未入于战争时之现象，迨夫入于战争状态，其他工业，歇业的歇业，停工的停工，股票跌落之程度，尤其不堪言状！惟至于钢铁工业，战争一年顾客买主，反较平常之年，多之数倍，所赚之红利，反较平常之年，高之数十倍。是战争无害于钢铁工业，并且大有利于钢铁工业，我们是可以明白了。

然则此钢铁工业者，实一最富于侵略性质好战成性者也。国家之能成强大国家，也实有赖于他，国家之易变成侵略的帝国主义，也是发源于他。其理由，其原因，我们可以由上面推得。

现在我们再一论钢铁工业与铁路之关系。我们据上面诸种关系看来，钢铁工业之所以富于侵略性质，实由与军事工业有重要关系，才至于此，我们可以了解了。虽然，钢铁工业之含有侵略性质，岂仅由与军事工业之关系而已哉，其他尚有一铁路之关系在。试以近世铁路之发达之数字以观，1849年世界铁路延长之总距离，合计不过15000启罗米突，至1865年，约为145000启罗米突，至1895年，为487000启罗米突，至1905年，为905000启罗米突，然一至1911年，则实超过100万启罗米突以上。如据此数字观察，钢铁工业之发达，大半由于供给铁路之钢轨，其关系之密切可以概见。

钢铁工业之发达，即半受赐于铁路，而铁路政策，实为列强帝国主义侵略他国最露骨之一种手段。前半世纪之列强外交政策，大半消磨于铁路利权之争夺，我们可不消说了，我们只就大战前大世界通路问题一说。论起这个问题，实为诱起世界大战最大之原动力，其最著名的，即德国之企图修筑巴古达（Bagdad）[①]铁路一事，此为德国外交上最有名之三B政策。哪三B呢？即取Berlin（柏林）、Byzamtium[②]（君士但丁堡）、Bagdad（巴古达）三地名之字首字母作表示。如德国此计划能实现时，则由德国汉堡经首都柏林土耳其都城君士但丁堡及波斯首都巴古达，可以一直线，达于波斯之海湾。此线如竣工后，当继起为欧亚交通之枢纽。英之苏伊士河，必归无用，为其领土之印度，亦濒危险。英国为对抗此种政策，爰有三C铁路政策之计划。哪三C呢？即好望角

[①] 巴古达（Bagdad），现译作巴格达。

[②] Byzamtium，此处拼写有误，应为Byzantium，音译为拜占庭，又名君士坦丁堡，今土耳其伊斯坦布尔市。

(Cape Town)①、埃及都城加洛（Cairo）②、英领印度本加尔（Bengal）③之首都加加达（Caleutta）④三地名之字首字母是也。如英国此计划能实现时，则由非洲南端，可以一直线，贯通非洲，经埃及首都及亚拉比亚南部波斯，而达于印度，凡英国所有之殖民地，皆由此以一铁路贯通，而保持其密切之联络。然处于北部之俄国，岂能坐视此形势而不管？于是次于此二种政策，复有二 P 路线建筑之计划以为抵抗，哪二 P 呢？Peterburg（彼得堡），Persia（波斯）二字首字母是。如俄国此种计划能够实现，则由俄都彼得堡，可以一直线直达波斯湾，而收波斯于其版图中。自此三种帝国主义之铁路计划发生，欧洲大战前列强之外交，皆不外以此为中心点，而行其纵横捭阖之手段，相激相荡，以至于大战之勃发。然英俄之三 C 与二 P 政策，尚未着手进行，而德国之三 B 政策，已一步一步，将达于成功之境。南方之波斯，既许其假道，欲利用之以抗英，而中间之土耳其，正苦于列强之压迫，甚欲借此联络德人以相抗衡。所以巴古达路线经过区域问题，皆无难遂告解决，动工建筑之期，已是不远。此种形势，既日形急迫，遂迫英俄不得不为一致联合之对抗，而有英俄协约之成立。由是前此不共戴天，利害极形冲突之二帝国主义国家，今竟因此联为一气，而造成一世界大战之局面。是这样看来，不单是军事工业富于战争性质，为世界大战之导火线，即铁路工业，在现今世界，亦尝带有侵略之色彩，而为此次大战发生之一主要原因。然此二项工业，均无不以钢铁工业为存在之前提。所以据巴氏之意见，而钢铁工业实为造成帝国主义发生之一原动力，而有钢铁工业政策的帝国主义学说之建设。

由此观之，帝国主义之特质，我们可以明白了。如综其要点言之，帝国主义实为资本主义发达到最高程度之表现。如略资本主义发展之过程而不论，那帝国主义之性质研究，简直无从说起。而资本主义发展之过程，从上文看来不外有四方面：

---

①好望角（Cape Town），今译为开普敦。
②加洛（Cairo），今译为开罗。
③本加尔（Bengal），今译为孟加拉。
④加加达（Caleutta），今译为加尔各答。

1. 从自由竞争发展到独占。

2. 从工业资本发展到金融资本。

3. 从货物输出发展到资本输出。

4. 从纺织工业发展到钢铁工业。

此实为资本主义进步过程之表现，此实为蝉联于帝国主义之津梁。我们如了解此种概观，则帝国主义之真相，已毕呈于我们之眼帘。今日的英美大概具有此四种之条件，我们当视之为完全帝国主义之国家，其他之若法若日若意，或在此发展过程中，或已进到资本输出与独占，亦无不跻于帝国主义之国家也。然则未具有此数个条件之国家，我们当称之为非帝国主义之组织。我们中国即是一非帝国主义之国家，我们可以明白了现在打倒帝国主义之口号已流行于我国。我以为此种口号不失之昧于真相之观察，即失之有语病。盖帝国主义，即是一资本主义。如我们以打倒为手段，何异欲进而干涉其内部之组织，匪特为理论上所不通，抑又为事实所不许。所以本书称为排除帝国主义之侵略，即在矫此弊也。帝国主义可以从我国排除而不易打倒，尚望读者加以注意也。

第二章　什么叫资本主义

第一节　资本主义发展之原因是什么？

资本主义为帝国主义之基础，帝国主义之性质既明，我们当然有研究资本主义之必要。究竟这资本主义是怎样发生的！论起我们人类所居的这个世界，在商业史上，在殖民史上，在条约史上，有两个最重大的事实，为我们不可不知道的，第一就是国际商场之争夺，第二就是投资地之竞争。然为此争夺之原因，表面上虽觉是帝国主义在主动，而实质上，却是依资本主义以为左右的。这资本主义发生之原因，虽有种种，但实为其原动力的，当首数这工业革命（Industrial Revolution）。因为自这工业革命以后，机械才能为大规模之制造，交通机关才能为安全大量之运送，于是这货物之分销，原料之采取，也就容易，而资本遂能为巨量之集中。这资本既为大量之集中，资本主义当然随之兴起。

第二节　资本主义的特征在什么地方呢？

在资本主义的一种组织之下，必然的发生二个阶级之对立，一为有产阶级（Bonrgeoisie），一为无产阶级（Proletariat）。前者一般通称为资本家阶级，后者为劳动阶级。劳动者的特征之所在，即是一切制造上所用的工具，都不归他们所有，既缺乏营业之能力，又不能直接把自己所具之工作力量化为实在之货物来贩卖，所以他们为生活计，只好将自己之力量，当做货物来卖与资本家，以此为代价而得工钱，由是他们遂不得不仰资本家之颐使，而归其支配。资本家的特征是什么？即是握有一切制造支配权，以他们的资本来买取劳动力，并一切制造上必需的工具和原料，然后以之投于生产行程而从事于制造事业。而此支配权中，则分成有所谓制造时之管理监督权，制造上一切工具之所有权，皆由资本家一手独揽，而造成一种阶级之独占。其结果，与此为连带关系之贩卖权，及卖出后所得利益之处分权，都归其手内。是这样看来，各种所有权归他们，制造权归他们，赚得的利益亦归他们，劳动阶级毫不得过问之一事，岂不是表示以资本家为单位？既以资本家为单位，所以一般呼此组织为资本主义（Capitalism），而其特征，亦是在于此处。再一看马克斯说的"比较有多数的劳动者，在同一资本家支配之下，以同时同地而从事于同种货物之制造的一个事实，不论在观念上，历史上，都为资本家第一之出发点（Starting Point）。他们的制造事业如愈发展，他们的范围即愈扩大。由无意识的分业，进而有意识的分业，组织上，系统上，由一个工厂而跨数工厂。其结果，这一种事业，愈为大规模之发展"一段来一印证，这资本主义的特征，我们就更可以明白了。

第三节 资本主义侵略之手段

资本主义是以侵略为生命的，不单是对于一国内之劳动者为然，即对于国外后进国未开化国之范围，亦是一样。但是，为他们侵略的手段是什么？此实有说明之必要。原来在资本主义的一种组织之下，用以代表国民收入，测定价值，媒介交换的手段，就是一个货币制度，而货币用来希图增殖一个事实，实可称为资本主义之起源。但是由这货币作用之不同，而其名称即有种种。照这马克斯所著的《资本论》之分类，货币如用之于生产事业方面，则称为生产资本（Produktives Kapital），如用在商业方面，则称为商业资本（Warenhandluugs

Kapital①），如用在借贷方面，则称为复利资本（Zinstragens Kapital②），这三种资本，互相有极密切之关系，决不可离开的。马克斯为说明生产之关系而有下式：

货币资本→货物 $\begin{cases} \text{生产上所需一切之原料工具} \to \text{新货物} \to \text{原有资本与新生利益} \\ \text{劳动力} \end{cases}$

如以字表示之，则为 $g \to W \begin{cases} Pm \to W' — g'(G+g) \\ A \end{cases}$

g=geld 金钱　　　Pm=Produktionmittel 生产工具
W=Waren 货物　　A=Arbeiter 劳动力
W′=新货物　　　　g′=新得金钱
G=原有资本　　　　g=新赚利益

详细言之，即资本家以一定之货币资本（g），来购买一定之货物（W），但此种货物，不是资本家直接用以供自己消费之货财，乃为生产其他物件所必需之货财。如分析之，则含有一切之制造工具原料（Pm）和劳动力（A）等。于是在此时原有之货币形态，遂一变而为一切材料工具之货物形态，此即称为具体之资本财，此种行为即叫资本投下，此种资本，即称为生产资本。由是此种货物，自经购入之后，一方面在买卖行程中，停止其流通。他方面在生产行程中，则失其原形，而纯归消费。但是此消费，与普通为生活而消费有别，是为生产而消费的，所以同时当促起一种新货物（W′）之出现，顾此种货物，不是凭空可以得来，实从生产资本变形而来的，故可称此为货物资本。此种货物制造结果，再经一种买卖之形式，资本遂得收回，而原有之货币，经此一次生产行程，又复转形为 g′。惟现在货币与前所差的，即在新收回之量中，除原有之货币 G 存在外，尚得有新加之一种利益（g），此即称为资本家所赚得之红利（Profit），马克斯尝称此为剩余价值（Mehriwert）。在这个时候，资本家如将所赚得之钱，充作费用，而仅以原有资本从事生产之时，则此种行为，即称为单

---

① 此处拼写有误，应为 Warenhandlungs Kapital。
② 此处拼写有误，应为 Zinstragend Kapital。

纯再生产（Einfachreproduktion①）。然在这个时候之资本家，如将其资本与所得利益全部加入，而从事于生产之时，则此种生产行为，当然更形扩张。此种行为，即称为扩张复生产（Erweiterreproduktion②）。由是，照报酬递增法则，这货物既得为大量之生产，则资本当为无限之增殖，此为生产资本膨胀大概之说明。

至商业资本之增殖，又是怎样的呢？其循环径路，大概为：

货币资本→货物资本→原货币之资本与新赚之资本

如用符号来表示，则为：g—W—g′（G+g）

如上式，即资本家，以一定之资本（g′）而购得工业资本家所造出之货物（W），又就（W）以一定之价格，经贩卖之形式，而取得新资本（g′）。此资本（g′），不仅含有原资本（G），并且加有新赚得之利益（g）。如一论这工业资本与商业资本之关系，二者有同处亦有异处。其相同处，即二者俱使原有资本之新所得为货币之实现化。而相异处，即在一资本之流通行程，因商业资本实为工业资本流通行程中之一段。而有其相关处，即工业资本非靠商业资本不能使货物化为货币价值，而商业资本又非工业资本则不能为无限之扩张。是这样看来，此二者实互相为用，缺一不可。论起这商业资本家所做事务，原是附属于工业资本家的，惟因工业既为大规模之扩张，则工业资本家属于本身之制造事务，遂日益纷繁，于此而再欲兼办生产与消费二方面相接触之贩卖事务，实事实上有所不许，所以这以贩卖为专业之一种商业资本家，遂从工业资本家阶级内分裂而出，应时兴起，造成一种立于生产者与消费者间之介绍阶级。于是在经济组织上工业资本之外，又多一商业资本之出现。至关于工业资本之生产行程，因此二种阶级之对立，故由制造加工所产生之剩余价值，亦不能如未分业以前，纯归工业资本家之独占，实以一定比例配分于工业阶级与商业阶级之间。二者之关系既明，我们再一论复利资本。什么叫复利资本？即由资本所有者，以一定之资本，借贷与人而图赚取利息。论其形式，本与工业商业无关，而在现今资本主义组织上占有一种特别之位置，其流通之径路，为

原有资本→原有资本+利息

---

① 此处应为 Einfache Reproduktion，现一般译为简单再生产。
② 此处应为 Erweiterte Reproduktion，现一般译为扩大再生产。

如以字表之，则为 g→g'（G+g）

如上式，即资本家以自己所有之资本（g），经一种借贷关系，而转借之于他人之手，再由他人之手，经过一定之期间，而偿还于原有之资本家。顾此新还之资本（g'），非仅含有原有之资本（G），并且新加有一部分资本（g），此即普通称为利息（Interest）是的，此为复利资本大概之说明。至此资本之性质，与产生利息之原因，则当于国际投资篇四节中，详为论及。

我们由上所说之三种流通行程看来，这资本主义之侵略，就可得而言也。资本主义的侵略手段，就是在工业资本、商业资本、复利资本之三种循环行程。如详言之，即工业资本家是以工厂为中心，商业资本家，是以商店为中心。复利资本家，是以金融机关为中心，对内对外，而投其资本以一定之时间，经过一定之流通行程，行一次资本之膨胀。于是时间无限，流通行程无限，而资本遂为巨大之膨胀。可羡的！是这资本家阶级，由是他们的幸福，遂一天增加一天；可怜的！是这穷而无告之劳动阶级，由是他们遂失掉资本关系，一天穷似一天。他们这一种侵略手段，不单是及于国内而已，即国外之农业国、未开化国，亦尝因此蒙极大之影响，经济受极大之榨取。于是该地住民，遂渐次降为无职业的阶级，失业人民愈形增加，浸假而上户变成中户，中户沦为第四阶级之劳动者，以演成贫富不均。今日之世界，请看今日之印度人、安南人、朝鲜人之生活是怎么样！我国国民之生活的现状又是怎样！岂不是经济一天迫蹙一天的吗？换言之，即外来之阶级富，本国之阶级穷。这根本之理由无他，即由资本家实行此三种之侵略手段，而我们的资本，通通被他们搜刮去了。

第四节　资本主义生存上发达上之最重要两个条件

这两个条件是什么？即是前头说过的，市场获得与投资地独占二种。此两个条件不消说对于我国是有极重要之关系。因为我国一部国权丧失史，大概可以归纳说是为他们而牺牲。但是这资本主义为什么借重这两个条件呢？我们不可不说明其理由如下：原来在资本主义的一种组织内，实含有极大矛盾存在，而资本主义之所以能发达到如今,尚未呈破坏之现象,实全靠此两个条件以为弥缝。如此两个条件一失其存在时,他们即有致命伤之忧。论这市场之获得,是发生于国际贸易;投资地之独占,是发生于国际投资。而此两种,又是根据于世界交通之发达,人类生活必然的要求,我们固是承认。但是为我们总不可忘去的,即这资本主义的组织,全靠这国际贸易、国际投资以为维持。我们试一述其矛盾之点。

资本主义第一之矛盾点,即在于使用机械一事。因为我们人类自机械发明以来,所需要的货财,不知增加若干倍,资本家因此得的利益,确是很大。所以机械发明一事,不但是消费者方面之欲望得以满足,即资本家所聚敛之资本,亦为大量。这资本家之目的,可谓如愿以偿。但其中有一桩事情,很为他们美中不足的,即机械具有大量生产之特质一事。马克斯说的"机械如愈改良时,则货物之价格必愈廉易,但是同时机械之价格,亦因此愈形昂贵"。由是我们可以知道,凡欲为机械之制造,这一笔开办费与经营费,是要很大的。用费既如是其大,而资本家之营业,尚能继续进行,经济尚能打撑得来的缘故,无他,实以机械能制出无限之货物,因此本利都可兼收。是这样看来,凡为人类不甚需要之货物,到底不适于机械生产,适于机械生产的,实不可不为社会上大多数人所需要之货物。即大量生产一个事情,对于机械之利用上,实为不可缺少之一个重要条件。然此即对于资本家为不利,何以知其然?因为资本家是以营利为目的,对于自己的货物,照例要赚得多大之利益,才卖出的。掉句话来说,他们最想的,是在制造大富豪所需要之货物,因为大富豪购买力最强,只要货物合意,即出高价,亦在所不惜。然而如从全体社会来看,这一种富豪阶级,是极占少数,而占最大多数的,即为一般之贫民,是专为富豪所需要货物才从事于制造一件事情,刚刚与机械大量生产之特质立于相反地位。设如现在社会确是入于社会主义实行时代,而一切生产品皆为社会各分子所需要之生活品的时候,则其所消费量,必达于极大,在此时就安置数多之机械而为大量货物之生产,其货物亦能尽数销出,不生问题。然而在资本主义的社会之下,情形却与此大异。大概资本家皆是为贩卖为赚钱才从事于生产,照他们的本意,本是在希望得数多拥有巨万之买主,无如世上这一种富豪是极占少数,故为合此种人之要求，而从事于生产之一事，是不行的。然如与无产阶级做买卖之时，此无产阶级又未具有大购买力。是机械之大量，生产对于资本主义实生抵牾现象，此即资本主义矛盾点存在之一。

资本主义第二之矛盾点，即是在资本主义与资本本身之冲突。因为资本家其所以从事于制造之动机，就是在赚钱。如他们的钱愈赚得多的时候，这资本遂愈得集中，然此种资本之集中，即不外表示此资本阶级以外多数之人之日趋贫乏，而生社会购买力减少之现象。社会购买力如一旦减少之时，则生产即成过剩。此生产过剩之一事，对于资本阶级，不啻是根本之一个致命伤。如照这个样儿长久不变时，则直当是在自己之发动机上，由自己加了一个止动机（Brake），何异于自杀政策，此即资本主义矛盾之二，说明此种冲突之学说普通称为消费过小说（Unterkonsumstheorie[①]）。

据上面两种矛盾点看来，一国内社会购买力既因此日渐减少，则其所生产之货物，当然生过剩之现象，所集中之资本，当然生停止膨胀之现象。驯至吐出无方投下无地，资本主义根本上之危机，于以毕露。则于此时而向外发展求海外市场以销货，求海外之投资地以消纳其资本。匪特为理论上所必须，抑为事实上所必要。所以投资地与市场之获得，为资本主义生存上、发达上两个重要条件的缘故，我们就可以明白了。我们试一观近代史，凡关于国际之问题，无不见有投资地之争夺，与商埠之攫取。所谓利益均沾、机会均等、门户开放之名词，就由此出来了。世界上非资本主义之国家，受其侵略实是不少。我们中国在一部外交史上，自不免受此两个条件极重大牺牲。如归纳言之，我国之国际关系，大概可以用此两个条件说明。

第五节　资本主义之帝国化

现在世界上，为帝国主义而供其牺牲之国家民族，也不知有若干？我国亦

[①] 此处拼写应为 Underkonsumtheorie，现一般译为消费不足理论。

实为其重要之一分子,而我们一部外交史、条约史,实不外为此种精神所表现之结晶体。究竟这资本帝国主义的特征是什么?他们的特征即是不但对内以资本家为单位,而垄断一切特权,即对外亦以他们为重心,而使其他国家民族,政治受其支配,经济受其榨取。然现在凡论帝国主义必连带资本主义,这缘故无他,则以帝国主义,系由资本主义转化而来,列宁且称此为资本主义发达到极端之现象,我们试一申论如下:原来我们如读破一部人类史,我们可以了然,不论何时何代,无不见有一种阶级斗争之现象。通常在一国或一社会内,大概有两种阶级之对峙,一阶级总是立于支配地位,其他一阶级,总是立于被支配地位,而相争的。所以优胜阶级,为欲长久维持他们的特权起见,凡有关于社会一切施设,表面上不管用如何名目,实质上都以此为一贯之方针而进行的,国家形式,特不过为保护此种特权最理想之手段。就中国家之特别成为此种阶级保护机关,实以工业革命后为更显然,因为由这工业革命结果,不过仅得推倒前时代贵族、僧侣、大地主之一种特权阶级,而一切政治上经济上之权利,反旁落于第三阶级资本家之手,此种革命,可云与贫民无关的。所以由此种精神所成立之国家,名说是以尚自由平等之议会政治为基础,而其实,仍不外以资本家阶级为中心,以维持特权阶级之利益为本位的。再由此关系以推而广之,凡一切对内对外政策,又何尝不发源于此。是这样看来,国家是以资本家之精神所组织而成,资本家又是靠国家之保护而立,国家是以他们之维持而向外发展,资本家是以国家为后盾而到处肆其经济之侵略。二者遂如影之随行,息息相依,有不可须臾离之关系。这帝国主义于以成立。自这帝国主义成立后,究竟在世界上发生何种反响,远因实促起国际社会主义运动之发生,近因实促起一空前绝后人类历史上最可悲可痛的一个欧洲大战之陡起。

第六节　引起可恐怖的世界大战发生之罪魁

　　1930年之世界大战,论其发生原因,虽议论纷纭,而归纳的,实可说为由国际市场、国际投资之争夺有以致此。关于此，日本大经济学者河上博士①，在他所著之贫乏物语书中，曾引美国塞林革满氏（Selingman）的话而加以说明，很可以做本节之参考，兹为介绍如下："此次欧战真正的主要国家，尽人皆知的为英德之争霸战。但这场争斗，究竟不外起源于经济上之冲突。这详细理由，我们固不遑讨论。总之，英、德二国，是经过货物输出贸易之竞争，而入于资本输出时代，此即为他们生冲突最大之原因。因为凡国家工业，发达到一定程度以上，其所得的利益，大概就渐次为大量之集中了。这资本如为过度膨胀的时候，凡投资于海外，比投资于国内所得的利益更大，自不待言。所以这货物输出与资本输出，遂成为现今经济上一绝大问题，英国在前数十年，即已达到这个时代，每年因此所生之利息，实为巨额之收入，以之抵消贸易输入超过之损失，尚绰绰乎有余裕的一个事情，是为人所共知的。但德国自工业发达后，曾几何时，即由货物输出时代，而到资本输出时代。前此在世界上只有一英国独占世界市场，然到现在，遂新增加一个有力之竞争者，英国的利益遂日归于缩小，而不能不出之以竞争。竞争既起，最后手段，惟诉之于战争，世界大战就从此起了！"由此我们就可以知道世界大战之发生，实起因于市场之争夺与投资地之竞争。是这样看来，造成我们人类最伤心之一件大事情是什么？人必曰：是现代所流行之资本帝国主义。因为市场与投资地之攫取，皆为资本帝国主义不可缺乏之行动。

第七节　资本帝国主义及于我国之影响

由上而说明，我们就可以用演绎的方法来讲解我国经济概要。自工业革命以来，这资本主义遂以胚胎而滋长生息，膨胀磅礴，以入于20世纪。他们的特征，不特于国内并于国外，亦造出二个阶级之对立。他们的手段，是以循环工业商业借贷三种方式，而榨取剩余价值。工商业二式，是以货物之买卖为中心，

---

①河上肇（1879—1946），日本经济学家，日本马克思主义研究的先驱者，教授。

目非靠市场而集中之分散之不可；借贷方式，是以资本之投资为目的，自非靠有理想之投资地，而吐出其过剩之资本不可。所以这市场与投资地二个东西，实可视为现在资本主义不可缺少之物，凡有一切经济关系现象，皆可用此说明。然而这市场与投资地，在世界上，实为有限，列强之欲无厌，以有限之物，供无厌之求，不出于争，将胡获耶？而国家形式，实为便于争夺之一种理想组织；国家权力，实为便于争夺之精利手段。所以这20世纪之国家，实极端为资本帝国主义化，而酿成前次世界大战之发生。然则由这种形式看来，世界各国皆因此市场与投资地而惹起极大之纠纷，而我国亦为世界中之一部分。究因此受有如何之影响？其详细我们不可不一论的。关于此个问题，质言之，我国纯立于被动地位，列强则立于主动地位；我国为市场投资地之无条件供给者，列强则纯为投资地市场无条件之要求者与享有者。综我国一部外交史、条约史以观，实不外此市场与投资地之互相关系，我国之国际经济现象，实用此可以说明：为我国条约史上第一个大问题，岂不是首应数这商埠之开放吗？因商埠之开放，各条约国遂得在该处设有种种之特权，关于政治方面的，则凡居住我国之外人，非我行政权所得取缔，非我司法官厅所得管辖。关于经济的，则凡居住我国之外人，不能受我国之一切财务征收。外国人所需要之货物与向我输入之货物，皆由一定条约束缚，我国不能自由向之课税。此仅举其荦荦大端者。究竟外人何以必定在通商口岸设置种种之特权？则无非为维持其市场之独占，但是我国因此实受绝大牺牲。其次为我国之大问题的，则当数外人向我之投资，其关系之重要，亦不异于前者。投资分为直接投资与间接投资二种，先就外人在我国之直接投资而论，其最著的，即在我国之铁路经营，工业制造，矿山开采，银行营利等，哪一样不是关系我之国计民生最大的？至关于间接投资，如向政府之政治借款、经济借款，向民间私人团体之借款，向各省政府之借款，皆为此类之最著。因此我国连年输入之外债，实达20余亿元。列强为什么把我国当成投资地呢？则不外为吐出其过度膨胀之资本，而图继续其借贷式工业式之经济榨取。

惟于此二者之外，尚有一交通不可不说的。这交通，质言之，即是为市场与投资地，争夺之一种手段，有直接间接之关系。先请一论间接问题。市场是以聚散货物为要素，而交通即具有聚散此种货物之特质，如无交通，市场简直不能发达的，是交通直接虽不能使市场生何等之影响，而间接受其利益，可谓极大。至投资地与交通之直接关系，又是如何？则以交通本身，即为一投资事业，如投资地获得愈多，则交通遂愈可发展。是这样看来，外人在我国对于交通利权极力争夺的缘故，我们就可以明白了。交通利权，如归他们掌握，一方面可以调达其在市场货物之聚散，而他方面可以投下其过多之资本。质言之，交通仍不外为利用市场与投资地之一种手段。如我国之航权及铁路权利，尝为外人攫取，即是其最著之例，此即是资本主义及于我国影响大概之说明。故我们于各论中，当提出商埠交通投资三个题目来讨论。

虽然，资本主义固然是为侵略我国之原动力，然实行此原动力的，尚当一数近代之国家。如无此种国家存在，资本主义实无从行起。究竟国家为什么要与资本主义当工具呢？则实有其特质在，是不可以不解剖来一看。

第三章 近代①国家组织之解剖

国家的形式,真算是为我们全人类共同生活上不可缺乏组织呢?平心而论,这种形式,在一方面,虽为人类所必需,而在他方面,却是为一部分享有特别利益之阶级所设,也是无可讳言的。前者已为一般学者所盛道,而后者,则尚有待于我们之阐明。我们试借啊贡赫码氏(Oppenheimer)②说的话来一说明其性质:"什么叫国家呢?如从他的形式观察,就是支配阶级课于被支配阶级之一种法律制度。如从他的内容观察,就是上级阶级监督下级阶级一种财政之组织。"啊氏话虽寥寥数语,国家真相,几被他道破无余。然而其所以演成此种现象,则不外一种群众心理之表现作用。所以我们如欲彻底的观察国家之性质,则第一非把为这国家背景之群众心理研究一下不可。

第一节 社会心理研究之必要

我们人类一部历史,质言之,就是一个群众心理表现之于行为的结晶体。而国家现象实占此历史之一重要部分。所以我们如欲研究国家之性质,这群众心理第一要明白才行的。顾此群众心理,是与个人心理有密切之关系。我们为了解群众心理便利计,对于个人心理亦有略说明之必要。原来个人心理,是由人类有生俱来之功利性、自助性、爱他性、依赖性四种而成。功利性是以自己

---

① 原文为"现代",为不产生歧义,编辑做了修订。
② 啊贡赫码氏(Oppenheimer),现一般译为弗兰茨·奥本海默(Franz Oppenheimer),德国犹太社会学家,政治经济学家,出版的作品涉及主权国家的基本社会理念。

生活之发展与幸福之增进为特征，爱他性是以帮助他人生活发展幸福增进为宗旨的，自助性是务在自己专断自用，不喜他人从旁掣肘，依赖性，则与此相反，事事须靠他人之主张，自己惟拱手听命。此四种性质，实极端矛盾。以极端矛盾之四种性质，而兼备于一人之身，究竟什么时候？应受何种性质支配，则全视当时之冲动而定。我们人类现象其所以复杂万端，不可捉摸，也就是在这个地方。

个人之心理现象既明，我们请论群众之心理。这群众心理，虽由个人心理而成，而集合个人心理，实不可以成为群众心理，因群众心理，实有其特质，超个人心理而存在。所谓社会之舆论，就由此发生的。如从其发生之现象以观，实最富于濡染性，个人心理，且尝因此以为左右。惟其具有此种之特性，则在群众之心理现象上，所谓地方的、时代的、民族的之色彩，就随之发露。

现在我们试一论群众心理与社会之关系。本来人类有两种应付环境之意识表现：一为理性，二为感性。然而在我们一部人类历史上，理性是尝受支配于感情，其所以发生此种现象之缘故无他，是由群众心理具有濡染性与雷同附和性以致此。惟其为然，则所谓宣传主义、煽动主义，即尝乘此弱点，而驱我们于盲从。由是我们一部人类历史，实可称为一种宣传史。我们人类所靠以为生活形式之国家，实不外为制造此种主义的一种工厂之国家。结局，在人类数千年之生活过程上，强权战胜公理之事实占其大半。

宣传之效力既若是其大，我们当一求为此宣传主义之原动力。究竟宣传主义之原动力是什么？则有其表里二面。表面则不外大名鼎鼎之教育家、宗教家、道德家，凭其享有之盛名，作社会之先导；而里面则为立于支配地位之特权阶级。此种特权阶级，如从时代而言，在上古为家长与酋长或其关系者，在中古为君主、贵族、大地主，在近世则为大资本家与财阀。表面之道德家、宗教家、教育家等，则尝承其意旨，仰其颐使，以为行动。至此种颐使方针，大概务在维持发展其阶级之利益，特在表面上，多方粉饰，使人不觉耳！于是被支配阶级，因此尝受其麻醉。一人倡之，百人和之，群众心理，于是常受其感染矣。但是此种宣传魔力，终不能永久有效。如一时代之社会生活，尚与其宣传之观念相一致时，则该时代之秩序，尚可赖以维持。然一旦如所宣传之观念，与该时代之国民生活相背驰时，则此时代之政治现象，即将呈剧大之变动。为什么要发生此种现象？则不外以所宣传之观念，极富于固定性质，而实际生活，则与此相反，极富于流动性质。一固定，一流动，而历史上治乱兴亡诸现象，遂接踵而起，我们由此观念宣传之相为起伏，在历史上实可分为三期：

一、观念崇拜期

什么叫观念崇拜呢？即对于由观念构成之一种对象物，不论其内容含有什么东西？合理与否？概与以盲目之崇拜，有时且以身命殉之而不惜。大概在愈未开化之国家，愈见有此种观念崇拜风气之流行。上古家族，部落时代之偶像崇拜，封建时代之君权神授之观念崇拜，皆为本期内最有关系之事实。此种崇拜之特征，即是此种观念之内容，不许自由研究讨论的。如为自由讨论，即为有罪，对于此观念，只可为无条件之承认，不可反对。如为反对，即为犯大不韪。欧洲中世之拜基督观念，凡为反对此观念而死者，不知有若干人。我国在专制时代之忠君观念，凡为反对此观念而兴文字之狱以陷于大辟者，亦不知凡几！观念崇拜之威严，实可想见！属于本期内民众之知识，大概是极幼稚的。惟其幼稚，当时之支配阶级，乃能行其愚民政策，竟宣传之能事。由是在此时代之群众心理，遂发挥其感染之特性，而雷同附和一切。惟其雷同附和，而自己阶级之受人支配，是不管的，自己阶级经济之被榨取，是不觉的。有时且认贼作父，自杀同胞，如曾、左之尽心满清是的。受了此种宣传，硬如像中了催眠术一样，懵然不觉。这宣传之效力，如到极端，不特形式上不敢反对，即心理上亦不敢对此观念起以亵渎之念，你看这观念宣传戾害不戾害呢？此即所谓观念崇拜期。

二、自然法则之崇拜期

通古今中外以观，这反抗运动，每随原动而发生。有一时代之专制束缚，必有他时代之解放要求。上说的观念崇拜，究竟与人类实际的生活极端矛盾。所以这反抗运动之乘时崛起，要求这观念崇拜为合理之说明，亦属必然之势。顾此反抗运动，其发端非纯基于理想主义之高唱，大半由实际生活之要求。我们试一观法兰西大革命社会上所起之观念，即是一自然法则之主张，即是在一平等自由。自由是应前时代君主之专制而兴，平等就是应前时代之阶级专横而起，此实为摧倒前时代观念崇拜最精锐之武器。我们确承认此种反抗观念，对于打破上古中古一切不合理的以君主专制为中心的神道设教论神秘论等，确很有大功。不过他们的短处，乃在以此自由平等诸观念，为永久的，为自然的，他们之所以称为自然法则派之名，亦是由此而起。殊不知天地间哪有永久不变之观念存在咧？我们试一指摘其矛盾点：第一他们所主张之自由，所谓契约自由，营业自由，竞争自由，真算是我们人类全体之自由吗？前者不过是资本家一方面之合意行为，哪里是劳动者衷心订结？后者则不外表示社会经济，为一阶级所独占，在他们阶级内始有其竞争自由。至居于中位之营业自由，则不外表示一阶级内有其营业自由，与劳动阶级是无相干的。可见此种自由是靠不住。其次他们所主张之平等真算是万人平等吗？不是，仅是同阶级内有其平等，阶级外则无平等，至国外则更无所谓平等。不但此也，他们根本上还有一个大谬点。此谬点是什么？即常把一国之政治现象来当做一个统治者与被统治者之法律关系，而置历史上之阶级对立于不顾，视阶级之利害问题若无睹。其结果，遂酿成世界阶级冲突大社会问题之发生。虽然他们之流弊，我们固已得而阐明，而他们之潜势力，在现在社会仍极为伟大之存在。不单是为近代支配社会群众心理之原动力，并为现在国家主义建设之基础。一般社会，对于他们所宣传之观念，仍是极力崇拜的。所以我们呼本期为自然法则崇拜期。

三、科学社会主义之发生期

自这一种自然法则在近代得支配群众心理以来，社会群众，遂认此为一种永久不变之公理。其影响之所及，实使第三阶级之工商业家，代以前之贵族僧侣而兴，在社会上，遂占有最优越之位置，而其他第四阶级之劳动者，遂与此相反，而成绝大牺牲。前者即所谓有产阶级，后者即所谓劳动阶级。此种不公平之现象，在空想社会主义派亦尝倡有以改革之，但因其主张，仍在以承认此自然法则为前提，何异自相矛盾，故其结果，终无所建设。然而在社会上，占有绝对大多数之一阶级人类牺牲，既如是其大，则反抗思想之随之以起，亦属必然之势。彼科学社会主义者，实代表此思想而兴的。其特征，即在一反前时空想社会主义之主张，而立脚于实验的、崇实的之生活，以客观归纳之方法，而认察社会之现象。由是这社会进化之的确的动机，遂得阐明。才知道在人类历史上，有阶级争斗一个特别现象之存在，而阶级之所以相冲突，则实基于各个阶级之利害关系而发生的。自此学说一出，即博得社会上大多数劳动者之同情，与社会群众之心理，不谋而合。换言之，即他们心内所欲表现的，皆由此派代与表现。此种心理，遂在今后之社会，将渐次占有其势力，国际劳动团体之开始联合，实不过为此种心理发露之一端。在心理发展过程上，此三种思想既明，我们再一论此三派之关系。

此三派思想究竟有什么关系呢？则有其互为因果。在昔迷信时代，岂非以观念崇拜相号召？然其后，卒以不合社会生活实际之要求而惹起反动。此自然法则者，即代表此种反动思想，而为打倒观念崇拜之原动力的。然自工业革命后，此自然法则，遂成为拥护资本家阶级之学说，而以劳动阶级为牺牲。卒之，终惹起社会贫富不均之现象，而促科学社会主义之发生。此科学社会主义者，实为否认此自然法则所表现之思想，而以解决此贫富不均之问题为自任的。然则是这样看来，观念崇拜，实为促此自然学派发生之因，而自然学派实为观念崇拜所产之果。自然学派实为促此科学社会主义发生之因，而科学社会主义，则为此自然学派所产之果。有原动必有反动，有因必有果，如响斯应，我们就可以明白了。现在我们在一论由此心理，在人类历史上所演成国家现象之历程。

第二节　以社会心理为背景的国家之史的发展

我们人类，自原始以来，关于这政治现象，照这贺部浩斯氏（Leonard Hobhouse）①所说："这国家实可分成三段，第一段之时代，是属于血族关系

---

①贺部浩斯氏（Leonard Hobhouse），现一般译为里奥纳德·霍布豪斯，英国政治思想家，哲学家，社会学家，其理论是20世纪英国政治思想主要代表之一。

（Kindship[①]），第二段之时代，是权力关系（Authority），第三段之时代，是公民权（Citizenship）。如与我们上面所说社会心理之发展过程相印证，则在观念崇拜之时代所表现之于政治现象的，大概为血族关系与权力。其次在自然法则崇拜时代所表现之于政治现象的，大概为公民权，今后则为否认此公民权段，而入于社会主义实行之时代。我们如欲一解剖国家之真相。则不可不概观国家之史的发展，尤不可不一略说国家之起源。

一、国家之起源

国家之起源，如照贺氏之学说，最初实由于血族关系而移于权力关系的，因为人类在原始时代之集合形式，实在于以营共同生活为基础之血族团体。但是这血族团体，不止一个，同时常有多数同样团体之存在。所以他们由这一种互相之接触关系，发生两种现象：一为团体协和，二为团体斗争。如多数异血族团体相为协和时，则开始为群与群之结合。如数个异血族团体相为争斗时，则成为群与群之冲突。顾此种斗争与协和，皆为关系一群极重大之事件，实不可不有其执行之人格存在，同时执行此种事务之人格，则必有其权力之行使，此为对外关系不可不然。而对内关系所谓共同生活资料之均分，一群间治安秩序之维持，此种人格，此种权力，亦实有存在与行使之必要。于是国家所需要之权力关系，就由此发生了。在血族团体时代，执行此权力之首领，即为家长；在游牧时代，即为酋长；在有国家时代，即为君主。此三种形式中，惟国家形式最合于争斗之用，而权力实为国家成立之要素。所以权力关系，称为国家发生时，必有之现象，亦无不可。

二、君权神授时代

马克斯说的："我们人类之历史，实不外一斗争现象。"所以不论何时代何国家，这争斗现象，虽有种种之不同，而在实质上，则不外一征服者，对被征服者，或支配者，对被支配者之政治关系。如从经济现象观察，即经济榨取阶

[①] 此处拼写有误，应为 Kinship。

级，对经济被榨取之经济关系。此诸关系中，我们可以抽得出一个通则，即已立于支配地位的阶级，则常想永久享有其特权，而立于被支配地位的阶级，则常图反抗。反抗不已，在前者预防反动的手段之讲求即不止。然此种手段，大别之可分为形式的、精神的二种。前者即为警察之取缔，后者即为观念之宣传。不过警察取缔之力暂而显，只可及于人之行为；观念宣传之力久而隐，实能深入人心。故凡支配阶级，虽有极不当之利得独占，而一经观念宣传后，他们便以极合理之样子，显于表面。于是被支配阶级，不特不能反对他，且从而维持他。其结果，他们这一种特别地位，遂得久远维持于不败。我们试一看国家发展之历史，最初为家长团体时代与酋长部落时代。则有偶像崇拜之宣传，而以家长、酋长为祭祀之首领，使其他之人，不能觊觎其位置。其次则为封建时代与君主专制时代，则有君权神授说观念之宣传（The Devine Right Theory①），以为君者，系受命自天，非众庶可能妄冀非分。自此种观念宣传后，凡家长酋长及君主并与他们有关系之阶级，皆带有一种神圣不可侵犯之威严，触之即若犯大不韪。为什么他们具有这样威严？这一种伟大之权力究由何人所付与？则不外一群众心理翕之服有以致之。

三、伪公民权②伪平等自由主义之支配时代

观念崇拜之不适于人类实际生活，我们已于上面说过。所以早晚总不免一崖坏运命。但是应此而起的，从社会心理上面来说，即为自然法则之崛起。但从国家之史的发展来看，实为公民权之发生。换言之，即近代我们人类历史上一大特色之议会政治之出现。这议会政治是以什么为基础？即表面上虽以自由平等主义之政治思想为基础，换言之，即以公民权具体之概念化为基础，而其实际的性质，不过为支配阶级，对被支配阶级榨取之武器。他们所谓代表权，真为国民全体之代表吗？不是，他们是仅以代表资本家之利益为天职。他们所定的法律，是真为维持一般民众之公安吗？不是，他们是仅用之以维持资本家

---

① 此处有误，应为 The Divine Right Theory of Kingship。
② 公民权：公元前 6 世纪至公元前 4 世纪的雅典古典民主政治，对公民权提出了全新的定义并概括了古代雅典公民权的三大特点：直接性、普遍性、排他性。

优越之位置。他们对外的方针，是真决定于国民外交吗？不是，是仅随特权阶级之颐使以为行动的。然则据这样看来，他们所谓决之于公民权，所谓立脚于平等自由主义，实不过一伪公民权，伪平等自由主义，无怪乎引起社会主义之国家，将有代此而兴之势。

第四章　资本帝国主义在我国之史的发展

资本帝国主义的性质与由他们所建造之国家内容，我们已于前数章得明白之解剖，现在在本章内应该来研究他们在我国之发展情形。论起这资本帝国主义之侵入我国，自道光时代至现在，已垂 80 余年，不过开侵略急转直下之端的，实为中日战争。因我国在中日战前，尚为世界之一庞然大国，威势虚张，各国纵有野心，亦相制而不敢发。不意甲午一役，割地丧师，极弱之势，遂大暴露。于是列强各群起角逐，几陷我国于瓜分命运。

是这样看来，中日战争之于我国，关系极为重大，在我国外交史上，实应划为一特别之时期，此为我们不可不知的。现在我们试一略述我国外交大概情形。我国对外交涉，早有历史，1689 年之《中俄尼布楚条约》，实开我国对外交涉之端。其后于 1842 年，与英国鸦片战争结果，归我败北，又有所谓《南京条约》之缔结，与以前之中俄条约遥遥相对，对于我之锁国主义，实生重大变化。然前者对于我，则为有利益之外交，而后者则为我国受外国资本帝国主义侵略之始，一破我数千年妄自尊大之习，遂使英国与我立于平等地位。自此以后，本条约之在我国，亦发生重大影响。所以综合我国之外交事情而论，从鸦片战争到中日战争为一期。中日战后，经日俄战争，入于民国，为第二期。从民国元年（1912 年）以到现在，为第三期。

一、北方之俄国

16 世纪之末，俄国哥萨克之酋长，越里海以非常之势，而经营及于东方，百年未满，而其势力，早从黑龙江畔而及于满洲北部。那时入据中夏之满清，见国内之乱事行将镇定，直举兵而击破俄军，遂有前述《尼布楚条约》之缔结。

其后于1727年，关于通商居住等，更与俄国有《恰克图条约》[①]之缔结，中俄之交涉，由是日趋频繁。

二、南方之英国

俄国与我国，系境地毗连，故与我生交涉，常在于北部。然英国则以海道为与我通商惟一之径路，故与我国交涉之地，常属南方。计与我通商最早者，有西有葡。英国比此二国稍迟，约于17世纪之初，始以广东为根据而从事于通商。从18世纪到19世纪，该国在我国之商业，日臻繁盛。但是此不过为普通一种商务之发达，由我尚未有何等利权让与之事。所以在此个时代之英国，尚处于我国种种制限之下，无何等之积极活动；然而无端的以鸦片战争，使我与之为《南京条约》之缔结。

自此条约缔结后，我国国际地位，因之实受重大之变化。其他列强，均援"利益均沾"条款和我有数多通商条约之缔结，开首的为英，其次为法、为俄。及于1890年，德、丹、荷、美、西、意、日、奥皆与我结约通商，所谓我国之锁国主义遂大遭打破，而生各国对我国之复杂的国际关系。以上为属于第一期之大事。

三、我国和日本

我国和日本的关系，前时暂置不说，至近代之交涉，实以1878年之中日通商为嚆矢。其后两国以朝鲜问题，遂有中日之战。战争结果，以辽东半岛之割让，遂惹起三国之干涉。此三国即俄、德、法是也。俄实为主，德、法为从。其干涉结果，我虽以凭借外力，得索还辽东半岛，然因此所许与外国之利权报酬，损失极大，其最著名的，即由我和俄有《加西利条约》（Cassini）[②]之缔结，

[①] 《恰克图条约》，又称《恰克图界约》《喀尔喀会议通商定约》，由清廷代表查弼纳、特古忒等与沙俄代表萨瓦于1728年在恰克图（今俄罗斯恰克图市）订立。是确认中俄此前各项条约（包括《尼布楚条约》《布连斯奇条约》等）的总条约。由中俄双方在相互协商的基础上签订，对沙俄进一步侵占中国领土起到了遏制作用，属于平等条约。

[②] 《加西利条约》（Cassini），现一般译为《喀西尼公约》或《中俄密约》《御敌互相援助条约》，是沙俄与清政府于光绪二十二年（1896年）签订的不平等条约。

而许俄以中东铁路之建筑经营权，此实启各国以利权角逐之机会。

四、列强角逐之概势

自俄得志于我国后，德国首先在山东借口于教士之被杀，遂以海军进占我国之胶州湾，并向我要求得山东胶济铁路之建筑经营权。同时俄国更进而从我租得旅顺、大连，以为极东军事之根据地，使该国所经营之西伯利亚铁路，经中东铁路得达南满，以逞其南下侵略之雄图。法国为便于向我之云南、广西发展起见，遂和我国有广州湾租借条约之缔结，并进而获得滇越铁路之建设权。英国为抵抗俄国之南下政策，遂向我国有威海卫之租借，京奉铁路建筑权之获得，长江流域不割让条约之缔结等。日本在福建与此先后，亦为同样之要求。这一种分割形势，多起于1898年及1899年间。我们试一观本期内资本帝国主义在我国发展之大势。俄国于此已并有西伯利亚全土，以席卷之势而南下。德国则以山东为根据，而渐扩张其势力于中原。法国则以安南、广州湾为根据，而伸张其势力于云南、两广。于英国则不但有垄断扬子江流域一带之形势，并且于南以九龙、香港为中心，而进窥两广。又于西以缅甸作根据进窥云南。于是在云南、广西，英、法之形势，日相冲突，而有英、法之协约。在京、奉，俄、英之势力日相错综，而有英、俄之协约。此皆为调剂此冲突情势而缔结的。质言之，即一变相之分赃条约。

五、列国协商之发端

美国自与我国通商以来，常持领土不侵略之态度，对于我国曾无何等苛刻之要求。于1899年9月，由美国向各国以门户开放、机会均等为提议。换言之，即主张在各国所定之势力范围，凡关于各条约之通商航务，应受同等之待遇。此种提议，在我国虽仍为单方义务之负担，而实较其他各国常向我要求的要为公平。故当时列强未便反对，皆相率一致表示赞成，此实开各国协商之端绪。如从经济上而论，即以前之各国，皆为独占的、排他的、竞争的，然自兹以后，即渐变为合同的、妥协的。庚子事变，联军入京，俄国则借镇压土匪为名，而进兵占据满洲一带，大有久假不归之意。各国忿焉忧其势力之不平均，于议和之际，群思有以遏其野心而未果。嗣后英、德协商成立，该协商即备作抵制俄国而以保全我之领土为要件者，其次日英同盟亦于1902年成立，对于美国曾为提议之门户开放、机会均等二原则，方始为明文之规定，同时并向各国通告。由俄、法二国有同意之回文，于是门户开放、机会均等二项，始为各国共同承认，各国前此所采之领土分割政策，至此遂不得不变为协商政策，或领土保全政策。

六、日俄战争和诸协约

俄国自以旅大为军事根据地后，极东侵略之野心愈炽。不但欲囊括满洲于其范围内，并且对于朝鲜亦思为版图之拓殖。日本见利害之及身，遂向俄国有满洲领土之应尊重，及朝鲜之应拥护为提议，皆被俄国拒绝，他们遂不得不诉之于武力以求解决。战争结局，海陆均归日本胜利，于1905年，媾和于朴茨茅斯（Portsmouth），而俄国之野心，遂不得逞。是年第二次日英同盟成立，其次日法协商、日俄协约、日美协约相继成立。计自美国为二个条件提议以来，列强对我国之分割形势，遂渐次停顿。日、俄战后，各国遂不得不一变其领土侵略，而为经济上之掠夺，即对我国为最有利之投资，间接借以扶持该国之势力，就中尤以铁路利权之争夺为最剧烈。

七、经济的竞争

各国在我国，最竞争得利害的，当首数这铁路。不过各国最初对我之铁路政策，实以获得铁路之直接所有经营为主眼；纵有时向我争为路款之借贷，而其实仍注重管理权之获得，借以扩充其政治上之势力。然自日俄战后，各国遂一变而单为投资权及材料供给权、技师采用权之获得。其所以各国骤变此方针之原因，则以此时我国民之爱国运动殊形激烈，排外主义亦复盛行，我国前此失与外人之利权，在本期，皆得渐次收回，此形势直继续至于革命。此为我国国际关系第二期之情形。

八、革命后列国对我之形势

自武昌革命军起,各国群思乘我之内乱而一逞其野心。俄国遂帮助外蒙以独立,于英则以保护商人为名而进兵西藏。其他之列强,莫不争逐于利权之获得。而在本期内应为我们注意的,即列强在我国铁路利权获得之运动一事,概括的说,即由此产生国际银行团之成立,此实为今后各国对华行经济侵略独占之一个总机关,在我国经济界上,可算一个重大事件,然此团体成立未久,即有欧洲大战之发生。

从欧战到现在,对于我国新发生有几个重大事实,为我们不可不一说的。第一是民国四年(1915年)日本向我为二十一条之提议,此为五九之国耻事件,想大家都不会忘怀。因有此条件,才酿起我国在巴黎会议代表之退席,才有所谓山东问题之发生。其次为民国十一年(1922年)华盛顿会议,我国国权恢复诸运动。如外国邮政局之撤废,税案之通过,青岛之收回,中日交涉悬案,日本之自动的撤回等,对于我国,皆可云有相当之成功。惟为我们所歉然的,即是各国原则上虽甚赞成,而一至实行,则率皆以我国内乱,秩序未复为辞,迟迟不与,所谓名至而实不惠。其最显著的,即各国之扼我增加关税是,法国且以金佛郎案①为此之交换条件以胁我。我们应知道在资本帝国主义之下,他们哪有好心对我们?最后在外交史上,可算特色的,即我同德俄恢复邦交一事。德俄在欧战前,本在我国取有治外法权及不平等关税权,然自俄国革命,德国败却,皆与我另结新条约,而为平等的互惠的诸规定,我遂由不平等地位进而与之为对等地位,此对于我之国际地位实生重大之影响。因为我国将来,如内政稍见整顿,即有例可援,向其他各国为改约废约之提议。

---

① 即"金法郎案",是北洋政府时期重要金融事件之一。第一次世界大战爆发后,法国物价膨胀,使得法郎贬值,其实际价值仅及其纸面含金量的1/3。为了确保自己的利益不受损失,1922年,法国向北洋政府提出将庚子赔款未付部分退还中国,用于偿还中法实业银行基金,发展中法教育事业,代偿中国政府应缴中法实业银行未清股本,及清结中国政府欠中法实业银行各款,但所有这些用款,均以金法郎计算。所谓"金法郎",是指实行金本位的纸币。当时中国银币1元值8法郎多,而如果以其含金量牌价换算,则只值2法郎70生丁左右。如果按照法方要求,以金法郎付款,中国将要损失6500万元之多。1924年4月,段祺瑞为了提取法、比、意、西扣留的关盐余款,召开关税会议,增加税收,于1925年4月与法国签订《金法郎案协定》。协议公布后,中国举国反对。

总之，我国之国际地位，与中日战争、欧洲大战，皆有重要之关系的。因在中日战争前后，一方面正资本帝国主义气吞世界之时，而在他方面则为我国国际地位一落千丈之秋。然自欧战终结，世界之资本帝国主义遂有趋于崩坏之势，而我国所蒙之压力，则反较前减。但是此不过为他们疲于战争，疮痍未复之现象，如他们一旦元气恢复，则卷土重来，亦是意中之事。须知我国今无乐观路可以走，可走的，只有奋斗之一条路！

第五章　我国条约的性质之分析

我国的一部条约史，实一个国际资本帝国主义侵略的结晶体。我们如欲研究他们在我国之侵略的情形，则对于我国条约之性质，是应加以分析的。惟我国条约是由一般条约演绎而成，所以我们为容易了解我国条约计，对于一般条约实有先述之必要。

第一节　一般条约之性质

什么叫条约？即国家间所缔结之契约。详言之，即二个或二个以上之国家，以契约创设一种权利义务之关系，并使之或为继续、或为变更、或为解除、消灭之一种互相遵守之共同合意行为是的，其形式则有种种，如下：

1. 条约；
2. 约定；
3. 协约；
4. 宣言；
5. 议定书；
6. 外交通牒。

以上虽有六种之不同，而其性质与效果，是无异的，此外尚有三种，即：

7. 追加条约；
8. 别约；
9. 续约。

此为解释本条约正文，而或加以变更、削除及补遗等才发生的。至其性质与效力，亦与本文毫无差异。上说诸条约中，我们可照其契约事项所含的性质而得分三种：

1. 政治条约；
2. 社会条约；
3. 经济条约。

政治条约，是关于政治之问题，如媾和条约、平时条约、中立条约、同盟条约、保护条约等。社会条约，是关于社会公共之问题，如归化、犯人引渡、卫生同盟、兽疫检查、工业所有权保护、著作权保护、红会、度量衡齐一等。经济条约，是关于经济上之问题，如通商、航海、领事派遣、货币融通同盟、交通联络同盟等。

第二节　通商条约之性质

国际间一切条约，大概以上所说可以概括得完。但是，现在我们更应该讨论的，尚有一种通商条约。此通商条约，本来从性质上看来，不过是属于经济条约内之一部分，然从现在国际间之实在状态观察，这通商条约，实占重要位置。因为他所包括内容，不但关于国际间一切交通、住居、往来、贸易、营业，并且常关于领事派遣之政治问题，及其他之渔业航海问题。所以我们实有研究其内容之必要，究竟他的内容是什么？通常分为五种：

一、关于通商航海之自由条项

通商条约之主要条项，第一就是关于通商航海之规定，大概是由二国或二国以上之国际关系而成的，但是我们应注意的，即通商航海之自由一语，系为对于国际之航海通商，不加制限之意，不可作为免除一切关税解，系示两国间通商航业有其自由，决非可作不论沿岸、内地都可航行解。

二、关于住居营业旅行之自由条项

在一国通商条约中，常载有他一缔约国民，凡关于一切入国、居住、旅行、营业、动产、不动产之所有承袭、并诉讼等，皆有其自由。但是，此种自由，不是绝对无限制的，常有一定之范围存在。关于此，常有两个大原则：

（一）承认他国民之在本国，与本国民有同一之自由；

（二）承认他国民之在本国，与最惠国民有同一之自由。

此二种待遇之有等差，常视二缔约国间文明程度之如何为定。大概在文化程度略相等的国家，是属于第一种的；不相等的国家，是属于第二种的。现在国际法原则，虽取平等主义，但是属于例外之不平等待遇，亦自不少。试以民法而论，关于外人人土地所有权一项，大多数国家，是以法律或其他条例禁止的。其余如矿山所有权，船舶所有权，亦是受限制不小。所以从大体观察，虽觉似内外平等，而实际上，外人常比本国人立于不利地位。但是，在衰弱国家，却与此相反，外人之来于本国，凡关于一切住居、营业、旅行等，反较本国人立于优越地位。我国现在情况即是属于此类的。

三、关于纳税及其他义务条项

租税之负担，在国际间又是怎样的？原来在国际间之权利义务关系，是以平等为原则的。所以这纳税义务，外国人与本国人一样，也是一律应平等负担，即是一切租税、公用费、公债、军用征发等，均应照本国人一样完纳。惟至于当兵义务，常对于外国人加以免除，此为国际间一般之惯例。

四、关于关税之条项

什么叫关税？不外指进口出口诸税而云。在现今通商条约上，关于此，都有一定之规定的。但是，在今日各文明国中，通过税，不消说是已免除，就是出口税，亦多不抽，只抽的，就是一进口税。所以在条约中，有规定之必要的，亦只有进口税一项。然在财政不充裕之国家，三项税并行征收，亦属不罕之事。

五、关于最惠国约款之事项

最惠国约款，在通商条约中，实占重要位置，我们亦有说明之必要。什么叫最惠约款（Most Favored Nation Clause）？此种条款，在世界外交史上，在我国的条约史上，实有其特别性质。原来这项条款，因他规定的地方之不同，而条款亦有种种之差别。大别之为欧洲式与美国式。然此为形式上之区分，而实质则不以是而异，即是两缔约国中，不论何一国，如以后给与第三国的利益，多是本互惠条约所规定时，则缔约国中之他一国，亦应得均沾此种利益。我们从条件之有无，可分三类如下：

（一）有条件的最惠国约款；

（二）无条件的最惠国约款；

（三）单纯的最惠国约款。

无条件之最惠国约款是什么？即两缔约国，不问有无特别条件之交换，如缔约国一方，有给权利或利益于第三国时，则他一缔约国，当然可得均沾之一种规定是的。什么叫有条件的最惠国约款？即缔约国之一方，如不取何种之报酬交换条件，即给权力或利益于第三国时，他方之缔约国，虽然可得均沾，然如以相当报酬为条件，而让渡权利或利益于第三国时，则他方之缔约国，如不照此为同样报酬之提供，则当然不得均沾之一种规定是的。什么叫单纯最惠国约款？即是报酬条件之有无，皆不具体规定，只规定两缔约国，应互相受互惠国同样之待遇是的。其次从义务之负担者相异，又可分为二类：

（一）双方的最惠国约款；

（二）单方的最惠国约款。

什么叫单方的最惠国约款？即二缔约国中，只有一国能享有他一缔约国给与第三国之权利或利益。而双方最惠约款，则与此相反，而为双方缔约国均有同等享有任何一方给与第三国之一切权利与利益。第二项我国是最应该注意的，因为我国条约，属于此项甚多。

第三节　我国条约之特质①

一般条约之性质既明，我们再进而研究我国之条约。我国条约，如从一般性质而论，也不外有关于政治的，有关于社会的，有关于经济的。再以我国之通商条约而论，也略具有前述五款之条项。然我国条约，于此一般性质之外，尚有其特质地方，此则由受国际资本帝国主义之侵略结果使然，其详自应于后论究。兹惟举其概要。

一、我国条约，表面上虽若由二国双方合意之行为而成，而其实，纯由二国大多数国民之合意行为而成的是很少

我国自有清以降至民国，与各国结的条约确是不少，然可以概举的有三种：即平时条约、媾和条约、通商条约是的。媾和条约，因我国大抵立于战败地位，故此种条约之缔结，实由受战胜余威压迫使然，非可视为我国民之合意行为，例如《天津条约》《马关条约》等。平时条约，虽为和平时代所缔结，似可云为合意行为，但总是我国弱，他国强，势力甚形悬殊的。势力既形悬殊，则他们之对于我，总不外以利诱，以威胁，才结成此种条约。是这样看来，平时条约，在我国占有国民之合意行为的，仍占少数，例如各种借契合同、铁路借款合同等。至通商条约，虽是可以看成我之合意行为，然此种合意，实我国那时官吏不健全意识之表示。换言之，实他们昏庸的意识之表示，如通商条约中之关税协定条款，内地航行权之许与条项，通商口岸之工业制造权之许与条项等，皆不外此种不健全意思之表现，经济上之无常识，真堪令人痛恨，何能称为国民之合意行为？不但我国民之合意行为甚不多见而已，即在我国条约上，亦不能

---

①从1842年英国强迫中国签定第一个不平等的《南京条约》起，西方列强在1842—1919年间共迫使中国签定了709个不平等条约，其中英国163个，日本153个，沙俄104个，法国73个，德国47个，美国41个，比利时26个，葡萄牙13个，意大利7个，荷兰5个，奥匈帝国5个，西班牙4个，其他国家68个。

称为外国大多数国民之合意行为，因为此种条约，大多是由外国官吏与我缔结的，而此官吏实惟其国资本家阶级之利益是图，务使我国条约与其国资本阶级以大利。至对于一般国民，因此条约有无休戚，则非其所顾。其有二三国，虽定有凡条约须经议会通过，始生效力，似若国民之合意行为，然此仅就表面上之观察，如按实际言，则现今之公民权政治，系为保护资本阶级之手段，所谓代表国民之议员，不过是资本家一个之傀儡，以资本家之利害为利害。故凡条约须有利于资本家阶级者，方与以通过，如不利于该阶级，则无论对于全国大多数国民，有如何大利，亦不与以通过。是这样看来，我国条约，就连外人方面，也不算称大多数人之合意行为，那么，我国条约有无遵守之价值，就可以知了！惟近时中俄恢复邦交之协定，甚可称为双方之合意行为，此则不能不视为我条约史中之一个例外。

二、我国条约内容所包括的，实较他国条约遥为广大

从来称为国家条约，这章程与合同是不在内的，因为在这各种章程合同中，有些是由一国政府与他一国商人为私人之关系而缔结的，有些是为使自己国民便于遵守而规定的。前者是为私法关系，后者是为内国法关系，与在国际上绝对有束缚双方力量之条约，是有区别的。而一至于我国则不然，凡与外国商人所订立之各种合同，与自己所规定之章程，无不含有绝对束缚之性质，强我以必遵守。试举具体之例来说，借款合同名虽由我国政府与他国私商之交涉，其实与该国政府之交涉无异。其次如河水航行章程、开设商埠章程，名虽为我自由创定，其实创定前须征外人之同意，创定后又不能自由取消。是这样看来，我国条约除正式二国间所结条约外，凡一切章程合同皆含有条约之性质，可当做条约看的，所以我国条约内容，尝广于他国条约。

三、我条约上外人之特权

在我条约上，外人之特权虽有种种，归纳之，可分为二：1. 为无限制之治外法权，自外人在我国有此设定，而我国之行政司法权，即受若干之限制。2. 为单方最惠特权，即外人对我为绝对之权力享有者，我则为绝对之义务负担者。

以上为我国条约具有特质之地方，至各国和我之关系，照经济情形可分三类：

（一）与我经济关系最大的；

（二）与我经济关系平常的；

（三）与我毫无经济关系的。

我国和外国之关系，有约国共达十七国之多。哪些国与我国有重大之经济关系咧？即《庚子议和条约》所载之英、德、法、俄、美、日、荷、比、西、奥、意等十一国。但俄、德自大战后，已与我为同等条约之缔结，故现在属于此类的仅有九国。哪些国与我经济关系平常？即丹麦、葡萄牙、瑞典三国，此三国虽未列于前项条约中而签押，但依其规定，直接尚可受损害赔偿之益。其他如巴西、秘鲁、墨西哥等，因其与我在经济上未有何等之利害关系，所以属于第三类的。此十五国皆在我国享有特别之治外法权与特别税权，在我国俨成一个优越阶级，所以我们称之为不平等国。

第二篇　商埠论

商埠就是一经济市场，在国际经济上，实占重要位置，因为一切货物交易，金融关系，都是以此为中心而活动的，有自开商埠、他开商埠之别。自开商埠即是为本国经济发达计，而自行开放，以供全世界交通及货物聚散、旅客往来之用。但其精神所重处，即是凡关于商埠一切之组织及税则，都是以本国为本位的。他开商埠则不然，其性质仍为供世界交通、货物聚散、旅客往来之用，虽与前者无异，而关于商埠一切之组织及税则等事，则与前者成反比，而以他国之利害为中心的。欧美诸国所开商埠，多半属于前者，而后者之例，即为我国所开之商埠。

商埠在国际经济上所占位置，我们由上所说，就可以知其大略。然而为商埠之基础，尚有商业政策，国家如无一定之商业政策以保护之，则所开商埠，不特无益而反有害。所以在研究商埠之先，我们不可不一溯各国所行商业政策之大要。其次商埠究以何因而为各国资本家所重视，这必要缘故，我们在学理上也是应该知道的。第三我国即为他开商埠，则有他开商埠之特质，亦有了解之必要。特质既明，以后尚有与商埠有重要之关系的一个关税问题，我们不可置而不论，所以当列于第四之研究。

第一章　世界商业政策之概要

自18世纪以来，由机械发明、交通发达、航路发现三大事件发生后，在我们人类历史上，在世界商业史上，实可划为一时期。因为在此以前之各国民的交易，不过是乡村交易，都市交易，国民交易，至大不过一国与一国之交易而已。然在此以后，国民间之经济现象，遂不同了，遂由国民经济而进为世界经济与国际经济之交易。在世界商业，首先执牛耳的，就是西班牙葡萄牙二国。此二国衰后，继之以荷兰，荷兰以后，始为英法之争霸，终为英国之独占，于是而有英德冲突，世界大战之发生。结局，诱起美国之崛起，将来商权之竞争，鹿死谁手，尚未可逆料。然而不论何时何地，各国皆有一贯之商业政策。因他们商业政策之不同，及于我国之影响亦有异。各国第一期之商业政策是什么？即是一重商主义。我们当于下讨论。

第一节 重商主义[①]

什么叫重商主义？可分为二种说明：第一是保护工业说的重商主义，第二是国际贸易均衡说的重商主义。兹分说于下：

一、保护工业说的重商主义

什么叫保护工业的重商主义？如论他的特色，即是把对外的商业政策来看成国民政策，商人所得的利益，就是俨然与国家所得的利益是一样。所以在政治上，经济上，全是利用国家权力，来促进他的发展，也就是为这个缘故。此种政策如驰于极端的时候，只要有利益归于国家的时候，就当是国富之增加，凡有利益为他国所得，就是国家之损。在那个时代，这一种观念，是很可支配社会的，虽是流弊甚多，而促进本国实业之发达的功绩，却是不少。其促进手段有二：1.是消极的保护。2.是积极的奖励。我们先就第一种来说。消极的保护政策是什么？即是使一国之商业权航海权归于一国民之所专有，而国家常有侭留其权力之责任，对于外国人一律禁止其所有。纵有不取禁止主义的国家，亦尝以立法手段，而务给外国人以不利益。英国1651年之航海条例，即为此类之代表。同时又有所谓实业之保护，其特征即出口入口禁止制度之发布，或例外亦可以为输出输入，但是须课以极重之税。什么是他们说禁止，所课重税之

[①] 重商主义（Mercantilism），也称作"工商业本位"，它的主要内容是"重商""重工"与"国家干预"，发展目标是"国家富强"，产生并流行于15世纪至17世纪中叶的西欧，是封建主义解体之后的16至17世纪西欧资本原始积累时期的一种经济理论或经济体系，反映资本原始积累时期资产阶级利益的经济理论和政策体系。

输入货物？即是属于本国有发达希望之工业制造的货物，而因此保护之力，直接可以保持市场之独占，间接可以促其健全之发达。什么是他们所禁止所课重税之输出货物？大概是属于本国有发达工业之原料，或辅助材料，而因此保护关系，该种工业所需之材料，遂得为廉价之采买，而制造费予以减少，事业可望蒸蒸日上。消极保护既明，我们再一论其积极的奖励政策。他们特征，即是由政府对于自国有望之出口事业，赐以出口补助金，一以增进内国工业之发达，一以助长海外商业之强盛。此即是重商主义第一种之说。

二、国际贸易均衡说

什么叫国际贸易均衡说？他们的出发点，就是在禁止金银出口，因为当时他们的理想，是以一国之富足与否，全视一国内存储现金之多少为断，这一种潮流所趋，他们都以极力增加货币，保存货币于国内为能事，而由此种思想见之于贸易的，即为国际贸易均衡说。我们试一举其要点，即是如入口超过出口之时，即在贸易均衡上为不利，因为对于出口入口物价上所生的差额，不可不以货币来支偿，所以本国货币遂流出于海外，而国内富力即有损失之忧。反之，在贸易均衡上，如出口超过于入口时，即为国内正货之增加，而国富就因此膨大。他们这种主张，是显然视国外商业较国内商业重要，即是以国内商业不过是仅为惹起国内货物之移动。反之，这对外商业，实有使国富消长之力。此就是重商主义最概略的说明。总之，重商主义一言蔽之曰，在那个时代，各国之执政者，始终持干涉的态度，流弊所急，实足陷国内外商业于不振，而终以引起自由主义反对派之反生。然而为我们切不可忘的，即重商主义在保护实业之发达上，实为一种不可缺之制度。加之他们的施设，实为现在新重商主义之前身，对于近代国家，有重大之关系。现今之保护关税政策、航海条例，无不发源于此的。

第二节　自由贸易

照以上说来，这重商主义之精神，是独占的、排他的、锁国的，弊之所极，终引起一种反动势力之发生。其可称为代表的，即为亚丹司密（Adam Smith）[①]说的："照这重商主义的主张，如以一国货币所有之多少，来作国富增减之标准，其为错误，在稍有经济常识者，皆能辨知。原来这货币之作用，不过是单为一种媒介交易之手段。至国富之多少，决不是可以据媒介物量之多少而定，是要依生产享乐货财供给力之多少才能定的。"自这个见解一倡于世，遂使当时之经济政策，翕然一变，企以增进国富，系在于极力增加资本与劳动力，以图生产财享乐财之增加。然如仍照从来所以之方法，以贸易均衡之利不利为测一国富力之标准，并且于实业上加以人为的妨害之手段，此目的仍是不能达的。如欲达此目的，则非使他们自由选择有利益的地方，有利益的职业，而从事于生产经营不可。因为在世界上之原始工业手工业，属于自然分业（地理的分业）甚多。有些生产品，在本国制造无利，宁由外国输入的；有些生产品，外面输入无利，是应于本国生产的。所以在此种时候，如一国政府充分赋予一般人民以自由，不加以干涉，这生产事业自能为长足之进步。总之，我们人类在内国经济时代，都是对于所需要的货物，以便利价钱，能买进的就买进，对于所欲卖出的货物，能以最高价格，卖得出的就卖出。此种事情，差不多为我们最盛行之习惯，不特无人反对，恐怕为我们人人所认为正当。然则苟以此事扩而充之，应用之于国际经济，有何不可，有何不适当？以上所说，就是自由主义一派主张的概略。但是此皆为学者之主张。而真正入于实行的，则首数英国经五次改革，这种制度才算确立了。五种改革例为什么？即是1826年康宁（Glaiy Canning）[②]与汉克逊（William Haukison）[③]两氏所实行的旧税关制度之酌删，输出禁止之解除，并原料关税品课税之禁止；1840年到1845年皮尔氏（Peel）[④]之二大改革，即农业保护关税之废止，同一部工业品关税之撤去；1853年到1860

[①] 亚丹司密（Adam Smith），现一般译为亚当·斯密。
[②] 康宁（Glaiy Canning），应为乔治·坎宁（George Canning），此处拼写有误。英国外交家，1827年当了100天英国首相后就病逝于任上。
[③] 汉克逊（William Haukison），应为威廉·赫斯基森（William Huskisson），此处拼写有误。英国政客，曾任国会议员，下议院领袖。
[④] 皮尔氏（Peel），即罗伯特·皮尔（Robert Peel），英国政治家，被视为保守党的创建人之一。

年间，革兰斯顿（Glasttane）①之改一切工业保护关税为纯财政收入案是的。

第三节　新重商主义

　　什么叫新重商主义？即是胚胎于旧重商主义而加以改革的。这种主义，确带有一种保护关税的性质，其起因在于防御英国货物之输入。换言之，即欧洲各国，为抵御英国资本主义之侵略而设的。在工业后进国家，为保护自己工业发达计，诚算是出于一种不得已之苦衷。这个主义，最先为学术之提倡的，即是有名之经济学者里士得氏（List）他说的："一国之国民经济状态，实不外一历史发达之结果。然这一种发达事情，实尝依国家之保育施设以为左右的。在人类经济阶级上，可分为游牧、农业、工业三种，而这三种阶级，都是由一种进化过程而来的，即是由逐水草而居的游牧国，进到以生产原料为旨之农业国，由农业国进到以航海通商为业之工商业国。但在此种进化道程中，最能使他们为加速度之前进的，即是使国家利用他的权利，而压迫他国工业之侵略。顾此种手段无他，独有对于与本国相竞争之他国进口货，而课以保护税。"由这样看来，里氏所说的保护政策，与重商主义之差异点，即是前者是限于一定之输入税，后者横跨多方面，但在借国家之力以助成工业之发达的一点，两者都是一致的。其次与里氏之保护政策相照应的，还有一种制度，即所谓各种利益连带保护制。虽从学理上充分研究，还无其人，而在实际政策上，都是很被推广采用的。此种制度之要点，是在对于内国市场一切生产业者，给与为外国生产业者所不有之特别利益。又保护劳动之一语，亦实成为宣传此制度者之金言，遂以非常之势力而盛行于各国商业政策内。究竟他们的实在的意思是什么？即凡由消费本国劳动力而得之生产货物，须比外国货物多受国家之特惠是的。换言之，即由使用国内劳动力而得之生产事业，为抵御外国生产之侵略计，亦应在国内有受保护之必要是的。而国内之农业、工业，务以互相调剂为宗旨，免仰

---

①革兰斯顿（Glasttane），应为威廉·格莱斯顿（William E.Gladstone），此处拼写有误。英国自由党政治家，曾任英国首相长达12年之久。

给外国受制于人之弊。此就是新重商主义之概要。里氏倡于先，而各种利益连带保护制收其成，在1870年项，为自由贸易极盛时代。由兹以还，为保护主义复古时代。欧洲各国，除英国外，他们政策上所以生更变的缘故，虽极复杂，而最要理由，是纯基于1673年所发生之经济恐慌，而实际上促他们之迅速变更，是在防英国商品之侵入。此种主义，现今仍为各国所盛行，就是在采用自由贸易之英国，与其殖民地，亦有所谓特惠税关制度之规定，而渐进于新重商主义。前岁英国选举保守党且以此为政策而解散议会，其后虽归劳动党之胜利，而此政策实为现今各国所重现。

总之，自由贸易与保护贸易之优劣，世间批评已略一定。即是二种政策，俱各有其短长，不可以一概论。然如公平论之，自由贸易，宜于工业先进国家；保护贸易，宜于工业后进国家。换句话来说，即自由贸易主义，宜于由货物输出达到资本输出之国家；保护贸易，宜于由原料品输出进到工业品输出之国家。这却是为何？原来自由贸易与保护贸易之差别，即是一进口货之课税问题而已。而课税问题，何以若是之大关系？即在一国内生产者与消费者各有其利害。从消费者方面而论，如取入口税，即物价因此有增加，国民负担能力因此愈行减少。而从生产者而论，如取入口税，则制造物之买出，由此容易畅销，他国货物不易存在。然则由这关系这二种制度就可以定其利害了。工业先进国家，工业已达到成熟地步，即令在自国市场，不取独占主义，后进国工业品，亦不容易侵入，所以在消费方面，既无因此增加国民负担，而生产方面，虽以免除课税关系，外国品可得廉价贩卖于市场，然对于该工业先进国之市场，是不能生影响的。加之，既由货物输出而到资本输出，每年之国际收支，是以对外放资所生之利息来抵消。所以虽由关税之减轻或撤废，入口不无超过出口之危险，但既有对外放资以为抵消，当然无问题可生的。而至于工业后进国家则不然，工业既未达完成地步，如关税一废，难免不受先进国进口货物之压制，而生输入超过输出之危险。所以采用此锁国政策，亦属时势宜然，不可与工业先进国同日并论。

第二章　资本主义为什么要开拓商埠

资本主义从他的扩张行程上，分为两期：第一期为货物输出期，第二期为资本输出期。货物输出，是以商埠为重要；资本输出，是以投资地为重要。均有绝大之理由存在。唯后者之讨论，则当让之于国际投资篇；而前者，则实为本章内应讨论之题目。如此种理由苟得而明，则在我条约上，各国苦苦迫我开放多数商埠之缘故，也就可以明白了。

第一节　马克斯的扩张复生产式之说明

资本主义的组织，是以无限膨胀为生命。如此膨胀作用一停止时，其组织即有破坏之忧，而膨胀之要件，已于前说明，即在一复生产行程之无限的流转。复生产分为单纯复生产同扩张复生产，而后者实为资本主义存立发达之要件。然单纯复生产实为了解扩张复生产之要津，我们应先加以说明。

一、什么叫单纯复生产呢？

马克斯系把全社会的生产事业，分成生产财与享乐财[①]二大部门，前者即是为制造我们人类需要货物所使用的一切东西，如机械、原料、补助材料等，是其好例。后者即是属于我们人类一切消费之东西。换言之，即是我们人类一切饮食起居，精神上、身体上，直接间接所享乐的东西，如布、书籍等是其好例。

---

①现一般写作生产资料、消费资料。

但是此两部门，各有一个价值构成的式子，即是：C+V+M=货物价值总计。C 是什么东西呢？叫不变资本，即是制造上用的机械、原料等。V 是什么东西呢？叫可变资本，即是制造上所用劳动工钱。M 是什么呢？叫剩余价值，即是一新货物造成后之新增加的价值。换言之，即资本家因此造成可望赚的利益，则有下之公式（Schema）：

（Ⅰ）4000C+1000V+1000M=6000 制造工具

（Ⅱ）2000C+500V+500M=3000 消费资料

第一式即是代表社会之生产部门，第二式即是代表社会之享乐部门。数字的单位，看成百万元、百万镑都可，而假定 M／V 为 100Percent[①]。此两个式即为单纯复生产式。换言之，即剩余价值之全部，不归于再生产，而归于消费的时候所表现的。两式间之比例数字之大小，不消说是可任意定的，唯二者有一定相关之法则。

第一式生产部门，系向社会全体。换言之，即向第一部门之自身与第二部享乐部门而供给其制造上所必需的制造工具。如所得剩余价值全归消费不再投资的时候，则第一部门生产全体价值，不可不等于第一部门及第二部门不变资本之总和，即 6000=（Ⅰ）4000+（Ⅱ）2000。其次第二式之享乐部门，是为社会全体消费上所必现的生活资料而加以供给的。换言之，即向第二部门自己，并第一部门上自资本家下至劳动者所必需的生活资料而加以供给的。因此为单纯复生产（即制造上之资本为不增加不减少的生产行程之流转）。所以第二部门所供给之消费资料，不可不等于第一部及第二部两部门资本家所得的利益（即剩余价值不归生产而归消费），与劳动者所得的工钱之总和，即 3000=Ⅰ（1000+1000）+Ⅱ（500+500）。

以上所说的两个事实，即：

（Ⅰ）6000=（Ⅰ）4000C+（Ⅱ）2000C

（Ⅱ）3000=Ⅰ（1000V+1000M）+Ⅱ（500V+500M）

鲁克生布（Lasa Luxemburg）[②]曾说过："此式不仅对于资本主义的社会，可

---

① 100Percent 即 100%。

② 鲁克生布（Lasa Luxemburg），此处英文拼写有误，应为罗莎·卢森堡（Rosa Luxemburg）。

以适用,即一切社会之复生产,都可适用的。"换句话来说,即是凡有一切复生产的根本事实,都可用此二式以表现其价值关系。盖不管社会经济组织之若何,而生产财与享乐财二大部门之区分,通通是无异的,即是在第一部门所制的生产工具分量,不可不图作补充今后本部门与第二部门所消耗之生产工具之用。又再第二部门,所制出之消费资料总分量,除了足以供给次年从事于消费财制造之劳动者及从事于生产财制造劳动之生活资料外,不可不图作补充此等劳动者以外非劳动者生活之用。这一个事情,实为社会之绝对事实,不因社会组织之如何而有变更的。故此二个方程式,实为社会生产之绝对基础,亦不因世之推移而生改变。其次此二式间之交换关系,有由第一部门之生产物而移于第二部门者,又有由第二部门之生产物,而移于第一部门者。但此一种交换情形,如在资本主义社会之下,当然是取买卖之形式而为交易,其关系则有如下所说:即在第一部门之资本家和劳动者所得之生活资料之分量,是受有什么制限?即由其所卖于第二部门所需用的生产工具分量之多少以为限定的,因如生产财多卖得一点,即可多买得一点享乐财。而第二部门所需要生产工具之分量,则由其部门所消耗之不变资本量之多少(制造上所消耗之机械原料等)以为定的。此二者间既有如是之比例关系,则于资本主义社会之下,更有第三之条件,即第一部门之剩余价值,与可变资本之总和,是又不可不与第二部门不变资本之额相等,即Ⅰ(1000V+1000M)=Ⅱ2000C。两部门间如欲圆滑无滞而行生产的时候,则不可不如下诸式之相关的联络。

Ⅰ 6000=Ⅰ 4000C+Ⅱ 2000C Ⅱ 3000=Ⅰ(1000V+1000M)+Ⅱ(500V+500M) Ⅲ 2000C=Ⅰ(1000V+1000M)

从具体来说,第一部门所制出 6000 制造工具中,其中之 4000,是以之充作本部门补充生产工具消耗之用,即此数归第一部门制造业间互相买收。其余 2000,则以之充作第二部门制造上所消耗制造工具之补充,即此数由第二部门之享乐财制造者而买取。而享乐财制造者之能买取此数,是由其提供与此价值相等之生活资料交换得来。所以在他们所制出生活资料 3000 中,不可不从其中提出 2000 而交于第一部门关系者之手中,而此 2000 中之 1000,则由该部门之资本家以 1000 之剩余价值而买取,其他之 1000,则由该部门之劳动者,以 1000 之工资而买取以充作各个人消费之用。由上关系看来，第二部门所造出生活资料3000中之2000，已纯归第一部门所买取，而残剩之1000生活资料中，一半是归本部门之资本家以其所得之剩余价值500而相买取，一半是由本部门中之劳动者以其所得之工钱500而相买取，以充作消费之用。由是二部门所生产之总生产物，遂得分配于社会，而无积滞之虞。此为单纯扩张复生产之概要说明。

二、什么叫扩张复生产式呢？

先从其公式（Schema）而论。则为 Ⅰ 4000C+1000V+1000M=6000——制造工具 Ⅱ 1500C+750V+750M=3000——消费资料

上二个式子，是仍与单纯扩张复生产式相同，数字之大小，是任意定的，惟其间有一定比例之法则。兹为说明如下：

先就第一式来说，在此式中所制出之6000制造工具，不可不超过于第一部门与第二部门所需要制造工具之合计总额，此则由本式是要逐年扩张，故其所造之新制造之具，不但足以供从来所用之制造工具量，并且更须扩张生产之规模，而供其所用之工具（对机械建筑之固定不变资本为补充其消耗，对原料辅助材料之流动不变资本为补充其消费），即 6000>Ⅱ 4000C+1500C。至归资本家所得之剩余价值，已不如从前单纯扩张复生产时之纯归消费，至少其全部或一部，是须充作购买生产工具及劳动力之用。其次第二部门所造出之消费资料总额，比归于劳动者所得之劳动工资，及归于资本家所得之剩余价值之合计是要少些。这是为什么缘故？这是因为如在单纯复生产的时候，因资本家之所得剩余价值全体都归于不生产之消费，所以劳动者之所得工钱同资本家之所得利益之总和，不可不等于第二部门所造出消费资料之价值。但在现在成为问题的，即是在扩张复生产的时候，归于资本家所得之剩余价值全部，不必都归消费，而至少其中有一部分，不可不加入于前所投资中而投下，所以 3000<Ⅰ（1000V+1000M）+Ⅱ（750V+750M）。

三、剩余价值要怎么样才能够化成资本？

我们既把扩张复生产式明白后，则不可不一研究此剩余价值资本化之理。

先从

（Ⅰ）4000C+1000V+1000M=6000 制造工具

（Ⅱ）1500C+750V+750M=3000 消费资料

二式而看，在第一部门中，我们假设资本家所得之剩余价值1000中，如一半为资本化的时候，则500是为购置消费财而充作享乐之用，其他之500，则为购置制造上所需之必要品（物的生产工具Pm，及人的劳动力A）而充作扩张生产之用。而充作购置生产工具之用的，作为不变资本C，充作劳动力之购买的，作为可变资本V。而此C与V，在500中，所占量之比例关系，不管生产规模扩张之如何，仍与以前C、V之比利率一样，即4000C∶1000V=4∶1。由是这500中之400，是为购置生产工具之用，其他100，则为购买劳动力之用。但是此400之生产工具，将向何处采买呢？则有下之来源，即我们已于前说过，第一年之扩张复生产所造出之工具，总量为Ⅰ6000>Ⅰ4000C+Ⅱ1500C。即此6000，对于两部门所需用之制造工具，都加以补充，而尚有余裕数500。此500中之400，即可充作第一部门资本家所需要制造工具之购买，而为上所说之来源（其他100容后说）。由是上所说剩余价值500之400，即因此而费去，其余之100则以之充作劳动力之购买。又由劳动者再以之购买生活资料而归于消费。结局，此资本家所得之500剩余价值，都化成生产资本而投下。于是第一部门之资本，在第一年为4000C+1000V=5000，而一入于第二年，不变资本与可变资本均双方增加，而为4400C+1100V=5500。

第二部门之关系又是怎么样的？在此部门所造出的消费资料，以第一部门劳动者增加的缘故，所以较第一年所供给于第一部门之量，又可以多卖得100之消费资料，而以此收入，又可由第一部门多买得100之制造工具。而此100之制造工具，在第一部门已于上说过，恰余此数，尚未有安顿的地方，正可因此机会卖与第二部门，所以第一部门扩张所造出之工具遂得售尽。由是第二部门之生产工具，既为100之增加，而劳动力亦不得不与此为比例的增加。其比利率是仍与前式一样，为1500∶750=2∶1，即应此生产工具为100之增加而劳动力当然为50之增加。结局，该部门资本家，更须从剩余价值750中而支出50单位，以作劳动者之工钱，劳动者既有增加，而该劳动者当然是需要生活资料的，而该生活资料，又是由第二部门所制出而供给。结局，第二部门扩张之生产量，除供给第一部门所增加劳动者之生活资料100外，对于本部门，亦须为50生活量之增加。

由以上的关系，我们可以概括的说，第一部门所造之制造工具6000中，其中之5500系为补充两部门中从来所用的制造工具之消耗而使用的，其余500制造工具中之400，系以供本部门购买扩造工具生产扩张之用，其他100，系以供第二部门购买制造工具扩张生产之用，此6000制造工具遂被售尽。其次第二部门所生产之消费资料3000单位中之1900，被充用于两部门之劳动者生活资料，即Ⅰ（旧1000V+新100V）+Ⅱ（旧750V+新50V）。剩的还有1100单位，是应止两部门之资本家阶级个人之消费。而第一部门资本家所消费的，已暂定为500。所以从1100中，减去此数，所剩余之600，则归第二部门资本家之所消费。又第二部门资本家所得之剩余价值750中之100，系以之作新制造工具之贩买，其外尚有50，是以之作劳动力之购买，而剩余价值不能化成资本而充作个人消费的恰恰剩余600。由这样看来，这两部门之剩余价值，不归于消费而实在为资本化的，在第一部门之1000单位中，有500，在第二部门之750单位中，仅为150。由是在此部门第一年之生产资本，为1500C+750V=2250，而在第二年度生产，亦为稍稍扩张，即1600C+800V=2400。综计这两可得而比较的，即：

（Ⅰ）4000C + 1000V = 5000
（Ⅱ）1500C + 750V = 2250 $\Big\}$ 合计7250 制造第一年

（Ⅰ）4400C + 1100V = 5500
（Ⅱ）1600C + 800V = 2400 $\Big\}$ 合计7900 扩张第二年

此为扩张后生产之基础，以后按年递加的。

第二节　资本主义的组织上之二大危机之发现

一、剩余价值之实现化上，生产事业间一定比利率维持之艰难

原来生产财与消费财二部门间，既如上所说，有一定之比例关系，如此比例一失其均衡时，生产上即生甚之大障碍，不论何种社会，莫不皆然。即以前式之比例而论，如第一部门之剩余价值1000单位中之一半，为生产资本化的时候，则与此相关之第二部门之剩余价值750单位中之50不可不为资本化。是明明的前者为主动而后者为受动，并且此两者之关系当从次之法则，即资本之扩充两部门不可不同时而行，而在第二部门中之资本蓄积与生产扩张，不可不以最精最确的数学规则而准绳于第一部门之资本蓄积与生产扩张。所以此二者之照应严密，实为扩张复生产式之最必需的要件，然在以无政府状态为特色的资本主义，其一切生产分配机关，皆纯由国民自由组织，其一切企业皆放任于资本家阶级之自由竞争，供给需要关系既极杂乱无章，市场之调节亦复漫无把握，欲求适合于此种剩余价值实现化之比例关系，殆亦难矣。资本主义崩坏之危机，实伏于是，宜乎在社会经济常起恐慌，或急性的或慢性的，循环动摇不止。

二、剩余价值实现化上社会消费力之过小

在资本主义的社会之下，通常所得之剩余价值是要实现化的。换言之，凡资本家所造得之货品，如非与消费者为货币之交换，剩余价值是不能被化为资本而扩张的。设如社会之消费力，对于资本家所供给货物，生不足现象时，则扩张生产即不能继续循回，而资本主义即将破坏。所以社会消费力之足与否，实为资本主义存亡之一大关键。现在我们应根据于马克斯之扩张复生产式而一研究此消费力。即以其式看：

4000C+1000V+1000M=6000 制造工具

1500C+750V+750M=3000 消费资料

第一部门之资本家，所得剩余价值1000单位中之500，是已经说过，定为

资本化,而残留之500,则是假定归资本阶级不生产之消费。又第二部门之750单位中之150,亦作成资本化,而所剩之600,亦为该部门资本家作购买生活资料之消费,合计二部门所消费的共1100单位。而第一第二两部门之劳动者,如将所得工资全部充作购买生活资料之用时,其合计即为1000V+750V=1750。由是把第二部门之资本家所消费之总量及劳动者之消费总量而加以合计的时候,实为2850,而第二部门所造出之消费资料总量为3000。以此相抵,除去2850之量外,尚有150单位之消费资料,空为剩着,不能卖出,此即消费力过小,而剩余价值不能实现化之理。所以资本主义之将呈崩坏之芽,即胚育于此内。但是有可以成疑问的,即是将此剩余产物如以作次年扩张生产劳动者之消费资料,有何不可?如可,则资本主义生产,当然无消费过小之虞。但是因为在资本主义组织之下,劳动者之生活资料,不是现物分配,而纯以货币之形来支出的,故资本家所得之剩余价值,须经一次货币交换之形式,才能达实现化之目的,试以前式来看:

$$G \to W \begin{cases} Pm\text{—}C \\ A\text{—}V \end{cases} \to W \begin{cases} W\text{元本所值之产物——}G\text{元本} \\ W'\text{剩余产物——}g\text{利润} \begin{cases} \text{消费} \\ \text{资本化} \begin{cases} C \\ V \end{cases} \end{cases} \end{cases}$$

我们以前所说之150单位,即是相当本式中W′之一部分,如欲以之作劳动力之购买时,是不可不将此部分化成货币之形而支付。然此部分如欲化成之时。须经

$$G\text{—}W \begin{cases} Pm = C \\ A = V \end{cases}$$

一种之流通径路,从资本家而入于劳动者之手而现今成为问题的,即是此150单位,有不可不卖出之势,而又不得卖出。换言之。即供有余而消费不足,终致生产过剩,而剩余制造品之一部分,竟不能化成货币,而资本之膨胀力,以此实胚胎一极大疾病,资本主义的组织之最大危机,实无过于此者。

第三节　资本主义为什么尚未崩坏

一、商埠对于资本主义扩张复生产需要上之重要

照以上马克斯扩张复生产的法则而加以推论，资本主义的一种社会组织，好像危机迫于眉睫，早晚总不免崩坏的命运。然考其实，资本主义不特未呈崩坏之势，并且方兴未艾。此是什么缘故？岂不是马克斯之扩张复生产式为杜撰？我们不可不对于此疑团加以冰解：原来我们对于马克斯一部《资本论》应当注意的地方，即是他始终一贯论理的主张，是纯粹以资本主义为对象物。换言之，即对于社会组织，始终假定为纯粹资本家劳动者二阶级之对立而立论的。然而用古今中西万国以观，绝对无纯粹二阶级之存在之理。此二阶级绝对对立，是为一种理想，而非事实，其实尚有多数资本主义外围之存在。此种外围在半工商国最多，而于工业先进国则渐减少。此种外围存在一件事情，在资本主义之扩张复生产实为重要条件。因为资本主义最初实不能为精光光、赤裸裸的发育，是须有此一种非资本主义外围为之包被，方能健全成长。掉句话来说，即资本主义之新生产关系，系早胚胎于非资本主义旧生产关系母胎内，纵然到发育后，如不由非资本主义一种组织所抱拥，亦是不能生存而发展的。然则这资本主义不亡的缘故可得而论，即是这非资本主义一日尚数多存在时。换言之，即非资本主义的市场商埠尚多数存在时，即资本主义尚能有一日存在的余地。如以前式论，即150单位之剩余生产物，资本家阶级既不能消完，劳动阶级又无货币以买此，而此货物之独一无二之顾客，则不能不为此非资本主义之商埠市场是赖。举个例来说，资本家所造出之棉纱，于资本家劳动者二阶级外，尚可由地方乡下之农民购买，而农民何以有此购买力？则不外以已所生产之物，如米等以之掉成货币而买有的。此一种交易情形如继续时，资本主义所制出之货物，因之实能卖出，而扩张复生产，可以无限的周转，此为商埠在需要上有关系于资本主义之一。

二、商埠对于资本主义扩张复生产供给上之重要

以上所说，是资本主义之组织与其外围为最小限度之交通，而其实更非与其外围为大规模之交通不可。换言之，即向外非得数多之商埠市场以为交通不可，这又是什么缘故？不是别的，已于前说过，资本家独一无二之目的，是在于赚钱。然而如纯从资本家间之全体买卖关系来看，是决无钱可赚。而据马克斯所说："资本家所得之剩余价值，只可榨取之于劳动者。即是要由可变资本才能实现现化的。"然劳动之榨取，非长久可以继续于不变。试据他的论说："资本之构成，是与技术并行，渐次为进化的。而充作劳动力之购买部分，则渐次减少，充作制造工具之购买部分，则渐以增加。其结果，遂令在全体资本中所能产出剩余价值之可变资本渐次减少的一种事实，实为资本主义根本上致命伤。这重要原因，系由于不变资本之不能化成可变资本。"这一种推论结果，不特资本家不能继续榨取，并且反有崩坏之忧的。而其所以不能崩坏之原因，实由于资本主义组织以外诸多外围之存在。因为他们所需的不变资本是不外从一切机械、原料、辅助材料所构成。而原料辅助材料，则在此非资本主义范围内，实多数存在。于是资本主义的组织，遂可以向非资本主义之组织，得未大量之购买。而这一种除直接榨取资本组织内之劳动者经济外，已经再不能生产剩余价值之资本家，由购得在此组织外所制出之货物，间接遂得榨取此组织外劳动者经济之机会。卒之不变资本中之大部分，皆可变成资本，而生产剩余价值，资本遂得以无限膨胀。此是商埠在材料供给上，有关系于资本主义之二。

三、资本主义史的发展之证明

总之，在资本主义组织之下，要想为无限之资本膨胀时，则由自己所造出之消费货财，非卖之于本组织圈外不可，同时劳动者所需要之食品及制造上所需之原料及辅助材料，又非从此圈外买进不可。此一种交换行为，实为资本主义生存上、发达上之最重条件。而此交换行为所得施行之对象物，厥惟商埠。而此商埠，与他们的交通范围愈宽，他们的发展力愈大。我们试一观19世纪之英国，常常输出自制之棉织品于海外，一方面又向施行农奴制度之俄国，买进

米谷，向施行奴隶制度之亚美利加①，买进棉花，借以榨取此非资本主义外围之经济。由上面所说的情形以观，资本主义的组织必须与圈外为交通，必须争夺市场商埠，理法上不可不如是。而征之于世界史乘，资本主义之向海外发展，事实上尤不可不如是。印度何以亡？埃及何以灭？而南非、南洋一带未开地之务纳入于殖民地之范围，又是何因？我国一部条约史，何以关于迫开商埠之事件独多？综计世界舆图，自18、19世纪资本主义向外发展以来，未受其侵略之地，实存无几。大之纯化为彼等之殖民地，小之亦成为彼等所需要之商场。此都是由于资本主义内在有绝大缺陷，有不得不借此为弥缝之势，我们可以概见的。马克斯之《共产宣言》书中有一节"有产阶级是使乡村归都会之支配，而他们求生产业贩路扩张之一种欲望，愈是驱此有产阶级于全世界市场之开拓，且至于使凡有国家皆化成生产消费之世界"。由此这资本主义所以必须开拓世界市场之关系，可以明白了。

四、资本主义究为永久存在之组织，抑将归于破灭？

其中之一个谜可望解开资本主义是以榨取剩余价值为要件，我们已于前说明。但是其最有关节处，即是不单是对内部为劳动者榨取之问题，并且为对外亦为劳动力榨取之问题。而我们即为在外劳动力被榨取范围之一，是不可忘去的。我们再进而一研究资本主义将来之关系。照马克斯的扩张复生产公式，资本主义实含有崩坏之素因，而其所以不亡之故，实由于向外发展之一途。如此外围为永久存在，则资本主义实与一种自然产物无异，当然永久发展。如此外围而有限也，则此不过为一种历史产物，是可有时而尽。故此外围之为有限无限之一问题，实为决定资本主义存亡之分歧点。然不幸而这资本主义外围，是日形逼蹙的。这日形逼蹙的理由无他，因资本主义系有一种极激烈之传染性。马克斯《共产宣言》书中有一段："有产阶级由一部制造工具之改良，及无际限的且容易的交通之发达，其他之一切民族以至野蛮民族，皆被引入此文明圈内，他们的货物价格低廉之一种力量，实足以粉破万里长城而有余。由是他们遂得

---

①即美利坚，美国。

征服野蛮人之顽固性，异种人之猜忌性。使凡有民族均得输入文明，而强使变成资本主义。一言蔽之曰：他们是取他们自己的影像为模型而造成一个世界。"所以凡是非资本主义范围，如一旦与他接触，不久即变成资本主义范围。与他们接触时候愈多，范围愈广，则愈以加速度的化成资本主义。前此彼等所以榨取他人者，他人不久即将榨取手段还诸己。前世纪之美洲，近代之日本，即为此例之确证。所以这资本主义愈发展而扩张时，即需要范围外之顾客甚大，而同时与其要求为反比例，领外之地域，逐日逼蹙。地球之面积既有限，而资本主义之发展无厌，是这资本主义之发展，即不外表示内在的矛盾之愈形增加，外在的范围愈形缩小，愈失其弥缝力，而资本主义遂达于崩坏之期。

第三章　资本帝国主义在我国商埠之政治的侵略

我们在上篇所说的，凡非资本主义的外围，苟与资本主义的组织一相接触时，则立地亦可同化为资本主义的组织。如果照此样说来，我国所开放商埠，已约百处，同他接触的机会不为不多，我国实应该化成一大资本国家，而何以反成一个反比例国家，仍是一个极贫极弱的国家？这根本的原因，即是由在我国，凡是可以化成资本主义的条件，皆直接间接受外国之条约限制，而尤以我国之商埠所受之限制为重大。此即是我国商埠的特质所在，我们不可不一为研究的。我国商埠的特质，如从形式上而论，第一是一部不平等条约之明文，第二是由条约上演绎而成历来见惯不惊的一种不法之习惯。如以其一贯之精神以观，即是始终不外外人在此商埠有特权之独占，务使我们长久处于经济被榨取的地位。换言之，即由此商埠之开放，我们的行政权，实受若干之限制，司法权实有若干之范围不能及，财务行政之征收权，亦屈不得伸，此就公经济之关系而言的。至私经济所吃亏的地方，亦不弱于前者，其最显明处，即自国之生产品，常受外来品之压制，私人企业，常受无形之打击。其结果，与上之公经济，双方同时，不至于国困民穷不止。而其他因有商埠之开设，窝留我国之捣乱分子，为军火贩卖之机关，致我国之内乱反复绵绵不息。借问曰：伊谁之咎？必当数此商埠！呜呼！商埠为我国困民穷之源，我们其可置此特质而不论乎？如我们苟欲从事于商埠之研究，则举以上诸原因，归纳之，可分为帝国主义之政治侵略与经济侵略二种，试分论于下。

（甲）一般商埠之特质

我国的商埠，如从政治方面而论，可分三种：一为一般商埠，二为专管租界，三为公共租界。此三者之后二者，虽一半含有一般商埠之性质，而在他方从行政权之关系而论，又各有特质之所在。所以我们在本项内，当先研究一般商埠之特质以明其原则，然后及于专管租界、公共租界，庶使读者得能一目了然。原来我国之商埠的特质，其要点有四：1.须经我国之承认；2.一般条约国人有住居、旅行及营业之自由；3.为我国主权行使之领土；4.各条约国有属人行政权之行使。

一、一般通商口岸

我国商埠一览表
民国十一年（1922年）四月调查

省区	所在地	开放事由与年次	自开或他开与未开
北京	京师南苑	清光绪二十九年（1903年）中日通商行船续约	为日本开
直隶	天津	清咸丰十年（1860年）中英中法续约	为英法开
直隶	秦皇岛	清光绪二十四年（1898年）自行开放	自开
热河	赤峰	民国三年（1914年）自行开放	自开
察哈尔	张家口	民国三年（1914年）自行开放	自开
察哈尔	多伦贝尔	民国三年（1914年）自行开放	自开
绥远	归化城	民国三年（1914年）自行开放	自开
山东	烟台	清咸丰八年（1858年）中英中法续约允开登州后改烟台	为英法开
山东	济南	清光绪三十年（1904年）自行开放	自开
山东	潍县	清光绪三十年（1904年）自行开放	自开
山东	周村	清光绪三十年（1904年）自行开放	自开
山东	龙口	民国三年（1914年）自行开放	自开
山东	济宁	民国十年（1921年）自行开放	自开

续表

省区	所在地	开放事由与年次	自开或他开与未开
河南	郑州	民国十一年(1922年)自行开放	自开
江苏	上海	清道光二十二年(1842年)中英江宁条约	为英开
江苏	镇江	清咸丰八年(1858年)中英续约	为英开
江苏	吴淞	清光绪六年(1880年)中德续约允作停泊处	
江苏	连云港	清光绪二十二年(1896年)奏明设江海分关	为德开
江苏	苏州	清光绪二十一年(1895年)中日马关条约	为日开
江苏	海州	清光绪三十一年(1905年)自行开放	自开
江苏	南京	清光绪二十三年(1897年)自行开放	自开
江苏	浦口	民国元年(1912年)自行开放	自开
安徽	安庆	清光绪二十八年(1902年)中英改订条约	为英开
安徽	芜湖	清光绪二年(1876年)中英烟台条约	为英开
江西	九江	清咸丰八年(1858年)中英续约	为英开
湖北	汉口	清咸丰八年(1858年)中英续约	为英开
湖北	沙市	清光绪二十一年(1895年)中日马关条约	为日开
湖北	宜昌	清光绪二年(1876年)中英烟台条约	为英开
湖北	武昌	清光绪二十六年(1900年)自行开放	自开
湖南	岳州	清光绪二十四年(1898年)自行开放	自开
湖南	长沙	清光绪二十八年(1902年)中英续议通商行船条约	为英开
湖南	湘潭	清光绪三十一年(1905年)自行开放	自开
湖南	常德	清光绪三十一年(1905年)自行开放	自开
四川	重庆	清光绪二年(1876年)中英烟台条约	为英开
四川	万县	清光绪二十八年(1902年)中英续约	未开
浙江	温州	清光绪二年(1876年)中英烟台条约	为英开
浙江	杭州	清光绪二十一年(1895年)中日马关条约	为日开
浙江	宁波	清道光二十二年(1842年)中英南京条约	为英开
福建	福州	清道光二十二年(1842年)中英南京条约	为英开
福建	厦门	清道光二十二年(1842年)中英南京条约	为英开
福建	三都澳	清光绪二十四年(1898年)自行开放	自开
福建	鼓浪屿	清光绪二十八年(1902年)自行开放	自开

续表

省区	所在地	开放事由与年次	自开或他开与未开
广东	广州	清道光二十二年(1842年)中英南京条约	为英开
广东	汕头	清咸丰八年(1858年)中英中法续约	为英法开
广东	琼州	清咸丰八年(1858年)中英中法续约	为英法开
广东	北海	清光绪二年(1876年)中英烟台条约	为英开
广东	三水	清光绪二十三年(1897年)中英续议缅甸条约	为英开
广东	惠州	清光绪二十八年(1902年)中英续议通商行船条约	为英开
广东	江门	清光绪二十八年(1902年)中英续议通商行船条约	为英开
广东	香洲	清宣统元年(1909年)督署批准开办	自开
广东	公益埠	民国元年(1912年)省署批准开办	自开
广西	龙州	清光绪十三年(1887年)中法续议商约	为法开
广西	梧州	清光绪二十三年(1897年)中英续议缅甸条约附款	为英开
广西	南宁	清光绪二十四年(1898年)自行开放	自开
云南	蒙自	清光绪十三年(1887年)中法续约	为法开
云南	河口	清光绪二十一年(1895年)中法续约	为法开
云南	思茅	清光绪二十一年(1895年)中法续约	为法开
云南	腾越	清光绪二十三年(1897年)中英续议缅甸条约	为英开
云南	云南府	清光绪三十一年(1905年)自行开放	自开
甘肃	嘉峪关	清光绪七年(1881年)中俄改定条约	为俄开
奉天	营口	清咸丰八年(1858年)中英续约	为英开
奉天	奉天府	清光绪二十九年(1903年)中美续议通商行船条约	为美开
奉天	安东	清光绪二十九年(1903年)中美续议通商行船条约	为美开
奉天	大东沟	清光绪二十九年(1903年)中日通商行船条约	为日开
奉天	凤凰城	清光绪三十一年(1905年)中日新订东三省条约	为日开
奉天	辽阳	清光绪三十一年(1905年)中日新订东三省条约	为日开
奉天	新民	清光绪三十一年(1905年)中日新订东三省条约	为日开
奉天	铁岭	清光绪三十一年(1905年)中日新订东三省条约	为日开
奉天	通江子	清光绪三十一年(1905年)中日新订东三省条约	为日开
奉天	库门	清光绪三十一年(1905年)中日新订东三省条约	为日开
奉天	葫芦岛	清光绪三十四年(1908年)奏准开放	自开

续表

省区	所在地	开放事由与年次	自开或他开与未开
奉天	洮南	民国三年(1914年)自行开放	自开
奉天	锦州	民国五年(1916年)自行开放	自开
吉林	吉林府	清光绪三十一年(1905年)中日新订东三省条约	为日开
吉林	长春	清光绪三十一年(1905年)中日新订东三省条约	为日开
吉林	哈尔滨	清光绪三十一年(1905年)中日新订东三省条约	为日开
吉林	宁古塔	清光绪三十一年(1905年)中日新订东三省条约	为日开
吉林	珲春	清光绪三十一年(1905年)中日新订东三省条约	为日开
吉林	三姓	清光绪三十一年(1905年)中日新订东三省条约	为日开
吉林	局子街	清宣统元年(1909年)图门江中韩界务条约	为日开
吉林	龙井村	清宣统元年(1909年)图门江中韩界务条约	为日开
吉林	头道沟	清宣统元年(1909年)图门江中韩界务条约	为日开
吉林	百草沟	清宣统元年(1909年)图门江中韩界务条约	为日开
黑龙江	齐齐哈尔	清光绪三十一年(1905年)中日新订东三省条约	为日开
黑龙江	呼伦	清光绪三十一年(1905年)中日新订东三省条约	为日开
黑龙江	瑷珲	清光绪三十一年(1905年)中日新订东三省条约	为日开
黑龙江	满洲里	清光绪三十一年(1905年)中日新订东三省条约	为日开
新疆	喀什噶尔	清咸丰十年(1860年)中俄协约	为俄开
新疆	伊犁	清光绪七年(1881年)中俄改订条约	为俄开
新疆	塔城	清光绪七年(1881年)中俄改订条约	为俄开
新疆	迪化	清光绪七年(1881年)中俄改订条约	为俄开
新疆	天山南北	清光绪七年(1881年)中俄改订条约	为俄开
蒙古	恰克图	清光绪七年(1881年)中俄改订条约	为俄开
蒙古	库伦	清光绪七年(1881年)中俄改订条约	为俄开
蒙古	蒙古各盟	清光绪七年(1881年)中俄改订条约	为俄开
西藏	亚东	清光绪十九年(1893年)中英会议印藏条约	为英开
西藏	江孜	清光绪三十二年(1906年)中英新订印藏条约	为英开
西藏	噶大克	清光绪三十二年(1906年)中英新订印藏条约	为英开

据上表，我国所开商埠总数，已达97处之多。从我国之22行省及数特别区而论，占有最多通商口岸之区域，首数奉天之13商埠，吉林之10商埠，广

东之 9 商埠，其最少之区域，则当数江西、河南、甘肃三省之各一商埠，然在各行省与特别区域，且连一个商埠也未开放者有数处，如贵州、陕西、青海等处即是其例。此开放商埠总数中，由我们自行开放之商埠，共 27 处，他开商埠，共 70 处。前者以由我自行开放，未受束缚于条约，故我有自主权。至后者则以我系受条约限制，始行开放，故我之主权，皆受有极大之限制。然亦有依条约以为开放而统治权未受限制者，此则出于缔约二国之一种特别规定，在我条约史上，不能不算一种例外，如吉林、长春、哈尔滨、宁古塔、珲春、三姓、凤凰城、辽阳、新民府、铁岭、齐齐哈尔、呼伦、瑷珲、满洲里以上 14 处是的。而向各国之开放商埠以英国为最多，共 28 处；日本次之，共 24 处。此外为我们应注意的，即在已许开放商埠中，有迄今尚未实行开放者，如万县、安庆等处是的。

二、专设租界

地名	开放年月	设定年月	设定国	占地面积	备考
天津	1861.5	1898	日	303503[①]	
天津	1861	1861	英	115158	
天津	1861	1861	法	316180	
天津	1861	1895	德	188888	已为我收回
天津	1861	1898	俄	1087423	已为我收回
天津	1861	1901	比	265137	
天津	1861	1902	意	134147	
天津	1861	1903	奥	22296	
镇江	1861	1861	英	3716	
芜湖	1879.5	1904	英	—	
上海	1843.5	1849	法	435456	
汉口	1862.1	1862	英	60000	
汉口	1862.1	1896	俄	62000	已为我收回
汉口	1862.1	1896	法	34200	

① 单位坪，每坪约合中国公亩 0.03306 亩。

续表

地名	开放年月	设定年月	设定国	占地面积	备考
汉口	1862.1	1895	德	126500	已为我收回
汉口	1862.1	1898	日	50000	
苏州	1896.9	1896	日	100000	
苏州	1896.9	1896	英	85839	
杭州	1896.9	1896	日	1334245	
杭州	1896.9	1899	英	—	
长沙	1904	1904	列国共同	—	
沙市	1896.9	1896	日	108875	
福州	1861.6	1899	日	—	
厦门	1861.4	1862	日	40000	
厦门	1861.4	1862	英	13000	
厦门	1899	1899	美	—	
广东沙面	1859.10	1861	英	1003	
广东沙面	1859.10	—	法	1672	
重庆	1891	未设	日	143080	
营口	1861.10	—	日	—	
安东	1903	—	日	—	
迪化	1891	—	俄	—	
塔尔巴哈台	1891	—	俄	—	
喀什噶尔	1861	—	俄	—	
固尔扎	—	—	俄	—	
济南	1916	1916	共同留居地	288000	我国自开
潍县	1904	1904	共同留居地	86400	我国自开
周村	1904	1904	共同留居地	480000	我国自开

三、万国公共租界

地名	开放年月	设定国
厦门鼓浪屿	1902	各国共同设定
上海	1869	各国共同设定

以上为我国商埠三种类。至于其性质与关系，则于下设有专章讨论。由此表以观，外国人之在我国所拓商埠范围，可云广大。惟其广大，故外人之在我国商务与人口，俱有增加之势。兹据1924年日本《时事年鉴》所载，则有下表：

四、各国居留我国人口及公司之数目一览表

国籍	公司	人口
日	4067	201704
俄	1034	85856
英	661	14755
美	409	356
葡	105	3424
法	242	3361
德	244	2232
意	44	4674
比	30	630
丹	35	608
总计	6995	324947

第一节　我国允开商埠之种类

我国在前清时代，对于外人之入国，系取一种禁止主义。然自五口通商之承认以来，各国人遂得在我国有居住、旅行、经商等自由权利。然而不管实质之如何，而形式上无有不经我国先为允许的。由于允许之形式不同，而商埠之种类遂可得而分。大别为三：一是根据于条约的，二是根据协定的，三是由我国单独意思所开的。

一、根据于条约的

我国所开商埠中，以由条约所允许之商埠为最多。然为之先例的，实为

1842年中之中英《南京条约》所开之五口。尔来连年不已，依此方法而开设的商埠，实达70处之多。此种商埠，普通称为约定商埠，又称他开商埠。其意即示依他人之强制而开设的。

二、根据协定的

原来我国商埠之开设，不单是限于条约，并且有未依条约之形式，而仅由附属于条约之协定所开放亦是有的。日俄战后，关于东三省之"中日条约附属协定"第一条之规定，由我国允许开设凤凰城以下16都市，即是其一例。

三、由我国单独意思所开的

此即叫做自开商埠，为开放之先驱的，即1871年6月之洪北，此系由前清以上谕之形式而开放的，然其目的，是为货物征收便宜上，对于葡国而加以允许，不过是一种权宜上处置。然自中日战后，我国进而自开商埠实多，而为之先导的，当数湖南之岳州及福建之三都澳，现在我国属于此类之商埠，实近30处。

自开商埠实我国外交史上一件重要事件，我国自中日战后，外国人对我之侵略，愈形露骨，国家之权利，遭其掠夺者，指不胜屈。我国民之爱国者，孰焉忧之，遂有利权拥护爱国运动之发生。此种自开商埠即为此时代之一种产物。盖由此所开放之商埠，纯有一种之自主权，非与他开商埠纯粹为一方义务之负担者可比。

第二节　市场开放之效果

一、国际效果

原来国际上之条约，如由当事者二国间所缔结时，则因此条约缔结所生之效力，亦仅限于该当事者二国间，他国实不能因此有所影响。然在我国之情形，却大有异，这根本上的理由，即由于机会均等、利益均沾之二语有以致之。盖

以我国受单方最惠国条约之限制，苟由我国许利益与一国时，则其他国在条约上均有同享之权利。所以商埠开设，在国际上所之结果，实不仅限于当该条约国并且及于其他条约国的。

门户开放、机会均等之二语，在我国实有重大关系。盖前者即表示向万国公开利权，后者即令各国向我国为权利分配之平等，不令一国独占。首先提议的，实为1899年之美国。其后英德又特以条件协商，遂渐为各国所共认，此主义在施行当初，只限于加入国，而我国及未加入国，当不得受何等之限制。然自华盛顿会议结果，关于九国条约规定中，由我国出以明文之承认。自是我国对于所开商埠，遂向各国负一种不得为与此主义相违背的施设之义务，而同时对手国亦不得对于主张权利均等之第三国加以拒绝。

二、自开商埠之效果

自开商埠与约开商埠之性质，有绝相迥异处，固不待言，而因此所生之效果，当然有大差别，即一为被动而一为主动故也。不谓各条约国，常将此二者作为同样之看待而与我国时起纷争。推彼等之意，以为无论至于何时候，我皆应负此不平等单方条约义务，欲借我条约特别之规定，而负国际上一般之平等原则。殊不知自开商埠在我系根据国际公法，人类有无相通之旨，而向世界提供，何能受前此所结不平等条约之束缚？况且条约特质，皆具有解除性，非永久不变的。就是在以前所结不平等之条约，我们尚应加以修改，则为我单独意思所表示而开设之商埠，谓之为有自主权利，谁曰不宜？

第三节　一般商埠与我国统治权之关系

在一般商埠，原则上是我国属地统治权，同有条约国之属人统治权，是相并行的。所以我们大别之而为二，即一般商埠和我国统治权之关系，与不平等条约国统治权和一般商埠之关系。兹先就前者而论，而先研究其所及之范围。

一、我国统治权在一般商埠所及之范围

一般商埠，为我国领土之一部分，故我国领土主权在该地当然有绝对排他之行使。但是以受条约限制，对于不平等条约国人，是有一定程度不能及的。此范围明文上虽无何等之规定，而对于一切居住、营业、旅行。既于一般商埠许以自由，一方面他们的领事在该地，又有所谓治外法权领事裁判权之行使，是我国统治权中，司法权、行政权实受有绝大之限制，无可为讳的。所以原则上，我国统治权绝对是不能及于他们，而与此相关的有数种例外。

（一）不平等国之用人

我国统治权，能及于不对等之使用人否？照法律上正当解释，商埠既为我领土之一部分，则我国之统治权，当然能及，固无待论。并且我们又征中英《南京条约》第二条之规定，仅限于该国人民及家眷，而使用人未包括在内，已明明白白，毫无疑义，是我国统治权当然对于该使用人可以行使的。但是在前清时代，以官吏之无知识，遂造成一种恶例，即是凡欲逮捕其使用人之时，必先得其雇主之许可，1899年镇江官吏逮捕美国人恩麦瑞（Emery）所雇华役李某事件，即为养成此惯例之一。

（二）居于不平等国人之家宅与其所有船舶内之人

凡非不平等国人，而遁入他们的住宅、船舶内者，我们统治权可以及之乎？可以及之，惟照《中英续约》第二十一条之解释，我们统治权是受有限制，不能直接行使；如要直接行使时，须经一定照会手续，而要求引渡。

（三）不平等条约国之保护国民

此问题可分别论之。第一，该被保护国人民服我之管辖与否，当视该保护国与其被保护国间所规定之管辖权限而定。如不服其管辖时，固无论已。然第二，纵该被保护国民有服其管辖之规定，亦须视该被保护国同我国有无治外法权之规定为定。如此规定不存在时，原则上当然服从我之管辖。然不免有一例外，即安南人是的。此系1887年，法国同我国有所谓《戈可当（Cagarden）条约》①缔

---

① 此处应该指中法《续议商务专条》。

结,其第十七条中,安南人在我国商埠,在或程度,须与法人受同等之待遇。

二、我国统治权在一般商埠所受限制之范围

以上所说的是我国统治权对于不平等国有关系者能及之范围,然其具体的所受限制之范围又是如何?此亦是有明文惯例之区别,我们不可不析而论的。

(一)教育行政

我国之教育行政,在一般通商口岸,究竟受有限制没有?此应分数条来说。第一,外国人在我国通商口岸,有可以设立学校,而加以经营之权。照1868年之中美《华盛顿条约》第七款,是很明白的。但此种教育行政是否属于我国,无明文之规定。从外国人之治外法权关系论,我们对于他们入此学校之人固不能加以干涉。而我国人之入外国人所办学校之关系又是如何?外国人对我关系为属人行政,入此学校之学生,既为我国人,当然我国教育权是能及的。与此连类而及的一个问题,即教会学校,我国教育行政权能够及么?现在教会所办之学校,为我国教育方针大障害,影响于我国民性质有大关系,已为识者所共见。加之,彼等所办之学校,遍布于各地,势力雄大,为我国教育冠。所以我教育行政能否及之一个问题,对于我国教育权有重大关系。据他们之所主张,则谓由我国既许以布教自由,当然于此种学校不得加以干涉。以我所见,此不干涉,自有一定之程度,绝非无限制的。如作与我国体不相容之宣传,及为非国民之同化,在我实有干涉之必要。最后外国人入我学校就学时,我国教育行政又是怎样?原来不平等国人之权利,对于我只可为消极之主张,即是不依其同意,不得加以干涉,其实并不是对于不平等国人全然不得行使,得其同意,即可以干涉的。照前所举之《中美条约》即可明白,所以我教育行政可以及之。

(二)卫生行政

一般通商口岸在卫生行政上所受之限制,可分为对人的、对物的。先从对人而论,我国统治权对不平等国人,原则上全然不得行使,纵对于公共卫生保健上有行使之必要,以受治外法权限制之关系,亦不能为一切之强制执行。如欲行使,须有关系国领事之共同参加。但是亦有一例外,即是在各商埠所施行之（Harbour Regulation）关于卫生规定，就在不平等国人，亦须予以遵守。此系由我国之制定，经各国之承认，然后以至于施行。至对物所受之限制，则不分所有、占有、有形、无形、动产、不动产，纵有须烧毁消毒时候，亦须先得其承诺，此系由外国人在我之享有财产不可侵之特权所使然。

产业行政所受限制，大略与上同。

（三）交通行政

一国交通事业，当然是为该国主权之所及，固不待言。然在我国之情形，却有大异。先从邮政而论，从来各国在我国施行邮务，未经我国之承认的，实是不少。因之我之邮务行政，实受重大之限制。然自民国十一年（1922年）华盛顿会议结果，我国以条件附遂得达撤销之目的。其条件概略即：1.须有效邮务之维持。2.外国人总办之地位，须保证无变更。但在他方有关于治外法权之邮务行政，仍受限制不少。惟其间亦不无例外，即外国人如欲利用此机关时，则不可不服我之行政。举例来说，如外国人有私运吗啡及爆发性药等之违禁物时，一经发觉，立与没收。

电报之行政又是如何？此可分成有线、无线而论。有线电报，我国同外国之关系，则有1.《辛丑议和条约》第九条各国占领之军用电线；2.由日俄间所缔结关于东三省之电线条约，而经我承认之电线；3.由中日条约而承认之上海、长崎、芝罘、大连间之海底电线等。关于此数种电线中之规定，虽不无大同小异，而结局总不外我交通行政之受限制，即是上所说诸电线中之各种公司，苟得我许其安设与上陆权，则其经营之方法，及电费之征收等，皆非我所得过问。但是有时候，亦有依我之法令的，如1896年我国同大北公司、大东公司规定之第九条是的。

至于无线电报，我国交通行政所受限制又是如何？原来各国在我国所建设的无线电报，实是不少。有的是经我所许可，有的是纯未经我承认而自行安设的。但是不论何种归于不受我国交通行政之支配，则同归于一。从来我国同他们都为此有交涉，而希望其撤废，以各国之迁延而不果。结局，本件在华府会议成为问题，由各国协商结果，对此分为二种办法，一是关于未经我国之承认者；一由我国已许可者。前者由我国补偿其所费而移转其所有权于我，至后者因由我国以明文承认关系，是依然不得撤销而存在于我国。惟附加有一定限制，即只限于供公共机关之用，一般商用和私用是所禁止。

（四）警察行政

警察权之行使，系基于国家统治权之发动，而以保护社会安宁，增进公众利益为目的。先从保安警察而论，其所及之目标，则为特别之人与物与夫特殊之行为。因此等皆对于社会安宁之秩序有大障害。前者之例，如精神病者等是；其次之例，为有危险性之火药、洋油等；后者之例，如违禁出版物等。而第一对人之关系，以不平等国人有治外权，当然保安警察之权力是不能及的。如欲有行使之必要时，须先经该国领事之承认。而在其家屋内之不平等条约国以外之人，如欲对其行使时，亦必须履行引渡之手续，1858年之中英《天津条约》第二十一条，即为关于此项之规定。对于特殊之物又是如何？亦是仅可及于归不平等国以外之人之所有才行的，《中比条约》第十四条之规定，即本此意。至于特殊之行为亦然，警察事务除保安警察外，还有卫生、产业、风俗之警务等，其所受之限制，大略与上等。此外，外国人有遵守之义务的，厥惟交通警察一项。原来水陆交通之取缔，在各种警察事务中为最频繁，且常在实际上发生之问题不少。愚窃以为交通问题，如外国人有利用之时候，当然有应遵守我法令之义务，如左侧通行令及路上安置危险物之禁止等。因为此种事件，不特对于我国之安宁秩序妨害不小，并对于各国在留我国人士之公共利益上，亦生大障碍。所以惟此决不可以治外法权作护符。就退步言，由我承诺其于交通问题亦有特权，非我可得干涉，但是从交通之性质而论，属于营造物居多。在我之行侵主权为管理，在他们为利用。既云为管理与利用，则纯离权力关系，而可当作一种私法关系看待，所以彼等当然有服从我之义务。

照以上各种情形看来，我国之警察权，除交通警察而外，对于不平等国人，几无施行余地。然此为属于通常时候，如在我国，苟遇有非常事件之发生，则在我国可以基于"警察紧急权"而行使之。盖此等事件，系处于危机一发，间不容瞬。如皆照平时办法，凡百皆须经其同意而行，则对于一般社会或国家所生之危险，实不可以名状，故不能以常格相律，应主张我之警察权对于他们，亦可得其行使。

（五）财务行政

国家之财政收入，可分成公经济、私经济二种。私经济者，是国家对于私人所生之交易或经济关系，并对于私人有特别之勤劳而得其报偿的。换句话来说，即国家与私人间，为一种私法关系。从负担方面来看，实含有任意之性质，且对于其所负担，通常必有一定利益之相伴。而公经济之收入则不然，国家为维持其本身之存在及发达计，有用钱之必要时，对于国民加以赋课的。其特征即在强制之一点，如租税手续费是的。其赋课之发动，系常基于主权作用。先从私经济而论我国同外国之关系。照1858年中英《天津条约》第十一条，各国商人在我国实有营业之自由，而我政府如与该国商人生经济关系时，以其属于私法，故实未受何等之限制。

但是我国公经济与外国之关系又是如何？此种关系较大，我们当详为论及。

不平等国人在一般商埠关于财政有无负担一问题？我们可从数方面观察，第一是国际上一般之原则，第二是我国之习惯，第三是外国人在我国之地位。国际之一般原则是什么？即是一国人如在他一国内时，应有与该国民对于该国财政有同等负担之义务。原来国际平等主义，在近世国际公法发达结果为然，至昔时各国之内外人差别主义盛行时，外国人比本国人且将受重大之限制，财政上更应重为负担，固不待论。而我国之情形，则恰与此相反，外国人较我们对于财政负担，特占优等地位，无论哪一种征收，都是不负担的。其次我国之习惯是什么？原来我国自汉唐以后即以愚民为立国政策，何况处于满清时代，政令之下，国民无经济上之常识，自属可知。所以关于财务行政，除向本国民抽收地丁租税而外。其他之商工营业，一概是无税的。换言之，即一切之所谓营业税、家屋税是不存在的。外国人之在我国，亦是享有此种习惯之特惠。在通商口岸，是自由营业，毫无财政负担之可言。至外国人之地位又是如何？原来彼等在我国享有治外法权，在前清时代，固算是出于昏愚，向彼等曾未为课税之提议，而转入民国，初亦尝见及此，且与彼等屡作交涉，无如彼等始终恃治外法权以盾我，故此问题，至今仍未解决，试分论之。

（一）租税问题

不平等国人在我国已如上说，通常是不纳税的，但以条约所规定之特别关系，如进出口货之关税，及轮船之吨税亦是照纳。现在之天津、上海等地方为充作河川修理经费之用，经外交团之承认，由我国向该国人征收，亦是有的。而于三都澳又有所谓码头税，此则为未基于条约之形式，然照中法《天津条约》第二十七条以广义之解释，如经该国之承认时，就在不平等国人，亦是生纳税之义务。兹将我国施行印花税之概要，略一述及。我国自发行印花税后，曾与外交团为数次之交涉，请其承认我之对外国人有印花税征收权，卒以其反对未果。民国四年（1915年），由我国政府行知上海外国商人，命其一律照纳，而外交团又为强硬之抗议。翌年五月，我外交部又继续交涉，而彼等仍悍然不应。结局，由我政府以适用问题暂不进行为条件，而请其为主义之赞成。后外交团形式上虽已允许，但限于以不伤及外国人之地位为条件。

（二）手续费

不平等国人之应纳手续费与否，则应先从该项费用之性质而论。原来手续费系国家对个人以其为营造物之使用，公务勤劳之享受，故加以特别征收所生之一种收入。其种类有二：1.行政手续费，2.司法手续费。皆基于国家之统治权，而为强制。所以在一般国民，自因此生服从之义务。然在外国人方面则如何？外国人亦是应该负担的，纵然行强制征收，亦与条约无背的。因为在第一种之行政手续费，实为国家对个人特别生一种公务勤劳之提供。既生一种特别公务之提供，此个人从报酬原则上，当然生负担之义务，如制造品之检定，不平等国人有请求为此时，我当然应取其一定之手续费，此为劳务特别报偿问题，彼等当然不能执条约以盾我。其他行政手续费，都可因此类推而命其照纳。此外行政手续费还有一种更著明外国人有负担之义务的，因此纯为一种利用性质，我纵然有所征收，亦无非取得一种特别报偿，近代国家文化之设施，如水道、病院等，大概皆属于此类的。至司法上之手续费，虽不是如上说之行政手续费，对于个人生特别之利益而为报偿，而因此有烦及国家及促其裁判，从劳务上而言自生一种报酬费用。所以从此点而论，当然无内外国人之区别，有一律负担之义务。

（三）公债票

公债票，依应募者之意思，可分成强制公债票、任意公债票二种，后者即是依公债应募者之意思以为募集的,强制公债票即是不管为偿权者意思如何,为债务者之国家或公共团体,皆基于统治权而强制令其负担,与上之租税等皆为公经济收入手段之一。此种强制公债票,在不平等国人是不能负担的,据中美《华盛顿条约》第十条就可明白。此外与强制公债票类似的,尚有一种不兑换纸币。此种纸币,在我国与外国人经济关系最大,不可不论及。凡兑换券,系于他日兑换开始之际,政府允以现金支付而发行的。关于此,我同外国人有二种关系可得而论:即一为流通力关系,二为兑换关系。此种流通力能及于不平等条约国人乎?不能,因为此种强制力,实受外国治外法权之限制。但是他们如进而收受此种纸币时,则其关系又与上异。第一,他们之所以收受此种纸币,是以其有流通力为然,否则决不能收受。所以此种流通力,对于他们仍是有效存在。第二,此种纸币如由外人转付于他人之时,他人可得拒绝么?不得,如能拒绝,则不能云为政府有强制流通力。至兑换关系又如何?本来不兑换纸币,通常额面价格与实际价格(即行市),差得很远的,有甚至于毫无价格者,通常国民是不能要求兑换的。纵得兑换,亦须要较额面价值折扣几成,一来是以势力不及关系,二来是受有经济上一定原则作用。而与不平等条约国人之关系则不然。第一,以此种兑换券限于未经条约之承认,当然不得使负不要求兑换之义务,所以他们可以向我们要来兑换现金;第二,如兑换时,他们一定要照额面上一定之价值兑现,我也是不能拒绝。近年我国各省及中央所发行之纸币而吃外国人投机之亏者,实是不少,即是基于以上之缘故。

(四)司法权

国家权力最高之作用,有统治权之行使,尽人皆知,无待赘言。孟氏曾分析此为立法、司法、行政,各具有绝对独立性质,不许受外界丝毫限制。惟我国以与各国有条约关系,情形则有大异。行政权在通商口岸受有大限制已如上说,司法权仍与行政权若出一辙,所受之范围极大。原来从国际公法上来看,一般商埠既为我领土之一部分,凡关于诉讼事件,当然为统治权之司法权所能及,而我国何以不若是?则由条约上领事裁判权之一语有以致之。盖我国行政权之受限,实由各国在我国有治外法权。换言之,即各国在我国对于该国人可行属人主权,而司法关系亦然,以外国在我国有裁判权关系,我属地主义之司法权，实不免受其限制，最初开其端的，即为中英《南京条约》第十五、十六、十七各条，其后各国大略皆援例为大同小异之缔结，共计各国在我国有此特权者，为十七国，惟大战后之德、奥、俄诸国，已向我抛弃其权利，而为平等通商条约之缔结。现在就领事裁判权之内容及原因而加以讨论。领事裁判权之内容，可分成三种观察：一是中国人间之诉讼；二是外国人间之诉讼；三是中国同外国人间之诉讼。第一在一般通商口岸，当然为我国司法权所管辖，自不待论；而第二关系，则与此恰相反，我国只属地主义被其限制，而概归他国司法权之管辖。其裁判机关，则以领事代之。至第三我国人与条约国人之关系，不论民刑事诉讼，由起诉国人之不同，而裁判管辖权，即因之有差异。即第一如我国人为原告而外国人为被告时，则我国人不能在我国司法机关起诉，即能起诉，亦非我国司法权所能及，故须向该国领事起诉方有效，因审判权在领事之手故也。第二如我国人为被告，而外国人为原告时，则该国人可以在我国官厅起诉，而审判之权则在我国（《中日通商条约》第二十二款）。但间亦有须会同办理者（《南京条约》第十七款），此即称为被告主义，其意即表示外国人属于被告时，我国司法即因之受有限制。至领事裁判权之原因，他们借口上，则归于我国司法之不良，而根本上之出发点，仍在一资本主义。我岂不在前说过吗？自这资本主义的一种组织成立后，社会上即产生一种特权阶级，凡社会上一切利权、利益，皆归他们垄断独占。所以他们为维持此种特别权利计，凡精神上、物质上之一切手段，苟可以供其利用，无不被其利用，前者即不外概念之宣传，后者即不外以政治之力来保护。现在所讲的领事裁判权，即属于后者手段中之一种，因为在国内议会，即为他们的机关，则在司法上所准据的一切法律，皆为保护他们而设，自不待言。所以他们在国内司法上已占有绝对优越位置。最著之例，即近代有名之工厂法、治安法、警察法等，可云纯为保护资本家之特权而设，亦无不可。而在国外亦然，如司法上不较其国之土著人享有特权时，则不易在他国占有优越位置，而发展上亦有大障碍的。此即为设定领事裁判权真正之原因，而各国驻我国之领事以一地方商务官，而兼外交、司法、行政诸权限，不可不称为在现今国际上之一种奇现象。

第四节　一般商埠与不平等国属人行政之关系

在我国之一般商埠，如外国要为行政权之行使，则须限于属人关系才行的。换言之，即条约国行政权，须限于其国人之居留我国商埠者才可向之行使的，此实为与专设租界相差主要事项之一。因为专设租界不论为一国之专设租界与各国之公共租界都是依一定租界之规条而行使其行政权，常具有地方行政之性质。一国属人行政权，常因此而受限制。换言之，即一国之属人行政权，须限于与此等专设租界行政权不相冲突，才有施行之余地。而在一般商埠则不然，只要为其国之居留民，即为其国行政权之对象物，是概括的，非部分的。

一、不平等国属人行政权之性质

什么叫属人行政权呢？即是一国之行政权，经他一国承认之下，以或种程度而可行使其权于他国内，用以监督保护本国之居留民的。其第一之出发点，即由1858年之《中法条约》第三十九条，由我国承认其只要为不平等国人均非我所得过问；其次于1865年之《中比条约》第十四条，由我承认其凡不对等国人之在我国，其财产均有不可进犯之权利。此外又有所谓领事裁判权之规定，即在我国，凡条约国人间之诉讼事件，即条约国人为被告之诉讼事件，均不归我之裁判。自此等条约在我国订立后，他们的行政权遂得于条约规定范围之内，对于其国之居留我国者，行其保护监督之权限。此种保护监督，通常除民刑诉讼审理外，对于本国人民，为行政权之发动，亦是有的，此即一般所谓治外法权。

但是为我们应注意的，即在1902年，由我与英国所订立之《玛凯（Mackay）条约》[①]第八条第十二款，列有凡条约国人，亦应遵守我之行政权之一种规定；其次日本1902年，与我所缔结之《日清通商追加条约》第十条，亦

[①] 即《中英续议通商行船条约》（The Mackay Treaty）。

与此约为同样之规定。似我国之统治权,有几分膨胀之希望,然此究为空文之规定,毫不发生效力,不平等条约国人之在我国,至今仍占有最优越之位置。据上面看来,凡不平等条约国人,对于我们的行政权,实无何等遵守之义务,我们是可以明白了。但是亦有例外,即基于我国与各国所订的条约,各国俱应一律遵守,如违背时,不特船舶货物可以没收,并可加以罚金之惩处,各关税章程即是其最著之例。1858年之中英《天津条约》第三十七条,即属于此项之规定,其他各国之通商条约中,亦无不见有此项规定之存在。

二、不平等国属人行政权与我对外战争戒严令之关系

我国行政权之不能及于不对等国人,由上文我们是已经明白了。然如我国与他国入于战争状态后,我国所施行戒严令能够及他们么?这可分成三面来看:第一,如我国与此不平等国交战的时候,这一种治外法权当然消灭。第二,如此不平等国与我为攻守同盟,而一致抵抗他国之时,则与我既属利害一致,当然能为我遵守,此戒严令当然是有效的。第三,如该不平等国处于中立之时候,则从国际公法而观,其国实有受此戒严令支配之义务,在我国其国所行使之属人行政权,当然蒙极大之限制。这缘故无他,因我国实已处于生死存亡时候,决不能以平常之例可以律我,而禁我戒严令之行使。如果阻我,则何异于使敌人得其利用,而遗我以极大之不利益,岂不失二国间中立维持之旨?所以我们当然说戒严可以支配此属人行政权,也就是由这缘故来的。

(乙)专设租界之特质
第一节　专设租界之特质

为通商口岸之一部,而又与一般商埠异其趣的有二,即外国专设租界及公共租界是的。此二者一方面从其为一般商埠一部分之处而论,与一般商埠是同其性质,而在他方以承认外国在该地之有行政权行使又与一般通商口岸相异。兹举其要件如下:

一、专设租界为一般商埠之一部分;

二、由我国之允许而设定的；

三、在专设租界内，专设国之地方行政权，有一定程度之行使。

第二节　专设租界设定之方法

在一国之领土内，其国之统治权，实有绝对的排他之行使。如第三国家欲于此领土内行使公权时，则不可不经其国之同意，此为国际法上之一大原则。所以各国在我国专设租界之设定，亦无有不经我国之承诺。否则该专设租界是不能成立。《中日通商条约》之附件第一条，及《中英续通商条约》第十二条，都是规定得明明白白的。惟由我承诺之形式，则有种种。有由我国之明示承认，亦有默认的，有由通商条约之规定，有由专管租界之专章，有直接由我国政府与各国公使相为协定的，亦有由各国领事与我国地方官之双方协议，而从政府即外交团之承认的。我国默认之例，即日俄战后之安东及营口是的。

第三节　专设租界行政权之性质与其关系

各国在我国之专设租界，非为领土之割让，已如上所说。但是该地之行政权之关系，与一般商埠迥异，有可研究之价值。其要点，即是该专设租界依条约之规定，及现在各处盛行之习惯，有所谓专设租界行政权之行使是。原来各国在我国所设定之一般商埠，由条约之规定，对于该国人有所谓属人统治权之行使，至属地统治权是绝对不存在的。而在专设租界内之行政权则不然，不止于专设国人为其对象物，并且包有住于该区内一切之我国人、外国人。现在我们应一进而研究专设租界行政权之性质，专设租界之行政权有二种：一以专设国人为对象之属人行政权，此与一般商埠之治外法权无异；二即本篇内所谓之专设租界行政权。前者系为其政府在我国所设定之一种公权，其目的专在于保护取缔该国人民之居住我国者，而对于一切住居、旅行、营业等务，是为一般之关系，而非特别的。至后者则与前者大异，是与该地之设定有密接之关系，而基于其他一切之住居、所有、营业、占有诸关系以为行使。故其行使区域，非普遍的，系仅限于专设地区。但其对象物，不仅限于该专设国人民，其外亦及之。专设行政权，究为属人的，抑属地的？常有争论。兹一为说明于后。

第四节　专设租界行政权与我统治权之关系

各国在我国为专设租界之设定，不是领土割让，我们主权仍有可以及于该地。1863年北京外交团关于租界之性质，曾为一次宣言，其中要点试摘录于下："华人之未受雇于外人者，完全受华人官吏之管辖，一如在中国城市然。"从此见地，属人的根据虽是可以存在，属地说似稍薄弱。然在他一方，我国的属地主权，或以条约，或以其他规定，向对手国亦是可以抛弃。而此抛弃，如为全部时，则与租借地无异。而此专设租界之性质，实不能云为全部抛弃，只可云为一部分。所以租界仍称依我之领土固是正当。惟此种抛弃形式，在起初虽为对一国关系，而以最惠约款之利益均沾上，实与向各条约国抛弃无异。故前记外交团之表示，亦实不过表示一种租借地性质之为何物，而在该地区内我主权之行使，自不免受有大限制。外国之行政权，实可以一定程度行于该区地，结果，属人说亦不得以支持。

我国主权，究以外国租界之设定关系，受几何之制限？大概是以地方行政受其制限为原则，而其外之司法权及行政权，尚可以行于该地。1863年外交团曾为一次之议决，说："租界上之地方行政不得超越市政范围，如路政、征税等。"由此以观，即可明白租界之性质，是纯限于地方事务，而属于地方行政权观念以外之公权关系，原则上设定后与设定前，是丝毫无异的。惟在实际问题上，我国公权总不免因此受几分限制。由是我们对于租界，可观察得一个卓特的性质，即是同一租地内，我国之地方权以外之行政权、司法权与夫专设国之该地地方行政权三者是并行的。总言之，即该地居民同时受此三种权力之支配（有治外法权国人在外），不得以有专管权的缘故，即拒绝我国以上所说公权之行使，我国对于住居租界内之我国人，有行使公权之权能，在今日已是毫无疑义，无论如何对于租界权限为广义之解释，至少当不得否认之。换言之，即该国在租界之行使权限，只限于地方权。

照以上情形看来，我国公权之能及于租界，实是不少，最著的就是司法权。就在行政权，只要与专设租界之地方行政权不相冲突之处，亦可得而行使，征之明文，证之惯例，都相一致。1862年我国彼时之上海道，以太平天国兵事苦于筹款，爰有向上海租界内之我国人，谋课人头税以充兵饷之举，于同年六月致书英国领事，请其赞助，当经拒绝。彼时之英驻华公使，认领事之措置为不当，遂以文书命其撤去前议，嗣后英国政府亦韪其议。

但是，我国又非是绝对可以行使，同时我国总不免受几分之限制。因为由我国既与以租界设定之承认，当然有对于租界行政权尊重之义务。所以不但我国公权积极不能行使，并且消极亦不许对于专设租界之地方行政加以障害。由是凡我国欲行使主权于该地时，不可不对于该地之专设租界行政权加以考虑。如不得该国之租界行政机关承认，即是不能行使。兹就我国公权行使时所受限制分论于后。

一、司法权

我国司法权所受限制，与在一般商埠无异，即是我国人为被告时，归我国审判，但是在专设租界，尚有一特质，即依《重庆日本租界设定章程》第十七条，凡日本人为原告而我国人为被告时，须会同日本领事派理人员审判。此虽由于中日之规定，而依最惠条约之解释，普用之于各国所设定之租界间，自不待言。总之，我国司法权，在专设租界受明白条约规定之限制是很少；而受各地间之租界章程及习惯之限制是很多。本来专设租界章程，苟未经我国与以承认，当不得束缚我之司法权，无如我国官吏，历来暗于国际法知识，就是外国自定章程，亦轻率与以承认而生束缚之效力，而至于习惯更不待言。因一时之疏忽，作一不法之恶例，遂贻为永久之祸根，起初未与何等之抗议形式，久遂成为一种默认。司法上所受之限制，民刑事有所不同，先就民事而论。

（一）关于民事事件

通常我国司法权，是可及于租界，惟有应注意之地方，即为调查证据，有须人民出首法庭，而该当局者拒不应命之时又如何？我国应取之态度，第一先向该租界行政机关请其援助。如得其承认，或由我们直接传讯，或请该行政机关代强制其出法庭均可。究竟专设国有无义务之一个问题，虽是可生议论，但是如限于无特别事故发生，专设国应有援助我之义务。因为我国人对于我国之服从关系，实不以外国租界之设置而生影响。且我国既尊重条约上诸般规定，在彼亦应尊重我国司法权之正当行使，而负国际之义务。

其次，民事事件上之被告搜索逮捕又如何？此与刑事事件相同，容后并论。再民事事件之强制执行又如何？此亦不可不经该国之承诺。

（二）关于刑事事件

先从最容易发生犯罪人之逮捕与搜索而论，日本之《重庆专设租界章程》第十七条，凡关于刑事事件，如欲在租界逮捕犯人时，须先呈验拘票于该国领事，俟得其签字后，再与该处派出之警察会同逮捕。但在法国之租界，则与此稍异，即须待我国之要求而后为之，至逮捕后之裁判，则由两国派员会同审理。现在有一个问题，即外国人在租界能够逮捕我国人么？于万不得已之时，即公众治安之维持上，可以逮捕。除此而外，则归我国逮捕，但由我须遵守一定之条件，即与该专设租界官宪共同行动，或在其援助之下，而逮捕之是的。但此逮捕，不问其为共同或得其援助，均是属我国自为事件，决不是外国人逮捕后而引渡于我，此为所属国被告主义。然而有一例外，即1858年《中美条约》第十八条，凡在租界内如犯罪人逃入于不平等国人之家屋内时，则须由该专设租界官宪逮捕而加以引渡，绝不是由我可以自由逮捕。由以上所说两种关系，我国在外国所设租界内行使逮捕权时，通常是二种并行，即在不平等国人家屋以外之地方，则由我国逮捕，而外国人为我助力。如在其家屋内，则须其引渡，以地点之不同，而运用逮捕之方法即异。

犯罪人之搜查又是怎样？与前逮捕权之行使无异，也是须遵一定之条件才可以的。因为专管国有尊重我国公权之义务，我即有不侵犯他们在租界行政权之遵守。至于搜查条件之内容，则与前者是差不多的。

现在对于我国有一个重大问题，即我国之政治犯，如在租界内，我国司法权能及之吗？关于此个问题，议论甚是纷纭，但一征于外国所设之租界，苟非领土之割让，而为我领土之一部分时，我主权可以及之，当不得与国际公法保护政治犯之义同视。即据《中英条约》第十八条，其实亦未尝设有政治犯应得保护之规定，此为纯从法律方面之观察。惟一察及我国近年实例，则多与此相背驰者，各国租界，不单是保护庇护政治犯人，间有非政治犯，而为民刑事犯上侵吞公款之赃官元恶大憝，他们亦利用外国之商船及家屋有不可侵之权，均与以隐庇。故每一事变，国民之受损失不知若干，而彼等尝得逍遥法外。外国人之为此，不过使我成为一长久循环式之内乱，以达其侵略之目的。惟我国民，如勘看个中真相，对于自己，应知自奋，对于外人，应取正当防卫手段。

二、课税权

我国对于住居租界之我国人，有课税之权限耶？这一个问题，有须详细讨论之价值。原来我国可以在租界内课税一事，从1862年，在上海英租界之人头税赋课以来，已成为确定之原则，但实际问题有未必然者。就中如于租界为地方行政之课税，我国公权实被其限制。而我国之征收，如为一般税之时候，当不问税种之如何，我国实有正当行使赋课之权利，租界自不得以租界行政权而相对抗。盖设定租界一种事实，决不得使我国民对我国之纳税义务可得而免，然而又不是如在我国之一般领土内，我可以无条件征收，因为在租界官宪，虽不能否认我主权在租界内之行使，而我亦不得为有妨租界行政权之行动。所以在具体上之征税问题，自当因此生出烦难之手续，即是在抗不纳税之华人，我不能向之取直接行动而强制征收的。其他关于税种课税标准之决定，及负担能力之调查，在我不得实地办理，亦须受租界行政权之限制的。在此种时候之救济方法如条约上之明文规定及惯例均不存在时，除待两国官宪间之交涉，实无其他善法，我国同外交团所交涉印花税事件，实不失为租界内课税之一个先例，该案系于民国七年（1918年）八月二十一日，由我政府制定后，通告于外交团，请其承认我在租界内对于自国人之课税权，后经其稍加修改，以文书承认，我国之有课税权于租界，于是乎成立。

三、行政罚

我国基于行政权之行政处罚，亦可及于租界内乎？此亦为租界行政权所限制。因为行政罚之内容，为拘留、罚金、没收、罚锾等，而拘留是为加于犯罪者身体之处罚的一种强制，所以如在租界而行使拘留权时，自必经该租界国之承认，其施行之手续与刑事之犯罪引渡是同一样的。至罚金同罚锾，如犯罪者自发的向我国政府照纳时，自不成为问题。而在租界如有强制执行之必要时，亦是要该租界当局之同意。在大多数地方，都是要靠彼等之援助，才能达其目的。而关于没收情事，更比前二者重大，因为凡不动产在租界设定后，其所有权之转移，是受有条件之限制。换言之，即所取得，须限属于当该国人而不许自由没收。如欲行使没收权时，除命其拍卖而收其代价外，实无良善之方法。其次尚有动产之没收，此亦要强力相伴，仍对于该专设租界之当事者，有求同意之必要。

兹有一应注意之事，即照海关《关于枪械子弹之进口章程》第十条，凡于外国商店而又为外国人所占有之兵器弹药，除作自己护身用手枪外，由该所有人及代理人，须限于一定期内呈报，如逾期隐匿不报，或报而不实时，则该事实一经发觉，立与没收。此为上所说没收之特例，但此亦须先照会其官吏而求其援助。

最后我国对于租界内之家具房屋，可行公用征用么？亦须该国之承诺。原来我国对于不平等国人之所有权，以受条约束缚，实不得不守不可侵犯之义务。所以对于他们之土地家屋，如公用上有征收必要之时，自系以取其同意为第一要义。而对于不平等国人以外之国民，则是不然，我们则有行使公用征法之余地。《天津扩张租界章程》第三条，乃为关于铁路用地之规定，凡有征发，须经其同意，是其一例。

第五节　我国人在不平等国所设定租界内之地位

我国人在外国租界之服从义务有二种，即一方面对于专设国行政权之服从，而同时又有对于我国以无妨于设国行政权行使之公权之服从。本篇内只论及前者之服从关系，并对于我国人在租界之权利义务，亦略加以说及。

一、我国人服从租界行政权之根据究在何处？

我国人在各国所设定之租界居住时，当然不能不服其权力。但此之所谓权力，仅为地方行政权，决不是外国国家之行政权，因为各国属人权，只限于对该国民之行使，而对于我国民，苟在我领土范围内，当然无施行之余地。我们举个例来说，即租界内之征税问题，如该专设国为该国家财政之收入计而课税时，则此项课税，只限于该国国民，不能向我国民之住租界者有所征收。但如为该地地方公用之征收时，在我国人当然有纳税之义务。所以我国人服从义务之发生，是须与租界内生一定之关系，即在该地，须发生有营业、所有、财产、住居等事，才有义务服从之可云。

现在我们有一个应该研究的问题，即是外国租界官吏，依其法规，有处罚我国居于该地之人民的权限么？这个问题，本来有种种之议论，但是简单的可以说有处罚之权限，但有一定不得超过之限度。原来照租界本来之设定性质，是纯为通商利益之增进，非若租借地之含有政治性质可比。所以专设租界法权之行使，至少须以此为标准。换言之，即该标准之决定点，是在于专设租界国人之在该地之共同生活，及经济上利益之维持及增进，如超此标准而行使法权时，实不外是一种越权举动。所以在租界内，如对于我国人有处罚之必要时，只要除去其违法行为即可。如从处罚程度而论，处罚只可及于身体或财产之拘束。纵其不然，如我国民有犯法行为时，则命其退租界亦可达除去犯法行为维持治安之目的；如再有不足时，则以之引渡于我国法庭，亦未尝不可。但是，从来在租界所行之惯例，尝有对于我国人处以禁锢之罚，此为违法，无可讳言。

《汉口英国租界章程》即为此种规定之一,而在日本所设之租界则与众例异,即我国人如在该地违法时,则处罚之权全在于我,例如汉口日本租界规定是的。

二、我国人在专设租界有参与政权之资格么?

照 1862 年外交团之决议,"在租界市政组织中,应有一华人代表,凡与华人居民有关之一切措施,均应与之商酌并取得其同意"。我国民在租界,实有参与政权之资格,此为纳税义务上所享之权利,照近代各国民权之观念,自是当然之事。《上海租界地章程》第二十八条,凡章程有制定及变更之必要,均须我国政府之承认。但此主义,在其他各租界尚未实行,并且还有不许我国民参与是很多的,或以明文之规定而禁止,或虽无明文而事实与禁止无异。究竟我国民应否有参政权呢?有纳税之义务,当然生参政之权利。此实为近代国家之进步思想。何况我国民在租界所纳之税,为数甚巨乎?然而我国民结局无此权利者何也?此不外他们为维持特权阶级之资本家利益而已。

三、专设租界对于我国人私权之限制

租界设定后,不仅我国之公权受其限制,即住居该地我国民之私权,亦以条约或其他规定而受种种之限制。此不可不云为资本主义侵略之一大特色,其内容实不外对于该地而为经济上一切之垄断。

(一)对于我国人在该地土地所有之禁止

原来专设租界既为我国之一部分,我国人之在是地,当然与内地同样,有土地所有、租借之自由权利。然而各国尝以条约而对于我国人加以限制,《沙市日本专设租界章程》第九条,即是其最著之例,我国人只许在该地营业,实无借地之权。然不可以是即解为我国绝对无此权利,1868 年之《法国天津租界章程》,对于从前所有权之我国人,设有例外。而在英国租界,多数亦承认我国人有取得土地之权利。然此不过为一种官样文章,其实加减之权限,一在于该国领事,历来之惯例,土地皆尝落于英人之手,所谓仅有其名而无其实。

(二)对于我国人不动产移转之限制

我国人之在租界,原则上虽无借地之权利,然有时亦是不无例外,然而大多数都是禁止以土地移转于其他国人，《汉口日本租界章程》第八条之规定，即是其一例。此种限制，究竟算得正当之行动么？否，因为在我国通商条约上，无不载有外国人在商埠有租地之权利，而专设租界又为其部分，在法律上，当然应从一般之规定，而各国人皆有此权利。然而结局，各国相互间未闻以此生缪葛何欤？此无非是由彼此皆设有此种不法之限制，以图达独占之目的，故与其攻击，毋宁相为默认。

第六节　专设租界行政权与不平等国公权之关系

在外国租界内，原是该租界设定国之属人行政权与地方行政权相并行的。但是有时总不免相为冲突，而为此冲突之主要原因，则大致不外：1.司法行政权界限之不明了；2.该租界设定国之地方行政权与各不平等条约国之属人行政权之相混似。先就司法而论，各国在我国，皆有领事裁判权，为被告所属国主义，决不因租界之设定而有变更，故此无可冲突地方。惟有应注意之处，即司法权之发动，不止于讯问及判决，并有对于犯罪者须为搜查逮捕之事。在此种时候之二者关系从理论上说，不平等国苟对于自国人有治外法权存在，则不管专设租界国行政权之有无，亦是可任意施行。然而因此或不免对于租界国惹起重大之纠纷，亦是不可期的。因为在租界设定国，对于租界治安之维持，及租界人士幸福增进，实有其责任。如果任各国之人自为政，不特以上之目的难达，并且租界共同秩序亦将陷于危险之区。所以为应实际之需要，各不平等条约国之公权，遂不得不受专设租界国行政权之一定限制，而其国在该处居住人民之自由，亦不可不以或程度受其束缚。各不平等条约国司法权之行使，即是其明征，即他国如欲行使此项权力时，则不可不取得该设定国之同意，并求其援助。而该设定国，有时且可对于此种公权之行使，或阻止，或令其犹豫都可。以上所说关系，其实各国并无何等之协商，大约都是仅以自己所设定租界之章程而为发布。法国在《汉口之专管租界章程》第十六条，即是其一例。然在租界国对各不平等条约国之请求，如限于无特别事情发生，当然有承诺之义务。因为

不若是，既失国际间亲善之关系，而租界且将成为罪人之逋逃薮。其请求最著之例，如证人传讯，诉讼费用之征收及强制执行等。

第七节　第三国人在租界内之国际地位

在租界内，第三国人之地位大抵准前项之说明可以类推，即原则上，大致是由租界之法规而被限制。惟以关系国之不同，而在租界内之地位亦略有差异。兹由条约之有无，可分为无条约国人及不平等条约国人而稍加讨论。

一、无条约国人及平等条约国人之地位

原来无条约国人及平等条约国人，在我国皆未取得有治外法权及领事裁判权，照国际公法属地主义，当然服从我国之主权，决不因租界之设定而有变更。租界既为我领土之一部分，未具有割让之性质，苟我国未委让此权与第三者之时，租界国当然不能代我执行。《重庆日本租界章程》第十七条，凡居住于本租界内而未有领事派出国之人民（即无条约的国人），如有诉讼，由中国官厅受理是的。至平等条约国人，原则上，大致适用无条约国人之规定。唯二者间之差异处，即在一通商权，即一为我国给予之恩惠。一系依条约以为保障之权利。凡平等国人苟未与所结条约相违背时，当然有服从我国主权之义务。换句话来说，无条约国人与平等条约国人，有服从我国之裁判，自不容疑。惟至属于地方行政权事项，则由我国出以抛弃，而该租界设定国遂得代我以执行。所以其结果不单是住居于该地之我国民，以或程度须受其支配，即无条约国人、平等条约国人，亦对于该专设租界行政权，生服从关系之惯例。本来从纯理而论，此种服从自是毫无根据，因为无条约国及平等条约国之人民，决不可与我国民同视，即不能云为我对于他们放弃其管辖权时，该租界设定国即有管辖之权利。缘除我国外，彼等尚有一应服从之祖国存在。然而历来在我国之无条约国及平等条约国，皆对于租界设定权之行使尝与默认，未闻有何等之抗议。

二、不平等国人之地位

不平等国人在租界内之地位是怎样？可分为二种观察：1.不平等国人除服从本国之法规外，实不受何等权力之支配，初不以租界之设定而有异；2.不平等国人，在我国有居住、营业、旅行之自由权利，而对于此自由，除基于本国之法规及我国条约之制限外，实不受何等之限制，故亦与租界之设定无关。由此关系来看，这租界行政权，原则上是不能束缚不平等国之人民的。试看1862年北京外交团关于此之决议："每一领事有自行管理其本国人民之权。"然而专设租界之行政权，如独对于不平等国人不能行使时，则在租界之行政，自不得彻底，而一般公众治安，难免不受影响。所以在各不平等国家，一方面对于本国民，自然任有保护维持之责，而在他方，实有尊重他国在一国所得既得权利之义务。如本国人有扰乱他国秩序之行动，当然是不能允许的，是应取缔的。其取缔手续，固可以行使本国之公权，然而有时在重大事件发生迫不及待时，则不能不抛弃一部分之权利于租界国，而许其正当之行使。加之，一国在他国租界内时，常有利用公共营造物及水道、桥梁等事，并仰其国警察之保护亦是有的；由是关系而生服从义务，亦属自然之势。所以不平等国家，实有不得不承认租界国对于本国民之干涉与取缔，惟其行使自有一定之限度，是不可以逾越，兹一略说其范围。

（一）服从须经各所属国之承认

专设租界行政权，亦可以向各不平等国人住居于该地者行使。然此为该不对等国所抛弃而由租界国继承，而其抛弃形式，不论为其国公使或领事，只要有代表国家资格而表示抛弃其管辖权，并承认租界国之行使行政权时，则该租界国当然有及于各不平等国住居租界内者之权力。由是租界行政权，遂得普行于租界内，而公共治安得以维持无碍。1898年上海法国租界扩张问题发生，英国遂盾"扬子江沿岸不割让"之条约以抗。结局，法国以凡于租界内有所设施，如章程之规定、变更等，须先经英公使之承认为让步之条件，而此问题遂得解决，即为本篇中之一例。

（二）在紧急状态之时

紧急状态时如何？即是在租界之公共治安维持上，遇非常事件发生有迫不及待时，专设租界国可以行使行政权。原来租界之所以存在，是为大众共营共同之生活，而住居于该区内之生命财产，务期其保全。然不幸而如遇有杀人放火之事件发生，有危及全体生活时，如以其为不平等条约国人之故而不管，或管亦须取经该国官厅允诺之手续，则租界之秩序实不堪言状，而租界失其存在之价值，所以专设租界国之行政权，如在此种时候，不仅为该租界一国人之利益维持，即为大众生活安全保护计，亦实有行使之必要，决非他国可得盾治外法权而加干涉；不特不能干涉，并且至少须承认此种行动，然范围须限于上说之事，不可任意借口行使。

（三）不平等国领事在租界内之地位

上所说事件外，尚有一问题，即一国领事，如住于他国租界内，亦有遵守该租界法规之义务没有？此一个问题，尝于1909年中，在广东英国租界内，成为各国领事与该租界之执行委员之争执事件。其事件之内容为何？即由每年所施行之卫生检查，美则主张对于领事无此权利，英则主张有此。结局，此问题遂移于北京之外交团，以事前须通告为条件而解决。此事其实在两方面俱有失当地方，即是在美国领事，误解此不可侵权为一般的。须知此种权限仅可向我主张，而他国人是无守此义务之必要。而在英国方面，如据租界章程，既为对于"臣民或公民"适用之规定，而领事官职则非"臣民或公民"，其权力之不能及，也是可知。以我所见，此问题之解决，当求之于租界设定之时间关系。如一国领事在他国租界未设定以前，即住居于该地内，而未承认其行政权之行使时，则专设租界行政权，当然不得及。反之，在设定后则如何？此则从地域关系而可分为二种：第一，如该地域为割让地，而土地之所有权属于该租界国之时，则行政权之能及与否，则一视该地属于该领事时，有无附带条件为定。如限于以不妨害领事之公务执行而加以条件时，则对于该领事，可适用条件上所设定之限制或规定。如未附有条件时，则该租界地，仅为我国同租界设定国间之规定关系，其他国当然不负何等之义务。但在该设定后，如该地区为租借地未得全属于租界国而由该地之所有者，以之让渡或借贷与他国领事之时之关系又如何？在此时租界行政权之能及与否，则视此土地让渡借与者有无服此之义务为定。如借与者，处于未有服从义务之地位时，则可以任意以有条件无条件为让渡均可。在无条件而为让渡或借与之时，该租界行政权当然不得向该领事施及。如以有服从为条件而让渡或借与，则该领事不得违此条件，而拒绝租界行政权之行使。但是在借与者有服从义务之时又如何？此则不可不准据专设国行政权之规定，而为让渡或借与。该规定如含有凡借贷土地者，均须守此规则时，该领事自不能独异，而生服从之义务。

第八节　租界行政权与租界设定国民之关系

租界国之行政权，对于该国国民可以行使固不待言。然而此类行政权与其国之领土行使权，是有差别，不可作同一看待。因为租界实为我领土之一部分，租界行政权之行使，当然有一定之界限，此界限是依租界行政权之性质而定，决不许有所逾越。换言之，外国人服从之管辖权，是与前无异，不能因租界之设定而有所消长，此主义实为各国之所共守。

第九节　租界行政权与租界内动产不动产之关系

租界行政权，可分为及人及物二种。及人的已在前说明，兹一应论及后者。物体可分为二：动产、不动产。动产富于移动性质，并且常易随人转移。所以对于租界行政权关系，差不多与对人关系无异，实生服从之义务而受其支配。我国人之所有动产，照惯例在其支配范围。就属于第三国人所有，亦是有同一样服从此之性质。惟我们一详细研究1865年之《中比条约》第十四条，各国在我国有此实取得财产不可侵犯之权。此虽对于我国为主张，而实为各国之既得权，故在租界国实有尊重此之义务。所以在此种时候，应生下例之二种关系：即1.动产归租界国人之所有，而为其他不平等条约国人占有是之关系如何？2.

动产归不平等国人之所有而为租界国人占有时之关系又如何？先从后者而论，即租界之行政权，对于占有可以干涉，但不得及其所有权。例如以或种占有物而置于公道，有妨害交通之时，交通警察可命其取去，但不得遽没收其物。盖以此物为租界人之占有，可加干涉，而其所有权则归不平等国人之所有，实不能没收而侵犯其财产权故也。至前者之关系，虽不直接发生所有权侵害之问题，但是仍不得充分行使，因为占有物亦属于财产之一种，如侵犯时，仍须发生条约之关系。例如当铺营业，铺主为不平等国人时，则对于该质物，纵所有权属本国人，而警察权亦不得干涉及之，如于此时而欲行使权力，则除命所有者取回，或转商该国官吏外，实无别法。

现在我们进而研究租界行政权与不动产之关系。本来不动产与租界行政权是很密接，就中以警察权之关系尤为重要，例如交通警察是的。如仍以动产时之例而一概律此，则租界行政权，事实上实发生重大之障害。所以凡关于此种，至少须离条约论而相互间生一种默认之习惯，即对于不平等国人所有之不动产，亦能行使租界行政权，但是此仅为一种之习惯，决不可以云乎为彼等所承认，就中租界国以外之国家，且有进而为否认者。1868年中美《华盛顿条约》第一条即是其例。不特此也，就在租界国间，方以此意见尝不一致。汉口日本租界内发生英美与日本不动产之交涉，经年不决，卒移于北京外交团以互相让步而告解决。然则此种问题，究如何方得正当之解决？则不可不从不动产之性质而一论究。原来在各国租界内，已于前说过有"割让地"及"租借地"二种，因此种性质不同，而租界行政权之应用，即有差异。前者是为租界国从我获得土地之所有权，后者则无所谓取得土地所有权之事，只是使从来所有者仍享用其土地，租界国不过依租界章程而得管理之。由是如租界国以前者之手续而取得不动产时，其处分之权，当然系诸租界国之手，而不平等国人之不动产，如系属于此种，则其到手之初，无不受附有条件之限制，而租界行政权当然能及。至租借地之关系则与前异，如该不动产在租界设定前，就归不平等国人所有时，就在设定后，该地之旧时性质，仍依然不变，不因租界之设定而有新影响，故不能为租界行政权之对象物。但是此种不服从关系，绝非可以永久附随，如一旦有移动事件发生，权利之行使又有不同。即是如此不动产仍转贷与无服从关系之不平等国人时，则此关系依然存在，但是如一旦转有服从义务者之所有或占有时，立地即生服从之关系。以上所说为一般原则而有例外，即1.经其国之承认；2.在紧急状态时，该不动产，亦可以受租界行政权之支配。

第十节　专设租界战时之国际地位

专设租界在战时关系，有四种不同，可得而论的：

一、我国与租界国战争之时候

照战时国际公法一般原则，两国开战结果，凡平时所缔结一切国际条约，概归消灭。而租界地之地位，既一准于条约，则租界国人在该地所设之权利关系，当然消灭，不成问题。我国对德宣战后之收回租界而改为特别行政区域，对于德国人民在该地所有一切之动产不动产，概予没收，即是其一例。

二、租界国与第三国战争之时候

在此种时候，所发生之关系有二方面可得而论：1.与我国之关系；2.战争当事国间之关系。先就前者一说，原来租界既为我国与租界国间之条约关系，当然不得由租界国与第三国之交战而生影响。所以因此对于租界所设定之权利义务关系，依然存在。但是由此发生有一个问题，即我国处于中立国地位，而租界国在租界内有军事上之行动，而侵犯我之中立时则如何？我还尊重其租界行政权么？原来租界之设定，是不外以供租界国人及其他国人经济上之利用，然而如以租界内作战斗之准备，是不啻超越租界本来设定之目外，而彼破坏国际公法之行动。故在我为严守中立计，当然取对抗之手段，或向其抗议，而令其停止或撤出，或以武装为正当之干涉，而限制其行政权亦无不可。

再进一层而论，则为实力裁制问题。1868年之中美《华盛顿条约》第一款内，实为本款内之一种模范规定：即在租界内，任何国家不得任意取军事行动。此虽限于我国同美国之关系，然原则上当为各国之所供认。但是此种规定，不

过是一种外交之文书，而究能阻止与否？则一在我国之有无制止之实力。如国家而有实力也，则租界之位置，不可不为吾辈之所主张；如实力而缺乏也，则我只有诉诸外交手段，而为形式之抗议，于实际可云无补。日俄战时我国之东三省，欧战起时我国之青岛，即是其前车之鉴。

三、我国与第三国战争之时候

在此种时候之关系，我国为处于交战国之地位，而租界国则为中立，所以我国当然对于行政权生尊重之义务，而不容加以限制。然而处在国家危急存亡时候，苟我对于租界不利用，即将被交战国利用之时，则我国实有利用此租界地之权利，而租界国亦应对于我加以承认，因为租界系我领土之一部分，不可不与他领土一样，以供我战争之使用，例如交战国在租界附近有地域之关系，更为明显。

四、第三国间战争之时候

在第三国间发生战事，关于租界宜从二面观察。一是关于我国的，二是关于租界国的。先就前者而论，我国是处在第三者中立国地位，尝不受何等之影响，然此亦为法律问题，而重要处亦视我国有无裁制之实力，故由前项之说明可以类推。至租界国对于第三国间战争之关系，原则上租界地方为我国领土之一部分，当然交战国要守尊重之义务，然交战国如以租界地为适于战争而为军事上之利用时，则他国亦当然取对抗之手段，而非侵犯我之中立不可。所以在此个时候之租界国，实有阻止之义务，因为该租界地是以商业经济为目的，决不许第三国作军事上行动。

第十一节　我国内乱与外国租界

我国名说是个国家，其实遇有战争事件，就变成一个无国家的样子。这一种情形，即起于外国在我国租界之设定。本来依国际公法原则，一国如有内乱事件发生，则由该国政府对于居留之外国人生命财产，极力尽保护之责，如有损失，则由政府负赔偿责任。在我情形则不然，外国人多借口于我国政府之无力，而尝作违背国际公法之行动，苟遇有战事发生，不为自卫团之组织，即使该国海陆军军队上陆，作种种军事之行动。以独立国家而外国人能自由作军事之行动，国家之面目何存？言念及此，实堪痛心！间尝考我国此项主权之损失，可分成二种，先就外国人组织自卫团之沿革一说。原来外国在我国之能组织自卫团，起于惯例者居多。太平天国起义后，上海附近沦为战场，同时我国人之避入于英租界者，实繁有数。彼时外国人之在留我国者，遂为自卫计，有自卫团之组织，宣告以上海区域，作严正中立。此即外国人在我领土内有自卫团组织之起源。其后武昌革命，南北两军相峙于汉口间，各国领事联合通告双方，不得侵入租界，一方面又就各国在留人民，为义勇队之组织，此即为各国在我国有警卫团习惯之确立。其次外国人在我国有军权行使之根据在于何处？此问题有特别的，有一般的。先从特别而言：庚子议和后，各条约国有驻兵于北京及天津附近，以备万一，此为准据条约者。其为准据条约者。其外日本又有驻兵于我国汉口及东三省南满洲一带，此在条约上毫无根据。前者是乘武昌革命，日本借口于保护居留民之所派遣；后者则承俄国在南满铁路沿线之有驻兵权，而相沿以至于今。至于一般的，起于惯例者实居多数。各国商船之所到，即该国军舰势力之所到，中俄《天津条约》第五条即为规定俄国在我国有用海军之权，现俄国虽已破弃其条款，而他国尚有数多存在。此条在他国尚可循单方最惠的援例用兵。至外国人在我国有用陆军之权，此亦为惯例而无明文，各国实常有此行动。所以我国在租界附近，不有内乱事件发生则已，如一旦发生战事，不论其为一般区域、特别区域，各国无不享有海陆军军事上自由行动之权，因此常惹起重大纷争。

　　关于外国在我国驻兵事件，在1922年华盛顿会议亦尝成为问题。结局，由远东委员会为数个概括之决议。其内容大致须以我国有保护能力为先决问题而承认撤兵。以上所说为我国内乱与租界关系之概要。

第十二节　租界组织之内容

各国在我国所设定租界，既如前所说，有地方行政之性质，则其为地方自治团体组织之一种，可无待言。所以终其组织内容，自可分为二种机关：一为执行部；二为议事部。其详细组织，与我关系较轻，可略而不论。惟有一个问题，为我们不可不研究的，即我国民住居租界内，有无参政权利？照一般地方自治组织，苟我国民在租界内取得住居之资格，而又负担有各种纳税义务，则当然有干预其地内一切公共事物之权利，不言可喻。然而我国民之住居于租界内，则却乎不然，所谓纯有义务而无权利。兹先就租界内之立法机关而论。

一、我国人在租界内有立法权没有？

租界内自治体议决机关之构成方法有二：一资格主义，二选举主义。前者，是凡为租界内之住民而取得一定资格时，当然为议决机关构成之一分子，此为在我国大多数之租界国所采用。后者是依一定之选举才可为立法机关分子之一，此为法国在我国之租界内行之。我国人可否依资格而为议员一个问题，依租界而有不同。虽是大多数国对我国住于租界内住民之参与立法为同样之拒绝，然形式不必皆一样。先从英国天津租界而论，其所规定，须限于土地借贷者始可构成租界立法机关，而同时即规定中国人不得借用土地于该区内。据此规定，我国人当然无参与其立法之权利。又有于租界中，务避为关于我国人权利义务之规定，而只以条文表示须租界国人始有此权利以为限制。镇江之英国租界章程是其特例。又有于租界章程中，全未设我国人同其他国人权利义务之规定，惟于事实上，不许我国民之参与，以前俄国之租界，概是此种方法，而在日本租界，名义上只限制我国人不得为租界内立法机关之议长，而能为议员与否，则未言及。英国《天津扩张租界规定》大略与此相类似，亦承认我国人于立法机关有议决权。惟二者之差异处，即在日本方面，未设有条件，而在英国，则须具有了解英语能力或由议长之特别许可随带通译者方能参与。

至依选举主义之法国租界，我国人立法上有选举权么？未有明文之规定，好像我国人与其他国人均有选举权一样，其实照《上海法租界章程》第五条："关于租界会议，凡住居于该区内华人之资产家或公司总经理，如经上海道与法国总领事同意之指定，与租界会议之承认时，始得在该租界会出席发言"云云。据此，我国人虽有发言权利，而不得参加选举表决，已是明明白白的。徒为一种供人参考之利用器具，毫无足以为重轻，我国人之在法租界，实无参与立法权利，可以断言。

二、我国人在租界内有行政权没有？

在租界内，我国人之对于行政参与，其地位更较前者为劣。日本租界仅限制我国人不得为行政委员长与会计主任，而行政委员我国人亦可以有此权利充当；然在其他各租界，我国人概不得参与其行政上之权利。

（丙）公共租界之特质
第一节　公共租界之性质

在我国公共租界，共有二处：一为上海，一为厦门。前者是为从专设租界发达而来，后者从最初设定，即为公共租界。先就上海而论，最初为英美两国之专设租界，即1845年11月24日，我国当时之驻上海道与英国领事协商结果，指定上海县城与黄浦江之中间地域约18英亩，划为英国专设租界。其次又于1848年11月27日，对于该地区为470英亩之扩张，此即为上海英租界之起源。而美租界则非是由二国间之交涉，乃由美国之传教士及商人一种便宜上选定之地域。选定之初，对于该地域实无何种行政上之设施。及太平天国事起，我国民之避入于租界者甚多，始感取缔之必要，而至于警察权之行使。此地区遂为租界之一种，而为我国之所默认，嗣以苦于经费，而与英租界为合同之磋商，遂以1863年9月21日，由二国之合意而成立；又于1869年，经关系各国及我国，有万国租界共营之规定，而上海遂成万国之公共租界。至厦门之租界，则无以上之沿革，从设定之初，即为公共租界性质，而为公共租界规定，此实为 1902 年间事。

我们试就其性质一论，公共租界之特质，即是在行政权之行使。然而此行使权，实不能称为万国租界之行政。因为在该区之行使权限，决不是可由各国单独决定，而实为与我国之所协商，由此协定之行政权，我国之公权及万国公权，皆不免受几分之限制。然此限制范围，仍与前项专设租界一样，是属于地方行政权居多。惟公共租界与专设租界行政权之根本差异处，即后者该租界国单独可以决定，而前者则须经各关系国及我国之承认，始能行使。掉句话来说，即限于与我国公权及外国属人行政权不相冲突之范围，才可施行一切。

第二节　公共租界与我国统治权之关系

公共租界为我国的领土，到今日已无疑义之余地。所以当然为我国统治权所能及。然而于公共租界设定关系上，自不免受二方面之限制：第一，受外国属人行政权之限制，第二，即受租界设定国地方行政权之限制。属人行政权，我们已在前略说过，至公共租界性质，我们不可不一为研究。照 1869 年《上海租界章程》第九条之规定。其为地方行政，毫不须辩。但是如该行政权有所变更、扩张或权限上生疑义之时，则照《上海租界章程》第二十八条，须由各领事官与我国地方官合同商拟，必俟各国公使及我国政府批准方可施行。由这样关系看来，我国主权与公共租界行政权之关系，仍与前所说在专设租界之情形无异，除其地方权之范围而外，我国对于公共租界实有行使国家行政司法公权之余地。但此行使，决不是漫无限制，因为我国是为许与租界之当事者，对于条约上所约定事项，实有尊重之义务。故在该地之地方行使主权，亦不能无所顾虑，至少须与租界之行政权不相冲突。掉句话来说，即我国之公权，如欲向租界行使时，须与该租界行政权无关，如不然的时候，则不可不经其承诺。然此承诺，非仅止于该租界之自治体而已，遇事件稍重大时，且须经该租界关系国领事或关系国公使之承诺，兹试一分析而论。

一、关于我国司法权之限制

我国司法权，虽对于我国人及无条约国人、平等条约国人可以行使，而在公共租界内，以关系国之特别规定或习惯，实受限制不少。其最著事件，即一会审制度。原来会审制度不是为公共租界所专有，其他专设租界亦曾为此规定，然皆或已设此规定而未实行，或已实行而不完善，欲求其实际施行组织完备，则当数上海之共同审判制度。所以即称此为公共租界所专有，亦未尝不可。上海会审公堂之设立，系创始于1864年，其后至1869年内，我国外交部关于会审制度，与外交团为十条之协定。如照此规定，大体纯属于我国人间的及与不平等国人无关的诉讼事件，是归我国司法权之管辖，如不然的时候，则须与领事派员会同审理。旋以我国官吏之昏愚，外人之野心，此会审制度，并及于我国人间，即关于我国人间之诉讼事件，外人亦得容喙。辛亥武昌革命军起，外人乘我内乱自顾不暇之际，遂置此会审公堂于领事团监督之下，而会审制度愈益确立。1921年，此会审公堂仍引渡于我国，但以会审制度须及于一切事件为条件而交换的。《厦门租界章程》第十二条，亦与此为大同小异之规定，此为我司法权受限制之一。该公堂既无受曲求伸之上诉机关，又重以奸吏猾胥之利用国际语言隔阂，积弊重重，我国人之住居租界内之受其鱼肉者，指不胜屈，言之殊堪痛恨！现在公廨收回运动，已为舆论一致，因五卅案而愈趋坚决，甚望国民有以坚持其后达此目的。

其次则为关于无条约国人及平等国人我司法权之受限制。原来从一般条约而论，我国之裁判管辖权，除诸不平等条约国外，我国人自在不言中。其他之平等条约国人及无条约国人，皆在其支配之列。然在公共租界内，对于此实开一特例，照1869年之会审制度第七条，凡派有领事国之人民犯罪，皆应照条约规定办理，而归该国领事之审判。然所谓派有领事一句，究竟指有治外法权国之国，抑平等条约国之领事皆包含在内？实未言明。故在上海公共租界内，遂因此语意不明，而遂成为就在平等国人，亦有领事裁判权之习惯，即事实上，限于公共租界内，平等条约国人与不平等国人，实处同等地位，此为我司法权受限制之二。

其次由犯罪地点之不同，而我司法权所受限制，亦自有等差。先从在租界外犯罪而逃入于租界内之事实一论。本来我国之司法权，对于我国人无条约国人及平等条约国人，是无条件可以行使。但是此原则不免受有公共租界行政权之限制，即在租界外犯罪而逃入于租界内之时候是的。在此种时候之我国司法权，实不能直接逮捕、传审，须待我国检察官之告发，由公共租界警察逮捕后，而附于会审公堂审理。如实与本人无差而又罪迹确实，始以之引渡于我。然为租界内之住民而在租界外犯罪时之情形又是如何？此与前所受之限制无异，即须仍待我国官厅之告发，经会审公堂之审理，方能引渡。以上为一般犯罪。而政治犯则又异趣，租界为我国近年一般政治犯之逋逃薮，我国亦不得而过问，其根据究在何处？推其借口所在，无非是适用国际公法一般政治犯不得引渡原则，然而上海系属一种借与性质，究非各国之领土所可同视，则我国公权实有行使之权限，而非外国所得袒庇，当然生有引渡之义务，此为法律上之纯粹理论。而征之于实际则却乎不然，他们常常恶用国际公法，而以维持此不引渡原则。1915年上海租界扩张之议起，我国当时当局，意以此为交换条件而图达引渡之目的，其后仅有允许追放于海外交涉之进步，而引渡之目的仍不达。

二、关于我国行政权之限制

在公共租界，我国行政权所受限制，是与专设租界相同，须限于与公共租界行政权不相冲突，才有施行余地。试以我国财务行政而论，我国在公共租界，对于我国人有课税之权么？原则上是有此权利。1862年人头税事件，是其适例。但是决不是无条件可以行使，是受有限制的，即是一方承认我国有征税权，而在地方征收手段之行使，则不可不出于协商。1863年之我国驻上海道，关于此，曾与总领事为一种之协约，即：1.以工部局代我而行征收事务；2.照我国所定税率倍征，以一半充作公共租界之用，而其余纳之于我国；3.我国官吏再不得于公共租界为何等之课税。由是以观，我国财务行政，在该租界所受之限制，至少不得自行征收，而须假手于外人。工部局章程中之一段："未经领事颁布之任何税收，均行禁止"，即是明明白白的。总之，无论关于何种征收，须经其承认，对于我国人才可以行的，但在我实无何等强其代我执行之权，如苟遇我国人抗不完纳有须执行强制之必要时，能否代我执行，其权则一操于彼等之手，非我所得过问，我国在公共租界所施行之印花税，即是其一例。以上为我国在公共租界征收权所受之限制。而亦有不受限制者，即地丁征收是的。原来公共租界，既为我领土之一部分，领土主权当然属之于我，决不因租界设定而有变更。所以我国当然有征收此地税之权能，外国人不过向我取得永久之借地权而已。《厦门公共租界章程》第十一条："中国大皇帝土地所有，地丁钱粮及海滩地租照旧由地方官征收"，我们就晓得我国此项权利，尚未遭剥夺。然在抗税不纳，有须强制执行之时又如何？此则不能不行知该所属国领事，请其代为执行。如领事有袒庇事情，我国可根据条约力与之交涉。

第三节　公共租界行政权与我国人之关系

公共租界行政权及于我国人住居租界者之影响，当从二方面观察，其一为我国人参政权之问题，其二则为我国人服从关系之问题。兹先就第二项一为说明。我国人有服从公共租界行政权之根据究在何处？其实在法律上，毫无根据，不过是一种过去之习惯。即以上海论，最初为英美专设租界前身，其时住居于该区内，几全为外国人所充斥，故尚无对于我国人有行政权关系之发生。自太平天国事起，上海附近一带，沦于战域，我国人避难入租界者，络绎不绝。于是外国人为维持公共治安计，遂有警察权之行使，而我国人以自己生命财产既得安全，亦乐得为无抵抗之容认，此即为我国人服从公共租界行政权习惯之起源，而相袭以至于今日。从纯理而论，凡外国人有欲向我国人行使其行政权时，当然要先得我国政府之承认，如未得其承认，则为违背国际公法，实无疑义，然在我国当时政府，以内乱不息，自顾不遑，遂无何等抗议形式之表示。

当时公共租界当局，既对于我国人得警察权之行使，尤以为未足，且进而于1862年，欲以上海周围30哩，均纳入于其范围内，而为自治港。然以当时各国公使之反对而中止。其后关于上海公共租界行政权限为数条之决议，其概要如下：

1.公共租界行政权限，须经我国承认与各关系国公使之许可；2.该权限不可超出于地方行政范围以上；3.住居于公共租界之我国人与在其他领土无异，应立于我国司法裁判权之下。由是以观，我国人在该地之服从义务，是须我国之承认才生效力，而以前就有服从之事实，亦不过是一种习惯。然则我国人对于公共租界之服从义务，不是以为我国人之故而发生，是基于住居于公共租界之一种土地所有、财产所有之关系才发生的。于此有一个问题，我们是不可不一研究的，即是我国人之住居于该租界内者，而在租界外有所行动，公共租界行政权能施行及之么？此则当从其行为，及因其行为所生之效果分论之：即第一如行为在租界外，而因其行为所生之效果又与租界无关，则租界之行政权当然不得及，自不待论；但是如行为区域虽在租界外，而行为效果，如对于租界生影响时，则公共租界行政权实有及之之效力。试举例来说明：如在租界外而以租界内之不动产为质权设定之时，其结果当然生纳税主体变更之影响。在这个时候之租界行政权，自能及之，不言而喻；《上海洋泾浜北首租界章程》第四条即以此旨而规定。现在尚有一可注意之事，即公共租界与专设租界根本差异之处，即在公共租界行政权主体，虽得自由行使，而关于租界权限有扩张、变更或生出疑义之时，则归该关系国与我地方官之协定，并更须得各关系国公使及我国政府之承认。据《上海洋泾浜北首租界章程》第二十八条及《厦门公共租界章程》第五条即可明白的。而在专设租界则不然，凡有所规定，该租界国能自由决定，无须我国之承诺。所以公共租界权力之行使，同专设租界之行使，虽为同一之行政权之发动，而因行政权所赋予根据之不同，故及于我国民住居租界者之影响亦自有异。

又公共租界行政权有处罚我国民之权限吗？原来我国民住居租界内，如为我国民间之诉讼时，则仍照我国法律之处分，所以租界行政权，实无处罚我国民之权限。惟租界既为万国人共同住居安身立命之所，则租界之治安维持，亦是很要紧，并为外人所盼望，所以体此意而对于我国民为犯罪之防遏及除去，亦是为事实上所许可。换言之，即在此范围内，有处罚我国民之权限，然以租界系一地方行政权性质，行使自有一定限制，决不可越其范围。《上海洋泾浜北首租界章程》第十七款，有罚金至多不过300元拘留不得出6个月，即是不外此旨。如再为以上之犯罪，则不外驱出租界，或引渡之于我。此回五卅行动，直一英人之兽性发挥耳！有何法律之可云。

第四节　公共租界行政权与不平等国统治权之关系

公共租界行政权，同各国治外法权之关系，为我们不可不知的，即是在此租界未设定以前，各国人在其地之对于该国人民，可得行使治外法权及领事裁判权已是无疑义的。然自租界设定后，各国之治外法权因此租界章程之规定，遂不免受其限制。由是各条约国在一方负有不犯此之义务，而在他方限于未与此生冲突的地方，纵在租界之设定后仍可继续其行使。要之，在租界内之行政权与各国公权是相并行的。惟其有并行关系，则不免生错综之现象，因关系之错综，而常起冲突纠纷，亦在人意料中，兹一为分析如下：

一、关于惩罚事项

原来租界行政权，对于条约国治外法权之限制本限于属人的行政，司法权实无受何等之影响，故在各条约国人，如遇有诉讼事件发生，当然照己国之法律以为裁判。但是为纯粹之司法事件则然，如所犯事件为属于行政条例，则其处罚不必皆为本国之法令。即以罚款捐税而论，如照《上海洋泾浜北首租界章程》第十三条，在一方为债务之不履行，则归各国司法权之管理。而在他方照十七条之规定，如有人违犯此章程时候，不管该犯人所辖国之法令如何规定，而以其为违犯之故，是一定要处罚的。然此处罚，非但为概括之指定而已，并其处罚之程度亦是经明文之规定的。由是以观，不平等条约之领事裁判权在公共租界之行使，其适用上亦自有限制的。此为领事裁判权在公共租界之行使，与一般商埠有差异的地方。

二、关于会审事项

其次关于司法手续，亦与一般商埠有差别地方，即会审事件是的。因为在一般商埠，各国所行的领事裁判权为被告主义，即是如我国人为被告而外国人为原告或被害者时，领事官得派员出席于审判。而在公共租界则不然，裁判形式虽为被告主义，而裁判之手续及处罚方法，则甚大有差异，其最显著的地方，即会审权限不是如一般商埠，是限于原告或被害者双方专属国官宪，而公共租界设定之关系，各国领事亦得干预。

三、关于警察事项

其次在公共租界，各条约国之司法警察权同公共租界之行政警察权，亦是常相冲突的。惟公共租界之行政警察，是以维持租界之平和治安为目的，而有治外法权国之司法警察权，是就本国人有犯法行为而为搜查逮捕的。所以由此两种之不同，而生关系之事项有三：第一，犯人之犯罪行为，如与租界之秩序无关，则有治外法权国，纵对于该犯人为司法权之行使，亦是适法，而公共租界是不得干预的。但如为搜查逮捕，可以云对于租界毫不生影响吗？否，至少也要生点影响，而租界之警察权即随之发动。纵不能生影响，如有治外法权国要行使警察权时，则非得公共租界警察权之援助，是难达其目的。所以由此关系，凡有治外法权国之行使警察权时，是须要事前通告，依租界警察之指挥以为行动，而所期之目的始可以言乎达。第二，犯人行为如同时违反公共租界章程时，则犯罪之搜查及逮捕权，是为与租界行政当局兼而有之，而此时究何所依以为进行之标准？征之于上海租界惯例，是尝委之于公共租界警察权，而己惟受其引渡以为满足。《上海洋泾浜西国租界章程》第三十八条即是其例。第三，有治外法权国人之行为，如仅关系及公共租界秩序时候，则非本国法令所能及，而搜查逮捕之权，则归之于公共租界，所属国实无何等干与之权能。

四、关于行政事项

以上为各不平等条约国之司法权与租界行政权之关系。现在我们应进而讨论各不平等条约国之属人行政与公共租界之行政关系又是如何？原来各国在我国属人行政权之行使范围，依平等条约与不平等条约之不同，而有甚大之差异。先从平等国而论，他们所得行使之范围，是纯以国际公法为原则，而极被局限的。而在不平等条约之行政则不然，其行使范围则异常广泛，凡依条约关于该国民之一切利益保护事件皆可得便宜措置。所以我们如论到与公共租界行使权关系，不平等条约国是第一应该讨论的。

各国在我国之有属人行政，是因我国以条约而为明文之承认，限于此条约未改定以前，各国在我国皆得享此权利，而我要负担此义务，绝不受其他国何等之限制。然而惟对于公共租界行政权之行使，则不能不让其占优越位置。此缘故无他，是由公共租界所采用之法制及设备，皆为各文明国之模范制度，从其治绩，从其市政以观，有时且较各国属人行政权之保护尤笃。所以各平等条约国，在公共租界，时势上，必要上，自不得不为公共租界之利益而抛弃其行政权之行使，此即为各国属人行政权受公共租界行政权限制最大之缘故。然此属人行政权之抛弃，各国有其方法，不必皆一样。有在租界设定当时，即承认此项租界章程以为表示的；有于随后际章程更改时而为表示的，由此形式之抛弃，而公共租界行政权遂得发生。然而此行政权，如欲自由行使无碍，尚须各国有承诺之表示，而承诺之表示，与前此抛弃行政权之表示，是同时并行的。所以抛弃与承诺，实为公共租界行政权成立之二要素，缺一不可的。照《上海洋泾浜北首租界章程》及《厦门公共租界章程》之规定：第一，凡租界章程之制定，须有关系国领事及其国驻华公使之承诺（沪第十一条、厦第五条）方可施行。第二，如不经领事或公使之承诺时，则不发生效力（沪第十五条、厦第三条）。第三，如公共租界行政权适用上有生疑义时，须关系国外交官之判定（沪第二十条、厦第十六条）。

各国领事，不单是对于公共租界行政权，有须得其承诺之权，并可进而对于租界行政，以积极之干涉事件亦是不少的，兹将领事对于租界行政干预事件分析如下：

1. 关于自治体组织之干预。照《上海洋泾浜北首租界章程》第十五条，凡议事会议须以在任较久之领事官为会中首领，又照其第九条，董事会选举之期日，亦由领事决定，此即关于租界自治体之组织，领事可以干预之权限。

2. 关于公共租界不动产之得丧移转。租界既为一般商埠之一部分，则关于不动产移动之法律行为，与一般商埠是无异的。《上海洋泾浜北首租界章程》第二条,与《厦门公共租界章程》第九条,不外本此旨而规定。然从实际上论,公共租界不动产,如事实上生变动时,对于该地行政权之运用所生之影响实是不小,不特此而已,如借此行政权之力而得知租界内不动产之现状,对于各国人利益保护上,亦不为无补。所以由此点而论,公共租界之行政权,对于不动产之得丧移转,可以行使,亦属当然之事。惟租界设定之目的,无非是在于增进公共生活之幸福,及保护经济上之利益,故行政权对于不动产之行使,亦不得出其范围。加之,该行政权性质,已于前说过,纯为地方行政,不得因其行便,即可以生不动产得丧移转之效力,虽租界章程往往关于不动产为法律形式之规定,而其目的,实不外在乎行政,而与不动产权利之发生消减是无关的。而领事即有干涉租界内不动产生变动之权限。《上海洋泾浜北首租界章程》第三条,乃至第六条,皆为规定领事此项之权限,即凡不动产移转变更时,有所有权之所属国人民,须向该国领事注册。惟此注册之效力,仅为一种之形式,法律上是不能对抗于第三者。盖以我国习俗,须为红契之引渡故也。同时,由领事又有通告于工部局之义务。

3. 关于租界警察权之干预。公共租界之警察权,原则上虽为该地警察官之专属,而在或程度上,亦认许各领事官有干预之权限。照《中比条约》第十四条,凡有治外法权国的人民,在我国实取有财产不可侵犯之权利,此权利之维持继续,决不因租界之设定而有所变更,所以租界警察权之行使,亦不免有所顾虑。然如租界治安有陷于危险时候,苟以此故而不行使,殊非所以符当初租界设定之旨。所以公共租界有鉴于此,特为斟酌一方面限于或事项时对于各国领事容认其干涉权力,而在他方面公共之安宁又由此即可以达。试举例来说明,如在租界内为屠兽所、骨粉制造所及其他有妨害公众卫生之设置时,照《警察取缔条例》第三十一条,由卫生官提出证据于工部局,而又由工部局行知该所属领事,请其转饬停止或取缔,即不外此用意之一种。

4. 对于自治团体上诉之受理。租界自治体之议决及执行事项,如对于利害关系人有妨碍时,则不可不有救济之道。然而公共租界固不是如一般自治团体立于国家之下而受其监督,所以除呈请有利害关系之本国领事设法救济外,实无办法,不得取所谓行政裁判之形式。然公共租界,不是对于一切事件,皆可许其受理，不过就其重要事项，设有特别例外。照租界章程有二种可以受理，即（1）对于公用土地之征收有不服时（第六条）；（2）对于总会之决议，有不服时（第十五条），可于10日内，呈请该所属国领事设法救济。

5. 领事裁判权之干预。上海工部局或其书记如为被告之时，则归领事裁判所裁判，上海、厦门是同一样。什么叫做领事裁判？系各条约国之领事官全体而成一种之合议裁判机关，在每年正月初组织，其判决系关于与工部局之争议事件，而为最后之决定机关，凡为领事裁判之事件，概为关于工部局之职务权限，经领事受理后，未解决的。至领事裁判之诉讼手续及权限章程，在未违及关系国之条约范围内而定的，其存立顺序，上海与厦门皆基于各关系国领事之商拟，由各国公使之承认，而至于施行。

第五节　公共租界自治团体之组织

公共租界成立之要素，仍与一般自治体一样，是由议决机关及执行机关二者组合而成的，其详细组织为该自治体之内部问题，与我国关系较轻，可略而不论。惟有一个重要问题，即我国人住居租界内者，既负担各种纳税之义务，且为额甚巨，当然有干预租界内立法行政之权利，而我国民之住居租界内者，究竟有此项权利没有？

一、从立法机关而论

厦门与上海不同，如照其章程二款，其议事机关，系由以首席领事充当之议长一名，及由我国政府所派出之我国人一二名，及有选举执行委员之资格之外国人数名而成。而在后者则反是，其他虽与厦门相同，而我国人则不能入会议事。即在厦门我国人之议决干预权，虽有一名可以加入，然势孤力微，不足为会之轻重，有等于无。至上海，则并此虚名而无之。《上海洋泾浜北首租界章程》第十九条，是以明文限制，除西人外，我国人之住居租界者，实毫无参与立法机关之权利。

二、从行政机关而论

从执行机关而论，我国人有干预之权没有？上海与厦门仍是不同，后者是由我国人一名（与前参与立法同一人）及依一定资格而得选举之西人五名而成；而在上海我国人，则无此权利，概由年中总会所选出外人六名或九名之董事而成。在上海我国人之为行政委员，虽无明文之禁止，而征之于历来惯例，是纯限于外国人。兹将我国人得以顾问资格加入董事局之略历一述，以备我国人将来进而参与其董事权限之一助。

我国人住居租界者之欲参与此行政权利，从租界设定那个时候，也就为一般人所愿望的，就中在我国利权收回运动时，此意尤为显著。因外国人对于我常常反对，卒未至于实现。1863年英租界纳税总会，决议许我得为行政委员，惟须限于合英美法三国专设租界为一租界时，始能实现。同年，北京之外交团，亦赞成此举。后以法国则不欲以其租界编入，此议遂寝。1915年公共租界扩张之议起，我又为参与行政之主张，亦未得满足之解决。1918年，在捐税征收之时，又复成为问题，遂于1919年驻沪领事团，一变从来之强固态度，而以同意我之希望为答复。暨在纳税总会审议结果，对于我之代表加入，给予拒绝，惟对于我以顾问资格参加，则甚赞成。结果，于1920年，由我国人之住居租界者，组织一华人纳税总会，选出五名顾问，而加入于工部局之董事会，此虽未得达我参与行政之目的，而于我有利害关系处，亦得陈述请求，较之前日我国人所处地位，自可云增高一等。然百尺竿头，尚须更进一步，以达完全参政之目的，则实为我租界人士今后之重大任务。五卅事起，我国人更痛心于租界之设定，欲除祸根，非达收回之目的不可。则所谓参政之要求者，亦无非过渡时代之办法也。

以上是为我国商埠之大略的情形，现在至于终篇，我们应作几句概要之结论。我们如把我们商埠的性质了解后，由此可得数个重要概念：第一是我们同不平等国法律上，是立于不平等地位；第二是经济上立于不平等地位。彻底地说，他们利用这优越地位，以榨取我国人之经济，将来如这种特权不废除，我们不把他们这一种特权打破的时候，他们即变成我国之资本家，我们国民全体，即降而为劳动失业者。

第四章　帝国主义在我国商埠之经济的侵略

商埠的经济侵略，第一就是束缚他人之关税，使为己利。原来关税问题，在一国经济上，财政上，有绝大关系，万不可付诸等闲的。因为一国有一国的经费，自非有一定常年之收入不可，而关税实占收入项中重大之一，所以从国家收入上看，是不可不施行关税的。其次则为关税对于工商业之保护，此项关系，比前者尤为重大，因为世界各国所行的都是资本帝国主义。换言之，即榨取他国之经济，而此抵抗最良之方法，则当首数关税，所以在资本主义社会之下，而论关税为何物，则不外对己未保护涵育己之资本主义发达成长，而对人则为抗御此主义之侵略，此就世界各国一般关税之关系而言的。而就我国之关税问题一为论究，则其情形更关系重大，为我们不可不亟一研究，因为我国与英国订立通商条约时，吃了缺乏经济常识的亏，不知不觉，就弄成一种协定关税，即凡有更改，皆须得外人之同意，而不能自由伸缩。因之国家财政收入上，国民经济上，实受莫大之损失，现在关税改正问题，已成为我国民舆论所一致主张，而关税关系利害是如何？将来之改定方法如何？换句话来说，即关税之实象（sein）与对付政策（sollen）问题，尚未闻有人切实研究者，此则不能有待于今后之磋商解决，而本篇之主旨，即不外体斯意而作。

加之商埠，一个对象物除上说之政治关系而外，其次之要素，实不外一关税。因为货物进口出口，虽以商埠为枢纽，而司此枢纽调节之机能，则当为管理关税之税关是赖。大而言之，一国之国外贸易之兴隆问题，国内商工业之发达问题，国民生活之肥瘠问题，无不以此为解决点，此就是将本问题列于商埠末章之讨论的缘故。

第一节　现在世界所施行关税制度概要

我们如欲研究我国之关税，则首先对于现今各国所施行之关税制度概要，不可不一为考察，他山之石可以攻玉故也。现今世界各国所盛行的为收入关税、保护关税二种。但是，此二种是常相混合，甚难得明了之区分，并且有时是在一国，同时有二种并行的。不过我们就他的作用上一观，如收入主义的色彩带得浓厚时，我们就呼他为收入主义，保护主义的色彩带得浓厚时，就呼他为保护主义。

一、收入主义

关税收入，是国家收入上一种巨大源财，为国家所重视，固不待言。照其收入方法不同，可分为出口关税、进口关税、补偿关税三种。此三种税中，收入重大的，首先即应数这入口税。此种税的性质，对于国民为间接赋课，即收入金额之最后负担者，为本国国民。所以从来非难此种税之议论是很多的，其列为主要理由，大致不外二点：第一是以此种税之征收手续，太形繁难，用费又巨，在租税上不能称为收入之良善方法。第二是以进口税为贫者负担居多，殊失租税上公平负担之宗旨。此数种说法虽不免有几分理由，而实在上之根据，却不免有些薄弱。因为第一种之非难，不单是限于间接税，即其他租税，都是有此弊病。至第二种之弱点，近时也有些变更，即进口货中，大部分之奢侈品，可说为纯归于富者之负担，亦未尝不可，理论上是如是，而且又从实际上以观，各国财政之状态，间接税不消说在各国收入占重要部分，而关税又为间接税中最重要部分，试将近年各国海关之收入与全岁收入作百分率之比例以看。

英国 48%　　法国 40%　　美国 37%　　日本 42%

即是关税占各国财政中最重要之收入财源，我们可以了然。所以现在世界各国，对于货物进口课税，仍视为立国之一大政策，而借此一面以为财政上之补助，而他一面并可以供助长工商业发达之用。其次我们来论这出口税，新重商主义与旧重商主义之根本上的区别，即在一出口货物之课税与否？在旧重商主义的时代，这出口货物之课税，是很盛行的。而在新重商主义则不然，不论其为收入关税、保护关税，而对于出口货物，所取不课税主义，是同是一样。这根本上的理由，即拟借此豁免，以特惠本国商人，而增加他们的海外贸易竞争势力。因为如以收入为主义而对于出口货物课税时，则其货物，不得不在海外市场为高贵价格的贩卖，以偿其课税所损失。但在这个时候，如与他国未遭课税之出口货物，他们的价格自然可便宜发卖，而己之货物，遂不得畅销而失其竞争力。其结果，必至输出杜绝或减少，而国民经济必遭大大损失。是为国家财政收入，而仅赢得国民生活之穷困，与自杀行为何异。所以近代各国对于出口税，大致是一律废止。而独一无二之例外，即是对于本国所特产而为他国所无且又甚为需要货物的之出口，是加以课税的。因为此种货物，纵然加以课税，而以海外市场系归自己独占，故不能因价格之腾贵，而销路有所影响，如热带之椰子、咖啡等，即是其好例。其三为补偿税，什么叫补偿税？即是政府以课税手段，而补偿内外税使之平衡。详细的说，即以课于内国货物消费税之同等分量，而课于由外国输入货物之进口税是的。因为如不为此种课税的时候，而税率即为成外轻内重，内国实业即将受外国之压倒。结局国家对于国内之消费税，实不能为预期之收入。以此之故，国家虽不能如取保护主义之课重税，而为涵养本国之财源计，亦不得不对内外税取均衡之态度，而取进口货税。所以此种关税，决不是含有保护性质，而仅为财政上之一种补偿收入，故普通叫此为补偿税。

二、保护主义

什么叫做保护关税？简单的说，就是以征税的手段，而阻止或妨害外国货物之输入，借以促进本国货物之发达。如此目的充分达到时，不仅是外货进口时有聚形减少之势，并且有时可使该货物完全从本国市场销其形迹。试以现在各国所行的共通政策一看，大概是要限于本国有发达希望之货物才加以保护，至对于其他货物，或取收入主义而课税，或有不抽税而许其进口。原来课税之种类，有对于制造上必要的补助材料之课税，有对于制造上所用原料之课税，有对于粗制品之课税，有对于精制加工品之课税等之区别。此数种课税，在研究保护关税上最为重要，因我们在立保护关税政策时，以课税物品之不同，而保护之程度即有厚薄之分，即税率有高低加减之斟酌。试就实业发达之情形而论，如进口货物为制造品之原料或补助材料时，则不特无保护课税之必要，并有时反奖励其进口。然则有保护课税之必要的是甚么？是精制加工品之进口课税，因为原料品或补助材料如进口旺盛时，本国工业或因之更形发达亦未可知。而在加工品则不然，不特无补于本国之制造工业，并且常常在本国市场与本国所造货物是相竞争的。如此种货物输入旺盛时，本国货物即有被压倒之忧，以上是保护输入税的大要。至关于出口税，与以前收入关税是一个样子，除本国特产品外，对于出口货物，都是无课税之可言。其他保护关税，尚有二三种制度可数的，即是出口返还税，出口奖励金，及进口加工制等。什么叫做出口返还税？即是曾经上了税的进口货，如再加以精制而运出口时，则由政府偿还其所纳金。此一种制度，现在世界各国是很盛行的。进口加工制是什么？即是对于原料品或粗制品，如以再运出为条件而运进口时，即得免除其课税。此制较还税制尤为良善，因为在前者往往是不算入其本金之利息，自不免归商人之一种损失，而在后者，从最初此弊即无从发生。而出口奖励金在重商主义时代，各国曾为极端之施行，即是由政府对于出口商人，赐与一定金额，以奖励其输出。合以上种种情形观察，这保护课税，结局不外一保护进口课税，根本上的要素，即在一确保本国消费市场，而使本国货物达其独占之目的。其为抵制外国资本主义侵略之最良手段，自不待言。掉句话来说，本国货物由这保护主义遂在外国市场是很得势力而高视阔步，本国之资本主义遂得以对外为侵略，而对于外国之货物进口，则与此相反，务使其在本国市场而为气息奄奄，毫无发展希望。推其极，务使外国之资本主义侵略，从本国市场而销声敛迹。据这情形以观，他们一面惟恐己国之货物不出口，而在他面，则惟恐他国之货物进口，国国如是，岂不是陷于以子之矛攻子之盾吗？此愈可证明马克斯所指摘他们的内部缺陷，为千真万真，若长此以往，久而不变，他们定有崩坏之一日，可无疑义。最可痛叹的，就是我国自从吃他们关税限制的亏，所生关税的现象，是恰恰与他们相反，即是对于出口货，惟恐其输出，而有出口税之赋课，对于进口货，取税种经为世界冠，唯恐其不输入其结果进口货安得不岁岁超于出口吗？国民资金安得不愈是涸竭吗？国内工商业焉得不受其压制吗？一言以弊之曰：我国实为世界资本主义牺牲之一分子。现在我们在进而观各国关税之组织。

三、关税组织

为现在世界各国所施行的有三种，第一为单一税则（Einheitstarif），第二为协定税则（General Konwentiontarif），第三为最高最低税则（Maximal Minimal-tarif）。什么叫做单一税则？即是由唯一之税则而成的，对于各国之进口货，适用同等之税则，其间全不设何等之等差，在有关税主权诸国及由条约而被束缚之国家行之。即在前者全部为国定税则，而后者全部为协定税则，此种单一税则，以近代国际经济关系渐趋复杂，适用綦难，所以在有保护关税主义的国家，大都渐向复定税则方面去了。德国在1891年，法国在1892年，都采用二重税则。现在欧洲各国采用单一税则的，仅存英国荷兰等数国。什么叫做协定税则？即两国为出口贸易便利起见，由合意的通商条约，在一定期间，以互惠的加限制于彼此的关税税则之一部分，而使国法上之税则，与条约上之税则，相为并行之一种规定。国法上之税则是以之适用于条约以外诸国之进口货，条约上之税则，则以之适用于有条约国之进口货。此种制度为现在各国多数所采用，如德日俄意皆属此类。最高最低税则又是什么？是从最高最低二重之关税税则而组成的，前者是相当于协定税则中之国定税则，后者是相当于其条约上之协定税则的，与前者所差异处，即是从最初即为国法之所规定，而非行政机关可以由条约自由得加减，他的特色，即在于，西班牙及法国，是属此种的。以上所说三种，总不免利害相兼，而为模范加以改良的，则有三重税则。现在世界将有采用此种税则之趋势，而坎拿大①即是为此类之首先采用者。Multiple Tariff System 此可分为三类：1. 一般税则（General Tariff），2. 中间税则（Intermidiate Tariff），3. 特惠税则（Preferential Tariff）。

1. 是适用于未结条约的诸国之进口货物，税率是甚高的。2. 是适用于缔结

---

① 坎拿大，即加拿大。

有互惠条约税国之进口货物，税率较低。3.是适用于英本国之进口货物，税率较上二种尤低。欧战后，此制渐有普及之趋势。此是近世各国关税组织的概要。由上种种观察，我们可得两个概念：第一各国是由收入主义有渐趋保护主义之倾向，其二则由简单税则而入于复杂化。

第二节　我国关税

我国之关税问题，不消说是一种权利丧失史。我们现在对于这个问题，应分成二种而论，第一即（Sein）我国关税之情形是怎样的？第二是（Sollen）我们今后对于我们关税，应该要如何做？我们先就我国之关税情形试一说明。

一、我国关税之史的观察

我国从上古以来，即是一经济自足的国家，毫不感与邻国通商之必要。这一种闭关政策，历代相承，毫无革替。由是我国民以受此种愚民手段结果，既不知国际贸易为何物？而关于关税智识之缺乏，更不待言。鸦片战后，我国不得已有五口通商之开设，这关税问题自然就会发生了，我们要紧记着，我们现在所说的关税问题，那个时候的政府，是很轻视他的，以为是一件随便可以对付之事，决不知为最有关于国计民生之一个重大事情。什么叫做国定税与协定税？又关税与国内工商业海外贸易有什么关系？他们是不知道的。所以我国一部关税历史，实言之，由于战争之失败而缔结者半，由于愚昧无知而失败者亦占大半。兹将我国关税失败史，分为关税自定权之丧失，与关税管理权之丧失二段而论：

（一）关税制定权之丧失

我国关税，最初见于条约的，是《江宁条约》第十条，其中仅有秉公议定则例一语，并无何等束缚之文字。然则我国条约上的大失败，究竟是哪一个条约所致？我们应记着，是由1843年7月，我国与英国所订之《通商章程》其中有一段，为应核估时价照值百抽五例征税云云。自此章程协定结果，我们的国定税率就变成协定税率，而失去变更之自由，对于我们出口进口货物值百抽五的最轻关税根基，就从此被固定了！我们在税率上单方的义务，就牢牢靠靠的加担在我肩头上来了！我们须要明白此种失败，决不是因武力战争之胁迫，乃是由我官吏之无智，对于税务毫无了解弄出来的，真堪令人痛叹！在英国方面，固不烦一兵，不折一矢，而收最大成功，当然是心满意足；而在我国，由是各国皆援利益均沾之例，遂向我为协定税条约之缔结。其结果，我们的税权，所受限制，遂成为一种共同义务，每有变更，须得国国之同意，此为我国税权第一步之失败。而第二步之失败，则为《中英天津条约》我们试就其二十七条观察：

此次新定税则……再欲重修时，以十年为限，期满，须于六个月之前，先行知照，酌量更改。若彼此未曾先期声明更改，则课税仍照前章完约，后俟十年，再行更改。以后均照此限此，永远弗替。

我们就晓得有二点最吃亏的地方，第一我们规定更正之期间是限定十年，此十年未满中，纵税则上发现有如何大不利益处，我亦不得不忍受。第二是因此规定，失去条约解除性质，我所负担义务，遂成附骨之疽，带一种永久性质。

其次还有一个可注意的地方，即关于外国货进口后，以税代厘的一种"子口税"①之规定。本来我国之厘金，在税务上，当然是一种苛赋，早迟定有裁撤之一日，但在未撤废以前，内外品均应一律赋课，庶负担上得其平。而其实不然，据《天津条约》第二十八条，外国货如欲遍运于内地时，只上一回值百抽二分五厘，即可以免除一切杂税而通行无碍。反之，我国的产品，如运往他处行销，则不免逐处皆受恶税之苛敛。以保护主义的原则来说，外国人不能得的利益，本国人能得着，而在我国则恰恰与之相反，我国人得不着的利益，外国

---

① 子口税，即"复进子口半税"的简称。清代海关，对进口洋货，除征收正税外，如洋货欲进入内地口岸销售，则须加征进口子口税，税率为正税之半，即货物每值百两，征进口子口税二两五钱，可随正税于海口一次交纳完毕；凡内地货物欲从内地口岸出口者，也须于正税之外，在运途首经之子口，输纳子口税，税率亦为正税之半。进出口货物在交纳子口税之后，海关及口岸税务有司均应给票，作为途经其他子口时不必再行纳税之凭据。

人能得着，所谓太阿倒持，主客易位，外国品焉得不在我市场横行阔步？我国的产品焉得不受其压倒！结果，归到我国民经济之一大损失，此是由《天津条约》弄出来的。

以上是我们税权上之自主权所受限制的情形，而我们税权之关于课税品目所受限制，亦是有的。照《中法条约》二十七条，我国对于各国进口货物，不得任意设专卖品、禁制品以相抵制，对于从来无税品之进口货，亦不得自由成为有税品，即是其一例。此为我们税权丧失的大要。

其外还有一个问题，即我国之课税标准为从量税乎？说明这个问题之先，我们一应对于从价、从量二个概念，加以解释。什么叫从价税从量税？即是照课税之标准以为区别的。前者是以货物所值之价钱作标准，而为赋课，后者是以货物如重量容积尺度等一定之数量作标准，而为课税。譬如以输入米来说，如我们称其所抽税钱为一成五分，则为从价税，如我们把他换算过一石米抽一元五角钱时，则为从量税。究竟此二种，何者为好？则各有其长短。理论上虽以依从价税为公平，而易陷于申报不实，税员作奸之弊，并且价钱评定之困难，同课税手续之烦难，亦是不免。以二者相较，自以从量税为优。所以在现今文明各国，除价钱变动太大之贵重货物外，一般都是采用从量税。惟从量税亦有不公平地方，而其矫正方法，则在详分其税目，对于税率，时加以更改，以图适应物价之变动。此是从价税、从量税概要之说明。而至于我国之税则，在《中英通商章程》规定当初，是为值百抽五之从价税，其后由《天津条约》以五分作基础，而换成从量税，而从量税对于外国进口货物品目之增加，及价格之变动，实有应时更改之必要。惟我以受条约束缚关系，此目的是不容易得达。综计我国从《天津条约》以至于今日，税率之许我为换算之改定者二回。即一在庚子议和后之改定，为从价现实五分之增加，其次则为对德参战结果，而加改定的，因为自1902年改正后，尔来十余年间，以银价之下落，及物价之腾贵，而各种税率对于时价，实际上仅不过为从价三四分，我国亦以此尝与各国交涉，要求其增加，均未获许。其后对德宣战之所以许我，则不外一宣战之交换条件所致。自此改定成功后，我国之值百抽五之从价税，始名符其实。其次为税率之许我增加者有二回，即 1. 在《玛开条约》①八条由我于 1902 年，基于《辛丑和约》十一款，与英国缔结的。此系为裁厘加税之一种预约，即由我国撤去一切厘金为条件，可增加进口税至 12.5% 出口税可至 7.5%，后以各国之反对，而未实行。2. 为华盛顿会议《九国条约》之关于我国关税的，该案内容，系照现在值百抽五之原则，于一般货物，则增加二分五厘，即值百抽七分五厘，于奢侈物品则增加五分即值百抽十，以为裁厘加税准备期间之用金。至对于英美日则仍如《玛开条约》如我一切厘金裁撤时，则可抽得值百抽十二分五厘之附加税。此项决议系经华盛顿出席各国代表之承认，似对于我国关税率之增加，有十分之希望。不谓各国皆食前言，多借口于我国之内乱，不给与批准。法国且以金佛郎案为交换条件之要挟，名至而实不惠，其各国之谓。现在虽以五卅风潮，各国许我于本年内召集关税会议，欲鬻此小惠以缓和我之民气，然此不过为协定税权多加一层保障，我国民方在力争关税自主，哪里能够以此为满足！以上所说，为我国定税权丧失大概的情形。由是以观，我们对于我们税务，可得数个概念。第一我们由此晓得我们的税率为世界最轻的。第二我们由此就晓得我们尚在为出口课税之国家。第三我们的税务，是为协定，凡有更改，非得各国之同意是不能有所施行。第四我们由此就晓得各国许我增加税率，是毫无诚意。

（二）关税管理权之丧失

我国关税管理权之丧失，亦是根据于条约来的。其最先丧失地方则为上海之海关。因为在 1853 年 9 月 7 日，上海县城内发生乱事，海关道潜逃，遂有由领事代征制度之组织。以后虽有我国人管理案之复兴，但卒未获成功，而代以外国人海关管理案，此为是时驻上海道吴健章与英法美三国领事共同规定。其起初之管理人，为英美二国领事共管，后以种种关系，而归于英人一国手内，此即为外人海关管理之第一步。然此仅及于上海之一隅，犹未普遍于我国，而开普遍于我国之端的，则为《天津条约附属通商章程》第十条，其规定有：

---

① 即《中英续议通商行船条约》（The Mackay Treaty）。

（一）通商各口……现已议明各口划一办法，是由总理外国通商事宜……臣邈请英人帮办税务。（One uniform shall be enforced at every port）

数句。是已承认外国人管理税权，由上海而扩张到各通商口岸。所以以后如我国苟开一处商埠，即不啻为外国人多添增一处之管理权，此为我国海关权丧失之第二步。由是在1859年，英人拉氏（Lay）由二广总督任之为海关总税务司，而是广东、汕头、福州、宁波、镇江、九江、天津等七口之开设。其后拉氏归国，赫德氏（Robert Hart）被命代理。彼材干卓绝，精通我国事情，以28岁之青年，于1863年，即由代理而升为总税务司，以后我国海关之一切整顿事务，皆为彼一人独立创成。

此外我国税务之管理权丧失，还有二处可得而云的，即照《天津条约》外国人以"子口税"代厘金之进口出口货征收权，亦归诸海关。其次我国内地之土产品，如以外国形之轮船运装时，亦须得上税，其权亦操诸海关。综我国海关之管理权力，是非常膨胀。不特是本身之管理权，遍及于全国通商口岸，而由《庚子议和条约》，海关地之常关，亦归入于其征收范围内，其他之内地税性质之"子口税"，及土产品之移出税，亦在其支配。

（三）我国陆地之关税情形

以上所说的，概属于海关范围，而我国陆上与他国境界毗连，亦复不少，如南满之于朝鲜，满蒙之于俄国，西藏云南广西之于英法，其关税情形，为我国不可不一为研究的。大凡国土相连的国家，不管政治界线为如何区分，此二国民间之贸易交通，常自然会发生的，先从无税为始，而渐变为有税。惟限于为边界住民之必要品，给与减税，边界贸易免而不征，亦是常有之事，此常为欧洲各国通商条约之所规定，学者称此为小范围之交通（Kleine Grenzverkehr）。我国同俄国之交通，亦是其一例。我国自承认俄国后，凡以前与旧政府所订条约，概归无效，而将来二者间之通商交际，一立于平等互惠之精神上，其详细规定，当俟诸今后，所以我们对于旧俄曾与我国所订税率之情形，不必详为研究，只记其概略即可。我国同俄国最初是从无税而进为有税之地方甚多，并受减税之地方亦不少，兹举其概要则有四种，

1. 蒙古及新疆进口出口货物之无税。

2. 对于天津及甘肃兰州，俄国进口货之减税（三分之一）。

3. 对于由中东铁路所运输进口出口货之减税（三分之一）。

4. 无减税特权之北满陆路贸易关税（原税率五分）。

以上为我国同俄国边界税务之关系，其次则为日本南满之税务，由安奉铁路运输之出入货物，则与中东路同样而得均沾减税之益。间岛方面，是仍适用海关税。尚有一事为日俄二国所差异地方，即在东三省，由我国输出谷物之减税问题。详言之，即由我国经松花江而同俄国输出大麦、小麦、米等时，与陆路相等而得减税（三分之一）。然由鸭绿江输入朝鲜时，则无减税之特权，对于入口货物须纳正税（五分）。此为我国北部对日俄税务之关系，而在南方英法陆路之税务又是如何？可分成二部而论，即1.广西云南两省同法领安南英领缅甸之税务。2.西藏同英领印度之税务。此等地方，皆陆续在19世纪，脱去我国之属藩关系，而归英法之领有，同时并与我为税务之协定。先从法国而论：法国最初与我为陆地税务之交涉的，实始于《Patnotre 条约》①之第六条缔结，于翌年，基于《通商章程》六条乃至七条而有税率之协定，即对于我国之进口税，照海关税率（值百抽五）减为五分之一，对于出口税，减为三分之一。其次又基于1887年《Constan 条约》②，三条对于陆地税率加以修正，即入口税须纳关税之七成，出口税纳关税之六成。其在英国方面，由1893年之《西藏通商章程》四条，我遂为亚东之开放，约定五个年间，不征关税。更于翌年，依《伦敦条约》九条，对于经蛮允、盏西两路而输出输入于云南之货物，约定六个年间，照法国越南方面之陆地税为同等之减税，其后延长以至于今。综我国陆路关税之情形以观，大致不外免税减税二种。取税轻微，为世界冠。

所以我国陆地关税之应改订，也不亚于关税，依1921年华会所议决，关于我国关税改正案第六条，各国原则上已承认我国海路关税均一之改订。惟此等决议，等于具文，关税会议，开催无期，故此等地方，至今仍用旧税率不变。

---

① 《Patnotre 条约》，即《帕特诺特条约》，一般称为《第二次顺化条约》，是法国同越南签订的不平等条约。

② 《Constan 条约》，即《恭思当条约》，恭思当（Jean A.E.Constans），第1任法属印度支那总督。

二、定税权丧失及于我国之影响

由此看来，各国所行的关税制度，与我国之关税情形之两个重要概念，我们是可以明白了。质言之，他们所取的是自卫政策，我们所取的是自杀政策，我们应一考察因此及于我国之利害关系。

（一）综合的考察

这关税问题，如从国家之地位而论，是财政收入之一个好手段；从国民经济上看来，是助长工商业发达之好工具；从国际经济而观，是抵抗资本帝国主义侵略一个最精良之武器。所以近代各国，都非常重视他，保护他，而认为立国之要图。就在自由贸易之英国，其对于各殖民地之商业政策，亦有所谓特惠关税之设定，前岁之选举，保守党且以此作政府施政之方针而宣传于民众。虽一时败衄，而犹占议院第一党之位置，至今岁选举，卒占有大多数而组织政府，足以见保护关税为世界最盛行之政策，此是近代各国之趋势。现在我们如来论我们国家的税制，世界不论何国，只要具有独立国家之性质，其税权则不可不独立，因为为收入计，为保护工商业计，为对外贸易发展计，随时随地税权均应有适当自由伸缩变更之必要。所以关税主权第一非保持其独立不可，而有时未尝无协定税率之规定，不过此种协定，各有其特质，为我们不可忘去的，第一是须以互有利益为条件，纵其中含有最惠条约之规定，亦是双方对于权利义务关系，都应立于平等地位。不是仅归一方的。第二协定期间，是有一定的时效，如时效满后，限于当事国不重订续约，当然归于消灭，不是永久不可解除的。第三凡条约当事者，是仅限定结约国间，故本条约或解或废，皆此结约国间之合意行为，与其他之国家无关系的，此为现在条约一般之通则。而我国之税权则不然，一部关税条约皆由与外国协定而成，毫无独立定税权之性质。且一览我国最惠条款之规定，都是单方的。换言之，即各国对于我，纯为税务权之享有，我对于各国，纯为税务义务之负担，天下不平事，断没有大于此者！至其带永久不可解除之性质，亦实我国税约之一大特征。所以我们的税务，不消说无条件的解除，固然是办不到，即改订亦非常困难，因为凡改订须要征得有约国全部同意方可着手，征之近例，即可了然，此为我税约之大缺点。其次我税率之轻微，亦为各国所率见，值百仅得抽五。其对于出口货，本不应征收的，乃亦与进口税同列，而征出口税，此种支离灭绝之税制，世界实难其选！有此恶因，当结恶果，恶果为何？归纳言之，略有三项：1. 政府收入之减少。2. 工商业之难望发达。3. 每年对外贸易之不振。试问我国税务为什么吃这样大的亏？则不外一资本帝国主义之侵略。因为这资本帝国主义要图生存发达，实不能不向外辟得商场，而谋销他们的货物。然关税即为抵抗此种侵略之一精锐武器。由这二个命题，我们就可得一个结论，即凡商埠之为他们的理想设定物与否？就视乎该地有无保护关税为定，或曾否受其限制为定。如该地设有关税，又未遭其条约之限制，则他们的资本主义的侵略，只能望洋兴叹。如该地保护关税受有条约之限制而不得实施时，则他们的资本主义便可肆其侵略，如入无人之境。而一顾我国之商埠，则是怎样的？实已极端受其限制，恰恰为他们的理想物。由是我之商埠，不论自开与他开，全国约百处，俱为他们销货的尾闾。换言之，他们即以我国商埠为中心，应用其工业式、商业式、借贷式三种侵略手段，一方面因此遂得畅销其货物于我国市场，而他方面由此得采进素所缺乏之原料，以长久维持其无限之资本膨胀，而达吸取我国资金之目的。其结果，我们瘦！他们肥！我们是经济被榨取的！他们是经济榨取的！

（二）分析的观察

关税权关系极为重大，我们愿促起我国全国民醒悟一致救此危亡，所以不厌其详，再为分析之观察。

1. 及于我国财政之影响

关税之一国为财政之大宗收入，我已于前说过。就中我国之情形，尤有与众不同之处，即我国已为财政将濒于破产之国家，非望有一种大宗之收入，实不足以资挹注，而关税实合此种目的。所以我国国家财政之望整顿，亦即在此关税，而将来国家财政之望丰收，亦即在此关税。然而我国税务，已受有条约重重之束缚，税率既极其轻微，改订又非常之维艰，华盛顿会议虽有许我增加之决议，而卒不外一种名至而实不惠之举，以如斯情形而望因此致财政之丰收，借以为整顿国家之举。殆亦戛戛乎其难。兹将我国之关税收入，与我总岁入比较。据最近善后会议政府交来全国岁入预算表，计我国岁入总计为 45960134

元。其中属于关税之收入的，为117690401元。如以百分法计算，关税殆占总岁入24%左右，好像我国关税在总收入中已占极大之数，以与外国之总收入与其关税比，亦若不劣。而夷考其实，则有不然。查各国关税之收入，纯由进口货物抽税而成，而我国关税收入中，除进口税外，尚含有沿岸移出入税、"子口税"、厘金等，实际我国关税，在总岁入中，极占少数，当然有极大增加之可能性存在。乃征以我国今日之情形，值百抽五，已若铁案，应该增加而不得增加，应有大宗之收入而不得收入。则我国财政根本上之受影响，不言可喻！与此连带生关系，尚有不利于财政者数事。第一如取从量税制，则货价实易生变动，当然有时为更改之必要。而我之税制，实以受条约束缚，不能应此更改，故有时虽有值百抽五之名，而无值百抽五之实，其失一。第二陆路贸易税，以历年不得更改，年年约少收数十万，其失二。第三租税收入原则，最要的是以最少之征收费用，得收最大之税金。而我国之税务以受条约之制限，举凡税则之编定，税率之增减，均不得适于租税收入之原则，固不待言，而因此负担上之欠缺公平，及抽税手续之繁复，亦属难免之事，故我国之关税收入，实可云为费多益少之收入，其失三。

2. 及于我国工业之影响

我国地大物博，所谓生产要素之资本劳动原料品三种中，已占有劳动力原料品之二要素，当然是一个富足之国家，为什么出于我们意想之外，国家反一天穷似一天的呢？这重要缘故无他，即是由工业之不能发达。工业其所以不能发达之故，实以关税问题为其主要原因，因为一国工商业，所贵的，就是一市场独占。然市场非能自为独占者，必赖有种种法律及政治手段为之保护。而此抽税行为，质言之，就是一个法律政治之结晶体，对于外国之工业货物，确是加以抵制，对于本国制品，确是加以保护的。自有此保护，而本国生产货物遂得独占市场，可无滞货之忧，需要因此常得超过供给，而货价遂得增高出售。其结果，国家之工业不难得其发达，此系关税政策得其施行使然。如关税一旦被其限制不得增加，则情形便与此不同了。即我昔日所独占之市场，今则变而与他人共有，我之营业，素乏经验，我之资本，素称穷乏，我之技术，素称拙劣，我之工业制品，素号不良。而在外人则挟其雄厚之资力，大量生产之工厂以临我，其所运来制品，既因制造技术之进步而较我优美，复以彼之经营得当，我之关税轻微，于是他们遂可以极便宜之价格而售货，以价廉物美之招牌，号召我之群众，我之货物，遂渐被其压迫，不易售出矣。货物既不易发售出去，则我之工业，如在此种关税制度之下，就一百年，也不会发达。是这看来，我国工业，不特未受关税之益，反蒙关税之大害了。其最显明之例，如前岁我纱厂之大受打击，其原因虽有种种，而吃大亏的，仍在一供给过多，需要过少所致。何以供过于求呢？则实由外货之充斥。而外货何以能充斥？则就是由关税受了限制所致。近年我国丝商亦以不振闻。其原因仍在关税。因凡原料处之销场，不外两途：一国内，二国外，如国外市场受他人压迫不易畅销，而在本国能保有需要时，亦为不足忧。所忧者，国外与国内同时均不畅销耳。而我国茧丝正坐此病，国外既感美国人造丝之竞争，日本天然丝之压迫，姑且不论，即在国内，近年来外国织物纷纷为大批输入，我国人之服用此者日多，服用本国之丝织品者日益减少。丝织品如既减少，则茧丝当然不能畅销出去，无怪乎价格之低落，而滞货无人过问！然此实一关税为之厉阶，因此轻微之关税，外货乃的源源而入，始呈此现象也。是为我国工业发达计，关税之改革，其可一日缓乎？

3. 及于我国对外贸易之影响

及于我国国际贸易最大之影响，第一就是输入超过于输出。综计我国自与各国通商以来，年年即呈此个相同现象。试列最近十年内对外贸易的海关统计表如下：

单位：两

年 岁	总输入额	总输出额
1917	549518774	462931630
1918	554893082	485883031
1919	646997681	630809401
1920	762520200	541631300
1921	932850000	601255000
1922	945049650	654891933
1923	923403000	752917000

据上表看来，我国对外贸易每年都是增加的。不过在此增加之中，始终有

一个不变之倾向存在。此倾向为何？就是输入超过输出额，其超过额，大概常在一亿两左右。由此种现象，我们当生两个疑问：

第一，入过于出之原因何在？此个原因，就是由对于进口税取税过于轻微，又于出口货，且复抽税有以致此。因出口货之设有出口税则，所以对于每年由我之输出货物，实为一种障害，而输出货物遂因之不旺盛。因对入口货取税过于轻微，所以外国货物遂得源源而进，而进口贸易因之甚形发达。此一种出衰入旺结果，每年当生进口货超过于出口货之现象。

第二，入超有害于国么？如我们把这个问题决定，则对于我国有无影响，即可知得。原来入超之有害于国家，在重商主义时代，已经学者所主张，此中却有至理，为我们不可不一知的。试申论之，国家全体在经济上之有收支，实无异于私人。如每年收入多过于支出时，则其国之经济，必为丰裕、为安定。如支出超过于收入时，则其国之经济，即为支绌，即有破产之危险。而此一国之对外贸易，即为一国巨大收入支出之表现。因为由外国向我输入之货物，即无异由我以金钱作代价而买进之货物。由我国向外国输出之货物，即无异由外国向我以钱购买之货物，前者在我为支出，后者在易为收入。所以一国对外贸易隆盛时，其国大致为出超之现象，一国对外贸易不振时，其国必常作入超之继续，每年入超之货物，价值若干，即不啻表示一国内资金向外流出若干，国民资金能有几许？安能经此年年岁岁之川流不息？其不竭涸者几希！所以在国际贸易之入超现象，不单为古时重商主义之所重视，即现在取保护政策诸国，亦无不汲汲于图输出超过于输入，所谓"国际贸易均衡说"（Theory of Balance of Trade）即是由此而起的。然而此入超现象，亦未必即可以据以作一国损失之表现，而其他尚有一"收支均衡说"在，尚有一"重质不重量之说"在，先就前者而论。

原来一国之经济消长，与其之对外收支有密切之关系，已如上所述，然定一国之收支关系，不必专由贸易上可以决定，贸易不过为对外收支手段之一，而其他尚有多数之手段存在。换言之，即对外贸易不过为表示一国有形财之消长，此即称为有形贸易（Visible Trade），而一国除此种有形贸易之外，尚有数多无形贸易（Invisible Trade）存在。甚么叫无形贸易呢？即其出入形式，不以货物表现，而以金钱支付之手段作表现，属于此类之手段，可得而数的。

（1）外债之借贷与偿还。

（2）运费保险费及其他手续费等之收入支出。

（3）在外侨民之送金。

（4）一国政府对外关系之经费。

据以上四项观察，我们就得明一国经济之收支，除对外贸易外，尚有此四种要素存在，无一不足以左右一国之收支均衡。故从此题关系而论一国之收支，如一国贸易虽常为入超，而无形财为巨大之收入时，则其入超为不足忧，因一方虽有多支出的，而他方则有多收入的款项足以相抵。如舍贸易而其他四项之收入甚形微少时，则贸易上所表示之出入超过之关条极为重大，因贸易上所表示之损失，即直接可视为一国之损失。试以英国论，战前之海外投资为世界冠，每年因此所收的利益，实达数亿。而其他之航业、运输费与保险费之收入亦占巨数。在前项无形财中，已有其二，故其贸易虽有入超亦是无害的。于以知对外贸易入超之有害无害当决之于各项之国际收入与支出之损益情形，不当专决之对外贸易之有无入足。

其次我们再一论对外贸易质量之关系，原来一国对外贸易之对于国家损失，是纯关于出入货物之质而不在量。如一国出口货物尽为本国民制造上所需要之食料品、原料品与机械等，而进口货尽为供一时消费之奢侈品的时候，则在对外贸易上，纵为输出超过输入，而其国之生产力，亦必因之而消耗，其有入超亦不足为喜。反之如输入品尽为生产上所用的原料与工具，而输出的多为奢侈品与消费品之时候，则纵有输入超过输出，于国富之增加，亦无妨害的。

重质不重量之理既明，我们试一论我国对外贸易之关系，我国之入超，究为足忧不足忧？

我国入超之足忧，实无以大过于此。试以无形财之第一项而论，我国不特无利息之收入，并以为大债务国关系，而年年要为数多之本利付出。而二项之运费与保险费及其他之手续费等，则于我如浮云一样，一毫都没有收入的。只有第三项之侨民送金，我国在外华侨人数既多，每年送回国的亦为不少，不过以之抵对外贸易之损失，实如车薪投以杯水，可云毫不济事。至第四项则补足

为轻重，所以综计我国之对外贸易，年年贸易之入超约为2亿，即无异于我国民之血本资金流出一二亿！我国民之经济岂不是一年涸似一年？我国之无业的游民，就因此岁岁增加！推缘其故，就是由一入超所致。举例来说，这外国所行的资本帝国主义，好比是长蛇封豕，我们的脂膏焉得不被其吸收干净？由此"收支均衡说"足以证明我国入超之有害。

至重质不重量之学说，对于我国之对外贸易又是怎样的呢？则当一阅去岁我国海关所统计之重要出入货物种类表。

输出货物	价格	输入货物	价格（千两）
△花生及制品	18617	○棉制品	131886
△生丝茧类	154351	米及粉	9198
△豆类及制品	127338	○洋油	58291
△棉花	23606	△花棉	53816
△生皮革及牛皮	25982	○砂糖	51997
△绢织物	24542	△五金及矿石	44938
△茶	22905	○棉丝	41636
△木材	21301	○纸烟	28272
△煤炭	20545	小麦粉	27232
△桐油	17477	○毛织物	1042
		洋纸	16626
		煤炭	12867
		○烟叶	12776
		人造蓝	11817
		机械	26767

注意：△原料品记号　○消费品奢侈品记号

试据上表以观，我国之对外贸易，如从质而言，进口货物中属于消费品、奢侈品者多属于生产上所需用之原料品与机器者少，而出口货物中，则属于消费品者少，属于原料品者多，我们就可以明白了。然则我国之对外贸易，就令年年为出超时，亦不能称为有利，何况与此相反，而为输入超过于输出呢？无怪乎我国民一天穷似一天！

我国失业的游民，一天多似一天！这根本上原因，都由此对外贸易之失败而致国民之资金涸竭，而国民资金何以能枯竭，则不外关税之受束缚，取税过于轻微所致。

（三）我国关税今后之补救方法

照以上看来，我国关税之关系重要，可想而知，既知之，我们筹备补救之方法。然我们在筹备补救方法之先，第一应注意的，即外国人之向我讲亲善一事。他们讲的亲善是口头的亲善，实事上是没有亲善的。请看这增加关税，他们口头也不知答应多少回数了，然一到实行上，总是百方刁难。照实说来，这关税增加，不但对于我们有大利益，即他们亦未尝无利，奈何他们不知道呢？因为这关税增加，对于政府之借债偿还力，国民之购买力，皆有密切之关系的。这理由即是关税如增加后，政府每年财政收入就可旺盛，每年对于他们的借款，连本带利都可按期偿还，此为增加关税我们政府的偿还能力就因此增大，而财政上因此就更有信用。我们财政既有信用，则他们不特对于在我国已经投下资本，可以放心收回，即将来亦可向我源源投资而无顾虑，是因关税之增加，反惹起他们的资本大批输出，这岂不是有利于他们？其次从我国民经济而言，我国关税如一增加，则我国之各种实业，每年因此保护，都可望渐次发达，国民收入，每年都可望确实增加。这收入既富，对于货物之购买力自强，则对于他们所运来之货物之需要力，当然旺盛，可以出高债买他们的货物。是这样看来，他们虽因关税增加而负担较重之生产费，因是得的利益自不若以前之优厚，然一方面，我国民之需要力既强，则对于他们的货物，必较以得多多消纳，多中就有益，岂不是对于他们有巨大之益处？然而此种利益，他们是不知道的，就知道，他们是不愿意出于此的，对于我们关税，仍是主张牢牢靠靠的束缚我们，竭泽而渔，真是他们处置我们方法。允他们的意，非把我国民所有的资财，一概括尽是不放手的。

我们国民这关税问题，如从经济方面观察，说个极端的话，关系是非常重大，他如受了束缚，其害之及于全国人民，比失台湾、割香港之痛苦，尤为利害，比二十一个条件之国耻，尤为伤心。因前者之为祸也隐而深，后者之为祸也明而显，前者之为祸也蔓及全国，后者之为祸也，仅止于一部分，毒国家，言人民，使我国全国人民沦于苦力阶级，陷于生活艰难，并且有增无已。推缘祸水，就是一关税之受束缚为之厉阶，此愿我国民殚智尽虑，有以补救之也。

救之之道奈何？第一的要求，就是国人应彻底的了解关税关系之重要，第二就是国民应一致团结力争关税之改正，须以近年来对抗日人之一种坚决精神，要求改订税约，要求关税自主，我们要知道关税之受制限，是我全国民之致命伤！腹心疾！如这关税条约一日不得自由，我们国民就一日的辗转呻吟，工商业终无有发达之一日，改订关税之问题大，其他之问题小，现在向各国主张改订税约，真我国四万万人第一应尽之天职，不分男女老少，皆应一致坚持，如哪一国起而与我们反对，我们就下大决心与他经济绝交，如哪一国先赞成我们改订，我们就竭全力与之亲善。好在俄德二国皆与我为平等税约之缔结，与各国以好前例，我们苟以此为口实而尽力向各国交涉，则庶有达目的之一日，各国要有许有我改订税约之希望，工商业才有发达之可言。否则就叫瘖了音，写秃了笔，亦是无益的。此为我们进行要求改订税约应有之决心。现在我们应一讨论改订税约之概略。

我国税务，已于前说过，是分定税权之丧失与管理权之丧失两种，所以我们筹划补救方法，亦本此分为定税权之收回与管理权之收回二种。然一权此二者之利害关系，则定税权之收回，有刻不容缓之势，管理权之收回，则为第二步之问题。定税权之收回云者，实不外自己有自由增减税则、变更税目之权能也，税则究应如何规定才合适呢？以我们之见，规定税则之要义，仍不外取保护政策之精神，以入口抽税，出口减税为原则。所谓出口返还税出口奖金进口加上制诸种制度，都应在必行之列。先从入口税而论，第一应依进口货之种类而定税率之高低，此在我国虽不能详为列举，但从归纳言，如该进口货为属于我国富于原料且有发达之希望的加工品时候，则宜课重税，如该进口货，虽不与本国制品相冲突，而为奢侈品与消费品或嗜好品时候，亦宜课重税，前者例如棉纱与其制品等，后者例如各种装饰品砂糖纸烟等。然与此相反，该进口货物如为生产上所需之机械与其材料品时候，则取税宜轻，或与以免税。至关于误税品目，分类宜详，而取税标准，除特别贵重品外，当舍从价而取从量，但须时为变更，以便符合实价。而税则，宜去单一制而采复税制。以上为进口税务补救方法之说明，现在我们应一研究出口税务。以我们所见，如出口货为我国之特产品，或为我制造上所必须之原料品，与为国民之食料品时候，则应分别取税，例如桐油、棉花、米麦等，此外皆可一律免税，以促进对外贸易之发展，要之：加税总离不得与内地税之厘金杂税生关系，据我国之财政情形以观，加税与裁厘，自当同时并行，但是此种问题，谈何容易，外以列强资本帝国主义之压迫，内以军阀之把持，如我国民不以极坚决的精神做去，则无异于痴人说梦、纸上谈兵，一点效力都没有，所以在本篇末，作者只有希望大家更加极大的努力去做。

本篇结论　由上面看来，这商埠对于资本帝国主义之重要，我们可以概见，大有孟氏所谓得之则生，弗得则死之势！世界经济以是示我，各国通商历史以是诏我。又何怪他们不惜诉之武力以相争夺呢？然而为其侵略之手段，则不外始以政治的手段，扶植其优越之势力于他国，然后以经济的方法，吸收他国之资金。前者，即治外法权之设定是，由是他们便于他国，成一种贵族之阶级了；后者，即关税权之束缚是，由是他们货物，遂得为大批之输入，而愈成有产之阶级了。不过助成此种手段之实现者，则在于一商业政策，因为他们利用此种政策，对己则取独占主义，如见他人有货物来时，则用保护关税以制之，如日本最近颁布之值百抽百之奢侈税是，对他人之税则，则尽力限制之，如列国之对于我国是。呜呼，此岂非列国之矛盾行动呢？然非矛盾也，为资本家阶级之生存，有不得已。呜呼，此即近代国家之真相，余欲无言。

第三篇　交通

交通为立国之命脉，与国家有密切之关系，固不待言。而我国以处于经济文化尚未十分发达地位，所需要交通之发展更为深切。然一论我国之交通机关，几乎全为外国所把持，受的资本帝国主义之侵略，极为厉害。试问我们国民能甘心忍受吗？如不甘心忍受，则不可不谋救济之法。故在着手进行救济之先，我国交通问题之研究，实为重要。因未有真相不明，而可以言救济之手段者。然则所谓我国现在交通之情形是如何？我们失败的原因在什么地方？及于我国计民生有如何影响等诸题目，皆为我们之讨论好材料。而交通之一般观念与其效果，亦有略述之必要。因为我们如对于交通观念与种类不明，实难为学理之研究；如果不了解其效果，则不信交通有这样大的价值。

第一章　交通概观

第一节　交通之概念与种类

交通这一个观念，学者下的定义很多，但不外三种。第一是广义的解释，即人类互相关系之现象，都叫做交通。第二是狭义的解释，即人与人之经济关系，则称为交通。掉句话说来，举凡关于经济之给付、货财之交换一切事项，都称为交通。第三是最狭义的解释，即人类货物及书信之地方的移动，都称为交通。此个定义之要点，我们可解释之如下：即凡对于有妨碍人类之社会、政治、经济、精神各种关系之地方隔离，能加以减少排除之行为，都可称为交通。以上三种观念中，第一第二失之过于广泛，与我们日常所用之交通意义有相出入。惟第三类之交通概念，广狭得宜，定义适当，现今所谓交通，通常是指第三之概念而言的。但是称他们为交通则可，称他们为交通所研究之对象物则不可。交通之对象物是什么东西？即是一交通机关之设备，因为要利用此交通机关之设备，方有移动之可言。所以我们如一论到这交通问题，这交通机关之设备是应讨论的，而运输与通信，遂为交通上之研究重要题目。

交通之观念既明，我们在一述其分类。常照移动之地方位置不同，而区之为三：

（一）水上运输及通信；

（二）陆上运输及通信；

（三）空中运输及通信。

以上三种中之第三类，在现代方属萌芽期，占有现今之交通位置者，厥惟第一与第二两种，其最显著的，即航业、铁路、邮政、汽车、通信等。

第二节　交通之特质与其效果

交通之定义与种类，我们已在前说明白了。但他对于国家对于人民有什么效果呢？有什么特质呢？不可不于本节内述及。原来这交通问题，我们如为分析的观察，他及于各方面的影响其实是不小，先就交通之特质一说。

一、什么是交通之特质

其特质有四种：

（一）运输之迅速

在交通未发达的时候，对于一切人类、货物与通信，第一可视为大障碍的，就是地方之距离。所以这交通机关之天职无他，实在一减少此种距离之障碍而已。然此种障碍之排除方法是怎样的？就是要使地方的移动所需要时间之短缩。换言之，即是图运输之迅速，此为其特质之一。

（二）运送之安全与正确

运输迅速，为交通机关之一要件，我们已在前说明了。然与此并行的，尚有一输送之安全与正确。因为我们人类自互相有关系以来，这一种交通，是不能免的。然不幸而以交通手段之未改良，例如舟车骑乘等，致人类常遭不测之损害，所谓安全运送，是很难有实现之希望的。但自18世纪以来，各种交通机关，俱为较大之发达，因交通而惹起危险事件，虽不能期其绝迹，而较之畴昔所感之危险程度，则已判如天渊。人类之生命财产，遂得安全为地方之移动，非交通之发达，曷克臻此。至时间之正确，关于我们人类，尤有重大之关系。在昔之策马乘舆时间，固难期其为定时之运送，即在稍进步之人力车马车，其运输亦不易为正规则之往复。这一种时间之消费于无益，不但对于个人有极大不利益，即一般社会之各种经济关系，亦受重大之影响，此不能不视为交通上一种之缺点。然自交通机关进步以来，对于进行所需要之速度与距离，所经过之时间，除有非常事故外，皆能精确规定。由是出发与到着①，皆能定时，对于社会与人群之能率增进不少，而社会之大利益即在于此处，此实由现今交通带有正确性所致。

（三）大量运输

交通机关第三之特色，即是一大量运输。因为我们人类之欲望，是与生产事业相进步的。因之所需要之货物，常为加速度之增加，所以供给此种需要之市场，当然是日行扩张。然不幸而为市场扩张之大障碍物，就是一地方之距离。因此地方之距离，这人类供给需要之调节，是很生问题的。如此种困难不得解决，我们人类之经济生活，是很难得向上之发展。然欲减少此种距离之障害，则舍促进交通之发达，其道末由，而根本上尤在赖此交通之大量运输。因交通如愈发达，交通机关如愈改良时，愈能达多数货物运输之目的，而人类所需要之货物，因此大规模之供给，遂得以调节人类之生活，遂得为向上之发展。

（四）运费之低廉

交通机关之特质，不但在技术方面可以达人类需要之目的，即在经济方面，亦得使其有美满之结果。此种现象无他，即在一运费之低廉。而其所以低廉之理由，不外归于机械发明之效果。换言之，即因其具有大量运输与运送迅速之二大特质，故在凡百事业之经营上，由其集中的、经济的、之辩理，更能使运

---

①日文，即到达，抵达的意思。

费生大大低廉之效果，而经济遂受益无穷。

二、交通及与经济之影响

以上我们对于交通之特质，大概可望明白。现在我们应一研究其及于我们人类之影响。先从经济方面而论，约有四种：

（一）及于生产之影响，此也有数种可说，兹分论于下：

1. 生产费之节省

交通发达结果，第一对于生产事业可数的，就因此得原料收集之容易，制出品卖出之迅速。第二就因此使得选择低廉之劳动力及便易之原料品，而生产费遂得为极大之减少。就中对于生产事业，尤为有利之处，即是近世生产事业之原料品采买，与制造品贩卖，都非求之于本地方，大概尝求之于远方的，这理由无他，即在远地方之原料，通常较本地方价廉，远地方之货物贩卖，通常较本地方价高。所以这生产家的经济政策，当然不能不舍近取远，然此地方距离之移动，实为重要，非望交通发达不为功，而交通发达，遂为生产事业重要条件之一。

2. 生产组织之进步

在交通未发达的时代，国民间之生产组织，往往限于狭小之范围，受支配于天然之条件，故其规模甚小，各地间概无一定之组织。然自交通机关设备、经营进步后，这生产组织，遂大不相同了。简言之，即因交通之发达，而家内工业，变为工厂工业，而变为极大规模之组织。因此生产组织之改善，每日之生产能率，遂比以前高之数十百倍。

3. 市场之扩张与货财价值之腾贵

在昔交通未兴，各种必要之货物，以运送之困难，及运费之昂贵关系，实不能唤起各处之需要，因之价值亦难得相当之腾贵。然自交通发达、市场大开而货物遂得扩张其供给，增高其价格。凡从来仅得使用于一方之货物，因是遂得分配于各处，从来处于交通不方便不得不以贱值出售之货物，因此遂得增加其价值。货财价值增加，即助国富之增加，此岂不是交通发达之所赐呢？

4. 劳资价值之增加

我们已经说过，因为交通有迅速移转之特质，所以我们如得其利用时，则对于货物之制造、贩卖，实能促迅速之循环，从而资本之回收。在时间上，遂得非常节约。因之资本之本能，愈得发挥，愈使投资之机会及范围得其扩张。其结果，对于资本实开绝大之用途，而促其无限之增殖，此从资本方面来论的。至劳力，因交通而致价值之增加，亦甚显著。因在一方面劳动力以机械之发明，诚不免降于工作之补助位置，而在他方面，交通之范围，既日形扩张，则劳动力愈免局囿于一隅，而唤起多方面之需要。其结果，劳动力之价值，必至增加，而收入得以利润。以上为交通及于生产经济影响之概略。

（二）及于交换经济之影响，此亦有数种可得而云的：

1. 投机事业之发达

什么叫投机事业呢？即一种企业家，将其所有资本投于各种货物之买卖，利用各种货物的价格之有时间距离之变更，而求于其中获最大之利益。先从时间而论，如一商人预料此时之一种货价，将较低于他时之时候，则必将存货卖出。如预料现在一种货物，将昂腾于他时之时候，则必多为现货之赚入，以便他时之卖出。照此种低买高卖之方法，经若干次之往返，而资本遂极端得其膨胀。至距离亦与此相同，如甲地货物较乙地货价高时，则商人必以乙地之货移于甲地贩卖。然与此相反，如乙地货价高于甲地时，则该商人必以甲地之货而移于乙地贩卖，而图获其相差价格之利得。然此时间、距离之货物移动，均非交通发达不为功，是交通之有造于投机事业者不浅。所以交通机关如愈发达，则投机事业亦必增加，而交换经济，亦相当受其利益。

2. 商业组织之进步

在交通未发达之时代，这一种中间商人，在商业组织上，实占重要位置。然自交通之开放以来，生产者与消费者间之时间的、地方的，相隔之距离，都为非常之接近，而从来之中间商人，渐有失其重要之势，而移于生产组合，与消费组合之直接交涉，此不能不视为商业组织进步之一。加之由交通之发达，既有大都市工业之崛起，亦必有大都市商业组织之勃兴，与各种贩卖组合之林立。然此犹可视为国内商业发达之情形也，如就国际商业以观，其受交通发达之影响，尤为重大。因为一国商业发达结果，以必然之势而向海外有原料品及必要品之需要，制造品及加工品之供给与贩路扩张之企图。于是为应此必要，

而有国际贸易之发生。此种国际贸易之组织、规模、资本，均极雄大，在现今商业组织上，当首屈一指，此实为交换经济之组织进步之二。

（三）及于分配经济之影响

分配经济最重要的，即企业家所投下资本之利益与利息之收入，及地主之地租报酬，与劳动者之工资代价三种。顾此三种，无一不因交通之发达，而受有极重大之影响。先从资本而论，本来营业之利益与放债之利息之有大小，概依资本之供求律以为定，而资本之供求，又视营业之利益大小及投资之安危以为依归。溯自交通发达，生产进步，其影响遂及于资本之供求。即向之对于资本不甚需要者，因此交通之发达，实唤起资本之需要，即向之局囿于内国经济者，因此交通机关之改善，遂扩张及于世界经济。故资本之移动，不单是限于国内，即国际之界限亦不翼而得飞拔。其结果，一国之资本家，不但于国内得增加其收入，即从海外亦得为巨大之红利金与利息之享有，此为资本所受交通发达之影响。至工资方面亦受其影响甚大，这理由无他，因交通既得发达，则对于劳动量之供求，实可使之生调节之现象。换言之，即因此运输机关之方便，劳动量过多的地方，可容易移至劳动量过少之地方，以保持劳动者工钱之平衡，最后之地租，则原依供求律以为定，而交通愈发达的地方，对于地土之需要愈亟，因之其地价且有较前腾高数十倍乃至数百倍者。例如现代之大都市地价，通通是非常腾贵的，大地主阶级，因之获益匪浅，这都是受赐于交通之发达。

（四）及于消费经济之影响

本节内所谓消费非生产之消费，乃为生活所必需之货财而消费的。大凡我们人类之生活内容，与文化之发展有并行之关系，常使简单生活变为复杂生活的。然此简单生活之内容，究由如何充其乎？则由交通发达之所赐。因为人类如在原始时代，其经济生活，系是自给自足之状态，其供给之狭小，不能以之应一般人之要求，固不待言。即在稍为进步之交换经济时代，所需要之消费货财，其种类与分量，虽稍见增加，尚难云为使我们人类之享乐得满足。惟入于交通发达之时代，生产货物既得多量增加，而由交换以入于分配之货财，又得畅行无碍。其结果，遂使生产者与消费者之范围，愈得接近，而保持其供给需要之适合。我们所欲的货物，常得如意购置，我们所多的货物，常得自由发售，由是生活内容，遂得充实，而促嗜好之向上，虽有天灾，不得为患，此实为交通发达及于消费经济之效果。

三、及于社会政治军事文化之影响

以上为我们单就经济方面观察所得的，然因交通发达所及之影响，尚不止于此，其他尚有数多方面，例如政治、军事、文化、社会等亦因交通之发达，而受有重要之影响者，兹分论之：

（一）内政统一之促进

对于一国政治组织最有重要之关系的，就是一秩序性统一性。然此二者，实有赖于交通之发达。因为统一秩序之前提，第一须使中央政府与地方自治团体联络一气。换言之，即中央之权力，能及于地方，有如身之使臂，臂之使指的一种指挥如意，才可达政治最高之目的。顾此种组织，非可以徒托空言，行之必有其道。其道为何？即以交通为手段，而达统一之目的是的。盖如有此手段，则国内一切之障碍可除，而政权之重心，可归于一点。政权既归于一点，则凡百措施，皆能纳之于轨，而其他之教育、文化、工商业之进步可立见。

（二）军事之便利

军事可分为对内、对外两种，前者即为镇压内乱而施行军事行动，后者即为捍御外侮所采取之军事行动。然不问其对内与对外，其所要求于敏速之动作，是同一的，而交通即能尽此敏速行动之任务。一旦有事，凡军实之运输，兵员之集中，均可朝发夕至，不难达荡平之目的。

（三）文化之普及

交通与一国之文化，是有最重要之关系的，因为文化上所要求，就是一艺术、智识、教化之普遍与运输传布。因为此等皆应使之为社会化，不能任一部分少数人之专有，而交通机关，就具有普及各方面之特质。凡以文字或以语言或以印刷物而宣传者，皆可借交通而达其目的。于是社会经济普遍灌输结果，遂使各处之语言风俗，成为普遍化，各种阶级，接近于平等化，各地方之排外性质，成为一般化，而社会于以进化，此即是交通及于文化社会之效果。

第二章　帝国主义对于我国交通之侵略

以上所说，交通是什么一个东西，我们由这定义之考察，是已经明白了。又交通对于国家有什么效用，我们由这分析的考察，是已经了解了。既有此二种预备知识，当然进而一讨论我国之交通问题。

我国之交通问题，至今日已受资本帝国主义之屡屡侵略，我们实不忍心此事重提！但他们既为我国民生活之源，我们岂能坐视不顾，不去死中求一条活路吗？所以交通的权利，纵有失败，我们是应该图挽救的，要去挽救，这交通问题，是不能不研究的。从我国之交通而论，亦可分为四种，即航业、铁路、邮政、电信等，现在我们先就航业一为观察。

（甲）航业

在研究我国航业之先，与航业有重要关系之航业政策，我们不可不一为研究。因为国家自化成资本帝国主义以来，资本家之利害，即国家之利害。所以于私人商业，国家则设商业政策以保护之；于私人航业，国家则设航业政策以保护之。商业政策，我们已经于前说明，本章内对于航业政策当有一述之必要，因为此航业政策实为保护航业最良之手段。举眼一看，各国之航业，无不受其提携保护，而我国所取之航业政策，则无异于取自杀其航业之行为。二者何以有如是之差异，则以各国皆出于自主之规定，当然取自卫手段，而我国则纯在外国压迫之下，故所有规定，虽明知为自戕，亦复不得不尔。顾此种一得一失，全系于航业政策之有无，此所以航业政策为讨论我国航业不可不一先述也。

第一节　各国航业政策之概观

一、航业政策之二大时期

第一期排外的保护主义，即是对于外国船只，设有特别限制，务使立于自国船压迫之下，而达航业独占之目的。此时期最著名之例，即是各国有"航海条例"之发布。第二期平等原则下之保护主义，即是对于内外船，一基于平等原则，不设特别之限制。惟对于本国船，特加以保护以强其竞争力。

二、航海条例

航海条例是什么？即是国家对于本国之航业，采积极保护手段。最初见之于政策的，即是国家为保护自己航业之优势，而对于外国船加以严重之限制，有三种可分：

1. 对于外国船之入境，不消说在禁止之列；而对于海外一切之交通，仍须限于本国船。英国从1615年到1849年所施行之航海条例，即为此政策之一，其要点即：

（1）英国沿海岸，是限制外国船之出入；

（2）凡与殖民地之交通，禁止雇佣外国船；

（3）与欧洲各国之贸易，除英国船及货之所从出地之船外，其他一切外国船，是禁止雇佣的；

（4）与东洋、非洲、美洲之贸易，除英国船外，一概不许装载。

2. 除国家以明令开放之商埠外，自己内河沿岸，是一律禁止外国船之出入。此条主旨，即是在务使自国之内河沿岸航权，归本国人独占，决不容外船之侵入。此条为我们最应该注目的，因为在近代国家，这领土主权，是最尊严不可犯的，而沿岸内河，以基于领土主权，应由一国国民有独占之权利，决不容他国有所觊觎。故关于此条，时代上虽有变迁，而归于一国之独占，仍是与以前无异。我们试举例以观，如1783年至1820年之《美国航海条例》，1888年之

《德国航海条例》，均维持至今，尚未改变。此种条例要点，都是在严禁外国船在本国沿岸或内河贸易。如果照此种情形来看我们中国的航业，则恰与此相反，而沿岸内河都为外国人与我共有，令人感喟无暨！

3. 第三种方法，即是对于外国船之入境，不加禁止。惟对于本国船，赋以特别之利益，以强大其竞争力，此条最著名的，即是排外课税法，如法国在1316年所施行之国旗附加税及最近之美国航务委员会所议决案对于外国船之入口，一律课以一吨八先令之吨税等，是属于此类的。

三、一般奖励及特惠制度

此种方法，为现今各国所盛行，并且是最有效力的，照其经过历史，可分为三期：

（一）组成时代

航业如在幼稚时代，国家常用种种之方法，而保持其独立，并助长其发达。此种保护最有名的，即是航业保护权策，除以种种法令限制外国船外，国家并对于本国航业，或给以航路补助金，或给以造船补助金，或免除其造船所用输入材料之关税等。通常属于本期内，国家之保护力特别优厚。

（二）公益利用时代

航业既经入于独立发展时代，国家对于此之保护力，已不若如前时之优厚。惟令其对于种种公众事业，得享有运输之独占权借资保护。此种用意，仍不外国家间接为之保护。惟较之前期，则国家减轻保护之力多矣。

（三）竞争时代

关于航海政策，世界上不单是一国采用的，如同时有数国采用之时，则在此数个国间，常因此惹起航业最大之竞争，此个时代之竞争，真属骇人听闻，甚至于有不取船资而使客人乘船者。其结果，各航业公司，无不招重大之损失，而不能不求救助于国家。于是国家当然不能坐视，对于各公司遂有一定常年金之赐与，而以维持其国航业向外之发展。试以我国之航业论，最初英之怡和、太古及我国之招商，为三公司之竞争。其后新加入日本之日清公司后，竞争尤形激烈。试以日本政府补助在我国行船之该国输船公司案以观：

中国航业补助案 [大正四年(1915年)该国议会通过者]

航路名	金额(元)	期间
上海航路	215000	1916年
	215000	1917年
	107500	1918年
天津航路	117000	1916年
	117000	1917年
	47094	1918年
扬子江航路	700000	每年

以上所说，就是现今各国所行航业政策之大要，由此我们可以得数个重要概念：第一是绝对不准外国船入境之独占政策，此为航业独占时代之事，现今已成陈迹。第二是对于外国船之入境，不加禁止，但是船税征收，是不可免的，此属之航业保护时代之事，现今各国尚有多数行之者。第三是原则上取内外船平等主义，而惟对于本国船与以特别利益以强其竞争力，对于外国船则取特别限制，例如与外国为互惠主义之规定等。然而此数种中，为我们最不可忘的，即是不论过去、现在与将来，各国对于其国之沿岸内河航行权，始终保持其本国独占，决不许外国船得越雷池一步。各国航业政策之大略既已经明白了，我们应进而讨论我国之航业。

第二节 我国航业

关于我国航业之讨论，那几种题目是最重要的呢？第一当数我国航业之现象。我国航业究竟自开通商口岸以来，是怎样发达来的？我们不可不知道。如知道后，发现我国航业为立于失败地位，则不可不一求其所以失败原因，此为第二应讨论之重要题目。失败原因既明，则可以推之为各国资本帝国主义侵略之所致，其关系应有研究之必要，此为第三应讨论之题目。至最后之题目，则当数补救方法之商榷，兹分段论之于下。

一、我国航业之史的观察

如欲明我国航业之势力，则不可不一阅世界各国航业势力比较表，兹列之于下：

世界各国航业势力比较表（1920年调查）

国名	只数	吨数
英国	779	20142880
美国	4110	14574375
法国	1400	2963329
日本	1940	2995858
德国	901	41438
中国	102	142843

以上所列诸国，不过是与我关系最深的，其他则从简略。据上表看来，我国航业在世界之航业位置，实不堪道及！以只数而论，为最多英国百分一之比，为最低德国百分十三之比。以吨数而论，与最多之英国为百分七之比，与最少之德国为百分三十五之比，其他可以类推。

世界航业之势力既明，请论我国航业在国际上之地位。航业其所以甚见重于今之世，虽是原因很多，然而海外贸易实为其主要任务之一。故从此航业可分为三种类：第一是立于主动地位，第二是被动地位，第三是第一与第二并行地位。这航业在主动地位是怎样的？即在外国贸易上，一国之出口进口货物，均由本国船只独立装载，毫不假于外国人之手，今日之英美诸国是属此例。第二种是怎样的？即是恰与第一种相反，在外国贸易上，一国之进口出口货物，均须仰给于他国船只，本国航业毫不能与及，今日之我国，即是此种之适例。至第三种，是对于进出口各货，由本国与外国船混合装载，一方面虽有仰给他国船只之必要，而在他方则有数多货物不赖外国船只，而由自己装载，今日之俄日两国是属于此例的。以一国航业进步之行程而论，系由第二渐进至第三，然后以达于第一。我国今日之航业，尚处于第二时代，而将进至于第三时代。至第一时代，断非一朝一夕所能企及，此即我国航业在今日国际上之大略情形，由是我们再进而研究我国航业之史的发展。

在我国航业史上，最初为航业之先驱的，实为葡人拉佛儿氏（Raphael Perestrells①）。他在明朝正德年间，即从麻六甲为探险的航行，达于广东。我国曾许他住居上川岛（StJohns Island）为通商交易，此实开东西接触之第一幕。

然此不过为一种旧式帆船之航行，而用轮舟开最初之交通的，则当以1825年英船"嘉艇"（The Jardine）为嚆矢。该船系受命英政府，而航行于广东、澳门及伶仃间，常从事于邮政物及旅客之运送，此为《南京条约》以前事。然一至《南京条约》缔结后，于1844年，则有美国轮船"密特斯"（Midas）于广东、香港间，开始定期航行。翌年又有英国之彼阿轮船公司，着手于从伦敦经意大利而至于我国之航行。然其航线仅及我国之香港，尚未至于上海。而至于上海的，系以1842年之英轮"墨的沙"（Medisa）为其始。自是以后，外国轮船之航行于我国，遂日见增加。于1865年，英商又有广东香港澳门轮船公司之设立，而开香、广、澳及西江间之航行路线。其次于1867年，中国航业公司遂见成立。于1877年，中国印度航业公司亦见成立。前者即我国称为太古公司，后者即称为怡和公司，然皆为英国人所经营。

以上所说，皆为外国轮船之航行于我国者，而属于我国且以我国旗而航行的，当以"亚丁船"（Aden）为嚆矢。该船原属于旗昌洋行所有，后为我国新于是时设立之招商局所买收。其后20余年间，皆为上所说四公司之所独占，即广东香港澳门轮船公司、怡和、太古、招商是的。日本于1875年，始有该国邮船会社向美国太平洋公司买得上海横滨间航路而开始航行。

我国沿海之航业情形即明，请论我国内河之航业。关于我国内河航业，自南京及天津条约缔结后，英国及其他享有利益均沾特权之诸国，皆得行驶轮船于长江各通商口岸。日本则以中日《马关条约》，向我获得宜昌、重庆、上海、苏州、杭州间之内河航行权。在1898年，我国以受各国之压迫，而有自动的"内地水路航行章程"之发布，我国内河航权于是乎丧失，而化成万国之所共有。于1902年，更为"附加之规定"，此即我国航业情形之大略。以上为概括

---

① 此处拼写有误，应为 Rafael Perestrello，现一般译为拉斐尔·佩雷斯特雷洛，葡萄牙探险家，是有记载的第一个从海上登陆中国大陆的欧洲人。

之观察，而各国在我国所设立之轮船公司，亦有略述之必要。

自我国招商局于1867年设立后，怡和、太古两公司实与之为极激烈之竞争，尝大减运费以相抵制。我招商局于是时实经几多惨淡经营，始得确定其根基。中日战后，日本大阪商船公司以该国政府为后援，而侵入长江航路。于是英之怡和、太古，我之招商，即一般称为三公司者，联合抗之，彼时之日本轮船公司，实以此陷于非常苦境。其后我国之招商局，与他国之小轮船公司，如英之麦边、鸿安等，营业均形不振，故前此之联合抵制，遂不猛烈，日轮公司遂乘之扩张由汉到宜之航线。其后于1900年，德以方兴之势，而加入其汉堡及北德二轮船公司于我国，遂演成中、英、德、日四国之竞争。庚子议和后，形势稍异，1903年，日本邮船公司以250万元，买收得属于麦边公司之上海汇山码头，开始航行长江一带。第二年又创立湖南轮船公司，而从事于汉口、湖南间之航路。日俄战后，属于法籍之东方轮船公司，新加入长江航路，遂成五个国九公司竞争之情势。以英诸公司之抵制，殊形猛烈，运费既极其低廉，对于船客待遇又非常优厚，其结果，致基础薄弱之诸公司，虽有该国政府为之后援，亦呈不堪之势。首先在日人方面，遂有大阪与邮船二公司及湖南轮船公司，与从事于苏沪间小轮航业之大东公司四公司之合同，特组成一日清轮船公司，势力顿增，新扩张航路至南昌、常德等地。其在欧美诸国，以1908年经济界之大恐慌，航行于我国诸公司，遂蒙重大之打击，于是汉堡、亚美利加二公司，首先从扬子江而撤退，专从事于沿岸之航行。其他之北德、鸿安二公司，营业亦甚不良。惟剩有怡和、太古、招商、日清四轮船公司之对峙，而长江势力，遂集中于中、英、日，就中以英国为最优势。然自欧战以来，欧美诸国对于我国之航业，实不遑顾及，英船亦渐次减少，而日本遂乘此时机，大扩其航业于我国。故此时我国之外洋航业，实以日本为最占势力，而英次之，但内河航行，依然属英第一。欧战告终，各国群思以我国为彼等恢复其经济之工具，而谋卷土重来，而航业实为经济战争最重要之一武器，如我们国民不一致努力维护我国之航业，则将来工商业发展之机会，更不可希望也！此为我国航业之大概史的观察。

二、我国航业失败之原因

我国航业的现象,已如上所述,我们航业在国际上所处的地位,大概是已经明白了。简单说句痛快的话,我国航业,简直是受国际资本帝国主义侵略的一部伤心史,但是这失败的缘故究竟在什么地方呢?如我们不把失败的理由、失败的原因,精细分析出来,那补救之方法是无从筹起,所以在本段内,我们的主要任务,是在详论我国航业得失之源。

原来我国航业失败之原因,可得而论的有二:一为由我国以条约明许的,二为默认的。后者常为前者之因,而前者常为后者之果。因为我国自有清一代,采取愚民政策以来,国民对于经济及航业实不知为何物。故在道光西力东渐时代,一般国民对于航业,固不知兴办,而对于外轮之驶入我领海内河,亦视若毫无关系。殊不知无形中已受若大之损失,此即为默认之起因。换言之,实非由我国故意承认其行驶,乃由不知其利害而放任之。迨夫行之既久,成为惯例,而彼狡狯之外人,不以是为满足,遂进而迫我以明文之承认。查各国之航行权利有二,即一为沿岸内河之航行专有权,二为航业之保护权。前者即禁止主义,后者即制限主义。此二项权利如果在独立国家,当不听其受外国人之侵略的。而在我国,此二项权利,早已归诸外国人之操持,又何怪乎我国航业之不易发达?兹析而论之。

(一)我国沿岸内河航行专有权之丧失

我们欲说明我国航业专有权丧失之经过,则对于航业之种类,应先为一说。一国航业可分为三种:第一远洋航路,第二沿海航路,第三内河航路。先从第一种而论,现今世界各国,以国际交通频繁,对于国际航业,皆取一种相惠主义,互许通航。详言之,即各自就一国之沿海诸口岸中,特为其他各国开放一定之商埠。容许他国船之往来,因而己国船只亦得他国之许可,而可出入于其沿海所开之通商口岸。由是国际间遂生出航业交换之现象,此系为远洋航路之起因。而我国航业如从第一种以观,已于前说明,纯处于被动地位,简直无走海外轮船之可言(按我国前数年实有轮舟二艘,行驶美洲广东间,即所谓"南京""中国"号者是也,后以营业不振停驶)。顾此种行驶权利,非外人之有所侵蚀，乃我自以工商业尚未发达，实不易创设行驶国际之大规模轮舟公司，甘心放弃所致，犹可言也。至第二第三之权利丧失，则不可说也！我们试一观以前所说各国之航业政策，他们对于其国之沿岸内河航行权，除在沿海以互惠而开放之少数商埠外，其他皆基于领土主权，始终保持其独占，绝不许外人之侵入。而在我国则不然，此二项权利早已受外人侵蚀无遗，因而我之内河沿岸航行权利，遂成为与各条约国所共有，而外轮遂遍驶我国。其所以成为与各国所共有的缘故，即是由单方利益均沾之条约弄出来的。换言之，即最初由许此种权利与一国，而其他国家皆援例而起，于是我国之水面，不分内河与领海，皆化成国际性质。然最初见于明文的，即道光二十二年（1842年）之中英《江宁条约》第二条，此条系明许英国以五口（广州、福州、厦门、宁波、上海）通商贸易。所谓通商贸易者，即含有英国船只能自由航行于五口间之意。因为贸易与航业有密切之关系，设如英轮不能航行于此五口间，则无通商贸易之可言，此即我国沿海航行权失败之第一步。如与英国曾经施行之禁止外船出入之航业政策相比较，不禁感慨实深！其次，咸丰八年（1858年）之《中英续约》第十款，如照此条以看，英船可由海口驶入长江至于汉口，此为我国内河航行权失败之第二步，并照其第十一条，而我国之沿海航行权，且由五口而丧至于十口，即加牛庄、登州、台湾、潮州、琼州等。

上说的为我国沿岸内河专有权之丧失。其后由外人在我国之航业扩张结果，其航线遂由通商口岸而渐侵蚀及非通商口岸，此亦可分为二种：第一即寄港地，第二即旅客上下地。前者可以搭客上货，而后者则只限于搭客。兹先从前者而论，最初见于明文的，即光绪二年（1876年）之中英《烟台条约》第三条：

至沿江安徽之大通安庆，江西之湖口，湖北之武穴、陵溪口、沙市等处，均系内地处所，并非通商口岸，……今议通融办法，准暂停泊上下客商货物皆用民船起卸……

与《中英续议缅甸条约》附件：

并将江门、甘竹滩、肇庆府及德庆州城外四处，同日开为停泊上下客商货物之口。

其次光绪二十八年（1902年）《中英续议通商行船条约》第十款：

兹将广东省内之白土口、罗定口、都城作为暂行停泊上下客货之处。

据以上三条看来，其中所指之各地方，没有一个是通商口岸，而外国船居然能行驶。至单准搭客之处，试以光绪二十四年（1898年）《修改长江通商章程》第二款来看，凡非通商口岸，均不准私自起下货物，惟搭客暨随带之行李，准于往常搭客之处上下，其地点如湖广之黄子岗、黄州，湖北之荆河口、新堤，江苏通州之芦泾港、泰兴县之天星桥及江阴、宜兴等处。又《中英续议通商行船条约》第十款后半段，亦与此同规定，其地点则为广东之容奇、马宁、九江、古劳、永安、后沥、禄步、悦城、陆都、封川等处。

由此观之，我国沿岸内河航行专有权之丧失概略，可得见矣。然而列强之野心，犹方兴未艾，虽由上文看来，我们已有数多地方之供给，然他们还不以为满足，如要满足他们的欲望，非把我全国化成国际化不可。于是我国被其强迫，有光绪二十四年（1898年）"内河航行"之规定，试就其第一条以观：

中国内港，嗣后均准特在口岸注册之华洋各项轮船，任便按照后列之章，往来专作内港贸易。

由是，我国之外轮航行区域，通商口岸，固不待论，即一切之内河航业，均因此规定，而开放于各国。然此犹可视为自己一种之规定，将来还有自由变更之权利，迨至光绪二十九年（1903年），日本与我缔结《通商行船续约》后，我们全国的航路，已由条约明文许与日本了。试就其第三款以观：

中国国家，允能走内港之日本各项轮船……往来报明之内港地方贸易……

即可以知道了，于是各国援利益均沾之口实，向我国均要求得有此项权利，我国全国航路，遂变成万国共有性质，我国独立国家，简直成有名无实了！此种现象，为万国所无，为我国所独有，愿我国人牢牢记着！

（二）我国航业保护权之丧失

由以上情形看来，我国航业权，是全体丧失之外人，我们是已经明白了。然而还有补救之道，这补救之道为何？即依国家财务行政权之行驶，对于一切外国船之行驶内地加以课税，以达保护本国航业而已，为什么由这课税可以达保护本国航业之目的呢？这话说来很容易懂，因为如向外国船为课税，不论为其行驶之船与其所装载货物，都不外使之受一种重大之损失。外国船与其所装载货物既受重大之损失，则其所花运费与行船费，都比本国船增加，而本国船即得免此厄，当然运费便易，易受群众之欢迎，发达之希望于是可期。

查外国对于航业所取之保护课税手段有三：一为关税，二为吨税，三为内地贸易税。前者系对于外国货之进口，如由外国船装载时，特课以比本国船装载较重之税是的。后者则为内地之货物，如由外国船装载时，则取税较重是的。至三者中之吨税，则是对于航行于本地之外国船，照一定之时期与其重量，而加以课税。如此三种保护之手段能施行时，则纵一国之航业均与外人共有，亦不足为忧，而本国航业亦可以望发达。

以上保护之方法既明，我们当一进而研究我国对于航业之保护。我政府究竟对于本国航业有保护之施设乎？先就第一种之关税而论，既已于前关税章说明受有条约上极大之限制，保护方法是不能施行了。至第二种之吨税是如何？据咸丰八年（1858年）中英《天津条约》第二十九条之规定，

英国商船……一百五十吨以上，每吨纳钞银四钱，一百五十正吨及一百五十吨以下，每吨纳钞银一钱，……自是日起，以四个月为期……

据此条以观，每年外船所纳吨税，每吨只限于十二钱或三钱，算是极轻微之课税，毫无保护色彩之可言，我们如欲较此加重课税，已受有条约之限制，所以第二种之方法，又无施行之余地了。最后内地贸易税之方法又是如何？原

来我国之内地税，可分为两种：一为厘金，一为沿岸贸易税。前者系内地与内地，或内地与通商口岸间之货物移动课税是的，由中英《天津条约》第二十八条之规定，凡外人货物之出入于我内地，只上"子口税"（关税之半），即可遍运天下。所以他们纵然用航行内河之外国船运送，我们已不能对之特别课税。至后者之性质，如用机械式之轮船装载我国土货，由一商埠运往其他商埠时，皆应课沿岸贸易税，此纯属于内地税，我照理当然不受外部何等之限制，苟我于此时施以保护之手段，对于由外轮装载之土货加以课税，则我国之土货势必尽为我国轮船装运，亦未始非促进我国航业发达之一道。然而令人不可思议的，此项权利，公然在起初是由我国不知此之为重，甘愿放弃，其后则由我以条约受其束缚，我们对于此项，又无施行保护方法之余地了。我们不能不一说的，即我国当时官吏之太缺乏经济常识一事，因此项权利，最初丧失之对手国，既非奸狯如英，强横如俄，乃系一极无力量之丹麦国，不晓得我们为什么缘故以此项权利许他呢？我国同丹麦订约系在同治二年（1863年），其第四十四条：

丹麦商民，沿海议定通商各口，载运土货，约准出口，先纳正税，复进他口，再纳半税，后欲复运他口，以一年为期，准向该关取给半税存票，不复耕纳正税，嗣到改运之口，行照纳半税。

据此条以观，凡我国之土产货物，如欲输出时，则照海关所定之出口税办理。但不辨出口货，如仅运至我国之通商口岸，则纳二点五成税银，是纯为内地税性质之沿岸贸易税，已由此条约束缚无遗。由是，我国遂不能任意课装载土货运往他口之外国船以重税。其结果，我国船只与外国船只，纯立于平等地位，不能受政府之何等保护机会，而在外船，则与此迥异。一方面既由其政府与以特别之保护，已比我国船只占优胜地位，而在他方面，他们以受条约上之保护，由我又不能施之以劣于我国船只之差别待遇，于是他们所取水脚运费，遂非常便宜，我国航业，遂蒙其大大之压迫。由是观之，我国之航业保护政策与独占权利，均以受外国条约之束缚，不得达其目的。此外仅剩一奖励制度。

什么叫奖励制度？即由政府给与各输船公司一定之造船补助金与常年营业金之谓也。但在我国通通没有，而在外国，则每年皆由其政府，给与航行于我国之各轮船公司，以极大之补助金。两两比较，相形见绌！在民国九年（1920年），由交通部所发表之"航海条例"，照其第三条，固有奖励金之规定，但此仅限于远洋航海，始有领收此项金之权利，且又名至而实不惠，虽有实等于无。然则我们据以上各种情形观察，我国航业已受有重重之束缚，毫无发展余力，将来航业之不易发达，固可预言，即在现今之各轮公司，亦有岌岌不保之势，例如招商局之各股东，数年未得分红，已成周知之事实，政记公司且因去岁军事，大遭损失，而以倒闭闻矣。方吁政府借款维持，成否尚不可必，至其他之小轮船公司之倒坏者，几报不绝书，呜呼！我国之航业，可以概见矣！

以上我国航业失败之理论既明，我们犹须引用统计材料以资印证，否则尚不能云为精确之论断。兹列我国之沿岸内河中外轮船势力比较表：

中国部			外国部		
公司名	只数	吨数	公司名	只数	吨数
招商局	35	34683	怡和	52	58847
开平矿局	6	6042	太古	47	60495
宁绍公司	5	4941	日清	12	25807
政记公司	5	4097	美最时	6	6790
其他	8	4947	祥臣洋行	4	2483
—	—	—	南满洲铁路公司	11	2781
—	—	—	平安公司	1	—
合计	59	54710	—	122	157203
中外百分比(%)	45	35	—	100	100

按上表所列，系就我国最大轮船公司之大条船只调查所得，至其他尚有无数之小轮公司，且历年均有增加，不及备举，从略。

由这样看来，我国航业，如与外船比较，从只数而论，仅为其45%，从吨数而论，仅为其35%。是我国之航业供给市场，已由外人占去二分之一以上，有前所说之二种大失败原因，当然生此种结果！由此种统计材料之证明，我们更可以信外人之压迫我航业为千真万真！我国航业今后发达之可能性，是很少很少的！

三、我国航业与资本帝国主义之关系

由统计所示之数字结果，我国航业在我国民经济上，确是非常之危险，我们就可以明白了。但是这失败的原因是在什么地方？就是由受国际条约所致。但是这条约不是平地可以生得出来的，乃是我同各国履行契约双方合意之形式而缔结的。他们的动机究竟是什么？何苦要迫我结这个条约呢？这个缘故无他，就是为维持其资本帝国主义之存在同发达。因为这资本主义，是以膨胀其资本为生命的，设如这膨胀作用一停止时，他就有破坏之忧。而救之之道，就只有靠向外发展。换言之，即向外围市场之获得与投资地之获得二种。市场如到手时，则可消纳其过剩之货物，与买进其必要之原料品，而复生产式遂可得无限之循环。投资地如获得时，则可吐出其过剩之资本，而为各种事业之投资。其结果，双方皆可达到膨胀资本之目的。然这航业对于市场投资，均有重大之关系，因为这航业对于现在之资本主义的经济组织，特生二个重要之现象：

（一）调节资本家之过剩供给与不足之需要，而助长其发展；

（二）增大资本家之收入，而造成资本之膨胀。

先从第一种而论。航业本是一对外贸易最重要之运输机关，而对外贸易，即是为工业资本、商业资本、复利资本之根源。因为这扩张复生产如不能吐出其制造过多之货物，运入其缺乏之原料物时，则其循环式，实不得其继续，而工业资本、商业资本即不能扩张膨胀，而资本主义即呈破坏之势。然这航业，即以大量运输为特质，对于其过剩之货物，则能为之运出海外市场而调节之，对于其所缺乏之原料品，则能为之从海外市场运回以补充之，于是资本家之供给需要，遂得由航业而调剂，而资本遂得继续其膨胀。

但是此系航业以外之各资本家之受赐于航业的地方；其对于航业所得之利益，可云为间接的。而航业资本家自身所受于航业之利益犹为重大，且为直接，此系属于上所举第二种之现象。因为航业即为投资之一种。换言之，此实为资本吐出之一个手段。而凡属于航行所经之地，即为其投资地。不论海洋，不论

内河沿岸,都可同以此看待的。航业资本家一次如向此投下资本,造成船只,开始航行时,则因此年年遂得产生一种最丰润之收入。此种收入,如从资本家之本身而论,即为其个人所得之利益,如从一国之资本家而论,则为他们阶级资本之膨胀,这岂不是航业对于资本家之资本,有增大其收入,造成其膨胀之功效?一国之资本家既受此大利益,而国家之租税之收入,大利赖之。所以近代国家之保护其航业,不论国内海外,都是非常注重,有必要时,诉之兵力而不惜。资本帝国主义之对于航业,有密接之关系,我们由此就明白了。

虽然,资本家阶级,固依航业得享大利益了,而海外之弱国,因此就受有大影响。试以我国而论,我国航业因此就被其侵略无余,我国各个商埠,由他们这一种航业,就变成为调节他们供给需要之一种工具,我们沿海内河,由他们不断的运转,就变成他们投下资本之一个最理想的投资地,他们的资本就因此得无限之膨胀了。于是他们的货物愈畅销,我们国民经济愈被榨取,他们航业愈发达,我们的航业即愈被其压迫,愈减少其收入。其结果,我国民就年年的闹穷,游民愈多;他们成了有产阶级,而我国民,遂降于无产阶级之地位。

四、今后对于我国航业之补救方法

航业失败之原因,由上文看来,我们是已经明白了,即一为专有权之丧失,一为保护权之受限制。而为此二项之根本原动力,即是一资本帝国主义之侵略。在今日资本帝国主义侵略最盛之时,而谋航业之补救,其方法总不外从两方面着手,即:

(一)积极地谋内部之整顿;

(二)消极地排除外部诸种之障碍。

先从第一之方法而论,航业失败的原因,我们已于上说明,固然是大部分由于外国资本帝国主义之侵略,而由于内部组织之不善,以至于失败的,亦属不少。大概有三种可得而论的:其一即保险业之不发达,其二即国家法律保护之不能实行,其三即航业公司己身组织之不良。兹分述之。

保险业对于近代工商业之发达,实与有大力,而尤以水上保险对于航业之关系,尤为重大。因为航业系水上之一种运输事务,常有种种不测之危险相伴,例如风暴、火灾、水灾、险滩、暗礁等，如无一种保险之制度以维持之，必至一蹶即不可复振。所以现今各国之航业，无不为水上之保险，即是基于这个缘故。而在我国之各种保险，不但未呈发达，并且尚未萌芽。所以在各种轮船，如一旦遭逢不测，则必叹求偿无门，而该航业公司即将崩坏。如我们要致力于航业之振兴，则保险业之提倡创设，实有刻不容缓之势。

其次我国以法律之不良，各种工商业无不受其大害，固不仅限于航业为然。然就航业论航业，与法律实有密切之关系。因为航业既多为公司之组织，当然容易发生种种之法律关系，如无适当之公司律以保护之，则经理者之舞弊，遂在所不免，而各股东之受损失，必至索偿无从，此为理论上不得不然，而在我国情形尤有迥异，连年内乱不休，凡轮船之因军事而被征发者，不知凡几！乃征发又不名一钱，因此我国之轮船，实受重大之损失。然外轮之航行于我国，则与此相反，如遇兵乱发生，我不敢往之时他敢往，我休业之时他营业。不啻为渊驱鱼，为丛驱雀，无怪去岁讨贿战争，政记公司以失败闻，而日清公司以八十余万盈余称矣。是我国军阀之行为，又与对于外国船加以保护，对于本国船加以摧折有何异乎？此种倒行逆施之手段，要在我国才能见着。此虽是由军阀之专恣，而要由我法律保护力之失效。然此犹可诿为外来之阻力，而我国法律之本身亦有问题。试观我国之司法界，慢说各处法院未得成立，尝受军人行政官之兼理，就假算能达独立目的，亦无非以舞弊过日子，有金钱有势力的就打赢官司，无钱无势的就算晦气，哪一回真正照律判断的？所以我国关于工商业，虽有公司律之保护，而工商业实际何曾受其保护之益？航业公司更不待说了，此为我国航业不易发达内部之一大原因。然则我们如为我国航业之振兴计，实不可不以全国民一致协力，而促完备之法律出现，并以监督其实行。

至关于内部之公司本身组织，有二大缺点可说：其一为数多小公司之对峙，资本既极其缺乏，营业又素乏经验，根基可云薄弱之致，且相互间又尝为无益之竞争，不作联合之组织，因一旦如与外国大航业公司相遇，即不免时遭压迫而形崩坏，其二即公司组织之方法不良，致大多数之公司，尝为少数办事人员所操纵，而生舞弊亏吞情事。所以我们如欲为发展我国之航业计，第一不可不提倡各小轮船公司为大规模之合同，庶资本得以雄厚，营业费得以减轻，堪

与外人一为竞争。第二不可不组织良善之公司，务使董事得尽监督之责，经理得尽经营之任，俾亏空舞弊之恶风一扫，此为积极整顿内部方法之概要。

我们再进而论第二种之方法。第二种方法与第一种大相迥异，因为第一种为对内问题，而第二种则为对外问题，对外问题第一应取之手段，即挽回已丧失之航业专有权，而禁止外船之入口。第二应取之手段，即挽回航业保护权，而对外船加以课税，此即为排除外部障碍最良之方法。但此谈何容易者？他们既为资本帝国主义之侵略，则必有其政府为之保护，岂肯轻易即让我们收回之理？无已，惟诉之于外交手段与武力。顾武力为我国今日事实上万办不到，而外交又岂可徒托空言即能生效？此二法既办不到，将奈何？抑惟坐以待其宰割乎？否，此绝非我所愿！此绝非我四万万同胞之所愿！然则为我们最后之一法，只有靠四万万人一致团结，拿定利害关系，作改约之运动。凡对于我施行保护航业政策有冲突之条约，即要求改订。苟有反对我者，我国人即群起而共抗之！苟如是，则我国航业，或有发达之希望也。

（乙）铁路

我国航业的情形，大概略具于是，现在我们应该进而讨论我国之铁路，论起这铁路，在交通位置上，其关系之重大，也不亚于航业，有时且驾航业而上之，因此，我们应该把这铁路问题也说一说。

第一节　铁路之特性

一、铁路之统一性

铁路之特质，有四种可说的，我们先就第一种而论。我们如欲使交通机关之能力得其发挥，第一须使各交通机关互相联络，互相扶助，而为统一之活动。因为我们人类，决不是仅以一地方一国家之交通机关完全联络为满足，是要使各国之交通机关相为联络，而为国际之统一，才得满足的。但这铁路，在各种交通机关中，即具有特别之统一性，我们试列如下：

（一）技术上之统一

我们如欲铁路收最大之效果，则不可不纳一国之铁路于极有规则之整齐划一之建筑形式中。因为铁路之特质，第一须全体联络，如人身之血管一样，一车辆可以通行全国路线，一路线可以代表全国轨道之广幅，才算我们之理想。然此非以铁路作通盘计划不为功，顾为此通盘计划之要点，即在于要求技术的统一之建筑。具体言之，即铁轨须取一定之模范尺寸，干线与干线、干线与支线，须能自由联络，而铁路之效果于是乎益著，此在技术上铁路具有特质之一。

（二）所有权之统一

铁路之所有权，如任私人专有之时，则在一般利用上，实生不少障害。因为铁路自有其独立性，如任私人独自把持，则其结果必致把持者借此居其专利，课公众以极昂之使用费，而交通反因此不得发达。所以现今国家，原则上都是收铁路为国有，用杜此种流弊之出现，此从铁路所有权上观察得铁路具有统一特质之二。

（三）经营之统一

铁路经营之统一是怎样的呢？即对于铁路事务，须立一种有系统有组织之计划而行营业是的。具体的说，即发车着车时间表之编造，事务员服务之一般规定等，须出以斩然不紊之组织，才可达交通便利之目的。此种营业，如统一后，不但交通有其利益，即其他资本亦可大大得其节约。交通事故因此得其减少，时间实可免去无益之消费，间接社会上国民经济上获的利益，实不浅鲜。此在营业上铁路有统一性之三。

（四）车费之统一

铁路本来有生产之铁路与消费之铁路两种，前者属于经济范围，后者属于国防范围。通常前者车资概属便宜，后者车资概属昂贵。如貌视此种情形而出于统一车价之规定，固甚不合。然如由国家通盘打算，而调和其利害，使经济铁路与国防铁路损益相补，则车费之统一的规定，从全体而论，亦未尝不可能的。果能如此经营，则不特在国内各种货物与乘客之联络运输移乘容易，即国际之交通亦因之便利不少。不特铁路与铁路之联络交易，即与其他之交通机关，如轮船、邮务、电信，皆比车费未统一前，更生密切之关系。所以现在各国关于铁路之车费，大概都倾于统一之规定。此从车费上观察铁路有统一性之四。

二、铁路之公共性

什么叫铁路公共性？即铁路具有应该供我们一般人使用之性质是。而有此性质之缘故在什么地方？可从二面观察：

（一）因铁路为国家与个人生存上不可缺乏手段，并在政治、军事、经济、社会各方面，具有重大之任务。

（二）从铁路之性质而论，实有公开其设备，集约其经营之必要。

铁路既具有此两种特质，则利用此机关之人，必日见增加，而成效必愈昭著，决非任二三私人所得擅有，非让一般公众利用不可。但此在理论上为然，而在实际上，因铁路具有独占性质，权易为私人营利垄断，其弊之所极，必至使一般人蒙其害。所以在这个时候之国家，不问其归于何人所有，务以一种强制手段而禁止私人独占，并命其移作一般之运输使用，俾发挥其公共特性。

三、铁路之资本集中性与其固定性

资本之富于集中固定性，实为近代经济组织之特征。固不仅限于铁路事业，而其他工商业亦无不然者。因为近代式的工商业，常以大市场之生产买卖为目的，其所经营之工厂与商店，都为极大规模之扩张，其所收入，极博大利，而资本遂不得不呈集中之趋势。这资本如愈集中时，则投资事业必日趋发达，机械工厂之设备，与日俱臻，而资本遂愈固定。然而在铁路尤有特别之情形不同，不能与上同论，盖从其机关设备之性质而论，有线路之修造，有输送手段之装置，有动力发动机之利用。此三者无一不需款巨万，苟一次向此投下资本后，则资本都化为各种工具，极富于固定性质，决不易收回，而换作他种目的之用。此种固定资本如愈多，则铁路之收入必愈增加，而资本遂为巨大之集中。此即铁路富于固定性与集中性之概略。

四、铁路之独占性

铁路之富于资本集中固定性，我们既明于上，则只要以铁路为专门事业而行经营，则对于其所费之资本，必得相当之利益。然而苟于一条铁路经过之区域，而为二条或二条以上之线路敷设，则不特同时使多数之资本为无益之消费与固定，并且收益力亦因之甚形减少，而利益事业反成折本事业。所以在同一个地方，决不可为二条或二条以上线路之平行建设，只许一条线路通过的一个事情，差不多已成铁路经营上之一个原则，此即称为铁路独占性。由此种独占结果，势必生资本势力之独占，而酿出重大之流弊发生。换言之，即铁路如任私人以纯粹之营业目的而经营，则对于一国之国民经济，必生重大之障害。所以国家在这个时候，不能袖手旁观的，是要负取缔之责的。取缔之法，则不外两种：一积极由国家收回自己经营，不许私人独占。其二原则上仍许私人所有经营，惟消极地设一定之法律以监督取缔之，此是因铁路在技术上经营上均生统一独占之趋势，故法律实有取缔之必要也。

第二节　国家之铁路政策与其铁路

一、国家对于铁路应取之手段

铁路之特性，我们已于前说明了，由是就知道铁路之能普及与否？实于一国国民之生存发达，有重大之关系，决不可当作一般事业看待。所以我们如欲使其作用尽量发挥，则必尊重其各种之特性，而采助长其作用发挥之方法。于是国家或纯粹把此事当作国家事业，而采自身经营之国有政策，或原则上，纵不由国家自当其任，而亦必采对国家为能生同一效果之手段。但以此之故，在现今国情上，必然发生两种问题：一为极端反对国有而主张民有铁路之一派，此实发源于亚丹司密士等之经济自由主义，即凡属于经济范围内之事业，都应归私人经营，国家决不可与以干涉，所谓个人自由权之绝对主张派是的。其二则与此相反，而为极端主张国有派。此派系发源于马克斯之社会主义派，以为凡国家生产事业，都应归国家管理，至由此生产所得结果，则应照社会各阶级之劳动能率而行分配，决不可任私人垄断一切。而铁路犹富于独占性，更非收归国有，使国家经营办理不为功。此为绝对否认个人自由派之所主张。以上二说，皆不免各走极端，因为果如第一派之所主张，则不过仅以促美国第二脱拉斯阶级之出现，而造成在社会上贫富二大阶级之对峙，在今日国家，诚为不取。至如第二说之主张，以凡百事业都应收归国有，征以我国今日之经济状态，实难骤表赞同。因果如此主张，则在我国，不过多增官僚政客以数多舞弊营私之好机会，于国民则非徒无利，而反有害。我们平心而论，铁路即为一国政治、经济、军事、文化之重要机关，自然与国家有重要之关系，故国家之出而干涉取缔，亦属国家为生存发达计，有不得已之势存在。只为我们非商榷不可的，即国家之干涉，应至如何程度为止之一事，依我们所见，应以下列范围为宜。

（一）因铁路既以独占为其特征，故国家不论其为何人所有，应对此独占地位加以保护。惟因独占关系，将致社会生不良之现象，国家则不可不严重取缔之。

（二）铁路既以运输为特质，大有不可一日中断之势。所以国家应设一定之强制运输条例以保持其继续之状态，规定标准运费（如距离1哩运费若干等），以福公众，制定特种义务运送以利国家（如遇非常事故运兵等）。然此种规定，均应出于合法之手续，不得由行政官擅以命令取缔。

（三）关于铁路之设计建筑与经营，应由国家设一定之统一规程，以资遵守。

（四）国家对于铁路交通，应设警察而取缔之。

以上为国家对于铁路应干涉之程度说明，现在应进而讨论铁路国有民有政策之得失。

二、铁路国有民有政策之得失观

铁路国有政策[①]之施行，实为满清之崩亡之导火线，故从我国而论，铁路之

---

① 1909年（清宣统元年）6月，军机大臣兼粤汉铁路两湖境内段（简称"湖广铁路"）督办大臣张之洞，与德、英、法三国银行订立《湖北湖南两省境内粤汉铁路、湖北省境内川汉铁路借款合同》。清政府谋求强化中央集权，在帝国主义列强的压力下，宣布铁路干路国有政策，因而激起举国反对，成为促成武昌起义爆发的政治事件之一。

国有与民有，其关系当更重于他国。惟铁路即为我国生存发达之所关，则铁路之修筑，实为必然之势。而修筑之方法，总不出国有民有二途，则国有民有政策孰得孰失之讨论，其可一日缓乎？

（一）从线路之分布与普及而为观察之时

先从民有而论。如铁路属于民有之时，则最有利益之铁路，必首先被其兴筑，而利益不厚之铁路，则概有舍而不顾之势。其结果，必至一国铁路之分布，完全不能普及。此为民有之缺点。然铁路如属于国有，则与此相反，而最为所汲汲者，实在于规划一国铁路交通网之完成，务使普及于全国。至路线利益轻重之计较，又为其第二之目的也。此为铁路国有之优点。顾民有亦未尝不有其补救方法，此方法为何？即照政府一定之计划，而使其建筑，则斯弊可免。以上系就一般原则而言，而国有时亦未见其能为统一之计划，如财政状态不良，或偏于地方之感情，或过倾于政治军事之时，其所得结果，实与民营无异。是二者皆瑕瑜互见，究应采取何种？则惟因地制宜，不可执一。然此条就生产铁路而言矣。若国防铁路之建设，无论如何皆应由国家之建设，盖国家方有此目的有其负担能力。至私人，则不足以语此也。

加之凡铁路之普及与延长，如为民有时，则常因金融市场之变动而受重大之影响。即金融如在好况时代，民营铁路常以极大之势而进行。反之，如在不况之时，则铁路之建设，即形中止，所以民有之铁路经营，常为间断的、中止的。然在铁路国有则不然，铁路之建设基金，常有一定之财政收入以为支出，初不依金融市场如何变动而受影响，所以铁路国有，其事业常为继续的、进行的。

（二）从铁路经费来源之难易而为观察之时

凡铁路之经营与建设，皆需款甚巨。所以凡为铁路之企业者，无论其为国家与人民，其第一之着手点，即在于此项资本之筹措。先从民间而论，凡企业者，除本身筹措相当款外，则只有向他人为现金之借入，或为股票之发行。其在国家如入于岁之资金内无有剩余时，亦不可不从民间贷入资金，其借入之形式，概由发行公债募集。是从此点而论国家与人民，凡资金之筹集，无一不取诸于民间，不但于内有其相同之现象而已，即有时因国内筹款不利而仰给外债，国家与人民亦无一不向外人经借贷之形式而输入其资本。是从此点而论，二者亦有共通性之存在也。然而一究其为借贷之生命的信用关系，则二者实有天渊之别也。何也？因凡公债之募集，不分乎内外，而为应募者最所注意的，即为将来确实的偿还力之有无，与担保品之可靠与否之条件。而在国家之偿还力，当然较私人确实可靠，其所提供之担保品，往往较私人所提出者优越。所以凡关于铁路之建设与经营，国家的借债信用，都比私人厚的。国家信用既比私人特厚，则资金之来源，私人决不可与国家同日而语。而铁路国有民有之优劣，亦于此可以决定。但是此亦非无例外者。如在财政紊乱之国家，屡失信用于内外之政府，似国家之资金募集，又不若较有信用之私人募集之易也。

（三）从工事费与营业费而为观察之时

在主张民有者，总不外说铁路如归民间建设时，则工事之迅速建造，经费之经济，实无以过之。但在实际上，决未必然。因铁路纵属民有，亦无非以股份公司之形式经营，与个人企业实大异其趣。如从工事监督、经费支出诸点而论，其职务常由所用诸职员代行，与国家之任用官吏办理实无以异。有时股份公司之中饱糜费等弊，且较国家之过之无不及。故从此点而论国有民有之优劣，实为不当。

至关于营业费，或者又大倡其官营不经济说，以圆其主张民有之论旨。但铁路如果属于民有，则其建筑必无一定之计划，凡有资本者，都可从事修造。其结果，必生无数小支线之平行与对峙，不但收入因之减少，即营业亦将蒙重大之损失。

（四）从运费之高低而为比较之时

在主张民有者之论调谓：民有铁路为一种竞争性质，惟其竞争，最易使铁路运费低下，此即为民有铁路社会所受之利益。而在主张国铁者，则谓：国家必非以营利为目的，故其运费必甚低廉云云。总之，此两说皆不免为一种皮相观察。因为铁路甚富于独立性质，如属于民营，纵有时惹起竞争，未几即至于协商合同而成立，其独占价格，其因竞争所低减之运费，决非可以长久继续的。此为主张民有者之缺点。至主张国有者，其说亦未见得当。因为在现今国家，无一不以铁路为收之大宗，用备财政之困穷，作维持改良铁路之用，如运费过于轻微，则不特国家财政受其影响，即铁路之交通运转，亦将不能继续其进行也。所以二说，皆可云未得其正确。然而我们如从社会之见地以观，不论国有民有，凡课于国民之运费，务宜从廉，不可过高。如在民有时，国家则宜制定标准运费以限定之。如在国有时，国家则应极力使运费趋于低廉。至运费须如何方可低廉之一问题，以我所见，国家如能全体统一经营，则见利自厚。所谓多中取益，运费自较私人经营易于低廉也。

以上为国有民有优劣之大概。从政策而论，似以国有为优。至对于私人之经营，国家宜制定一定之铁路条例，由国家之特许，在国家之监督下，于国家所定国有线之外，而使其建造经营。果如是，合公私之力而兴筑一国之铁路，当事半功倍也。

第三节　我国铁路

铁路之特质既明，请论我国之铁路。我国铁路一个问题，非常复杂，我们如要去研究他，好像是部二十二史，不知从何处说起。因为，第一我国铁路曾为万国之竞争物，层层国际关系，挂一漏万，在所不免。然而交通之关系于国计民生，已如上所述，而铁路又为交通机关中最重要之部分。所以我们为国家计，为社会计，不因其难而缩足，自当有慎重讨论之必要。由是种种问题当然浮起于脑海之中。其最显著而为我们最欲知道的，即我国铁路到底是怎样一个情形？此其一。第二，我国铁路是人人皆知很失败于外人的，但在条约上究竟是怎样失败的？此其二。又其次我国铁路到现在负债情形与营业之情形是怎样的？此其三。第四，外国人为什么要求争夺我国之铁路？此其四。最后对于我国已失败之铁路，须如何补救，未失败之铁路，须如何主张？此其五。既有此五个问题起于观念中，我们当然有列成专款讨论之必要。兹分析如下：

（一）我国铁路之史的观察；

（二）我国铁路契约之性质；

（三）我国铁路之营业状况及负债之情形；

（四）我国铁路与资本帝国主义之关系；

（五）今后我国人对于铁路应取之方略；

（六）美国学者波顿氏论铁路与世界大战。

第一款　我国铁路之史[①]的观察

我国从秦汉以来，所受专制政体之流毒已至其极。其结果，我全国同胞，无不蜷伏于此种魔力之下而讨生活，而我炎黄遗胄固有之良风美俗，遂被其摧残殆尽。有清一代，以其为异种关系，更从事于民气之戕发，以期保其长久入宰中夏之目的。不料西力东渐，列强之拓地殖民怒潮，风靡世界，又有资本帝国主义从而推波助澜，于是国权丧失诸恶剧，逐次开演于我国之内，而尤以铁路一项为竞争之中心点。因为铁路不但直接为列强分销货物扩张资本之利器，并且间接为侵略领土军事殖民之重要手段。凡欲行资本帝国主义之侵略者，无不以获得此为前提。由此种激烈竞争结果，列强遂各在我国据有一部分之铁路，而由铁路经过区域关系，列强遂有所谓势力范围之划定，即主张凡为彼等所关系铁路之经过区域，即为彼等之势力范围，他人不得侵入。我们尝呼他们此一种竞争情形，为利权之战争，从来各国在我国之外交重心，常在于铁路政策，也就是为这个缘故。兹对于我国之铁路从史的观察，分为四期：

第一期：铁路建设之妨害时代（1863—1894年，约30年间）；

第二期：铁路利权获得竞争时代（1895—1905年，约10年间）；

第三期：铁路利权挽回时代（1906—1910年，约5年间）；

第四期：铁路利权获得竞争复活时代（1911年至今，约14年间）。

第一期：铁路建设之妨害时代

我国在前清时代，向抱闭关主义，一般人民知识幼稚已极，其对于铁路之

[①] 中国铁路建设起步于清政府统治日渐衰落的时期，比世界上最先建设使用铁路的国家晚了半个多世纪。从1876年到1911年，中国大地上先后修建了9100余千米铁路，1875年至1876年，英国在上海铺设了14.5千米长的吴淞铁路，成为中国第一条营运铁路。光绪五年（1879年）清政府允准开平矿务局出资修建一条自唐山至胥各庄的运煤铁路，即唐胥铁路。光绪二十三年（1897年），清政府以官款按吴淞铁路原线路走向再建淞沪铁路，光绪二十四年（1898年）建成通车。京张铁路是中国人自行设计和建造的第一条干线铁路，1905年10月2日动工，1909年10月2日通车。1911年5月，清政府宣布"铁路国有"政策，将已经私有化的川汉、粤汉铁路收归国有。此举招致了四川各阶层的反对，由此掀起了声势浩大的保路运动。10月10日，武昌起义爆发，随后中华民国宣告成立，结束了千年封建帝制。

观念尤为奇特。不但不知其对于国家社会有大功效，并且常当作一个不祥之物而仇视之。所以在初期之铁路建设，因国民反对而停工者，不知凡几。最初在我国开铁路建设之第一声的，即为1863年之住上海英美商人二十七行。他们曾联名向当时之江苏巡抚李鸿章，请求兴筑上海苏州间之铁路，卒被拒绝。其次有"铁路建设之计划"而建议于北京政府的，实为英人史蒂芬氏（Sir Mac - Donald Stephenson）。他曾为印度铁路建设有殊勋者，然终不见用。自史氏之计划失败后，外人在我国之铁路建设热，毫不以此稍挫。后不数年，上海英商又有向我当道请求上海吴淞间铁路之建设，同时并成立吴淞道路公司。然以经济支绌，仅着手于土地之收买，其他事业概未进行，此为1865年事。其后二年，复由英商怡和洋行继续其事，而有二尺六寸轨幅轻便铁路建设之设计。翌年6月，英人莫里逊氏（Cabrieal James Morison）遂由英运至铁路所用材料，并携有技师一行抵上海，以28000镑经费，从月之20日动工兴筑。由是工事进行甚速，迄次年2月14日止，已成有数哩之一段，而行驶机关车。此为我国铁路史上，火车第一回之运转。

该路全线工程，渐于是年6月竣工，7月1日行开通式而正式营业。我国领土内最初之有铁路分布，当推本线嚆矢，惟彼时以为我国海禁未开，人民排外心殊形激烈，对于外人之在我国敷设铁路，当然更形愤慨。终以8月3日在路线上之发生火车轹杀人事件，民气激昂，遂由中央政府，命其中止营业，并向英使交涉，由我以28万银两赎回，举铁路上所有一切之钢轨器具，送之台湾，投诸基隆海中，其汽罐则投之于长江，以平民怨。该事件算告一结束，保守国民之性质，于此可见一斑。

然而铁路建设之气势，决不以是中止，于1880年北京唐山遂有广轨铁路之建设，于次年6月9日，由卢克机关车之制造成功，在我国地方，初次见火车之运转。因在1878年李合肥由江苏迁直督时，曾与当时之招商局总办唐廷枢，协同创立开平矿务局，而从事于唐山煤矿之开采。惟以运输之不便，而从技师长巴赖氏（R.R.Burentt）之建议，聘英人肯德氏（C.W.Kinder）为技师，使兴筑唐山胥各庄间之铁路，以便运搬采出之煤矿，此即唐山铁路之起源。该路在我国铁路史上，为最古之铁路，该机关车且被命名为"中国卢克"，现尚陈设于交通博物馆中。自是以后，肯德氏遂大为李鸿章所重用，而有开平铁路公司之设立。并收买上述之既成铁路，而开办芦台间之延长工事。从这个时候起，我国民遂渐次认识铁路之真正价值。然在政府确认其建设之必要的，实起于1884年之中法战争。因我国政府彼时极欲运输军队于安南之东京，惟以阻于交通，不能实现。于是始知铁路之为不可少，而有督促开办铁路之上谕发布，遂于1887年改开平公司为中国铁路公司，募集外资百万两，由英之汇丰银行一手办理，此为我国铁路借款之嚆矢。由芦台延长工事至于昌黎，肯德氏实为其技师长，其地距山海关仅39哩，无何而中日战争起。

以上系就我国第一期之铁路一为观察者，总之，在第一期之特色，我国人之对铁路观，是憎恶的、排斥的；而外国人之在本期，对于我国铁路不过仅敦促我之修造，尚未有何种路权获得之要求，所以关于铁路之竞争，在第一期还未现于表面。

第二期：铁路利权获得竞争时代

凡世界铁路，大概皆归其国民自身建筑，纯为内部问题，故因铁路而惹起外交之纠纷，殆属罕见。而在我国则不然，历来所建设之铁路，不是归外国直接管理，就是归他们监督。欲于我国求纯与外国无关系之铁路，殆不可得，此就是我国铁路特别带有国际政治色彩的缘故。因为一国如在政治上、经济上均为列强角逐地时，则铁路实为彼等第一之竞争目的物，而因此遂生出势力范围之划割，其在我国亦不异是例。然其起端实发生于本期之初，至本期末而达其极。

概自中日战争后，各国遂乘我之积弱，而大逞其野心于我国，适日人向我有辽东半岛割让之要求，俄国佯助我联结德法以抗日，致酿出三国干涉交还辽东半岛之一事。其后俄国向我索偿，由当时之驻华公使加西尼（Count Cassini），怂恿我国李鸿章以参加俄皇加冕式为名，赴莫斯科，秘密的有所谓中俄《加西尼条约》之缔结。此条约之要点，即在于由我国承认俄国所建设之西伯利亚铁路，以直接通过我领土黑龙江一带之权，外人在我国之能建设铁路，实以此为发端，该线即所谓中东铁路是的。

其所以俄国谋夺该地路权，亦自有大故存在。因为俄国自克里米亚战争失败后，有志于远东久矣，既建设海参崴为军港，以便其东洋舰队集中，复兴筑贯通欧亚之西伯利亚大铁路以便其军事之输送。惟以我国北满领土向东北极为突出，俄国如欲其铁路之终点达于海参崴，自非使其路线蜿蜒向东北为大迂回之转折不可。然果如是建设，经济上所受之损失极为不赀，惟自《加西尼条约》成立后，此问题遂得解决，由俄领之贝加尔经我满洲里，可以一直线达于海参崴，此为1896年间事。

其次，法国对于我之侵略，亦不让于俄国。法国本来是一个帝国主义之国家，其最初在东亚之拓殖，是全靠其传道师为向导，安南亡国，即由受其传道师皮里约氏（Bishop Pignaux Bretaine）之煽动，终致法国势力之侵入。其后安南人排法事起，法将李比尔（Henri-Rivieere）出兵讨之，时安南尚为我之属藩，当然由我向之抗议，而法国不理，遂见中法之冲突。是役归我败北，于是有《中法新约》之缔结，其第七条即为法人欲在我国发展铁路之一种规定，其文之大意如下："如我国有修筑铁路时，当请托法人兴筑。"质言之，此条实不外法人欲延长其已成之越南铁路于我云南或广西之一种用意，奈之何我国彼时当局之愦愦！其后果于1895年，复有《中法协约》之缔结，其第五条即明载有："安南之铁路如经中法之协商，则可接续于我国内。"此显为实行前条约所规定之一步骤，然此都为关于铁路一种抽象之规定，而为具体之规定的，实为1897年由法国之印度支那总督杜麦尔（Doumer）①与我订立承办龙州、南宁间，安南、云南间二线之约契，此实为法国在我国获得铁路权利之发端。

法、俄二国之经营我国铁路，既如此其亟，英国素以侵略著名，又岂容落于人后，当然向我有路权获得之要索，试一略述其经过。原来英国在世界既以经济称霸，而在我国又以商业占其势力，于1842年由《南京条约》而有香港之割取，五口通商口岸之开放，是在东部已得垄断扬子江流域一带。不但在水路方面而已，即在陆地，以印度归其并吞，缅甸为其席卷，遂进而窥我滇藏，而有缅甸铁路之规划。因借款关系，而有京奉铁路管理权与建筑权获得。由铁路之经营，而有二公司之成立，其一为北京银公司，其二为中英公司，尝活跃于长江下流一带。然以向我要求过苛，实际尚无何等之获得。不图于是时，比利

---

① 杜麦尔（Doumer），现一般译为保罗·杜美（Paul Doumer），他也是法兰西第三共和国第14任总统。

时银公司竟以芦汉铁路之建设权获得闻矣。英国大惊，国论腾沸，而彼时之驻华公使麦克唐氏（Sir Claude MacDonald）①亦极力抗议，迫我以毁约。然以契约已成，英国之目的终未得达。为什么英国这样惊愕？因比利时银公司后面有俄、法二国之潜势力存在，而芦汉铁路又为我国中部之重要干线，实有中断英国扬子江流域之势，故英国不得不出面力争。此项问题交涉结果，英国遂以利益均沾为口实，向我提出五路铁路归其承办之要求。哪五路？

（一）天津镇江线。

（二）山西河南线（为银公司采矿运搬用）

（三）九龙广东线。

（四）浦口信阳线。

（五）沪杭线。

此外沪宁线与京奉线未列入，因已由我许与之故。

英国既向我提出此项要求后，由彼时之巴夫鲁（Balfour）②内阁总理大臣，训令麦克唐氏谓，"此项要求如见拒绝，即认对英为含有敌意，可取自由行动"云云。而彼时我国政府，亦见英国舰队向我沿海集中，遂屈服而予以全部承认。然各国在我国铁路之争夺，决非由此就可终了，于1898年，又由汇丰银行借款220万镑于京奉铁路，而实际握有其管理权。惟以该路线之经过区域为奉天，与俄国在北方所划定之势力范围不无影响，故惹其俄国强硬之抗议。其后二国谈判结果，约定长城以北为俄国之势力，扬子江流域为英国之势力，各不相犯。

继英俄之协约而起的，即为英德二国关于津镇铁路（后为津浦）之协约。该路久为二国之纷争中心点，直至1905年，始得协定，以天津山东间之北段，归德承修，由山东到镇江之南段，归英国承修，该事件算告一结束。

德国同我生关系的，实属于近代之事，其最显著的，即1897年我国之山东土民杀其传教士一事。德自战胜法后，野心勃勃，久欲思一逞于我国而未得间。自山东之事起，即以为千载一时之机不可纵逝，遂有海军占我胶州湾之举。本件交涉结果，由我许与青岛之租借权，并胶济铁路之建筑权。德国自获得此建

---

①麦克唐氏（Sir Claude MacDonald），现一般译为窦纳乐。
②巴夫鲁（Balfour），即亚瑟·贝尔福（Arthur Balfour），曾任英国首相。

筑权后，遂于1904年完竣其工事，与俄国之满洲铁路，法国之滇越铁路相对立，为外国在我国所修之国际铁道。

以上为各国在第二期向我获得利权之大概，其间有比利时投资公司之存在，为我们不可不一注意的。原来比利时系一永久中立国家，对于其他任何国家，决不至于侵略，也是人人很相信的。所以我国亦乐得与之生借款关系。不谓该公司竟平和其名而侵略其实，对于我国之利权获得，逐处皆祸心包藏。这个缘故无他，因为该公司不是纯粹由比国之资本家所组成，其中实拥有俄法大部分资本存在。质言之，该公司不过为俄、法二国之一傀儡，常受其颐使以为行动。诚如一批评家所说："比利时不足怕，可怕的实一比利时公司。"该语可称恰切。俄法既拥有此傀儡之公司，于是暗中赞助，使向我活动。盖非如是，不足以免英德之反对，而袪我国之疑惑，所谓避名得实，一举两得，其斯之谓。该公司系以比国之中国铁路研究会、中国电车公司、比利时协会三者联合组织而成。最初由其活动而获得京汉铁路之建筑权，已如前所述。其次于1900年，复向中美启兴公司买得我国粤汉铁路之股票，而掌握其营业权。又其后于1903年，复有汴洛线借款权之获得。此即该银公司在我国获得铁路利权之大概。

此外我们应把美国关系一说，原来美国最初同我没有什么国际关系可说的。因为在欧洲各国，早在16、17世纪已同我有通商互市之举，而在美国迟至18世纪，始与我发生关系。其开中美交际第一之端的，当数1784年"中国号"船之访问我国。其后于1844年，由《望厦条约》之缔结，中美二国始发生正式之国际交涉。迩来二国间之关系，逐渐密切矣。中日战后，各国在我国为各种权利之竞争，殊形激烈。独美国方有事于美西战争，不遑西顾，故对我国国际诸问题，常取旁观态度。然自菲律宾获得以来，美国对于我国，亦深加注意。1899年冬12月，其国之国务总理赫氏（John Hay）[①]，遂向英、俄等国，关于我之工商业有门户开放、机会均等之提议，同时并发表其宣言书于世界，对于我国，实极端表示其亲善，殊有足多者。然一面对于我入国华工，又极力排斥，此岂美人之二三其德哉？毋亦由资本帝国主义之特质使然，对内则惟恐其不能

[①] 赫氏（John Hay），现一般译为海约翰，曾任美国国务卿。

独占，对分他人之物，则偏欲其均沾耳。

至对于我国铁路利权获得活动，在本期内鲜有成功，其略可记载的，实向京汉铁路之投资，然以比利时公司之侵入而失败。其后关于粤汉铁路又由我与美有借款契约之订立，即于1898年4月，由我国彼时之驻美公使伍廷芳与勃来斯氏（Calvin Brice）所组织之中美启兴公司订立"建筑粤汉铁路合同"。翌年由巴尔逊氏（Barsons）测定路线，于1900年，更订立"追加条约"。开工在即，以无端受比利时银公司之侵入，在美国市场而买收其股票，美国之路权获得运动，又功亏于一篑。惟粤汉铁路虽见夺于比利时公司，而以彼时我国民之爱国运动殊形激烈，终由我国出资收回。此为本期内各国在我国争夺铁路之概略。兹将本期内，我国丧失铁路利权列表于下：

属于外人直接投资经营的铁路

名称	所属国	距离(哩)	资本(英镑)	获得年	备考
中东	俄	1544	6623800	1896	其后割437哩与日为南满铁路
胶济	德	277	2700000	1898	于1921年已由我收回
滇越	法	293	6280000	1895	
九龙	英	21	不明	1898	九龙租界内
合计		2135	7521800		

属于借款兴筑的铁路

名称	所属国	距离(哩)	资本(镑)	获得年	备考
京汉	比利时	827	5000000	1897	于1900年由我国筹款收回
汴洛	比利时	115	1000000	1902	
正太	俄国	151	1600000	1898	
京奉	英国	661	2300000	1898	
道清	英国	94	700000	1898	
沪宁	英国	220	2200000	1898	
粤汉	美国	803	8000000	1898	全部未成仅由广东到三水支线告竣
合计		2871	20800000		

综以上第二期之情形观察，外人在我国获得直接经营之铁路利权，距离约达 2000 哩有零，资本将达 700 余万镑。借款关系之铁路权利，距离约达 2800 余哩，借款额实 2000 万镑以上。在本期内外人之侵略实令人可惊可怖的。质言之，此实资本帝国主义在我国侵略最猛烈之时代！

第三期：铁路利权挽回时代

本期大概由日俄战争起，以至满清覆亡作一段落。我国各种国权之丧失，实以中日战后为甚，然因此遂惹起我国民之排外运动，红灯教事件，特不过此风潮之一种表现，并手段之错谬为可叹耳！日本战胜俄国结果，更引起我国人爱国运动，而现之于事实的，实甚重要。换言之，即于前期所失之权利，由我收回者有之，由我改正者有之，实不得不使列强所持领土分割政策，一变而为经济侵略政策，此种运动尝称为"利权回收"。而铁路利权之回收，实为此运动之一重要事件，兹略述其经过。在前期我国权利损失最大的，第一当数英国福公司之获得我山西全省采矿权一事，然于本期之初即得渐次收回。其后以 1905 年之道清铁路、粤汉铁路之收回为始，其他之京汉铁路之管理权，及胶济铁路之建设权，皆得次第收回，此系就已失之利权而得收回者。至在本期内之矫正历来对外铁路借款条约之失败，并开后来订结新条约之端，犹有足多处。因从前由我国所许与外国之铁路、矿山诸权利，概为无条件之承诺，故各国于铁路，则不但获有其管理，并直接有其营业权；于矿山则得其采掘经营权。一至本期，自国民之对外为极激烈之抵抗运动，于是我国对于铁路借款，遂得一祛旧时之弊病，而为有利益之缔结。换言之，即凡为借款筑路之条约缔结时，其实权务保留于我，俾我有自主之管理权、经营权，虽许与以矿山、铁路作担保而不伤，虽有采买材料聘用技师须限于该国人为条件而无害，例如《津浦铁路契约》，即是本期内对外交涉之一最有利的。

要之，在本期内，我国不但消极的主张权利之加收，并积极的提倡各种工商业之经营，而设特邮传部（今之交通部），使之专当国有铁路经营之任。于 1903 年，由政府制定《铁路章程》发布，并禁止以铁路为抵押而借款，彼此之商办公司可数的，即沪杭甬铁路公司、川汉铁路公司、粤汉铁路公司等。然除潮汕铁路之私人经营与京张铁路之国家建筑成功外，其他之铁路，皆以一部分人之舞弊肥私，致破坏而不可收拾。川粤汉铁路是其最著的。由今思之，实不能不令人痛恨于当时把持路政诸人也！兹将本期内借款筑路列表于下：

名 称	所属国	距离(哩)	借款额(英镑)	备 考
津 浦	英德	686	8000000	
川粤汉	英美德法	1100	6000000	
九 广	英	89	1500000	本线有32哩系通过英租地九龙归英经营
沪 杭	英	205	1500000	本线本为我国自筑后以收归国有,故仍受借款契约支配
京 汉	日英法	827	5000000	本线本为比国代我建筑后由我借款赎还故转而与三国为借款关系
吉 长	日	79	21500	本线不是本期内许与的,是由日人承继俄人权利让渡的
新 奉	日	37	22000	本线为京奉线之一段,初为日款建筑后由京奉铁路借款偿还
合 计		3023	22043500	

据上表看来，我国铁路权利，在本期内为外人直接经营铁路，除九龙22哩一段外，其他一条都不存在。然此已于中日战后十年，即由我许与英国，并非发生于本期的。至关于借款铁路，距离达3000哩有奇，资本额虽为2200余万镑，好像是在本期内铁路利权损失亦甚重大，然一考其实，大概属于本期诸铁路，无一不是在前期即已由我许与外人，延至于本期始得兴工者，如津浦、沪杭、京汉等，皆是其例。而在本期内可云为新许与外人的，则仅有吉会、新奉、川粤汉三条。然前二线，系为日人承继俄之在我满洲之权利，根于"日俄协定"始发生的，不可视为本期路权之损失，而后者则为根于前期许与美国粤汉铁路契约，不过仅增川汉路线之一部。总之，从本期全体而论，谓为路权之挽回时代，谁曰不宜。

以上为我国铁路第三期之大概情形。现在我们在本期有关于我国经济非常重大不可不一说的，即各国资本家之投资，至本期渐酿成一新趋向之事。经济上关于供给，有两个重要问题，即"竞争"与"独占"是的。如在一市场之贩卖，而为竞争的，则物价必常倾于低廉方面；与此一反，如在一市场而贩卖为独占的，则其价格必趋于腾贵。我国之铁路沿革，如综合二期、三期以观，实有以上所说之两种趋势，即各国在我国为外资供给者，我国为需要者。其在第二期，因各国正高唱其领土分割政策，实行其势力范围之设定，而属于该势力范围之铁路投资事业，皆为其国之独占，他国不得侵入而行竞争。惟其独占，由我所提供之借款代价，极其高贵，故在本期内所损失之铁路利权，亦甚重大，例如道清、沪宁、京奉皆是其例。然此情形，至三期而一变。因在本期内，各国所设定之势力范围，渐形错综，大有交相侵蚀之势，故铁路之借款，亦渐由独占而成为竞争；惟其竞争，遂使需要者之我国，在铁路借款契约上，实受重大之利益，《津浦铁路借款契约》即是其一例，此为二期与三期经济上之特征。然而在本期末，此种情势复呈变更，大有由竞争而转为独占之势。惟此种独占，非如前期所说之一国独占，乃由数国资本家联合而成国际之独占；盖不如是，实不足以免彼等同行竞争之损失，而杜我国之得利；然造成此种倾向之动机，实始于川汉粤铁路借款之交涉，国际借款团关系我国政治经济非常重大，故我们有略述其起因之必要。

川粤汉铁路，系由英美德法四国资本家借款承办。其草约之订立，实起于前清张之洞之督鄂；其正式契约之缔结，则为满清末年之邮传部，此实开在我国国际资本团联合之先声。本线分为川汉线、粤汉线二条，粤汉线最初本为美国启兴公司承办，其后以失败于比利时银公司而归我国买收，其买收系由我国共付与375万美金，以偿其广州三水间开办之工事费。惟此项经费我当时以苦于筹措，遂由彼时之两广总督岑西林氏，向香港英官厅借入110万镑英金开销的。因是英国遂由我国取得一种之交换利益如下："南部诸省，如以后有兴办路矿时，必先商询于英国。"去了美国又来了一英国，真合俗话说的："前门拒虎，后门进狼。"粤汉铁路既以借款赎回，其后移归商办，又因开办经费之无着，而感借款之必要。于是由彼时鄂督张之洞，照前约先向香港英官厅提议，借款150万镑。殊英当局提出条件苛刻异常，张氏大愤，转谋于德。适以彼时德人久欲在我国侵蚀英国长江流域之势力，遂以极便易之条件，允贷300万镑英金于我，由德华银行负责办理一切。英国骤闻此耗，遂大惊，迫我以毁约，法国亦尝以德人之在我国发展为虑，而与英国取一致行动，由是此问题之解决，遂不在我，而为英法德三国间之问题矣。三国之竞争方酣，美突以最初之关系国为辞，亦要求加入，而本事件遂由三国而成四国争夺之的。我国当局惧此问题之愈纠纷矣，遂为调和计，新加入川汉路线，以利平均，定名为川粤汉路借款；由英美德法共同分担，出资建设，本问题遂得告一解决。借款总额为600万镑，系我国邮传部与英之汇丰、法之汇理、德之德华、美之银行团四国银行财团，于1913年，订立正式契约，此实为各国在我国国际资本家结合之嚆矢。

三期之铁路情形既明于上，我们似乎可以说本期为我国经济恢复之时代。然亦不无例外者，此例外为何？即日人之在南满铁路发展一事。其关系于我国重大无比，我们实有讨论之必要。原来日本之占有南满铁路，论其实，非由我国在本期而丧失，乃日本由战胜强俄，根据于"日俄协约"承继俄人在前期内取得于我的。其所取得之路线有三：一为南满铁路本线，二为安奉路线，三为吉长路线。于是日人之在南满势力，有如旭日升天之势，骎骎乎莫可与京，而满洲全部之铁路系统，遂由此分为三矣。一为俄国之北满铁路，二为日本之南满铁路，三为我国之京奉铁路，常互相呈竞争状态，而尤以日俄之势力为最大，对于他国之势力，时加以排斥，有名之满洲铁路合同问题及满洲铁路中立问题，皆起于本期的，然卒以日俄之反对，归于消灭。满洲铁路合同问题，系美国铁路大王哈里曼（E.H.Hariman）所提倡，其计划即以南满铁路由日美共同经营是的。日本起初亦尝赞成之，遂于1905年10月，而有桂太郎与哈氏订立合办草约之举。本来日本之表示赞成，初非其本心，徒以日俄战后，库空如洗，不得已而有利用外资筑路之举。假约既成，哈氏携之以归。讵料出来未三日，日本忽翻前议，宣告该契约为无效，而合办问题，因以不调。究其废弃之理由，则以借口于为日俄媾和全权代表小村寿太郎之反对，谓此为有抵触于日俄议和之《朴茨茅斯条约》。而按其实，此项问题取消之原动力，则非小村，而为日本之军阀官僚图南满权利之独占，以作进侵我国之基础。乃又雅不欲因此伤及美国之感情，于是伪造种种言语，谓由我国不欢迎有以致之，希图责任转嫁，其作伪心劳日拙之丑态，殊堪令人喷饭。后卒由我国学者孟顿氏（译音）于所著《中国的铁路》一书中，揭破其奸，可谓痛快。至满洲铁路中立问题，系由美国国务总理诺克（Knox）所主张。其提案如下：

（一）凡在满洲一切之既成铁路，由中国买收，而置于永久中立之地位，使归国际管理；

（二）从锦州至齐齐哈尔达瑷珲之未成路线，使归国际资本团建设；

（三）凡关于既成铁路之买收，及锦珲未成线之建设所需之经费，由各国资本团供给。然本提案均以日俄之反对而作罢，此亦本期内有注意价值之事。

第四期：铁路利权获得竞争复活时代

从革命起，到欧战发生止，此倾向是最显著的。惟自欧战后，各国均创痍未复，在我国尚未有何等关于铁路之行动，故略不论。在本期内使列强竞争复活之最大原因，实为我国之国有政策。该项政策，系于1911年，由满清以上谕发布；而促其实现的，则当归之盛宣怀之外债主义。因在亡清，财政已达山穷水尽之境，则欲以国家资本修筑铁路，无异痴人说梦。所以盛氏有借款筑路之主张，然不意因此竟酿成清室覆亡之导火线。民国成立，袁氏执政，不忘情于异己之诛锄，尝思政权之久假，遂承袭亡清之故智，而有铁路国有政策之断行，欲于数年内，使全国铁路纵横交错，以期其武力统一之易收速效。无如自民国成立以来，各省之解向中央之款项既停，政府之财政愈蹙，而铁路之建筑，仍不能不如盛氏所主张而出之以借外债。苟借外债，一则可以融通借款，而流用于政费以济财政之急，二则可以贯彻铁路国有政策之目的，而便其军事之运输。因是在本期内外债，遂为大批之流入，而有债台高筑之叹！惟为我们所注意的，凡为之属僚者，无不因此腰缠累累，遂造成我国一种财阀之出现。由他们与外国资本家狼狈为奸，而断送我国权者，不知几许。试以当时之情形而论，只要有款，不择条件，于是铁路之借款，遂无日不见于报章。此种政策，称为当局者之肥私政策，亦未尝不可。因为当事者，每为一次借款，即有一次政费之流用，回扣之亏吞。袁氏时代，固不论也，其后段氏执政之新交通系、安福系，曹氏时代之府派，哪一个不是这样呢？计从民国元年（1912年）到现在，许与外人之铁路，距离则达9000余哩，借款则达8000余万镑，不能不令人咋舌。这岂不是内国之军阀官僚之勾结外国资本家以侵蚀国民吗？兹一述借款在本期内特别发达之原因。

（一）一般原因

1. 因我国之内乱，使各国侵略之野心复燃，致重演如第二期铁路分割之序幕；

2. 因第二次革命之平定，袁氏直接间接受外人之援助不少，故对于外人之要求，不无假以便宜，以作酬庸之具；

3. 因四国财团之对政治经济诸借款过于独占专横，自使我国不得不取牵制政策，而图与其他之财团接洽。其结果遂见比利时银公司之大活动，而使四国财团放弃其经济独占权。由是借款之角逐，愈为激烈。

（二）特别原因

1. 袁氏执政后，为图人气之一新，而为铁路建设之提倡，并为速成计，而有借款之必要；

2. 铁路款，如得为大批之借入，则对于困乏财政之维持，官吏之肥私，俱有很大之便易。

以上为本期之大概情形。兹将本期内许与外国之铁路利权列表于下：

名称	所属国	距离（哩）	借款额（英镑）	结约年次	通过地	备考
陇海	比	1296	10000000	1912	由甘肃兰州经陕西接汴洛线达海州	已缴400万镑
同成	比	960	10000000	1913	四川成都达西安大同间	先付100万镑
对大	俄	350	额未定	1913	哈尔滨黑龙江间	先付5万镑
钦渝	法	1430	24000000	1914	由广东钦州到云南	先付12.8万镑
南京	英	8	7500	1914		已付完
浦信	英	350	3000000	1913	浦口信阳间	先付20万镑
沙兴	英	760	10000000	1914	沙市义兴间常德长沙间	先付5万镑
宁湘	英	714	8000000	1914	南京南昌萍乡间	先付5万镑
滇缅	英	600	5000000	1914	缅甸云南间	
满蒙四道	日	(1)111 (2)120 (3)230 (4)不明	总额未定	1916	(1)热河至洮南 (2)长春至洮南 (3)吉林至开原 (4)热洮至海边	本线正式契约尚未成立

续表

名称	所属国	距离(哩)	借款额(英镑)	结约年次	通过地	备考
吉会	日	275	同上	1912	吉林会宁间	本线在清末即许与日人但至民国始成立契约
济顺高徐	日	(1)169 (2)240	同上	1916	(1)济南顺德间 (2)徐州高州间	华会后已归国际资本团承修
沪杭甬	英美	205	2100000	1913	上海杭州宁波间	初本为自修后在袁氏时收归国有而仍与英美生借款关系
株钦周襄	美	(1)800 (2)300	总额未定	1916	(1)湖南株洲广东钦州间 (2)河南周家口襄阳间	先付50万美金
合计		9181	87725000			

由上表我们可得数个之重要观念：第一，在本期内，可云为纯属间接投资之铁路，而属于外人之直接投资铁路，是一条都没有。第二，本期之铁路，其距离之长与借款之巨，俱较前数期有超过之势，这个缘故无他，即是不外表示在本期内，列国之侵略主义愈呈露骨。第三，在本期内，除陇海铁路中之一部汴洛线及南京之沿城铁路属于已成，及沪杭线收自民间外，其他概属未成路线，不过仅由承办国先交若干保证金以作定凭而已。其后以欧战发生，无形停顿，以至今日。

第二款　我国铁路契约之性质

我国铁路史的发达，大概已如上述，为我们第二步应研究的问题，即一铁路契约。因为我国一部铁路史的失败，也在这上面，各国资本主义侵略的情形，也在这上面。本来铁路契约之缔结，在各国不过是一种经济上之合意行为，而在我国则大异其趣，凡关于铁路条约之缔结，无不带有政治上之色彩。不但是因借款而获得我之铁路干涉监督权，与其他之经济特权，并且常以种种手段，而攫取我之铁路所有经营权，今就各种条约而为综合分析之观察。

一、综合观察

我国铁路可分为二种，一为外国在我国直接投资铁路，二为间接投资铁路，兹先就前者一为说明。

（一）直接投资铁路之一般性质

各国在我国所有之直接投资铁路，大概归各国之政府所有，或由其政府所指定之公司所有，由我国政府于一定期间内，许与建筑、经营、收入、管理诸权。此种铁路之来源，大半由外国以军事之目的而获得的，表面上虽可看为我国之铁路，而实质上实与属于他国之物无异。因举凡政治上、经济上、运输上，均无我国容喙之余地。俄国革命前之中东铁路及日本之南满铁路、法之滇越铁路及欧战前德之胶济铁路，是属于此类的。南满中东铁路之沿路附属地之行政权，几为日俄两国侵蚀殆尽。至滇越、胶济铁路，法德二国虽无上所述之行政权，而实为其领土或租借地之延长线。如一朝有事，难保不为运输军队之用。故此种铁路，实为一种领土侵略之变相，对于我国之关系，极为重大，其契约之条件，可从管理期限、利权范围二方面观察。

此种铁路之管理期限，照契约上规定，虽不无大同小异，而概括可说的，即一定期间内归于外人所有，决非是永久继续其所有权，此与割让者有其区别。而关于期间有两种之规定不同，其一即经过一定期间后，我国方有买收权。其二即由此再经过一定期间后，由我国无偿可以收回。举例以说明之，如中东铁路从全开通之日起算，36个年后，我国可以赎回；80年后，无偿赎回是的。其他均可用此说明。

至利权范围，实与势力范围有密接之关系。如外国在我国一旦有此铁路，则对于该地，实成一种之特别势力，对于该地之政治经济，实占利益不小。计此种铁路，除日本之南满线、法之滇越线外，其他之中东铁路，俄国以革命而放弃其特权，迄今尚为我国所经营管理，将来我对俄正式交涉时，此问题可望解决。而德国在山东所有之胶济铁路，欧战开始，日人借参加协约国战争为名，将我青岛及胶济铁路从怀中夺去。华会后，彼以迫于世界大势，仍归还我，每年由我付与一定之铁路估价金。此就是外人在我国直接投资铁路契约之概观。

（二）间接投资铁路之一般性质

此项铁路，为我铁路之重要部分，亦实为各国竞争最激烈之部分，大概皆由外资而成的，而属于未建设之部分，尚占大多数，我国以受契约限制，将来非赖外资不可。其契约之条件虽有种种之不同，而综合其共通之点观之，则有七种：

1. 一定年限内铁路事业之管理。

2. 铁路建筑工事之承受。

3. 技师长、会计主任之任用。

4. 铁路上必要材料供给之优先权。

5. 借款这之九五、九〇等之回扣，利息、手续费及红利等之享有。

6. 尝有以铁路全财产作借款担保品之规定，如经一定期间后，我国无力偿还时，则归债权者之押收。

7. 借款有一定偿还期限。

以上七款，同时包容在一种契约内，未尝无之，而通常概不过有其中之数款。如同时一齐包容，则与上所说之直接投资铁路殆无以异。先就借款偿还期间而论，其期间固有长短之差，但是以从 20 年到 50 年为最普通的。至借款偿还之保证，除上说以铁路全财产作担保外，有时并以国家之收入为担保。

又就铁路之管理权而论，在津浦铁路借款未成立以前，凡关于借款筑路一切营业管理权，皆为外人技师长所擅有。然自津浦借款成立后，由我国政府握其管理权，而技师长则须受支配于由我所任命之督办。

外债之实收数与额面所定数，通常为九五、九〇，甚至于有八五之差。换言之，即由我收款时，只收九五或八五等，但将来须以一百偿还也。其利息率大为年利 5 分。此外尚有应付承办银行 2.5‰ 手续费之规定。而此项利息如铁路在建筑中时，从借款中而为支付，如营业开设时，则从营业收入中支付，铁路纵有得不偿失时，亦归我政府之负担，毫与投资者无与。然我国铁路之成绩，除京奉、京汉、京张以外，收入皆不甚好。所以我国每年对于此项借款利息之支付，负担亦极重大。

铁路材料供给优先权之规定，在我国铁路契约上，本无此项明文。因我国

铁路契约，概取竞争买卖主义，即无论何国之材料，如其品质价格对于我最有利时，我即采买之。然而此种规定，久已成为具文，各国皆以供给自国之材料为铁路获得之一重要目的，而我之铁路材料采买，大有受其垄断之势。并且在契约上，常因材料之购买，而有价格五分内外之报酬，此亦不失为求得材料供给之一原因。

此种契约中，为我们最大损失的，即于借款未偿还时期内，我们对于借款者，常负有一定之报酬义务，即于每年铁路所收入之纯利中，除去偿还借款利息外，尚应从其余利中，每年抽出二成作为报酬。然自津浦铁路借款后，一变此形式，而由我一次供给与若干金，以代此报酬费。

要之，以上诸条约均有一共通之特征，此特征是什么？即是无论何种，均带有一资本帝国主义之侵略性，表面上虽为我国政府与各国之一私人或一私团体所结之契约，而实质上，与该国所结之正式契约无异，均含有种种强制性质。如关于此约有交涉发生，无不由该国政府为之后援，此种条约缔结结果，当然为我之大损失。问我国当局何也忍心做这种事情？有一种原因可以为此之答复，其一为无经济常识弄出来的，其二虽明知此种妨害，而无奈为利欲所迫，要图吃回扣弄出来的。

二、分析观察

现在我们再将我国各种铁路契约一为分析的观察，先就直接投资铁路而论。

（一）属于直接投资的

直接投资铁路，已如上所述有中东、胶济、南满、滇越四线，兹先从中东铁路一看。

1. 中东铁路契约之特质

中东铁路，就是在前清时候，由我国许与俄国经修的。其路线系由我国之满洲里以入黑龙江而达于绥芬河920哩间之铁路。此外又有由哈尔滨到宽城子间之140哩支线。其后我国胶州湾租借之事起，俄国乘势复向我获得旅顺、大连之租借，并以同一于中东铁路之条约而向我取得哈尔滨、旅顺、大连间之铁路支线建设权，此段后割让之于日本，即称为南满铁路。中东铁路自俄国革命后，形势遂一大变，即由我国补入多年缺额之铁路总裁位置，于1920年3月，以该路职工之罢业，由我国收回其警察权。然实际上为我收回的，实则由同年之《东三省管理追加条约》，此约系由我交通部与华俄道胜银行间所缔结的。自去年我国承认苏俄政府后，此问题遂为我国同苏俄政府二国间之协商问题，故正当之解决，尚须有待于后日。惟此铁路，实为帝国主义极盛时之产物，我们不可不一观其契约之条件。计此项条约共由十二项而成，其中之重要条项如下：

（1）俄国铁路公司有经营满洲矿山及工商业权（第六款）。

（2）俄国有以铁路运输军队之权（第八款）。

（3）出入于满洲各货物之关税，只限于取现行海关税率三分之一，而出入于内地之货物，则须照上定之减税货物折算，而取子口半税（第十款）。

（4）我国虽有任命正总裁之权利，而其实大权，概归于俄人副总裁之手。

（5）俄国有该铁路附近行政权（第六款）。

据以上五条以观，第一项纯为露骨之经济侵略；第二项为领土扩张之侵略；第三项为经济侵略之一变形；第四项亦为图谋铁路权之霸占；第五项为政治之侵略。

2. 胶济铁路契约之特质

关于《胶济铁路条约》，我们可分成二期来看：第一期为我国同德国关系；第二期为我国同日本关系。兹先就第一期而论，本路系为从青岛到济南245哩间之铁路，于1897年11月，由我国许与德国经修，最初之路线，本为二，即一为胶济铁路，二为胶沂铁路。胶沂路线后为我收回，前者契约之要点如下：

（1）德国在沿路附近30哩有采矿及经营工商业权（《中德胶澳租界条约》第二项第四款）。

（2）对于铁路之买收期间，及期间满后之无报酬偿还等，均未如中东、滇越二铁路契约之有明文规定，仅设有20年后得商议买收之一项（第二十八款）。

（3）沿铁路一带，无运输军队及行政权（第十七款）。

据上三项看来，经济之侵略则与中东、南满铁路等，而政治、军事之侵略，则不若前者之甚。本线由德国所创立之铁路公司，于1899年起工，1904年竣工。奈何欧战忽起，日本以参战为名，乘势出兵占领其向我租借之青岛及本铁路。由是本路遂由德人而入于日人之手。此种无理之侵略，我国人岂能忍受？果也，群情大哗！其反对之激烈，前此殆无其比，所谓有名之山东问题，即由是而起。1921年华盛顿会议开后，本铁路遂由我国提出会议而求解决，其后以英美之调停，日人之让步，本铁路遂由日人交还于我，其交还之契约如下：

（1）山东路线完全归我有。

（2）由我国政府以15年之定期国库证券交付于日本，以作本路线赔偿金之担保，5年后可以现金收回。

（3）本铁路由我国任命督办管理一切。

（4）在我国未收回国库证券之前，日本人得为车务总监。其他之职员，于必要时，得聘用日人；此外则全部采用我国人充当。

（5）自契约之日起，2年半后，我国人得为车务副总监，如于5年后以现金收回国库证券，我国人得接任车务总监之职。

3. 滇越铁路契约之特质

本线系由属于法国之安南铁路之北部老开驿起，延长至于我云南省城289哩间之一铁路，为三国干涉日人交还辽东半岛我对法之"报酬"，由法国公司承办建筑，起工于1904年，成于1910年3月，本铁路之条款要项如下：

（1）我国除供给土地之外，无何种之义务（章程首段）。

（2）本线竣工后，如认为有便益之时，二国间得协商建筑与本线相联络之支线（第十一条）。

（3）铁路建筑经营所用一切材料之免税（第二十二条）。

（4）如与他国发生战争，本铁路不能维持中立时，我国得任意管理运输之（二十四条）。

（5）本铁路契约自调印之日起80年后，我对于修成之铁路，得出代价买回。惟此代价可以铁路80年间之收入作抵，如足时，可无偿收回（第三十四条）。

以上第一条，一方虽明言我国除供给土地以外无义务，他方即不外表示我匡无干涉之权利。加之土地为国家成立之要素，国家而至供给土地与外人，即不啻无形之割让，国权之损失，在本项内实为重大。第二条有留作他日继续发展之余地，于此足见外人之阴险狡狯，我国人之无智愚蠢为可怜！第三条仍不外一种经济之侵略，因为税关为资本主义之商工业式侵略之阻害大敌，故不能不出以明文制限，以便在我国之铁路营业，易形发达。第四条是一项具文，第五条系保留我国之土地权以示非永久割让可比。然强弱国间有何公理？日本之强我更改安奉铁路之期间为99年，将来安知其不再见于法人乎？是本条亦为一种欺人之名词耳！

4. 日本继承南满铁路之性质

各国在我国之特权铁路，如中东，则以俄国革命而俄人在该路失其势力；胶济，则以由我国收回而德人之势力渐除；滇越，则以法人方疲于欧战之余，喘息不遑，故该路亦未有何等之积极发展。计现在为我国最大之忧患并为将来之深忧者，实为日本在我国东三省一带之发展，而其发展之根据地，即为南满铁路。南满铁路实为日人承继俄人之中东铁路侵略之正系，而为现在资本帝国主义侵略我国之一结晶体，现在我们实应加以注意之讨论。日本之得我南满铁路，则不外根据俄国之让渡，与我国之承认（中日新订东三省条约）。此让渡本线为大连、长春间之436哩线，此外有旅顺、营口之支线86哩，及安奉线162哩之支线。本线于1905年由俄国正式让与日本承受，日本为图在满蒙发展计，遂以路线为根据地，而有南满洲铁路股份公司之组织，此铁路纯为官办性质，无异于英人之印度公司，此公司在该处发展，系根据于中东铁路加西尼之条约而享有为其他直接投资铁路所未有之特权，加西尼条约特质已在前说明，我们现在试一述该公司之特征。

（1）该路投资权，名义上虽有中日合资之规定，而其实纯限于日人，其用意不外在经济之独占。

（2）该铁路有若干支线及附属煤坑，如烟台、抚顺等处之炭坑等。以前大半为私人所有，然在归日人后，此等路线、煤坑，概为该公司夺去，与没收私人之财产无异。

（3）该路不论支线本线，凡沿路一带，均有日本军队盘踞，为其他铁路未有之现象。

（4）驻在满洲之日人领事，对于铁路附近住民皆擅有司法行政权。

（5）该公司名义上虽为一营业团体，而其实与行政官厅无异，对于铁路附近之住民，常代国家而行使课税权。

（6）该铁路对于外国货物与本国货物之运费，设有差别待遇，即日本之出入于该路之货物，其运费有极大之折扣，而外货不蒙其惠。此无非为保护该国资本家，使达满洲一带市场独占之目的，于此更证明资本主义之帝国化。

以上所说，为南满铁路之大略情形，此外尚应说明的，即日人无理攫取安奉线之事。原来安奉铁路之建设，是起于日俄战争，日人为达其军事搬运便宜之目的，遂不经我承诺，擅自由朝鲜之安东达我国之奉天，修造了一条军用铁路。日俄战事告终后，竟不经我承认，而改为永久之商用铁路，我国人曾为激烈之反对，我们大家都知道安奉铁路潮即发生于此的。

（二）属于间接投资的

直接投资铁路契约我们已在上面为分析之观察了。现在我们要分析地讨论关于间接投资铁路契约之利害关系。本来我国和各国之国际关系，其复杂错综，世界殆无其比，而铁路之借款关系，尤为此中之最繁难、最复杂之一种。我们要想取各种条约一一分析研究，非本书纸幅所能尽。好在我国借款铁路契约，尚有系统可寻，即在第二期为各国侵略我国之时代。因之在本期内所结之铁路借款条约，经济上实受莫大之损失。所以凡在本期内所结之铁路契约，表面上虽有大同小异，其实可当作一样看的。然其代表之条约，第一当推京奉借款合同。我们只要就该合同详为了解，则其他铁路条约均可迎刃而解。其次入于第三期，为我国利权挽回时代。因之在本期内所缔结各种铁路条约，概比前期良好，故经济上之损失，远不若前期之甚，而为本期路约之代表，则首数津浦借款路约。如我们仅就该约以为研究，即可以概及其他。此约不单是限于本期内，即入于四期之民国时代，此路约亦为其模范，而供其取法。

此外在我国借款路约中，开一特别之先例的，即一反前时诸借款之形式，而改为包工制度。因为前此诸借款条约之缺点，即是常含有政治臭味。通常有一铁路借款出，则由其国所指定之御用资本家与银行独占。此种倾向，对于被投资国实生极恶之影响。然在包工制度，则与此异，论其契约则纯为一种私法关系，言其出资之资本家，则为经济上之一极营利投资之商人，无所谓铁路势力范围之设定，无何等政治野心之存在。此种契约，对于我可谓有益，沙兴铁路之借款契约，即为此项之代表。所以在本节内，我们只就京奉、津浦、沙兴三种契约分析观察，其他以概见类推。

1. 京奉铁路借款契约之特质

本铁路为我国铁路史上最古之铁路，吴淞铁路后，此铁路即行开始建筑，起初由我国自己经营，先修成之地方，为天津、山海关间。中日战后其延长线已由丰台至北京附近之马家堡，后以经济支绌，遂向英国汇丰银行借款230万镑，一以作本线延长于新民屯间之建设费，一以作前此负债偿还之用。本路契约系由中、英两国，缔结于1898年10月10日，其要如下：

（1）本铁路及铁路附近一切财产，均作本铁路借款担保（第三条）。

（2）中国政府，须保证原路债务本利如期偿还，如期至还不能履行偿还义务时，即须交付本铁路一切附属财产于债权者（第四条）。

（3）如有借款必要时，在本债务未偿清以前，不能以本铁路作担保品向他人借款（第五条）。

（4）借款照原约定数，只交9成，如市场不利，可降至8.8成，用以作该公司办理此项公债一切杂费之用（第十二条）。

（5）本借款未偿清以前，铁路技师长须任用英人充当，此外，铁路上之重要职员，须限于欧洲人中采用。此项人员除有不正当行为及不能作工等情外，不得自由解雇。但如有以上情事有解雇之必要，亦须与技师长协商行之（第六条）。

（6）由本公司推举会计人员一名，专司本公司经营出纳之事，并监督本公司一切财政。惟应商同督办大臣，及总技师长办理（第六条）。

（7）本借款以45年为期，从第6年起为开始偿还期，以40个年均分偿还，如欲超出定额偿还时，须增20%偿还，除照本约所定方法偿还外，不作他项归还及移拨之法（第九条、第十一条）。

本契约为二期之铁路借款模范代表，其关于经济损失最大的，当首推铁路管理权完全操之外人，非我所得过问一事。是本路名义上虽为我所有，而其实与英人所有无异。本铁路由新民屯直达奉天后，遂为我国北京、奉天交通之要道，营业良好，我所失之权利，亦渐由债务得偿还后，而得收回。

在本期内之京汉、道清、正太、沪宁、粤汉、汴洛之借款诸契约，大概皆

脱胎于本契约，无特别议论之必要。惟有几句话应该说的，则在京奉路约无特别分红之规定，而在其他路线之契约，则有我国于每年铁路收益中，须给20%于债权者之一项（《正太行车章程》第六条、《沪宁契约》第十二条等），对于我国经济损失亦甚重大。此外关于沪宁铁路之管理权，由英人与我共有之，各派出二名管理员共同管理，而我之二名，一由中央派出，一由苏省派出（《沪宁契约》第六条），至京汉铁路，已由我国以借款完全赎回，纯变为普通之借款契约性质，管理权当不成为问题也。

2.《津浦铁路借款条约》之特质

本契约系成立于第三期的，因第三期为我国利权挽回时代，如粤汉之收回及沪杭甬之回收风潮，实为此种现象之代表。由是各国在我国利权之获得，遂不得不一变其性质，即以前凡铁路之建设权获得，实为铁路管理经营权及矿山采掘权之获得，但自后只有投资权之获得而不及其他。然而为本期铁路之代表，则当数之津浦借款契约。本契约之条件，较占便宜，虽由英德竞争两不相下所致，而实我国人之爱国运动有以促成之。本契约实为以后一切铁路借款契约之模范，试举其要点如次：

（1）借款金额共英金500万镑（英185万镑、德315万镑），年利5厘，偿还期为30年，自民国十一年（1922年）起，为开始偿还期，每年分25万镑偿还，如欲于20年内全体偿还，须照每百镑加2镑半之利息偿与（第一、第五、第六各款）；

（2）除由中国政府全数补与20万镑外，不得于路成外再有享受分红之利益（此系一线以前诸约中之每年20%红利给与一项之弊）（第二十款）；

（3）本契约之担保，亦与前异，前时所借款，大概是以铁路作担保，至本铁路则仅以山东、南京、淮安等处之厘金作担保（第九款）；

（4）本条为本契约中之最重要条项，即铁路一切之管理权皆归之于我。我国铁路契约，至本约才得与外人立于平等地位，一洗从来铁路契约所受之损失。至本铁路工事，分为南北二段，北段归德国工程师监修，南段归英国工程师监修，均归我国之督办管理。竣工后，则由我国合南北二段为一国有之铁路，在借款未偿还以前，须用欧人一名为技师长（第十七款）。

3. 沙兴铁路包工契约之特质

在我国铁路借款方法上，开一特例的，即本铁路契约与美国裕中公司之包工契约二种。本契约的特质在什么地方？即是一变从前之政治借款色彩，而采用纯粹工事上所盛行之比例契约建设制度。其方法，即由我国政府向外国觅得一资本雄厚富于建筑经验之包工公司，而委托之以建筑全权。竣工后，则由我国接收，铁路之管理全权，固不消说是我所有，而其最重要之地方，即是由此制度，我国政府可任意与欧美各国之资本家交涉，免受以前为各国政府御用银行公司等垄断，此种条约庶可称为纯粹之经济投资。最先介绍此包工方法的，实为前大总统孙中山氏。渠在袁氏时代曾任全国铁路督办，即与英国宝林公司订立广东到重庆之铁路建筑契约。孙氏解职后，由袁氏继续与该公司交涉，改路线为沙兴，仍适用孙氏所采用之包工方法，本约之特点如下：

（1）本铁路之性质，是纯依契约以建筑，凡一切建筑事务，均归该公司承办。

（2）我国所任用之督办，关于铁路之一切建筑计划及工事监督，须与英人技师协商而行。

（3）本路竣工后，除应由我国偿还其实际用费外，须给以7分之利益，但不论在建筑中竣工后，一切监督管理均归于我。

（4）本路用款，系以铁路之全财产作担保，并由我国政府保证。

（5）一切经费之支出，须经我国之承诺。

我国铁路条约之利害得失，大概已具于上，今复为详表，以示其概略。

我国铁路契约特质一览表

路名	京奉	新奉	京汉	道清	正太
外人有无管理权	有	无	有	有	有
担保品	铁路及铁路财产	铁路及铁路财产	铁路全财产担保外并以国收入作保	铁路全财产	铁路全财产
借款额	230万镑	日金32万元	500万镑	80万镑	160万镑
年利及回扣	年利5分 90回扣	年利9分 实收93	年利5分 90回扣	年利5分 90回扣	年利5分 90回扣

---

① "手数料"是日语，即手续费的意思。

续表

路 名	京 奉	新 奉	京 汉	道 清	正 太
材料供给并经理手数料①	2分5厘	无	由彼供给材料	由本公司供给2分5厘	由俄银行供给2分5厘
偿还期	45年	18年	30年	30年	30年
债权者	英中英公司	南满公司	大比公司	英福公司	华俄道胜银行
契约者	胡燏棻	那桐 瞿鸿基 唐绍仪	盛宣怀	盛宣怀	岑春煊
调印日	1898年10月10日	1907年4月15日	1898年6月27日	1905年7月3日	1902年10月15日
公债发行价格	97	无	不明	无	96.5
报酬类	无	无	红利2成	红利2成	红利2成

路 名	沪 宁	吉 长	汴 洛	津 浦	沪 杭
外人有无管理权	外人半有管理权	有	有	无	无
担保品	铁路全财产	铁路全财产	铁路全财产	以苏鲁等处厘金担保	京奉铁路余利
借款额	325万镑	日金215万元	164万镑	500万镑	150万镑
年利及回扣	年利5分 实收90或95	年利5分 93回扣	5分 实收95或90	英德年利5分 实收93、94.5	年利5分 实收93
材料供给及经理手续费	由公司供给2分5厘	无	由公司供给手数料2分5厘	投票买入手数料5分	投票买入手数料5厘
偿还期	50年	25年	30年	30年	30年
债权者	英中英公司	南满公司	比电车公司	英华中公司 德华银行	英中英公司
契约者	盛宣怀	那桐 瞿鸿基 唐绍仪	盛宣怀	梁敦彦	高而谦 胡惟德 梁世诒
调印日	1903年7月9日	1907年4月15日	1903年11月12日	1907年7月13日	1908年3月8日
公债发行价格	97.5	无	不明	98	99

续表

报酬类	红利2成	无	红利2成	废红利报酬制而代以20万镑	代以35000镑
路名	九广	粤①川汉	陇海	京绥	同成
外人有无管理权	无	无	无	无	无
担保品	本铁路财产	以两湖杂税厘金作保	铁路全财产	本路公债政府保证	铁路全财产
借款额	150万镑	600万镑	1000万镑	日金300万元	1000万镑
年利及回扣	年利5分 94回扣	年利5分 95回扣	年利5分 94回扣	年利9分 100回扣	年利5分 94.5回扣
材料供给并经理手数料	不明 2分5厘	投票买入5分	公司代办2分5厘	无	公司代办5分
偿还期	30年	40年	40年	5年	40年
债权者	英中英公司	英汇丰银行 东方汇理银行 德华银行 美资本团	比电车公司	日兴业公司	法比两铁路公司
契约者	唐绍仪	盛宣怀	周学熙 朱启钤	不明	梁世诒 朱启钤
调印日	1907年3月7日	1911年5月24日	1912年9月24日	1918年	1913年7月22日
公债发行价格	100	不明	91	未发行	
报酬类	工事中共32000镑报酬成工后每年1000镑至偿清之日止	借款优先权	支线建筑之借款优先权	无	借款优先权

路名	浦信	钦渝	宁湘	沙兴	对大
外人有无管理权	无	半管理权	无	无	无

---

① 原文误作"奥"。

续表

路名	浦信	钦渝	宁湘	沙兴	对大
担保品	铁路全财产	铁路全财产及钦州港口全财产	铁路财产又政府保证	铁路财产又政府保证	本铁路财产收入
借款额	300万镑	2400万镑	800万镑	1000万镑	俄币5000万卢布
年利及回扣	年利5分 94.5回扣	年利5分 94回扣	年利5分 96回扣	年利5分 96回扣	年利5分 94回扣
材料供给并经理手数料	投票买入5分	投票买入2分5厘	公司代办5分报酬	公司包办5分2分5厘	银行代办5分2分5厘
尝还期	40年	50年	45年	40年	46年
债权者	英华中铁路公司	法中法实业银行	英中英公司	英宝林公司	俄华俄道胜银行
契约者	熊希龄 周自齐 沈云沛	熊希龄 周自齐	周自齐 朱启钤	周自齐 梁敦彦	周学熙 梁敦彦
调印日	1913年10月14日	1914年1月24日	1914年7月25日	1914年7月25日	1916年3月27日
公债发行价格	未发行	未发行	未发行	未发行	未发行
报酬类	支线建筑借款优先权并12万镑之酬报	无	从徽杭二州间芜湖广德间南昌萍乡间至湖广铁路建筑时有投资优先权	报酬费7分	本线延长或支线建筑时有投资优先权

路名	裕中包工	满蒙四铁路	济顺高徐	吉会	四郑
外人有无管理权	无	无	无	同京浦	无
担保品	本铁路财产收入	本铁路财产收入	本铁路财产收入	本铁路财产收入	本铁路财产收入
借款额	未定	未定	未定	未定	日金765万元
年利及回扣	年利5分 90回扣	年利8分 100回扣	年利8分 100回扣	年利5分 94.5回扣	年利5分 94.5回扣
材料供给并经理手数料	本公司包办5分	同京浦	未规定	同京浦	银行供给2分5厘

续表

路名	裕中包工	满蒙四铁路	济顺高徐	吉会	四郑
偿还期	50年	40年	40年	同京浦	40年
债权者	美裕中公司	日本银行团	日本银行团	日本银行团	横滨正金银行
契约者	曹汝霖	章宗祥	章宗祥	曹汝霖	周学熙 梁敦彦
调印日	1916年6月10日	1918年9月28日	1918年6月28日	1918年6月18日	1915年12月27日
公债发行价格	未发行	未发行	未发行	未发行	未发行
报酬类	红利2成	同京浦	未规定	同京浦	未规定

据上表看来，我们得几个重要观念：第一是我国从来经手借款诸人是哪些人，我们是知道了。由是我生一种联想的作用，即是经手借款愈多的人，私财必愈富足，盛宣怀是第一名，可以证明此话之不谬。无怪乎入民国以来，效尤者不乏其人，即自今以后，图谋此者尚大有人。此中缘故，不费推敲。第二即投资资本家得的利益之优厚，实出于意想之外，即他们发行价格为97、95不等，而我们所归实数，则只为90、94不等，此中所差，即为彼等经手银行公司等所中饱，其他经理借款之手续费、购买材料之手续费，我们吃了2分4厘及5分不等之明亏，此外黑暗之中不知受了多少损失，至报酬一项，更为损失重大，因为如我们营业损失，则与他们无干，一有赚钱的时候，则他们来分红来了。又采买材料一项，本以投标招买、价格便宜、质量优良为理想条件，但他们是出产铁路所需一切材料之资本国家，对于本条，是想独占，不容放松的，就中以英国为最厉害。由是我们就知道，凡铁路借款，名义上虽为我们向他们借钱，其实不外借他的钱来买他的货一样，结局大部分铁路借款，仍消费在外国，只剩小部分归我国劳动者所得，此就是资本主义国家的特点。如此条有让步时候，他们必取得之于别条，我们试一看上表，即可知道。此外，投资公司除英之宝林、美之裕中外，皆为外国政府之御用银行及公司，我们是应注意的。至发行价格之有高低，原以我国国际信用为转移，沪杭、九广99、100实为表示我国际信用最好之时，在稍学经济者，即可知其中缘故。

最后我们应附加一言，即我国铁路条约，除上表外，尚有数多之续约的借

款条约为本表所略的,不过是此种续约,皆根据于上所列之本约而来。我们如了解以上诸约,此种续约条约之得失,皆可以此类推。

第三款　我国铁路之营业状况及负债情形

我国铁路的情形,大概已如上所述。现在我们第三步应该研究的问题,即是我国铁路的营业情形是怎样?我国铁路所负外债情形是怎样?在讨论我国铁路营业情形之先,我们不可不就我之会计整理情形一述。因为会计与营业,是有密切关系的,会计如没有整理,这营业决不会发达。原来我国最初之铁路,其实为各国向我国实行侵略而强制建设的,其建设计划,大概皆以己国为单位而规划一切。所以由建设国之不同,而其他之技术施设皆随之相异。英国有英国之形式,德国有德国之组织。其结果,凡关于铁路之轨道车辆,无一定之标准模式,其所用之营业报告书、计划书等,又无一定之格式,而一年之营业预算、决算,当然造不出来,一年之营业成绩是怎么样的情形?不消说因此更不得而知了。及至民国政府成立,始有铁路整理之规划。民国元年（1912年）二月,有特别会计总核处之成立。民国三年（1914年）八月,又见铁路统一委员会成立。先就全国之铁路,规定用同一之会计簿记,并着手同一形式机关车与货车客车之制造。此委员会系网罗铁路专门家学者而组成的,叶公绰氏实为此会之委员长,聘有美国之会计学大家亚丹博士,使规划国有铁路一切之整理事宜。即国有铁路资本之计算,建设工事之分类,损益之测定,及财产估价之标准等计划,皆由彼一手制成。制定后,由我国交通部全部采用。于是从民国四年（1915年）起,即实施于各种铁路,而我国之交通事业,遂渐脱去以前漫无章法之积弊,而渐归于整理。由此以还,我国交通部,每年皆有铁路营业之报告。此即称为"中国国有铁路之统计"。由上说来,民国四年（1915年）以前,我国铁路紊乱已极,可称为无政府之状态。然至此以后,我国铁路,逐渐得一计划之确立,决算之报告,而营业基础亦渐确定。于是每年收入,从5700余万元,增加至8300余万元,5个年间之增加率至四成四,每年平均为一成一之增加。如由此比例以预测将来,则实有倍增之可能。兹试从民国五年（1916年）起到民国九年（1920年）之营业成绩,列表于下:（最近不详）

	1916年	1917年	1918年	1919年	1920年
营业线（哩）	5411	5444	5453	5475	5981
营业收入（元）	57063001	62760000	63873703	77653152	83047390
营业支出（元）	30258532	28840000	30040564	54323615	38440540
剩余（元）	26804469	33920000	33833139	4332537	44606850

据上表看来，利益之收入，已如前所说为四成一之增加，而经费之支出，仅不过为二成八，于此实可以证明收入率之尚称良善。但是我们现在应请国人有注意之必要的，即我国铁路营业，虽然有成绩之可观，而无奈借款太多，并且照条约规定，与我们平分二成红的又是不少，所以就以我国全收入亦不能补偿每年应偿还借款利息之数，因此每年所生缺额，俱须由国家补足的。加之近年军兴以来，各铁路之收入，不啻为各军人之私产，而军队之不购票，任意扣留车者，又比比皆是，所以我国铁路近两三年愈不堪问，债台更形高筑，军阀之赐于吾民实不少矣。

至我国铁路负债情形又不容不说一说：我国的一部铁路史，原是以借外债作生活的，所以我国铁路之欠有外债，固然是无可疑义，不过是从借款到现在，陆续的已是筹款偿还，究竟我国铁路借有外债若干？偿还若干？尚欠若干？

据最近报告，我们所借铁路外债，实为54246909镑，偿还数为9264077镑，现在尚欠有44982832镑，如每镑以现在之市价8元合1镑计算，实为中洋359862656元。

第四款　我国铁路与资本帝国主义之关系

资本主义之为帝国化，证之于我国铁路问题，更为明白。现在为我们应起疑问的，即列强为什么缘故特别对我国铁路更争得利害？殊不知此即是为他们资本主义生存发达有不得已之势存在。这理由等我慢慢说来。这因铁路与资本主义关系最大的有二点：一为生产上所必需之供求问题；二为过剩资本之吐出收回之投资问题。先就前者来说，这资本主义是以膨胀为生命的，如膨胀作用

一停止时，这资本主义之生存发达，必将大生障碍。然为膨胀所必要之手段有三种：一为生产资本之增殖，其公式为

$$G(货币) \to W(商品) \to \begin{cases} Pm(生产资料) \\ A(劳动力) \end{cases} \to W'(新商品) \to G'(新货币)(G+g)$$

一为商业资本之增殖，其公式为

G（货币）→W（商品）→G′（新货币）（G+g）。

一为借贷资本之增殖，其公式为

G（货币）→G′（新货币）（G+g）

此三种资本中，借贷资本是以借贷生利为目的，而所希望借出的地方，决不是供他人之浪费使用，是望投之于安全地方，本利都可收回。而最合此目的的，当然是首数借贷之于生产事业与经商事业二种，因为此两种都可望有利息之增收。所以这借贷资本，是有赖于生产资本与商业资本之能如意的增殖。但生产资本与商业资本二种中，商业资本之增殖式，本为生产资本增殖式中之一段分业，性质上虽然是独立营业，而其实是全赖于生产资本的。是这样看来，这三种资本中，名有三种，而其实最有关系的，即为一生产资本。如这生产资本得如意之增殖，这二种资本即随之而增殖。如生产资本有失其增殖之作用时，其他二种资本，亦不免受大影响。所以我们于铁路项中，只要明白生产资本与铁路之关系，其他都可类推的。而这生产资本独一无二膨胀之方法，就是一扩张复生产，如这扩张复生产式能继续其循环，则他们即可无限膨胀。然扩张复生产式要如何能继续其循环？则须要其所制出之大量货物能不断的吐出，其所需要之原料品不断的吸入方行的。而能实地上达此目的的，就是在一以行交换作用为特征之市场，如这市场的范围愈扩张，他们供给需要力愈大，其结果，资本主义遂愈得生存发达。然而为这市场扩张之原动力，又是什么？即交通之发达，运输之方便。而现在实能胜任此种任务之机关，当首数航业和铁路二种。惟此航业之区域，系限于海洋与河川，是受有天然地理之支配，决不能自由扩张，纵有运河之开凿，然此为极例外之事。而在铁路则不然，其分布之路线密度，皆可以用人为的增加扩张。我们试一看世界各国铁路之分布状态，有如蜘蛛网形一般，我们就可以证明此语之不谬了。由是铁路到了无限延长，无限扩张，这生产事业所需之市场的范围遂愈形扩大。其结果，生产货物遂得大量之卖出，所需材料遂得大量之买入，而扩张复生产式遂得为无限之循环，生产资本，于是遂得极端之膨胀，资本主义愈得高度之发达。但此种倾向，不仅限于国内，即对于海外亦是望市场之扩张，交通之发达。不单是希望而已，有时为确保自己商场计，且进而图握他人之交通权，航业固是其一，而铁路实为攘夺之中心点。而其所以为攘夺之中心点之原因，即因为铁路可以自由修造，不受地理之支配。此虽由铁路便于投资使然，而其最重要之任务，仍在于利用此机关以达其制造之物便于吐出，原料品之便于买入。此种好例，实可见之于我国，如法人之于滇越铁路，如见他国有利用此种机关运输其货物时，即给以一成之课税以限制之。又如日本之在南满铁路，对于己国货物之运搬，则特别给以最廉价之待遇，他国货物之经此线者，则不蒙此惠，此二者形式上、手续上虽有不同，而欲因此以驱逐他国货物，使一个市场归于己国一国之独占，则是一样的，试问为什么要独占此市场？岂非是一面图己国货物之畅销，而他面图原料品买进之容易吗？此即是铁路与资本主义关系之一。

至投资与资本主义有密切之关系更为明了。原来投资可分为直接投资与间接投资两种。直接投资，是直接以资本投于我国之铁路；间接投资，是间接取借款之形式，而投于我国之铁路是也。直接投资可用生产资本增殖式说明，是欲因此得红利之赚得的；间接投资，可用借贷资本增殖式说明，是欲因此图利息之获得的。然在我国，二者常相混合，外人常享二重之利益。总之，不管投资为直接与间接，而投下之安全与见利之确实，是为资本家应守之二大信条。但是此两信条，是常相矛盾，极不相容的，如投资可称安全，则不能待巨大之利益的，如有巨大之利益可图，则甚少安全之性。此种经验，大致在久欲实务的人，都体会的。如图此两种利益同时并具，除了铁路投资外，当然无第二种了，因为铁路是一种结合生产之性质，并且最富于固定性，一切自然灾害、人为损伤之可能性，比较是很少的。加之货物之运费、乘客之车费等之收入，是很确实，而利益之优厚，又为其他各种实业所不及。不单是为资本集中之原动力，并且又为资本主义发展之一良武器。美国有名之铁路脱拉斯即是为此种之代表。但是这铁路，如极端发达的结果，一国内之敷设土地有限，自不免受收益递减法则之支配，而投资所获利益，遂渐至于不利，终不能不出于向外投资之一途，盖以向外投资所得利益且较国内更为优厚故也，此就是列强集中于我国铁路竞争之缘故。

此外还有一个为其他事业所无，为铁路所有一个特征，我们应有研究之必要。我们在以前不是说过资本主义为生存发达，有中间目的与最后目的吗？这中间目的即是商场之获得；最后目的，即是殖民地之获得。但是这最后目的如不易达到时，就以市场之获得亦为满足，所以称为中间目的。而这铁路即是为达此两种目的最能伸缩之手段，一方虽为货物材料运输之好机关，而同时他方又实为市场投资地获得之一种最方便之手段。此缘故无他，即铁路不单是为经济关系所必要，且又为政治军事利用之良武器，凡铁路所经过之区域范围，皆容易生军事政治之关系，由中间目的之市场获得，浸假实易使化为最后目的之殖民地，亦是极不费力之事，近代列强之以铁路灭人国者，要不得出此路径。

最后由我国铁路关系，最能引起人注意的地方，即是因此确能证实资本主义之帝国化一事。原来这资本主义最初是与国家未生有重要之关系。然自世界潮流渐趋于武装平和之途，而资本主义，亦遂渐带有侵略之性质。资本家专靠国家之权力以维持其独占之特权，而国家遂专赖资本家以贡纳之租税以作每年扩张军费之用。于是一国之执政者即资本家，资本家与国家遂无从分别。而于我国尤极易见此种倾向，凡当铁路权利之竞争，一国商人私人如有所失败时，该国家无不起而为之后援，驯致我国与该国商人之交涉，俨成为与该国公使之国际交涉。所订立之私人契约，俨成为一国正式之条约。犹忆我国许京汉路权与比国后，英国向我且有舰队集中之示威运动，以为路权获得之胁迫。为一商人何值得国家出如许行动？这岂非是资本主义帝国化之特征而何？欧战以后，此风稍熄，以为列强颇有憬悟。不谓近时又有反古之倾向，世界将来未可乐观！我国宜知有以此处！

第五款　今后我国人对于铁路应取之方略

据上文一看，近世列强已成为一个帝国资本主义之侵略，他们最终的目的，实在于殖民之获得。而商场之寻觅，不过为他们一种过渡之手段。如能可以有达最后目的之希望，他们必起而直乘；如其不能之时，他们也就止于市场之获得以为满足。这理由无他，殖民系含有独占之性质，得之可望长久对本国为货物材料之需要供给。而商场则为一种竞争性质，与他国立于平等角逐之地位，虽对于本国生产制造不无利益，究非所以策一已资本主义生存发达长久安全之道。所以领土侵略，可称为资本主义之目的物，而商场实可看为达到目的之一种手段。而铁路即为具此二种特长之一种侵略利器，一方面对于市场有调节分配之功效，而他方对于领土侵略，又有军事政治行动之方便。现今铁路政策为列强之一种竞争目的物，也就是这个缘故。我国之铁路问题，常惹起国际纷争，也就是为此个缘故。现在我们国家形势已濒于危险地位，我们国民对于铁路问题，应取如何态度一个问题，实为我们全国民不可不急谋解决的。

关于这个问题，有三种应行商榷的：第一即外资可否利用？如作为可利用之时，借约条件以何者为宜？用途以用在什么地方为佳？将来如何偿还？官吏之舞弊亏吞如何预防等，均应在讨论之列。外资可否利用，实为现在最大之一个问题。现在我们可以说的，外资可以利用，但须用于生产方面，因铁路虽为生产事业之一种，但国防铁路即为不生产之消费。所以我们对于铁路借款之主张，如限于生产之铁路，外资亦未尝不可以利用。袁氏时代之铁路政策，关于国防铁路，亦主张借款经修，此对于我国国家财政，实生莫大之危险，我们应该主张改约的，沙兴铁路及陇海西端之部分等，即是其例。至借款契约，第一务摒去政治色彩，而纯从事于经济之借款。务忌与各国所用之御用银行团生关系，如汇丰等，而与各国其他之资本家交涉。借约形式，以包工制为最佳，此应为吾人不可不注意者。其关于用途问题，则预为防官吏亏吞计，宜取经济公开严重监督主义，如有一毫之借款，即有一毫实用之铁路出现。务使名实相符，点滴归公，则铁路与兴筑，匪特不如今日之为举世所诟病，并且为将来工商业发达之先河。然此不过为见诸笔间一种空谈，而欲其能达于实行区域，则惟我国民之万众一心以行使其监督权耳。以上所说为关于将来之问题，而已往之路权损失，尤不可不谋有以救亡之道。此道为何？即对于日之南满、法之滇越二条直接投资铁路，以亿万众为一心，仿德俄之成例，迫之以废约，废约不可，出之以改约。当兹资本帝国主义将衰之时，正我国民自决之日，有进无馁！不患目的不能达。至对于其他经济借款之尚未偿还者，则力促我政府编成一定之计划，筹措一定之偿债基金，分期偿还，务使各国在我国所独占之经济利权，举而还之于我国民，我国经济其庶发达之一日。而除上所论之问题外，为我们切不可忘的，即我国民之自助自强，打破祸国殃民之军阀，而建设真正有秩序之民主政体。

第六款　波顿氏论铁路与世界大战

资本主义据其好战兴否？作标准，可分为三期：第一期为资本主义之少年期，在本期颇具有好战之性质，此实称为少年期，由此期而入于成年之第二期，则比较倾向平和，因在本期内，纯注重于国内之实力充足，对外尚无何等之积极进行。然一至于第三期，则如人之得神经病一般，顿改以前之态度。而复于第一期之好战性质。这三期的区分，我们可以用英国近代殖民地之史的发展来证明。英国资本主义初期之侵略时代，实为从伊里沙比士①女皇即位起以至七年战争止之二百年间。在此期英国几乎没有断绝战争，该国在世界上能握得商工业之基础，亦实于此期中造成的。然自七年战后之英国约百余年，除参加克里米亚战争外，实无战争之可言，此为资本主义入于成年时代所带平和之性质。及到近世，英国之对外政策忽然一变，急剧的带有帝国主义浓厚之色彩。我们如要明了的划第二期与第三期之分界，当以英国第二回对南非洲波儿族征服战争为始点。关于此战争有一件最有关系的，即由巴民加姆②区域所选出之议员张伯伦氏入长殖民部一事。从来英国大工业地方，首当数满甲士特③市，而满市所生产名物就是纺织物，而英国历来执政诸人，都由满甲士特地方系占其势力的。所以那时英国所表示的各种政策，谓为满市纺织资本家所表现的，未尝不可。然巴民加姆市则不是英国纺织业之根据地，而为钢铁业之中心。所以张伯伦氏之入阁，不是代表织物系之势力，乃代表钢铁业之势力。英国钢铁业系势力之

---

①伊里沙比士，现一般译为伊丽莎白。
②巴民加姆，现一般译为伯明翰。
③满甲士特，现一般译为曼彻斯特。

及于英国政界，虽为近代之事，而其实关系于世界大局，则非浅鲜。自从张氏之入阁，我们可以知道英国之重要实业重心，已渐由纺织业而移于钢铁业。而钢铁业实成为代表资本主义国家之重要工业，前者称之为棉业时代，后者可称为钢铁时代。而英国之对外方针，亦因此遂不得不呈一大变化。质言之，一入钢业时代，所谓殖民政策世界政策，皆由此发其端。英国在今日，正在帝国主义变化经过中。这帝国主义即是一富有好战之性质，这根本的缘故，即是一棉铁业时代之转换。所以棉业可称为表示和平的，钢业可称为表示好战的，然而这根本上理由为什么？在解答此问题之先，我们有说资本主义发达之径路与由棉入铁行程经过之必要。

原来这资本主义经济组织，如欲为自己发达计，这根本上的要件，即凡所生产物，不单是足以供给劳动阶级之需要，并还须要向社会全部供给其需要才行的。由这种特征，这资本主义之巨万富源，遂开始蓄积。换言之，这资本主义的社会，须常常要造出剩余生产物，并且须经卖出之手续转成货币，才能无限集中，才能继续其发达。由这样看来，这资本主义如要生存发达，这资本主义组织范围外之市场是必要的。而范围外云者，必非限于外国，就在本国，如未发达至于为资本主义之组织，亦是可当作范围外看的。

从这资本主义发达之次序而论，无论如何最先发达的必为都会。在是时之乡村地方，实为其剩余生产之贩卖地。所谓资本主义组织外之市场，遂得之于国内。然这乡村地方，随资本主义之发达而为变迁，于不知不觉间已脱去其旧来之经济组织，而渐化为资本主义之组织。于是从来对于都会为买主之乡村，今则成为货品贩卖之竞争者，向之以乡村为销货尾闾，今则彼此化为同行之竞争。其结果，举全国所造出之货物，遂于国内有不得销完之势，而不得不求消纳之于海外市场，此即资本家向海外扩充市场之缘故。但是这海外市场亦非永久可靠的，因为属于此等资本主义后进国，在起初虽可得消纳资本主义先进国之货物，但他们的实业，亦次第发达，生产货物亦渐次增加，就是他们自身，亦不能销完其自身所造之货物，对先进资本主义国家之货物之不能代销，固不待言了，于是皆先后不约而同而求之于纯未进于资本主义之国家。然此等国家之国民，通常对于此种生产物之需要力，是很少的，纵有需要时，而购买力又是不大的。像此种情形继续不已时，这资本主义实陷于不可发展之地位，大有束手待毙之势。但他们是不能坐以待毙的。他们是要奋斗的，要想方法来补救的。这补救方法，独一无二就是一市场之创造，创造市场之第一下手处，即是向未开化国家为种种投资事业之企图，以造出他们货物之需要。此一种投资结果，势必引未开化之国家，而投于资本主义之漩涡中，以造出其新市场。而唤起货物需要之最捷手段，当首数铁路投资。譬如投1亿元之资本于中国而建设铁路，则其中之8000万元乃至9000万元之铁路材料，是由投资国家供给而向之输入，其余之1000万乃至2000万，则归从事于铁路建筑之技师与苦力劳动者所得。而此等所得，还不能看成纯粹为在中国市场之消费，因此等工作人员，常常有需用消费品如麦秆草帽卫身衣等。而此等货物，大多数仍不外由资本主义国家制造输来的，但是其中之主要现象，还是铁路材料之输出一事，此即为先进国对未开化国资本输出之方法，今日之国际投资，大概皆依此法以行的，所以从现今之资本国家之分业上论，其造出货物，实可分为两种。资本先进国主要的制造物，大概是属于制造上用的生产货财，如机械、钢轨等，后进国的主要制造，大概属于生活上必需之消费货财，如棉丝等。从其发达之顺序而论，大概今日之资本国家，皆渐渐从以织物为工业中心之段落，而移于以钢铁业为中心之段落。

由是这资本主义一入于此时期，便一变旧时之平和倾向，而为侵略之性质。为什么缘故资本主义到第二期便成这个样儿，一言以蔽之曰："是由贩卖钢铁与贩卖织物，根本上有迥殊的地方。"即后者在市场上，常富于自由竞争，而前者常趋于独占。举例而论，如德国人在南非洲为毛织物材料之贩卖，或毛织帽之贩卖，到处皆不至于发生问题。然万一为铁路材料之贩卖，则英政府定与禁止。不单是在英领南非洲为然，即在其它经济未开化之独立国家如中国、土耳其等，如一国在该处有为铁路材料之贩卖、铁路工事之建筑，他国亦是非常嫉视的。因为毛织物之贩卖，单是止于一种货物贩卖之竞争，而铁路材料之贩卖，是资本之投下。前者只要售卖出去得了代价就算完事，而后者则为价值巨万之铁路材料，与前者之消费品贩卖大相迥异。其所卖之代价，是不能立地就可从未开化之国家收回，大多数由出资国之资本家，兼有一切建设之权利。换言之，先进国之资本，有大概对于未开发国之投资事业，系取一资本渐次收回之方针。但是通常在未开化国之铁道经营，决不是即时可以见利。而从资本家之精神上论，无论铁路对于市场之开发怎样有利，对于自己投下之资本，如不得相当之报酬利益，这资本之投下，完全为无意思。所以此种投资资本家为补此投资缺陷计，对于被投资国，遂常有附带条件之利权获得要求。而此利权获得之具体方法，则不外向该国为政治、经济最有利之投资，如地域之租借，及沿路线矿山采掘权之获得，在该地区内为通商独占权之获得等。如此等利权都能获得的时候，铁路之建设，始可称为有利之投资。如不得到手的时候，则不得不稍为中止。从来铁路投资问题为国际间最复杂最纷纠之现象，其关系实在于此处了。然而在被投资国方面，通常不感铁路之必要也是有的，不特不感必要，并且极端抱反抗主义也是有的。这一种权利割让，实是不容易的。于是此等资本家，势必求援于本国政府，而国家亦以资本家为背景之关系，常进而以武力干涉为之后盾。由是这种铁路投资，实一变而为政治武力之侵略。但是世界之资本国家是数多存在的，而利权之获得，决不是限于一强国间的，如数个强国一相竞争时候，则不能不以武力为最后之解决。此即是现在帝国主义现象之起源，而为此次世界大战之真因。

本篇结论

资本帝国主义是以市场、投资为二个绝对条件，而交通实为侵略经营此二个条件之一个最要手段。因为有交通，便能使市场之货物集散如意、圆滑进行，有交通则在投资地之资本放下与收回，亦能畅行无碍。由是他们的资本遂得继续其膨胀，我国交通权之所以被其侵略，实不外循此公例以行。然而我国民之资金，遂被其榨取，而国民生活一天难似一天了。

（按本篇尚有邮政电信等题目，惟邮政已归我收回兹略不论，至电信则置于后篇投资章内讨论）

第四篇 国际投资论

第一章　国际投资之一般的考察

第一节　国际资本移动之原因

什么叫国际投资？质言之，就是一国际资本之移动。在近代资本主义史的发展上，实有极重大关系。我们在总论不是说过吗？这资本主义的最重要两个条件，就是市场扩张与投资地获得二种。前者就是一货物移动，要靠市场来吸收采买，我们已在前说明了；后者是一资本移动，要靠这投资地来消纳，这个题目，就是属于本章内所讨论了。在研究这个问题之先，我们试把国际间之资本移动情形一看。先就大战前说起，英国对外之总投资额为35亿镑，法国为600亿佛郎，德国为80亿马克，不消说是人人皆晓得的。至大战后又是如何？据肯士（I.M.Keyness[①]）教授之计算，1919年，欧美联合国间之资本移动，有如次之表示：

单位：百万镑

债务国		英	法	意	俄	比	塞尔维	其他联合国	合计
债权国	美	842	550	325	38	80	20	55	1900
	英	—	508	467	568	98	20	79	1740
	法	—	—	35	160	90	20	50	355
合计		842	1058	827	766	268	60	164	3995

[①] 此处拼写有误，应为凯恩斯（J.M.Keynes），英国著名经济学家。

据上表而论，大战后单是英国对于美国也就负了 84200 万镑英金，为额之大，可想而知，这国际资本移动之烈，可以想见。本来投资的原则，第一须原本收回之容易，第二须利益之确实，资本家始敢着手贷放的。然而这国际投资大概为远距离之资本移动，其实不得称为原本收回之容易利益之确实，何以各国皆甘愿置此危险投资于异国若行无事者然？此其中非有大故存在，断不至于如是，其重要之原因有二：

（一）资本之证券化。

（二）交通之发达。

第一，有价证券之发达，为资本主义组织完成之一最大特征。李夫莽氏（Robort Liefmann）[1]尝分经济发展为三大阶段：即实物资本主义之时代，货币资本主义之时代，证券资本主义之时代是也。现今即称为证券资本主义之时代。在今日凡代表财产之证券与代表资本之证券，其使用效力，实与真正之财产资本不稍分别。所以凡享有此种证券之所有权，即无异享有工厂、矿山、船舶、铁路、货币等。所谓资本之证券化者，即指此现象而云也。如吾人以此证券输送之时，即不啻铁路、矿山、实物等之移动，虽重洋亦能横渡，虽喜马拉雅山亦能飞越。这是什么缘故？此就是一证券信用制度之发达，所以这国际投资因此亦就容易实现。

第二，为投资最大之障碍，就是一个时间、空间之隔绝，然交通机关，就是一缩短时间空间距离最简易之手段。所以自这铁路、航业、电报、邮政等交通发达以来，这世界金融机关也就发达了，金融之移动也就频繁了，其影响并及于国际间之投资。换言之，这国际投资之发达，谓为纯由受交通发达之赐，亦未尝不可。

---

[1] 李夫莽氏（Robort Liefmann），现一般译为罗伯特·利夫曼，德国经济学家。

第二节　资本移动之理由

以上为国际投资之一般原因。原因既明，这移动之原理亦应加以研究。关于原理有三种可说的：

第一是关于经济的，第二是关于地理的，第三是关于政治的。兹先就第一论究之。

一、关于经济的

国际投资发生于经济方面最有关系的有几种：第一是利益及利息之大小，第二是偿还期间之长短，第三公债腾贵希望之有无及投资担保品之确实否。凡此皆为投资上极重要之条件，不论国之内外，苟此种条件有一不备时，无论何人，皆不肯将他的资本轻轻放下的。但是此数个条件中，尤以第一项为最有关系。因为国际金融在空间、时间上与普通之货物相同，最容易生调节之倾向，即是利益与利息低的地方，尝向着高处流动，因之高处的金融，尝受低处金融之调节，而有倾向于一定平衡之趋势。说明这利益与利息关系的，首先数亚丹司密士（Adam Smith）他说的："利息之高低与利益之大小，是相关联的。利益高的地方，对于所借得元金，必有多额支出之能力。反之，利益小的地方，其负担能力自小，只能为少数之支付。前者叫利息腾贵，后者叫利息低落。"故利息之于利益，全有如影之随形，有密切不可离之关系，而欲明白利息之所以高低之原因，则不可不求之于利益之大小。

然而这国际间利益之有大小原因是什么？首先说明的，当数李加德氏（Ricardo）[①]之地价论，他说的："凡人口稠密之工业国家，对于土地之需要力甚大，故地价自会昂贵。反之，在人口稀薄之农业国家，对于土地之需要力是很小的，所以这地价是甚便易。在地价便易的时候，企业家只要营业稍有剩余，

[①] 李加德氏（Ricardo），这里指的是大卫·李嘉图（David Ricardo）。

就可付作地价。然一旦地价如腾贵的时候，企业家纵然赚有大钱，如以之付作地价，所余亦无几了。加之土地如甚为一般人需要的时候，一方面固不外影响地价之腾贵，而在他方面实是表示农业耕作地之日形狭小。其结果，由此所出农产物之时价，亦必因之增加，则从事于耕作之劳动者，纵其安于最小限度之生活，而工钱亦势必增加。这地价与工钱如都腾贵的时候，企业所得之利益，当然不得不减少。所以这利益之大小，是由地价之高低而决定的。"是这样看来，通常工业国比农业国地价贵，则在工业国之投资，当然不及农业国投资之优厚，此就是工业国家的资本向农业国流动之原理。

以上是李氏说明国际资本移动之大概，其次马克斯在国际投资上，更能为透达之说明，他说的："大凡在工商业发达的国家，由这资本投下所赚得之剩余价值，是有渐次减少之倾向。因为凡因投下所生之剩余价值之总和，是应与投下资本之总和相比较看的。其在工商业发达之国家，因同业间之竞争是最激烈的，并且大家都是孜孜于在求赚大利益。所以投下资本，较之农业国家，当然是非常增加的，结局，这一种资本增加之总额，如与因此投下所生之剩余价值之总和为比例，则前者之增加率，当然大于后者之增加率。换言之，即资本投下愈多时，赚的利钱不愈多，故这一种所得利益，与农业国所得利益相比较，当然是很少的。"既工业国家之利益比农业国家小的时候，这利率低的地方，当然向高处流动，而生资本移动之倾向。

据上面各种学说看来，利益与利息之大小是相一致的，利益好的地方，这资本之利息是高的，利益不好的地方，这资本之利息是低的。反之，利息高的地方所得之利益是大的，利息低的地方所得之利益是轻微的。这一种相为起落的理由，我们不可不一说明如下：简单言之，这是由供给需要之竞争作用所致。因为设如有一个地方所得之利益甚大，而利息甚低的时候，这放债之资本家，势必向其借主收回其贷款，而亲身从事于营业，以图获得大利。于是此一种之新企业家因此遂骤形增加，对于资本之需要是非常增大。资本之需要既甚大，则利息遂不得不因之而腾贵。反之，利息腾贵而营业之利益如不好的时候，则一般资本家，遂不为企业而为放债。于是资本之供给者，遂形增加，而资本之需要者，则不得不减少。其结果终引起利息之低落，此就是利息与利益常相一致的缘故。试以现在各国之平均利息以观，固然是有上下动摇不定，然大概可说的，英美国常在四厘上下，日本常在七八厘上下，至我国则高至一分以上。简言之，工业之先进国之利息最低，工业后进国或半工业国家之利息稍低，农业国之利息则为最高。根本上则不外由各国企业利益之有大小乃生此种关系，大致利息低的国家资本，向着利息高的国家移动，这国际投资之现象遂由此发生了。

这资本愈增加，利益即愈少的理由，我们应用这经济学上之报酬递减法则来说明。该法则有静的（Static）、动的（Dymanic）两种，动的法则最适用于农业国家，而为李氏地价说之根据。至静的法则不仅能适用于农业国，即其他之工业国亦都可适用，而为马克斯说之所根据。前者为最初之原有法则，后者则为从前者而扩张的。兹为简述如下："什么叫收益递减法则？即于一定面积之土地上，以同一之耕作方法，而使用生产手段时，则生产力与所加之生产手段，都是为比例的增加。但是此生产手段如增加到一定程度以上，则因此所获得之生产物，不特不能如以前比例之增加，并且更形减少。"通常人口稠密之地，以受此法则支配，生产物之利益常少于人口稀薄之地。都市有此现象，则普及于乡村，乡村有此现象，则一国都受此法则支配而生产物必较所投下之生产手段遥为减少，此即称为报酬递减之动的法则。

此法则不单是限于农业地，即对于工商地，亦有同样之作用，是所谓收益递减法则之扩张，我们试一看都市之工商业地，皆是一天一天的扩大。土地既是一天一天的扩大，当然是受收益递减法则之支配无疑。因为同在一定地面上，如为公司工厂银行之建筑，起初固然是收益与投下之生产手段为比例之增加，但至一定程度以上不能因生产手段之增加而收入亦随之增加，并且反更形减少。于是就是在工商业以迫于必要，亦不得不为土地之扩张而唤起土地之需要，这地价遂随之腾贵。地价腾贵，收益即形减少，因之利息亦甚低微。所以马克斯说："资本如愈形增加于一国，所得之利益必不能比例其资本增加，并且更形减少。"也就是为这个缘故，此即称为报酬递减之静的法则。

然则我们可以下一个定论，工业国的利益与利息，都比农业国低微。掉句话来说，工业先进国，既比后进国或半工业国低微，则金融自生调节之现象，

当然由低处而往高处流去。质言之，资本过于饱和之国，不能不觅吐泄之地，国际间由是就发生资本流动之现象，近代资本主义国家之向外投资，也就是资本过剩的缘故。然这根本上的理由，实由于一报酬递减法则之支配。

二、关于地理的

国际投资对于地理，亦是有重大关系。因为地球上无论何国，莫不受地理的天然分布之支配。大致在相邻之国家，一切风俗、人情、言语、文字、法律、经济、政治之情况，皆有密切关系，尝有相同共通之点。所以这种国民间之交际往来及货物之输出输入之移动交换状态，都是非常频繁，与其他远隔之国家是大不同的。代表货物之资本货币，亦特别容易生越国投资之倾向。在国民经济发达之国家，此倾向尤为显著。那么，地理实为诱起国际间债权债务移动最有力之原因。我们试一看地球上之土地错综之各国，如法之于英，英之于美，美之于英，德之于俄，奥之于塞尔比亚，日本之于我国，大致皆以地理之关系而引起投资之倾向。但是亦有例外，有时有远隔之地方，而亦为巨额之投资，此则有其特别关系。在地理关系上，诚算一种变态作用，当于下说明之。

三、关于政治的

国际投资发生于政治关系亦是最多的。所以政治关系，亦为国际投资之一最大原因。我们试一综览世界通史，国际间之投资，可得三种关系：第一，二国常立于反对地位，对于彼此资本之输出，是极端排斥的；第二，二国间无甚利害关系，对彼此国家资本之输入，是取不迎不拒的态度；第三，二国间之利害常相一致，因而为利用之投资的，有时纵于经济无甚利益，亦是乐而为之，此实为资本越国境之一重大原因。欧战前法欲联俄以制德，故不惜越中欧而投数十亿佛郎于地偏东亚之俄国；英欲联日以拒俄，故英资遂越重洋而为日本买进数亿之公债票；欧战中之美国对联合国，借贷且至数十亿美金，资本遂为越大西洋之移动。此无他，皆由政治关系有以使然。以上系为对等国国际资本移动之概要。

此外还有一个政治关系而引起资本之移动，即强国对于弱国之资本移动。

换言之，即资本主义国家，向非资本主义国间之移动。其关系之重大，或较前者驾而上之，此虽由政治关系，而其实发生于经济关系。因为这资本主义之侵略，第一之目的，是在于独占，故领土之并吞，殖民之获得，是最使其目的能实现的，既为其领土与殖民地，不言而喻，是归其独占。凡一切利权既归其独占，则可肆其经济之吸收榨取，以达其资本膨胀之目的，无有人可过问的。然达此目的最理想之手段，当求之于政治之解决，至商场之获得，非其本心，形格势禁，有所不得已，姑置之而徐图后策耳。因既名曰商场，则当有竞争，有竞争则不若独占之占优越地位，而时呈不安之现象。虽然，此不过比较言之耳，其实商场为资本主义买货卖货之所需，虽不及领土获得之满意，而究能维持资本主义之生存发达，有胜于无多矣。所以投资地与商场之获得，实为今日资本主义之二大任务。本节内所说，是最有关于投资地。今日列强大概以平和之名，而行侵略之实，如英国之于印度、埃及，法国之于摩洛哥，各国之于我国，皆群起争相投资，其最后之目的，不在领土扩张、权力扶植在什么？大概始以对于非资本主义国家之铁路、矿山为私人之放资，继以在债务国为债权国势力范围之设定，终以外交关系之干涉，而移于内政之干涉，遂移于非资本主义国家之并吞。此实为当今帝国主义最大之特征。我国今日第一是最感切肤之痛的，就是本节之外人投资。

第三节　国际投资之内容

上面所说的为关于投资之原因问题，现在我们应继续研究这国际投资是什么东西？关于这个问题，可以分为二种研究：其一为国际投资之种类，其二为国际投资之方法。兹分论之。

一、投资之种类

国际投资种类可分为二：其一为直接投资，其二为间接投资。什么叫做直接投资呢？即是一国家之资本家将自己所有资本，不经被投资国人之手，直接而投于其国内所发生之营业关系。换言之，即一切事业之经营管理，及由经营所得之结果，皆归彼一人之独占，以被投资人丝毫不得过问为特征是。至投资之目的物，如铁路、矿山、制造工厂、航业、银行及其他一切之经济利权属之。法国之于 Tunis[①]，美国之于坎拿大，各国之于我国，此例尤为显著。

然则间接投资，我们就可以知道了，他的特征有二：其一即一国之资本家，将自己所有之资本，购入他国之国债或地方公债。是此项资本，常归被投资国之政府或地方团体任意处分，已惟据票上规定金额收入其利息。其二即一国之资本家，将自己所有资本贷与他国之私人或私团体，而任其自由处分，已惟所有其股票或债票，而按年收入其利息与红利等。此两种之相异点，即在于红利金之有无，而相同点，即在于对被投资国同一保有债权关系，与直接投资根本上完全不相同，也是在这其他地方，所谓政治借款、实业借款、合办事业属之。在本节内为我们应注意的，即是无论何种借款，在投资国无不有该政府为之后援，就是一种私人契约，亦俨若带有一种公约性质，决不许被投资国自由更改废弃的。投资种类既明，我们再进而研究投资之方法。

二、投资之方法

一国对他国之投资，即如何把资本投下的一个问题？我们应有明白之必要。本问题可分为二种研究：第一是以本国资本投于外国的，第二是以在外所获得之资本投于外的。先就第一种来说。

（一）在本国获得资本之国际投资

我们通常对于国际投资的直观，大概都想成是一种现金货币之移动。譬如说我国向英国借款，我们大家脑内都当作英国有大宗现款输入我国。然而这实在的内容，与吾人常识上所想的大相迥异，通常国际间之资本移动，大概不是现金，而以其他物件替代。这根本上的理由无他，即一国之现金，一时决不许为巨额而流入于他国。因为一国之货币金融，与其国之经济货财，常保有一定之平衡，如此均衡一破裂时，金融上必生极大之障碍，而影响且及于其他之各

[①] Tunis，即突尼斯。

界。所以各国对于资本之移动，是不用现金已如上所述的。然则用什么之形式来移动呢？换言之，不用现金用什么东西？大概各国皆是用一种证券之移转。证券移转，即是货币移转，但不是以现金为输出。我们试一论此种证券流动之关系。通常国际间证券之有移转现象，与一国内之私人间经济行为无异，是以发生债权、债务为前提。如此种关系不存在时，证券是无从流通的。但国际间债权、债务究由如何发生？则不外有三：一为贵金属之移动，二为劳动力之输出，三为国际之借贷。而此三者中，以后者为最有重要关系。我们且先一述二国间借贷之单纯例，譬如我国向英国为铁路之借款，而铁路材料为英国之最特产。则我国所借之款，假设为一亿元，其中之八千万元即为向英国购取铁路材料，如钢条、铁轨、车头等费去，所余不过千余万，则必以之付作劳动者及技术者之工资。结局向英国这一笔借款，在我无异是一种货物之输入，在英无异是一种货物之输出。至现金之移动，稍以小额之贷出，即可了事。但如不属于该国之特产财之借款关系又如何？此则不若上所说仅止于二国间之关系，有时且将至数国。譬如我国向日本而为纺织之借款，而纺织业所需用之机械，则非日本所特产，势必由我国向其他特产国购买，比如英国。在此时之借款，势必发生我国与英日三国之关系。因为既如前所述，由日本不与我以现金而替以证券。详言之，即由吾国应付与英国之机械代价若干，不由吾国支付，而由日本代支与英国，而此代价即由我之向日借款扣出，此为我国与英国、日本之关系。但日本同英国之关系又如何？即在日本仍不以现金支于英国，而仍代以证券，其证券系由日本之特产财如绢丝等向英国输出所得的代价生有债权关系而发生的。换言之，我国向日本所借款项，本由我向英国买入机械而由日本代我付款。因日本在英国存有现款，故由日本向英国以证券一纸，即可以了结我国购机械之代价，而在英国则从日本之存款，扣去其数，而收其证券，即完结一回之交易。此则为国际间借贷之大概情形。

  此外尚有为我们应注意的，即是不论二国或三国以上之借贷，而归于投资国之利益实为二重。试以最初之例来说，英国在借款上，既得利息之收入又得货物之输出。在后之例，虽较前者稍复杂，而关系仍与前者无异，利息固不待言，仍为投资国日本所经收，而货物虽可看成代英国销售，但其实英国又为日本销去其绢丝之货物，日本又因此项借款，得收回其对英国之债权。结局仍为二重之利益，此为实业贷款之大要。

我们尚有补述之必要的，即是政治借款，其借款通例带有附带条件，如须充作偿还外债之整理金，及购买军需及车械等。日俄战争之日对英之借款，及此次大战之美国对联合国之借款。我们试一检其用途之支出，其中之大部分，大概皆以之向放债国作代价而购入诸种之军需品，鲜有以现金移出者。

以上为间接投资之内容。至直接投资之关系又是如何？从表面上观察，好像是资本完全消费于被投资国一样，而内容却不然，凡制造上所需用之生产财如机械等，仍不外向本国采买运来。结局，资金大部分仍非以现金之输出，而替以货财的。以上所说为本国所得资本而向外国投资之内容大要。

（二）在外国获得资本之国际投资

此种投资方法，即是以在外国投资所生之利息、红利、劳金等，不直接送于本国，而依然仍投之于被投资国。英国之对外投资，在本问题为适切之例。兹一论述其投资之概略。该国在美国大战前之投资，每年之纯利有达于五亿元之谱，其处分此之方法，不外下之三种：

1. 以由美国所得之红利直送于本国；

2. 以由美国所得之红利而转移之于坎拿大；

3. 以其所得，而储之于债务国之银行，或仍以投于其国。

以上三种方法，第一种是终成为本国之资本，可用前项之理而为说明。第二种，系对第三国之投资，对于被投资国实无重要之关系。至第三方法，因其仍投之于原地，故其结果，仍不外促起本国货物之输出，而与投资国以大利益。惟对于银行之存储，则有利害关系之可言，即是投资国以其所得而储于本国在该处所设立之银行，则为利，然如以之投于被投资国之银行，则为害。试一明其关系。在资本主义之下，最为资本家所利用的则为一银行，因银行实为资本家之信用媒介机关，而对于生产事业之发达上，实占重要位置。故于投资地如银行为己国所有，则凡一切之生产资本、商业资本、借贷资本皆可仰给于银行，而工商业在该投资地可愈望发展，而促起本国货物之输出。反之如投资地之银行，纯为被投资国之所有，则投资国在该处如有所得，势必存于该银行，而此资本之利用，遂不归投资国人而归被投资国，间接实以助长其生产事业之发达，而为投资国货物输向被投资国之大敌。此一种苦经验，英国实曾尝之于美国。故现今各国向外发展之必要条件，银行机关之设立，实占其一。各国在我国银行独多，也就是为这个缘故。

第四节　间接投资底资本性质之研究

一、近代国际间关于赔款一新形式之发生

现在资本帝国主义用来吸人经济灭人国家的手段，第一应数这国际放债。因为由这放债可以为极大复利之增加，极资本膨胀之能事，在放债国家固攫取自如，而在债务国之筹还，无日不觉疲于奔命。其尤足惹起我们注意的，即国际赔偿金，亦加以利息支付一事。由此我们可得两个特征。

第一，在我国历史上，从上古到近世，凡关于战争结果，割地输钱则有之，输钱加以利息则没有。有之，则自中日战后之赔款起。此实为现代国家商人化之特征一。

第二，在西洋历史上，从上古到近世，凡关于战争结果，割地输钱则有之，输钱之外，又加以利息则没有。有之，则自普法战争起。此实为近代国家商人化之特征二。

国家之有战争，系发生于人类之利害冲突，因战争而发生割地偿金亦实为人类贪欲之要求，此则通古今人类为一贯者。我国之例如宋之割燕云十六州以和辽，南宋之岁输金帛以和金，皆是其著者。然而从未闻于赔款之外，又加以一定之利息以行经济榨取。开此端者，则自近代资本主义之国家起。试举其三例：

一、德法战争媾和结果，其赔偿金额共为50亿佛郎，其一部定于1871年支付，其他一部须加以年利5分，于3年内偿还。

二、辛丑议和后，我国所负赔偿金额不仅为45000万两，并负有至39年偿清之日为止之4分利息之负担。

三、此次欧战终结，凡尔赛议和，关于德国对联合国之赔款问题，久酿纠纷。直至1921年4月，于赔偿委员会始得德人之承认。总计德国于37年间，共应支付联合国1320亿金马克，内中之500亿，由德国于同年发行公债以作偿还，其余820亿，则应德之能力，随时发行债务偿还。但此公债证券，一律皆附以5分利息，由德国制好交联合国。

由上面例看来，第一项由法人爱国心之发达，于所规定期内，即早已偿清，本无问题之可言。而于第二项之我国偿金，名说是45000万两，然如加以39年膨胀之复利计算，其数约近10亿。至第三例之德国，于1320亿金马克上如附以5分之利息，则此37年间，由德国应付之数，何止于2000亿？所以我们由这种特征，不能不引起一种特别之感想，即在前数世纪之国家，大概为非资本主义之国家，所以通常于战后议和，只有割地偿金，无有利息之支给。然至近世纪，凡国家皆带有一种资本主义色彩，就至国际讲和，亦带有普通商人之臭味，于赔偿金上，必为复利之计算，以遂其资本吸收之手段。我们敢断言国际赔偿金之付利息，实为近代资本帝国主义国家之一大特征，日常经济行为所养成之重利盘剥习惯，公然用之于国际间，而一般人且承认为其正当。俄国之宣告破弃法国外债，抑何其痛快耶！夫埃及之亡，土耳其之受财政监督，关系于原本之不能偿还为小，而利息膨胀不能偿还为害实大。所以我国前途实在不宜乐观。

二、资本能生利息的原因何在

以上所说关系，都是由于一资本能生利息。究竟这资本何以能产利息呢？这种理由，如我们能得说明，则我们对于国际间所负外债之应偿还利息与否之一问题，就可以得确实之判断了。关于资本产生利息问题，有最著名之三说：卑门氏（Bohm-Bawerk）[①]之价值时差说，客拉克氏（Clark）[②]之生产力说，马克斯说。时差说的大概是什么？即第一财之将来存在分量，比现在丰富，第二吾人通常重现在、轻将来，第三现在之财比将来之财有技术之长处。故于经一定期间后之偿还借款，必附以利息。生产力说又是怎么样？即利息常由资本之

---

①卑门氏（Bohm-Bawerk），现一般译为博姆–巴维克，奥地利著名经济学家。
②客拉克氏（Clark），这里指约翰·B. 克拉克（John Bates Clark），美国著名经济学家。

限界生产力而决定，生产力愈大，则由此所生利息愈多。而资本生产力实不外是生产资本家商业资本家等所看为货币价值之收得力。然此种生产力，如解释之以物理之意义，则其利息之渊源，亦全成为基于自然之原因。本来资本之生利息，照马克斯所说，全由一社会关系。然以上所说，皆不免带有轻视社会关系之倾向，以之说明此项理由，太欠充分。所以吾人如欲明资本生利息之理由，则不可不采取马克斯之利息说。因为该说全注重一社会关系，实有可以采取之价值。其概略如下：

凡货币有两种价值，其一即单纯以货币表现之使用价值，其二即以资本之形式发挥膨胀作用之使用价值。而具有此种膨胀作用之货币，通常称为潜在的资本。如此种潜在资本由其所有者而借之于他人活用时，已非潜在之资本，而为利贷资本，对于此资本所使用之代价，即所谓为利息是也。譬如某公司之资本为1000元，而一年所得之利益之平均率，为200元，此即表示该资本一年有生产200元之力，此即所谓潜势的资本。然此项资本，如设为从他人借得而为生产事业时，则每年可从其红利200元中，抽出50元以作报偿此1000元之借款，此即为资本使用之代价，而定名为利息。我们试一考此借贷资本循环之路径：设最初之资本之所有者（A），以一定之资本而借之于（B），然后在（B）手，不以之作为货币使用之消费，而为制造事业之生产，其循环径路如次（G—W—P—W′—G′），即以一定之资本（G），购进数多之货品（W），如机械原料劳力等，以之置于生产行程（P），此行程经过后，原有（W）遂变为新货物（W′），此（W′）经过一次贩卖之形式，而转形为含有剩余价值新货币（G′）。然原资本如用之于商业，其循环之径路，则为（G—W—G′），即以一定之资本（G），而购入若干之货物（W′）。注（W′）由（W）经一次贩卖形式，而成为含有剩余价值之货币（G′）。此两式俱以 G′—P（Profit）之形式，由（B）而还于（A）简单表之如下：

注：此式即示 B 由赚得钱本利中除出其红利而以之归还于 A 是的

$$\begin{matrix} A \to B \\ G \to G \end{matrix} \begin{cases} W\!-\!P\!-\!W'\!-\!G' \\ W\!-\!G \end{cases} \to A \\ \to (G'\!-\!P)$$

此式之特征有二点：其一即是在一回循环径路之中，于同一种资本，有放下二回，收回二回之一事。〔所谓二回放下，即由（A）放之于（B），由（B）放之于生产事业与商业是也。所谓二回收回，即由（B）从此两种营业收回其资本，然后又以之归于（A）是也。〕其二即是收回放下虽如是复杂，而资本在客观上，毫未表明有何等之变化。我们如欲知道其所以毫未显有变化之故，第一应举工商业循环式之资本，与此比较而为说明。这工商业式之资本，我们应知道他们，都是在客观上纯为实质之变形。这理由无他，因为工业式之资本，从起初放下到收回，系经过一段生产行程

$$G\!-\!W \begin{cases} Pm \\ A \end{cases} \to W'\!-\!G'$$

有由资本变材料劳动力（APm）者，有由劳动力材料变新制得货物（W′）者，有由（W′）变收回资本（G′）者之数个阶级之变化。而此种变化，全为一种社会关系，并为一般人所共见。所以此种资本，欲称其于客观上毫未有实质之变形而不可得。其在商业式资本亦然，其循环式（G—W—G′）系由放下之资本（G），而变为货物（W），由货物（W），而变为收回资本（G′），故资本在客观上亦呈有实质上之变形。然在借贷式则不然，我们可以分成两段来说，即由（A）借与（B）手为一段，由（B）以此资本投于商工业而收回为一段。此二段实可截然划分。计在起初之一段中，如据借贷式（G—G′）之式来看，纯为由（A）借于（B）之一种金钱贷借行为，其资本实未示有何等实质变化之痕迹。然及其一旦入于（B）手后，则情形与上迥有不同，而入于第二段关系。即由（B）以之非投之于工业式，

$$G\!-\!W \begin{cases} Pm \\ A\!-\!W'\!-\!G' \end{cases}$$

即投之于商业式，（G—W—G′）利用其循环行程，而图资本之膨胀。此资本在本段诚可视为客观之变形。然此系在（B）手时所呈之变化，与（A）不生

关系。迨夫在（B）之循环式既形完成，由（B）所投下资本悉得收回，则（B）必将其所收回之资本而还于（A）。而此时之资本偿还，已非如第二段中之资本显在客观上有实质之变形，不过是为 A、B 间以所有关系为基础的一种债权债务履行之法律形式，所谓一般客观货币之变形早已不存于其间。G—G′借贷式之关系既明，我们再一论 G 与 G′之性质。在这个时候，由（B）还之于（A）之资本，一非是新转形来的资本（G′）之全部，二非是原有之资本（G），乃于其间生出一种配分关系，盖在（B）所得之全部剩余价值（G′），系由二种组合而成：其一为原本，其次为赚得之红利。（B）除保留红利中之一部分外，红利之他一部与其原本，均由（B）偿还于（A）。而（A）与（B）由是遂各得一定之剩余价值。譬如以先例之 1000 元来说，其所得之 200 元红利中之 150 元，则为（B）保有，而其他之 1050 元，则由（B）而还于（A）。结局同是一货币（G），同时对于（A）、（B）均为营利之资本而被利用。至其所得剩余价值，则不外以一定之比例，而分割于两人之间。（A）所归之部分 50 元，通常称为利息；（B）所归之部分 150 元，通常称为红利。（A）所贷出之资本 1000 元，通常称为原本。如从（A）资本家之地位以观，此利贷资本常以 G—G′简单之循环形式，而自身为无限之膨胀，终以达资本巨大之蓄积。此式之特别关系有二点。

第一，我们如就借贷式 G—G′之循环行程以观，则发现与其他生产式之循环行程，（G—W—P—W′—G′）及商业式之循环行程（G—W—G′）有其大区别。因为借贷循环式之两极端，虽然与他们相同，而中间之生产行程与商业交换行程则全不介在于其间。故此资本可云为与社会不生关系，而仅以一种单纯之物体为表现。因之由资本所生之利息，世间一般人常视之为资本自身固有之产物，而其具有社会关系，反从表面上晦其姿。

第二，G 之成为 G′，大概为一切资本之要求，而此要求如在可能性之范围则资本 G 实可以成为资本 G′，惟以 G 不能直接成为 G′，而自身之膨胀作用，又有不可一日停止之势。故不得已而流于生产行程、商业行程，以求资本之增殖。然兹之所谓利贷资本，因所取之形式为 G—G′，故其资本性质以极端之纯粹形式而表现。而此利贷资本在纯粹资本主义之社会，本来虽受支配于产业资

本、商业资本,而由此所生之利息,本来虽不过为工业资本、商业资本所生利益之一部分,然而反常被看为资本之模范果实。此一种观念,在当今之社会实占绝大势力。

由上面看来,资本何以能生利息?一个问题,我们就可以解决了。一因是常依生产商业资本之循环形式以为膨胀。二因在第二段实与一般社会生有重大关系,而潜势的资本遂变成使用资本而产生一定利益,遂以配分比例,分于出资者与使用者之间了。然而不拘利息之产出有如是之复杂关系,而一般人尝以资本生利息为当然,好像是自明之理一样。究竟是何缘故?此无他,此种经济行为,实从社会晦其形,而世人仅见出资者与使用者间债权授受之行为耳。是这样看来,利息之产生,全由一种商人行为之关系而成立,而在国际投资间,这利息问题,遂占绝大位置。不单是国际间之投资而已,并至于国际间之交战议和,亦蒙此种之影响,而赔款之付利息,实为现今国际间之一最大特征。在一国之财政上,诚得一种新形式之收入,在现今之灭国新法上,实开一新纪元。然而国家之商人化,资本主义之帝国化,更愈足以证明了。

第五节 国际投资与国际贸易之关系

现代资本主义缺得国际贸易么?此个问题,人人皆知绝对缺不得的。如缺乏了,这制造的货物将无销卖处,所欲的材料,无从采买,而所投下之生产、商业二大资本,遂不能进行其膨胀作用。资本主义缺少得国际投资否?此个问题,亦不问而知是缺少不得的。何以缺少不得呢?如缺了,这膨胀过大之资本,将无从消纳,而利贷资本之利息,将无从产生。所以这投资地与市场,实为资本主义生存发达绝对必要之目的物,我们已说明白在前了。但是此二者岂无密切之关系?这题目我国从未闻有人论及,是不可不为本篇内一个研究材料。如我们把这个关系明白,对于我国现今所处国际经济位置改良上,未尝没有补充。兹分为综合与分析二种之观察:

一、综合的观察

国际贸易均衡说，在古时已很盛行，即是谓："在国际贸易上，尝以出口货物代价而充作入口货物代价之支付，此一种收支相抵之关系，是相均衡的。"究竟此一种均衡能长久存在么？当然不能存在。设如此种关系能够存在，以一方之收入充作他方之支出时候，则二者在货币上必为一致之符合，纵一二年内偶有失其均衡时，而长久必仍保其均衡状态。但试一征之于实际则如何？世界现今各国之货物在出口入口上常为一面的超过，不是出口货超过于入口货，就是入口货超过于出口货，二者必居其一。欲求二者刚刚的平衡一致，可说为绝无之事，可见国际贸易均衡说是靠不住了。

但不相均衡之理由是什么？不外由今日国际关系复杂之结果所致。原来一国同他国之交涉，不单是止于贸易，而其他尚有种种关系。如国际间之海陆运费、保险收入费、劳动者之向祖国送金，及由国际借贷国际投资所生之利益及利息等，无一不生国际间资本移动之现象，而生债权债务之关系。一国如属于债权各项之收入额超过于债务各项之支出额时，则自成进口货超过国，因二国间之借贷关系，少有现金移转，尝以货物之形式来授受，故对其应收领之部分，尝以货物之形收入而为入口超过国。然一国如债务超过于债权时，则与前者正反对，而不得不为出口货超过国。因为对于超过部分，非以现金支付，尝以货物作抵的。故出口之货，多于入口之货。由这关系看来，一国之进口贸易与输出贸易，虽不得保其均衡，而属于债权之收入，与债务之支出，则必相一致。主张此收支一致之学说，即称为国际收支均衡说。此种国际收支，实有调剂一般国际贸易之输入与输出不均衡之功效。详言之，即国际贸易均衡说以一国之出口货如超于入口货时，则为国家之益，因为多为货物之输出，直当是由外国多得金钱之收入。然入口货如超过于出口货时，则为国家之损，因为多由外国输入货物，即不外己国之金钱向外流出。而在收支均衡说，则最注重一国之债权债务关系，而谓国际贸易系依此以定其利害关系。如一国为债权国之时，则输入超过为不足忧。如一国为债务国之时，则纵输出超过输入，亦无非代人还债，其有出超，亦不足为国之益。由是国际投资，遂常立于国际贸易之支配地位。所以一国如从其他国家收入利益利息与其运费保险费，而与国际借贷操有其债权时候，恰如对于输出而有其输入一样，对于其债权，则必见货物之输入，而保国际借贷之均衡。英革芬氏（Sir Robert Giffen）[①]为近代国际贸易研究最有名之学者，他曾说过："英国是一个输入超过国，但是对于此进口货所超过之代价，英国是依国际投资所得之利益以为抵消，并尚有盈余。所以英国经济之繁昌，实以此为巨大关系。"同时他又对于英国加以惕语谓："英国关于投资事业，如一旦因他国之竞争，对外债权之收入减少时，则英国从来仰给于外国之原料品及食料之输入，将因之大受妨害，而惹起国民经济不良之现象发生。"彼又指上所述之债权收入为无形之输出。此语之精透确切处，尚为现今之经济学者所引用。因为对外债权之收入，虽不能如货物之形可以眼见，而实际与货物之输出有同一之效果，既一方有其输出，则他方对于此必有其相当之货物输入。因此无形之输出，而发生有形之输入。则货物入超之表现于贸易，亦属当然。其结果，进口出口之贸易纵不平均，而因国际借贷尝可以上之关系而求得其平均。

二、分析的观察

以上为国际贸易与国际投资之综合的观察，现在我们再为分析的研究。则第一为我们不可不提出来讨论的，即国际贸易之出超入超有无利害关系的一个问题？本问题应分成四项而论。

（一）入超有害说

入超有害说在重商主义时代，几乎成为一个定论，即在现在亦不失为一种俗说。我们先就有害说为吾人所承认之部分试一说明。原来一国之输入输出，吾人从经济上彻底观察，毕竟不外是一国对于外国货财之销售量与本国向外国货财之供给量之比较，如输入超过输出时候，即为本国生产力不及外国之征，如输出超过于输入时候，即国民货物之供给量胜于外国之证，而货币不过为表示此种交换量之价值。所以由这关系以看，输入超过实有二种地方可以认为有害的。

[①] 革芬氏（Sir Robert Giffen），现一般译为罗伯特·吉芬，英国经济学家。

1. 从品质上观察，输入货物中如消费品、奢侈品占大部分的时候，这一种输入超过，确实对于国民经济发生不良之影响。因为此种物品，如过多充斥于国内，不仅是对于本国货财生产上无贡献，并且适足以助长一国国民之奢风，而阻碍本国制造事业之发达。

2. 凡在债务国与被投资国，如国际贸易输入超过输出时候，此种入超亦对于一国之经济不是好现象。因为此种贸易之入超，大概以外国资本流入而惹起的，而此入超更不能不靠起外债以为调剂。其结果遂致外债充斥于国内，而一国之公私经济将生绝大危险。

（二）出超有益说

以上是我们承认输入超过有害说之正当处，其次有主张一国之出口货如超过于入口货时，即为国家致富之征之见解又是如何？这个问题，我们大概承认为正当。因为在现代资本主义之国家，已如前所说，是以吸收非资本主义范围之剩余价值为目的。然为达此目的之计，必有一种实行之手段，此种手段是什么？即是靠制造货物之输出、原料品之输入之国际贸易。如此种贸易达到出超时候，即是表示生产品卖行之旺盛，而剩余价值遂可无限的吸收。结局资本遂得无限之膨胀，而致富之目的以达。

（三）出超有害说

以上所说，系重商主义所主张，吾人固承认有部分之理由，但是此种命题有时亦不必尽真，而入超却无何等之利益，此种事实尝见之于债务国家。因为一国对于他国，既已立于债务之地方，当然负有债务偿还之义务，而在国际间之债务偿还，多半是以货物输出作抵，然则此种输出，原是为履行债务而起，而因此惹起输出超过现象，不过是表明本国为制造此货物所需原料资本劳动之牺牲，而为巨额之外债偿还，对于一国之经济现象，并无何等良善之征候可云。我们试一看今日之德国，其对联合国之总赔款金额为1320亿金马克，分37年偿还。德国每年应偿之数，除支付总赔款5分利息及减债基金一部分外，尚应支付20亿金马克及输出货物之二成半价额。试问德国以何为支付？除贸易输出之外，实无他道。所以在此个时候之输出超过，毕竟不外是德国为履行债务，以一己之劳动、资本、原料品为牺牲，而使一国财产之损失，所谓出超有益说，

当不攻而自破。

（四）入超无害说

照上面第一项所说，一国对外贸易如输入超过于输出，即对于一国经济为有大害。然此须限于上所举之二种特别情形方可作如是说。如其不然，一国纵为输入之超过，亦未见有何等之不利益，此与国际投资有重要之关系。试一述其梗概：原来资本主义组织之国家，其发达大概经二段阶级而来的，第一段为粗工业，即消费财之制造时代，第二段是精工业，即生产财之制造时代，前者是属于资本主义发达尚未完成之国家，故对于国际贸易之保护关税是所必要，而最欲的是输出超过，最警戒的是输入超过，前数世纪之重商主义，今日之新保护主义皆适用于此等国家的。然此等发达如告一段落，而入于第二期之时，则资本主义之组织，即渐次达于完成。此期之特征，即在国内之投资，以受报酬递减法则之支配，远不若向外投资利息之优厚，资本将渐次生向外移动之倾向。而此时之贸易，是以输出生产财（如机械等）为中心，在国际投资上，常立于债权国之地位。所以此种国家之对输出贸易，因资本既生向外移动现象（或以借之他国而生利息，或以投于外国而得利益），已不若如前时在粗工业时代对于输出超过要求之切迫，而在他方之对于输入贸易，其国既以资本之大量集中而为债权国，由每年在外所得各种投资之利益利息，又为巨额，则在外国贸易上纵生入超之现象，亦容易以此项收入为其填补且有盈余，所以对于输入超过，已不似前此之警戒。此二层关系，我们再为简单之说明，在第一段阶级之国家，因资本是完全使用于国内，所以由此资本所换形之货物，在进口入口之贸易上，务求输出超过输入，而使资本不生损失。至在后段之国家，因资本已不注重集中于国内，大概是常流向国际间，故对于本国之国际贸易，已不若前时利害关系之重大，纵因输入超过贸易上稍有损失，亦可由在外所得之利益利息而填补。此种在外之收入，虽有种种之不同，大别之可分为五项。

1. 由在外投下资本所生之利益利息

2. 海洋间之货物运费

3. 各种之手数费保险费

4. 海外劳动之祖国送还金

5. 外国人在国内之游览旅行消费金

上述五项中，因各国之情形不同，而为主要收入之项亦自差异，大战前之英国实为对外投资之一好模范国，对于论外国贸易与国际投资之关系，可以引来作一证明。据英伦统计杂志社记者巴西氏（Sir George Paish）所发表英国在那时对外放下资本，共为35亿镑，而平均利息为四厘二，其主要债权收入之项目如下：

对外投资之利息与利益	15000 万镑
海洋运输费	9000 万镑
手续费保险费	3000 万镑

据此投资以观，此种收入，纯属于上列5项中之1至3，而4、5不与，总额共达27000万镑，如与该国至大战前每年之入超额约14000万镑相杀，尚有1亿余镑之剩余。而又以为海外之投资，全不因入超而生恶影响，不特无恶影响，并因此种债务之相杀，而以最便宜之条件，得输入最低廉之原料品及食料品，国民经济且将以之受大利益，此即入超无害说之概要。

此外尚有一重要关系应补述的，即国际投资仍不外国际货物之移动。这根本上的理由已于前第三节详为说明，即国际之资本移动，少以现金为出入，通常用货物以替代的。是这样看来，国际投资国际贸易对于资本主义之国家，如鸟之二翼，车之二轮，不可缺一的！

试据以上诸关系而论其要点，第一我们是应该知道一国之进口出口贸易，是不能相均衡的，但在国际间资本移动之收支关系，却是一致，而无形之输出可以补有形之输出。第二是从输出、输入两方面观察，可得两种之结论：即是在有些时候，输出超过对于国家为有益的，输入超过对于国家是有害的。但在其他时候，输出超过反成无益，输出超过反成有害的。为什么生此不同之结论呢？即是关系于一国际投资，而与一国之为债权国或债务国，换言之，与一国之为投资国或被投资国，尤有重大之关系。如一国而为投资国时候，则输出超过诚如重商主义所说对于国家是有大益的，纵其处于输入超过之国际贸易，亦因债权之有确实收入，可以移此填补，对于一国之经济现状毫不有害。然如一国而为被投资国或债务国之时候，这关系又是如何？先从输出国说起，其国纵有输出超过亦是一种债务偿还之表示，与为他人作嫁衣裳无异，有何利益之可言。如为输入超过，其害更不可胜言！因为一方以其为债务国关系，对于此项输入超过之损失，实无他项债权收入可以补填，而在他方面，又须图另起外债以为偿还。结局，将由年年之输入超过而引起二重之负担。行见外债大批输入，而国家财政，一国经济势将濒于破产！我国今日就是此种现象，国际投资与国际贸易之关系既明，我们遂可得如是之结论。

第六节　国际投资与投资国被投资国之关系

由前数节，我们对于国际投资已略得具体之观念，现在应进而讨论由投资所生之影响。这个问题我们把他分为二项而论：一为及于债权国之影响，一及于债务国之影响。先就前者而论。

一、及于投资国之影响

究竟国际投资与债权国有什么关系？关于这个问题我们应分为综合的与分析的之观察。

（一）综合的观察

现在资本主义之国家，最所需要的，就是一市场与投资地。市场关系，说明在前，本节专就投资地一论。原来这资本主义国家的精神，是在于使资本为无限之膨胀，设如此作用一停止时，这资本主义根本上即生崩裂现象。这理由无他，是由他们内部组织生来带有一种之缺陷。如这内部组织常得与其范围外之非资本主义区域接触时，这一种缺陷，即可得其弥缝。然这外部范围，如愈形缩小时，则内部组织之矛盾，将愈形暴露，而此组织遂不得不趋于破坏。是这样看来，资本主义之能生存不破，就是全靠这外部范围之存在。然这外部范围，究何以对于资本主义有这样大的关系？因为他们具有吸收资本主义国家之货物及资本之容量，而本节所应专论的，即是此等投资地对该投资国之关系。

原来这工业式资本是靠制造膨胀的，商业式资本是靠买卖膨胀的，借贷式资本是靠放债膨胀的。然须限于本国非资本主义区域尚多数存在，收益递减法则尚未十分发生作用之时，才有此现象。假使资本主义已发达到于极端，非资本主义区域尽遭侵蚀时，资本固得大量集中，而已无路吐出，势必发生资本膨胀作用停止之现象，而资本主义将有崩坏之势。然则这个时候之资本主义将如何做？则惟有向海外觅得投资地，而投下其过剩之资本。于是此海外之投资地，遂为各国争夺之场。在投资地如为直接投资，则无异于国内之行再生产式之循环，而工业资本、商业资本遂得无限之循环而吸收剩余价值之目的以达。然在投资地如为间接投资，结局是与借贷式循环无异，而得达复利无限膨胀之目的。这一种剩余价值与复利，既得源源供给，债权国之资本，遂可继续其投资，而资本主义可不至于崩坏。

（二）分析的观察

在经济学上，这国民收入是很重要一个问题。而国民收入之来源，就是一个报酬。所以在本节内，应列于第一项之研究。

1. 国际投资及于收入之影响

我在前不说过吗？这国际投资与利息利益之大小极有关系的。而利息利益之有大小，实不外该事业对于投下资本报酬之有多少。而这国际投资及于投资国之影响，第一就是国内报酬之增加，因国内资本如向外国为巨额之输出时，则此对外资本之增加，即是表示国内资本之减少，而国内资本实际遂生减少之现象。这一种资金供给减少结果，当然惹起资金需要之旺盛，于是利息遂随之而腾贵，此即是国际投资对于资本之报酬所生之影响。战前欧洲各国之利息，皆有渐次腾贵之势，此原因虽有种种，而国际资本之移动，实为促此之原动力。

2. 国际投资及于生产之影响

生产问题，实占一国经济上重要之位置，国际投资当然有影响及于此的。本来国际投资如单从一时着想，俨若本国资本向他国之流出，而本国生产力即因之减少，国富实呈损失之现象。然如从远大方面着想，不特对于国家无害，并得因此增加国民之收益促起生产业之发达，终致一国资本之集中。其最显著之理由有二：第一是因国际投资而引起本国货物之输出；第二是因国际投资而

促起被投资国对于本国货物需要之旺盛,前者之关系我们已在前说明,即是不论直接间接之投资,其所投下之资本,决不是纯以现金输之他国,大概其中之大部分是替代以货物而输出的。此种输出如一增加时候,不是唤起本国生产力之发达是什么?纵然在有些时候,其所输出之货物——由投资惹起的——非必皆由本国,而使被投资国向其他国家为货物之购买——此种货物大概非本国所特产——亦是常有。此种货物代价,是由投资国代付已说明在前,但一察其实际之支付,仍非现金而常代以货物。详言之,还是由投资国以前此输入于第三国货物代价尚未收领之部分,作此次债务之相杀。结局仍与投资国本国之向外输出货物无异,当然对于本国之生产力,亦有促进之影响的。

其第二理由,大概在未开发之农业国家,其所最富有的是天然物、劳动力,其所最缺乏的是资本。如一旦外资输入,因其劳动力而开发该国之富源时,则其国之富必日增加,而该地一般人民对于文明生活所必要之货物需要,必大大的旺盛,而购买力亦自增加。所以在此种地方之投资,实无异于为本国资本家添了很多顾客一样,而促进本国生产力之发达与国富之增加。不但使被投资国民本身对于投资国之货物需要旺盛而已,并且投资国本身亦因此对于本国制造家,实启与莫大之利益。因为投资国大概为工业先进国资本主义国,被投资国大概为农业国或非资本主义国。如此二国间引起资本移动之现象,其结果前者必多为生产财或精工品之输出,后者以外资之输入而致生产之发达,必多为粗制品或半制品之输出。是此二者之间,必生货物交换之现象。而由投资国所需要的是此种粗制品,所供给的是生产财。因有被投资国存在缘故,所以此种粗制品,既易由被投资国而买进,以供国民之消费,或再加工而输出,而此种生产财又可靠被投资国以为消纳,一举两得,无怪乎今日国际投资地之争夺得厉害!

3. 国际投资及于分配之影响

国际投资如从经济方面而论,不仅是对于生产,并对于分配问题亦有大影响。其最著的,即一国之贫富阶级,将因国际投资而益悬隔。因为一国既达于国际投资之地位,则其投资必已蓄集膨胀到一定程度,将靠国际投资而吐出的,如既向外觅得一定之投资地,则其国之投资家,必日臻富饶,而贫者愈达于苦况之境。不但此也,通常国内投资,常苦于劳动之不足,而工钱因为增加。然资本一旦向外国为巨额之流出,则本国之生产事业,必形停顿,而劳动者大多数实有失业之忧,在社会问题上实示有极重大之关系。然此为起初资本流出之现象,如流出时间既久,则必因此投资引起货物之输出,而本国生产力且将增进,工资自然又有腾贵现象。

4. 国际投资及于食料品原料之影响

我们在前即已说过,凡投资国家,以其为工业国故,所以对于农业国之生产品,如食料原料等是很缺乏的,有向其他国家购入之必要,自不待言。而国际投资对于解决此问题,亦是很重要的。因为这资本,如一旦投于农业国时,实质上即能助其生产力之发达,而增进农业物之供给。于是在该处之农业物,就中如食料品等之价格,遂不得不较前低落,而该投资国遂可以有利之条件,而输入于本国内,以解决此食粮问题。英国在前世纪之于美国投资,即由该处输入食料品。今日之于坎拿大亦由该处输入其食料品,是最好之证明。是这样看来,这国际投资又为资本国家解决粮食之一个要素,然须限于非资本主义之组织数多存在于世界时,始克有济。否则内部之矛盾必将大大暴露,而资本主义将生破坏之现象,美国今日已非英国之食粮供给区域,可见他们范围已是一天缩小一天的。

二、及于被投资国之影响

由上面综合分析之观察,足见国际投资对于资本主义之国家为绝对必要,我们已经明白了。现在我们应进而研究这国际投资与债务国或被投资国之关系。关于此个问题,可从二方面观察论之:直接投资与被投资国之关系,及间接投资与被投资国之关系。

(一)直接投资与被投资国之关系

在未议论此问题之先,我们敢为大胆之独断曰:"直接投资对于被投资国有百害而无一利。"其理由可以于下说明:"究竟一国民所依赖以为生活之源的是什么东西?不外是一经济之富。经济之富,又从何处产生,则尽人皆知的为天然物、劳动、资本三者之结合。资本是由前二者所产生。所以生产富之要件,质言之，就是劳动与天然物二种，劳动是我们人类固有的、有生俱来的。无论处于何处之环境，是不能从外界而夺去的，纵处在极端资本主义国家，亦须出相当代价才可买得的，并且由我们无论何时都可以收回的。至于天然物则异是，纯为我们立足的土地之所产生，在法律上我们虽有其所有权，而其实质，则为我们客观之一种对象物，任何时候皆可由他人从旁侵占得去的。所以人类迫于生存之必要，而有国家之组织，其目的即全在保全自己占有范围，而从经济上说，即全在保全自己靠以为生活之天然物。此天然物如为他人所操，即国民生活将受他人之挟持。此天然物如属之于自己，则不限于国民本身，即子孙都可享鼓腹之乐。但这天然物是一个浑括的概念，究竟这内容是什么？此虽复杂万端，亦可举其重要的，如农产物、森林、水产、矿产及各种原料品，是无一不与国民生活有密切之关系。试问此种能可以操之于外人么？外人直接能向此种投得资本么？此为直接投资及于被投资国之害者一。其次关于生产、交通、金融事业，如外人亦有投资权利，其为害处亦与前者无异。因为生产事业不特为国富之所关，抑为人民收入之所系。试举其显著之例，如工厂之制造、铁路航业之经营、银行之创设等，设此种事业而操之外人之手，则本国之经济纯为外人之所吸收，国民生活必日趋于凋敝。此其为害者二。加之凡投资必连带政治问题，而有势力范围之设置，以交通论，如为铁路航业之投资，于军事运输亦生重要之关系。试观近世史潮，每因直接投资而惹起国际战争，亦为不罕之事。然此系仅就政治方面而论其利害也，如从经济方面观察，则尤有重大之关系。简单说来，即因此直接投资关系，资本家与劳动者二大阶级之对立将不发生于投资国内，而发生于投资国与被投资国间，即前者之国民将变成资本家阶级，后者之国民将全沦于劳动阶级，而生活愈形惨淡。这理由可以如下说明，即一国如由外人直接投资之时，则一切生产手段之所有权，生产事业之经营管理权，生产结果之分配权，将由彼等一手支配；而被投资国之人民，仅不过在其属下讨点生活，稍有微资的，可望当一个买办与事务员，而贫而无告者，则只有当下等之奴隶劳动——工厂之工人与码头之苦力。这一种经济榨取的结果，凡外国人皆获最大报酬，而无资者可望变成有资者，而在被投资国内遂隐然造出一种资本家之阶级。而在被投资国人民，则由资产者将降为中产者，中产者将沦为无产者，而形成一个劳动阶级之出现。此二种阶级既得出现，则与一国内阶级问题之发生径路毫无差异，惟有区别的地方，即前者之阶级对立，为存于异国家异种族间，而后者则常存于同国同种人间，是其特征耳。请看今日之印度、安南、朝鲜等处，就可知道我们说的话为不假。纵该处有种种文明之施设，但能享受者，只限于征服国民，该地住民哪有此等福气！是政治侵略之祸显而暂，经济侵略之祸隐而深，为我们不可忽视的。我国民其一察我国今日之境遇！

（二）间接投资与被投资国之关系

关于这个问题，可分成二种而论：其一即国家有偿还能力时，间接投资之利害关系；其二即国家无偿还能力时，间接投资之利害关系。兹分论于后。

1. 被投资国有偿还能力时，间接投资之利害关系

间接投资是什么？已于前第三节投资种类项下说明，即不外一国间接以金钱借贷之于他国政府与私人而已，惟收其利息或红利，至一切经营处分之权，皆归之他人，而不得容喙的。此种投资自较直接投资为优，然不可遽云为毫无害处。历来关于外债输入，学者间常有争论，试一述其概要，先述主张外债有害的。

（1）外债有害说

第一说：凡外债如多多输入时候，则因此必引起政府发行纸币，而使货币之膨胀。货币既形膨胀，其结果必致物价之腾贵。这物价一贵的时候，外国货物必非常容易贩卖于本国市场，而惹起货物进口增加之现象；反之，本国货物之输出则与此相异，而生减少之趋势。因为在本国市场，这物价如一腾贵的时候，则凡货物之制造所花的本钱必大，卖出如要不折本，势非以高价卖出不可。凡货物卖价一高，需要自会减少，而贩路当然不易推广于海外。所以这输出之不振，由此个缘故就可以推得了。这一种输出减少输入增加结果，一国对外贸易，当然失去其均衡，而国际金融之结账上，势必呈巨大之损失，而国家势非另起外债以为填补不可。则前此费力借来之外债，适为促进输入增加之原动力，而终以复惹起外债之发生，于国家可云无益。国家如对此债务不为支付，则必复利日增，而国家徒重其负担，结局对于国为大害。然如以他之方法设法筹还此种外债时，则不外表示在外存款之减少，而国家所发行之纸币与所储之现款，

即失其均衡，而生金融之危机。

第二说：凡外债之借人，概括言之，对于对外贸易为有大害的。因为一国之正货如存于外国之时，即不外本国在外国有其债权，而本国对此在外增金，实可发出兑票，指令存受现金之外国债务银行照支。所以一国如借入外债，即不外此项在外资金之增加，而对于此所发送之汇票，亦不得不增加。这汇票增加结果，与普通货物供给需要法则作用无异，如供给过于增加时，则需要自形减少，而支付地之兑票价格，遂不得不跌落。兑票如一跌落，则蒙不利者，必为本国办出口货之商人。因出口商人常以货物代价之受领而在该处有其偿权，通常为汇票之供给者。而兑票之价格，既因外偿之充斥而跌落，则商人由货物所变卖之现金，以发送兑票关系，是不能不受其损失。然在他一方兑票价格如跌落时，受其利者必为办进口货之商人。因进口商人常由该处而采买货物，在该处必有其债务，通常对于此债务，必常以现金买进兑票。换言之，必须要兑票而为支付。今兑票价格既因供给过多而跌落，则进口商人以同样之钱，则可多买得此便宜之兑票，而以之作付给其输入货物代价之用。此货物代价既以此种关系得便易之买入，当然在本国市场，容易得其贩路，而办进口商人必得其大益，此一种进口出口贸易之利害相反结果，必引起输入超过输出，而在国际借贷上，既为债务国，则必因此惹起一国经济之不利，观以前第五节之入超有害说可以自明。

（2）外债有益说

第一说：大凡一国经济如欲使生产事业为最大之发达，首先必要的就是资本。但是这资本如缺乏的时候，这生产事业当然无从说起。所以一国经济条件上，如独对于资本甚感缺乏，则从他国借入亦属事之可行者。因为大概现在资本国家之资本，都是很丰富的，其利息又甚轻微的，并且常欲投资于海外。如以相当之条件借入而利用之时，对于一国经济，实可以收大大的效果。如徒恐其弊，举外债之利一笔抹煞，是为昧于经济常识。请看美国、日本，何一非由利用外债而致富强？外债何尝为害于国家呢？

第二说：第二说之大要，大概与第一说之无条件承认外债有利异，是仍承认外债有害。但仅认其一时有害，永久终归于国为有益的。因为通常外债之借入，已如前所说非纯以现金，是代以货物的。由是国际贸易上，当然发生输入超过之现象。然不能以此即断为引起物价之腾贵，货币之膨胀。因为通常物价之腾贵，货币之膨胀，尚有其他条件存在，不必皆由于外债之输入。纵让一步而言，外债输入有足以使物价腾贵输入超过之可能性，然此惟止于一时之现象，决不是带有永久性质的。至其对于国家为有益之理由，则以外债实不外由他国之资本货物所组成，而因此外国资本货物之输入，对于本国之生产事业，实生不少之利益。由是本国之工商业，遂可望为健全之发达，所制出之货物，遂可渐次求贩路于外。如国家一到此地步，则前此之入超，必可渐转成出超，而国际之债务，将因此可望其相杀，此岂非外债借入之大效果吗？但是此种事业之实现，决非可望于期月之内，国民须出以忍耐力，至少非二三十年，难望有效的。

由上面看来，外债之借入，可说为利害兼有，决难为一面之主张。不过以我们想来，外债不可借用，抑未尝不可借用。其最重处，即在于去其弊而取其利。要如何才能合此目的呢？则有三种为我们应注意的：第一条件，第二用途，第三分量与时期是也。条件以何者为宜？则利息要轻，回扣要少，担保品不苛。用途以何者为宜？则最要的是生产，最忌的是消费。分量、时期以若干为合度？以何时宜于借入？则因国因时而有不同，不能说为一定。不过约可举的，凡资本缺乏之国家，都可借入。惟宜借之以渐，不可于一时间为大批外债之借入。至时期亦宜斟酌，大概物价腾贵时，似不宜外债之输入。否则因此外债增加，愈促物价之腾贵，而国民生活将因此愈陷于穷境。再外债较本国货币价值太跌落时，亦不宜借入。如一借入，将来国家因此必受重大之损失。如段（祺瑞）氏民国六、七年（1917、1918年）之借日债例，每日金1000万元，仅合我国400余万元，而现在如由我国偿还，则每1000万元，须以中币800万元始得偿出，不算是损失是算什么？

2. 被投资国无偿还能力时，间接投资之利害关系

以上所说的，是为有偿还能力国家外债之利害关系。至无偿还能力国家之外债，其利害关系又是如何？我们关于此问题，亦有讨论之必要的。通常国际间之借贷关系，与私人无异，如债务者无偿还能力时，即发生债务不履行之结

昊。此一种不履行结果，债权国对于债务国，遂不得不执行种种手段，冀以达其债权收回之目的。

其最显著的，即：

（1）国交之断绝；

（2）债务国人民财产之没收；

（3）实力强制；

（4）国际的财政监督；

（5）外债之仲裁裁判。

以上之五种方法中，第一种方法，为对于债务国无甚利害关系，常为债权国所不取。第二之手段，亦为国际所不许，因此种恶辣行动，既有背于国际之正义，又不容易实行，并且又开债权国与债务国民互相报复之端。至第三种手段，表面上看来似乎可以实行，因军舰之示威，港湾之封锁，领土之占领，无一不可以致债务国之死命。此次德国为赔款问题，卒屈服于协商国，即是其最著之例。然处兹复杂之国际关系，亦有不能一概论的。如战前之巴尔干半岛大陆诸国有一国出如此举动，其他国家必不赞成；又于美洲之诸国，如美国以外之国苟出如此行动，美国必据门罗主义以相抗。是这样看来，第三之手段，亦不能任意滥用，须限于各国间之利害一致，才有施行余地。第四之手段，质言之，谓为世界各国对于债务国独一无二之处置方法亦未尝不可。因财政监督，既可夺债务国之财政而经理之，以达其债权收回之目的，而于表面上，则可避去兵力之干涉，而免惹起国际之纠纷，试征之于实例，则有各国对土耳其财政之监督，对埃及财政之监督，对希腊财政之监督，各国无不以此方法，而收最大之效果，而债务国则日处于经济压迫之境遇，几与亡国无异。然独至于俄国则有例外。俄国自革命后，由苏维埃政府一举而破弃外债百余亿佛郎，各国对之，莫敢谁何！其所以然的缘故，则不外一俄国国力之强大。是这样看来，债务国如为强大国家，则无偿还能力为不足忧，如为衰弱国家，则无偿还能力实属可忧。至第五项之国际仲裁，亦不过以国际之信义道德为束缚，如债权债务国舍此判决而不顾，亦无善后之办法。

第二章　帝国主义在我国之投资的侵略

国际投资的重要概念，我们已在前大概说明，现在我们的重要任务就是应用此项原理来说明我国在国际上之地位。考各国在国际投资上之地位有三：一、对外为纯粹之投资国家，如大战前之英国，战后之美国，是属于此类。换言之，即此种国家对外为纯粹之投资国家；二、对外为纯粹之被投资国家，即本国对其他任何国家皆立于债务地位，埃及、土耳其是属于此类的；三、为投资与被投资兼有之国家，即对外为债权债务并有之国家，如日本、法、德，是属于此类。究竟我国在这三项中属于哪一项？欲明我国所处之地位，先不可不一分析我国对各国之经济关系。我国对各国之经济关系，简单说来，我国对外通通为被投资国债务国，各国对我通通为投资国债权国。那么，我国在国际投资上之地位，是属于第二类，与埃及、土耳其为伍，也就可以明白了。现在我们来讨论这个问题，当然的要算一算各国在我国资本主义侵略之总账，要算账，先从各国在我国直接投资之账算起。

第一节　各国在我国之直接投资

什么叫直接投资？我们已在前篇三节内说明，即列国将其所有资本，不经我国人之手，而投于我国，其关于事业之经营、管理及由营业所得之结果，一概皆归其掌握，我国人毫不得过问。从利害关系而论，当然对于我国有百害而无一利，是不待说。至此种投资目的物虽有千差万别，而概括可举的，大概不外铁路、航业、工业、银行、矿山、森林、渔业等，兹分类说明之。

一、铁路投资

铁路为现今交通事业中最重要之物,对于一国之经济、文化、政治、军事皆有重大之关系,无论从何方面观察,皆不可操之外人。纵有万不得已有需用外资时,亦只能与外国生债权债务关系。如一旦将债务偿清,关系即行消灭,决不使丝毫关及铁路的。然在我国之情形则大异趣,于我国领土内,竟有外人直接所有之铁路存在,凡关于一切营业、管理,皆非我所得过问。详细已于第三篇第二章铁路项内详为说明,兹仅列表以示其概略:

铁路名	中东	胶济	滇越	南满	安奉	合计
所属	俄	德	法	日	日	
投下资本	6623.98万镑	270万镑	620万镑	日金44000万	属于左项资本	英金7513.98万镑日金44000万
投资机关	中东铁路公司	华德胶济铁路公司	滇越铁路公司	南满铁路公司	同左	
距离	1700余哩	277哩	293哩	本线436哩 支线86哩	162哩	2432哩
备考	割500余哩与日为南满铁路					

由上面看来,各国在我国之直接投于铁路之资本之数目,及所获距离之长短,大概可以知道了。惟属于俄国之中东铁路,自中俄复交后,已将为我国收回之势。其属于德胶济铁路,华府会议后,已由我国出代价从日本手内购回。是现在纯属于外国之直接投资铁路,仅有南满、滇越二条了。

二、工业投资

为我国工商业最不易发展的有二个大原因存在:其一为关税国定权之丧失,其详已于一篇关税章中说明白了;其次即为我国工业专有权之丧失。凡外国人皆可以在我国通商口岸有工业投资之权利,因之我国工商业,蒙其压迫极大。独怪我国人,历来对于关税权问题留意者固不乏其人,而对于工业专有权之丧失之利害关系,知之者则甚少。殊不知二者皆对于我国工商业有同等之重要,是阐明之责任，不可不首属于吾人研究经济的。

（一）我国工业专有权丧失之原因

一国国民之经济的生产能力与消费能力，是有约定的，其所以能保持生产消费略相一致，全靠市场调节之力。所以我国工业专有权之丧失，又可说为市场独占权之丧失。因为这市场一丧失后，这外国货物，遂可任意在我国制造贩卖，大批充斥，而我国消费力当形减少。但是工业专有权之丧失其原因究竟在什么地方？从习惯上来说，外国人在我国开设工厂，由来已久，大概五口通商后，于通商口岸即见外人工厂之设立。不过以那时我官吏之昏庸，国民对于经济之无常识，皆视为一毫无足轻重之事。然此究为一种习惯，如未由我以明文许可，则任何时候皆可由我将此权利收回。无如我国自中日战败后，于《马关议和条约》即以明文允许日人在我国通商口岸皆有货物制造权。由是凡与我有单方最惠条约之国家，皆可援利益均沾之例，向我国获得工业投资权，而我国之工业专有权遂向国际开放了。兹举其文如下：

凡日本臣民，得在中国通商口岸城邑任便从事各项工艺制造……（《马关条约》第六款第四项）

自这条约允许结果，凡在我国之通商口岸，如天津、汉口、上海、广东等处，即见外人所设各种工厂之逐日增加，烟筒林立，大厦连云。

（二）国际的工业之投资与我国之经济关系

我国拥有四万万之人口，世界无比之丰富宝库，在经济上可以致富之劳动力、天然物、资本之三种要素中，已占其二，何以我国工商业尚不能发达？岂不是一大不可思议之事？但是，如我们详细观察我国之经济现状，关税权既受限制于先，工业专有权又丧失于后，凡可以促进我国工商业发达之条件手段，无一不受外人束缚，是我国工商之不易发展，是必然的，非偶然的。关税已在前说明，本节内当就工业专有权之丧失与我国之经济关系，为一论究。本问题可从二方面观察：

1. 从生产条件上之观察

我们如从生产上所必需之条件一为观察，这工业专有权之丧失，对于一国经济实有重大关系。什么是生产上必需的条件呢？略可举的，有工厂之位置、原料品、市场、资本、劳动力、经营能力、技术七种。

工厂位置何以关系重要？因为工厂第一要求的，须位于交通方便之地。原来交通机关之设备，实为使生产事业发达之一重要手段。试从生产事业而论，所需的是货物之卖出与原料之买进。然生产货物实为大批，如有剩余时，不能不靠交通机关为之分散于各处，如缺乏原料品时，则不能不靠交通机关为之从各处集中。老实说来，交通机关之发达与否，实为生产事业生死之所关。是这工厂位置，须设置于交通方便地方，不说自明。而号称交通方便之地方，如具体言之，则不外航业、铁路经由之地。如从我国而论，合此条件的，当首数通商口岸。综合我国全部之通商口岸观察，非火车之所经，即为轮船必由之路。所以我国工业之发达，第一当以通商口岸为首。孰意我国对日本有《马关条约》第六款第四项之缔结，外人在通商口岸有工业制造权，而工厂位置之一重要条件，已为外人均分去了，此实为我国工商业不易发达原因之一。

如欲工业之易发达，首先是要原料丰富。我国素以地大物博著名，宜乎对于这个条件，占有特别之地位，我国之工业，当因之受重大之利益。但是如详为观察，其实不然。因为工业上所需的原料，大概不外二种，即特殊原料与一般原料，前者最显著的即是煤、铁，无论何项工业，都应该需要的。而我国关于此两种原料之出产，据现在调查，大概皆同外国人有关系。如抚顺之煤矿则全为日人攫去；开平之煤矿，名义上虽为中英合办，而实权则操之英人；汉冶萍之铁矿，则几成一中日合办，负债累累是大家都知道的。至于一般原料虽比较收集容易，然在我们自己收集，除少数享有减税特典之机械式工业外，其他一切之工业材料，凡于其所经过沿途关卡，须要纳出种种之厘捐的。而在外国人，则仅上一"子口税"（参看《天津条约》二十八条），即可任运各处加工制造。质言之，外国人在我国采取材料，反较我们更为容易，是原料之条件，已不是我国能享其利益，此是我国工业不能发达之二。

如欲工业之发达，首先是要大市场之存在，此个条件好像对于我们的工业有最大利益。因为工业上最所必需的，就是要自己货物能源源畅销。要得自己货物源源畅销，就是要大市场之存在。在我国面积有数千万方哩，人口有四亿众，自然是一个大销货市场无疑，对于货物之畅销，确是一个理想地，如从这点而论，我国工业，却有发达之余地；但是自我国关税自主权丧失后，我国之海关门户洞开，外货便如潮涌之杀至。自《马关条约》第六条第四项规定后，我国工业专有权失，外国制品在我国遂得大批制出，而我国之消费市场，遂与各国人共有，而演成供过于求之现象，货价当然跌落。以我国这样的幼稚工业，如何能经此种压迫呢？此我国工业不能发达原因之三。

如欲工业之发达，资本亦是必要条件之一。此个条件，实为资本主义之国家最所擅长，而为非资本主义国家之所短。因为现代工业，实以大规模之制造为其特质。顾此种大规模制造所需要的固定资本、流动资本，都是绝大。其在资本未曾集中之国家，如欲经营此种事业，实为困难。然在已得集中之资本主义国家则不然，其资本皆以工业式、商业式、借贷式之循环方法而得无限之膨胀，则以之投于制造事业，正是他们发挥本能的地方。所谓大资本就并合小资本，先进国工业就压倒后进国之工业的一种事情，当然出现，此是经济上一般之原则。但在我国之情形又是如何？我国不消说正是资本缺乏的国家，而各国是皆富于资本的，如我国允许外人在我国直接投资，他们的大资本的公司，当然在我国高视阔步，垄断一切，我国小资本如何能抵抗，岂有不受压迫之理？此为我国工业不能发达之四。

劳动力为生产事业之一种要素，已成为一般通论。我国人口有四万万众。对于劳动力之供给，确是无限。如从此点而论，我国的生产事业当然立于最有利之地位。但是由《马关条约》，外国人遂可以自由在我国雇用我国劳动者，使之从事制造事业，是我们在生产上最有利之一条件，亦被外国人共通享有。他们资本既富，根基又固，如遇我国劳动力缺乏竞争雇用时，他们实可以增加工资，而买占我国之劳动者，我国工业家且立于受压迫地位。所以从劳动之条件而论，我国反由有利之地位，降于不利之地位。惟罢工可以致此外人之死命，此次五卅工潮，即可以证明之，愿国人注意此点。此为我国工业不能发达之五。

最后，为生产事业所必需的，尚有企业能力和技术人才二个条件，如以我们同他们比较，亦立于不利益地位。我们试分析来说，企业能力是什么？是经营事业之经验，与公司之内部组织。前者在后进国之人民，固甚缺乏，而在我国更形不足。至后者之要点，则在一国法律之监督保护问题。在其他之国家，大概其国之法律，皆可以监督保护公司与股东之权利。而在我国，则凡各种公司皆为大力者所操纵。又加以连年政局纷乱，军阀专横，法律威严堕地以尽，保护监督实不可期。无论公司有如何不端之情事发生，亦都置之不问，此即我国公司内部组织易生不良之原因。至技术人才，与一国科学发达之程度为正比例。我国之科学既未形发达，则举凡专门之智识，熟练之手腕，当然不及各先进国之优长，此从企业能力和技术人才之条件而观，为我国工业不易发达之六、七。

据上面七种条件看来，我们可以得一个结论，即劳动力、原料品、工厂位置、市场四种，是为我之所长，外人之所短的；至资本、企业能力、技术人才，则为我之所短，外人之所长的。但至《马关条约》一缔结后，为我们之所长的，外人已得而与我共有；为我们所短的，外人愈得发挥，在我仍是缺乏！于是我国遂因之赢得一工业不易发达之结果。

2. 从生产促进政策上之观察

凡一国欲图生产事业之发达，除上所论条件为必要之外，尚有人为的促进之方法，略可举的有三：第一，保护关税，即利用关税政策，限制外国制品之输入，以保持本国制造品市场之独占。第二，奖励金之给与，即国家对本国发达有望之制造品，按年赐与一定之奖励金，以助成其发达。第三，减税特典，即对本国可望发达之工业，给与免税或减税之特典，以达保护之目的。第一种之关税政策，从我国而论，特分为外来输入品之抽税与在本国制出品之抽税二种。外来品之抽税，已于一篇关税章中说明，我国以受条约上之束缚，已无施行保护政策之余地。而外国人在我国制出之工业品又是如何？倘如对于此种外国在我国制出之工业品，我有自主抽税权力时，则纵对于外来品之保护政策失败，我亦未尝不可作亡羊补牢之策，无奈据《马关条约》第六款四项中所云：

日本臣民，在中国制造一切货物，其于内地运送税，内地钞课杂税，以及在中国内地沾及寄存栈房之益，即照日本臣民运入中国之货物一体办理。至应享优例豁除亦莫不相同。

则我国对于外国在我国制出之货物，其出厂税，我只能为值百抽五之征收，其于运往他处之厘税，我只能为值百抽二点五之征收。是据本篇看来，我国对于外人在我国从事工业之征税权，我亦受条约上之限制，不能施行保护政策了。

至奖金之给与，是须有赖于国家财政收入之丰富。而于我国政府财政，以外债交迫，军费诛求，已呈破产现象。自顾不暇，焉有余力及此？所以奖金给与政策，简直无从说起。

再请言免税、减税之特典。此种政策，质言之，亦无异于保护关税。因保护关税，系使外来品多受一层生产费之负担，所以他们输入于我国之货物卖价，自不能不以高价卖出，冀以弥缝此项损失。而在我国货物，即无此项关税，免却一层负担，当然可以廉价出售。此一种价格相差结果，当然可以驱出外国品于市场外，而达本国品独占之目的。本国各种工业，当然因之得大利益而呈发达之趋势。至减税、免税制度亦何莫不然，本国货物如得因此免去几分生产费之负担，则卖价上即可得几分廉价之出售。而外国人在我国之制品，如未得享有此项优待，则卖价上不能不比我多高几分，则我亦可唤起货物需要之旺盛，而达助成工业发达之目的。试一述我国此种减税、免税之制度。

（1）机器制西式之输出外国货物，免除一切厘税。

（2）机器制西式货物之运销国内者，于经过第一次税局纳一次之正税后（除京师崇文门落地税外），得免除一切厘税。

由是观之，机器制品如运出口，则可蒙减免出口税之益，征之现今文明各国，自属当然之事。至运销内地之西式制品，如纳一次正税外，则可遍运各处，与外国之入口货比较，尚有少纳"子口税"之益。我国似可贯彻几分保护政策之目的。独可叹的，我国对于本国制品之减税、免税政策，亦受有外国条约之限制；凡我国如给与本国工业品有特别利益时，则在外国人所制之同样工业品，亦得均沾。当时官吏之昏庸，经济上常识之缺乏，不知此事之关系如何重大。由轻轻一纸，断送若许大之权利，使我国工业界奄奄无生气者，已垂二十余年！

当时当局诸人之肉其足食乎？试一引 1896 年《中日特别之协定条约》第三条即《中日公立文凭》第三款：

日本政府承认我国对于日本臣民在我国所制出之货，便宜酌量课税。但其税不得与我国国民纳税相异，或较我国民多课。

此一种条约规定结果，外人在我国数多工业品亦都蒙有减税、免税之特益。是我国所行之减税、免税政策，结局等于零，如英美烟公司在东三省之享有原料品输出免税特典，即是其一例。据上看来，工业之必要条件，以《马关条约》六条四项缔结结果，既对于我不能占有特别利益，而生产政策又以上述之条约关系，于我又无施行余地，我国工业，遂到不堪言之地步！今不能不一论及外人在我国工业界发展之概势。

3. 工业专有权丧失之影响与其补救之方法

由上二段，我国工业投资专有权丧失的原因与其关系，我们大概可以明白了。那么，当然的顺序，我们应一探讨外国人在我国工业界扶植之势力。这个问题颇不容易，因为我国素来没有一定之统计机关存在，究竟外国人在我国开有工厂若干？工厂种类如何？与我国工厂为如何比例？恐怕无一人能答得出的。所以我们要取材料，只好求之于外人在我国所得之统计。据民国十一年（1922 年）日本《时事新报》所出之《时事年鉴》转载上海之《中国年报》，关于外人在我国之工业，有一表之记载。如此种数字可靠，则外人在我国之工业投资情形，大略可以了然。

工厂种类	蛋白质	造兵厂	罐头	世门德土炼瓦	化学用品	绵丝纺织	制丝	蒸馏酿造碳酸	制革
所有者外国人	9			9	1	10		不明	6
所有者中国人	2	15	3	9	1	38		不明	5
合计	11	15	3	18	2	48		62	11

续表

工厂种类	火柴	造币	钉及针	油房	油樽	制纸	石印及铅印	船渠造船	蒸汽机关
所有者外国人	不明			12	1	不明	不明	22	22
所有者中国人	不明	8	1	22		不明	不明	5	5
合计	19	8	1	34	1	13	74	27	27
工厂种类	电灯	制粉	家具	瓦斯	玻璃磁器	制冰及冷藏库	铁及钢铁细工	轨道修缮	捣米
所有者外国人	不明	17	6	4	4	9	9	不明	
所有者中国人	不明	24			14			不明	10
合计	39	41	6	4	18	9	9	12	10
工厂种类	制网	挽材	肥皂及洋烛	制糖	纸烟	自来水	毛织物	羊毛清洁压榨	
所有者外国人	1	18	12	3	9	不明		12	
所有者中国人		2	13	3	9	不明	5		
合计	1	20	25	6	18	19	5	12	

以上为外国人在我国投资一般之概况，纺织业为我国各种工业中最发达之工业，今特举各国与我国之种类与锤数，以示中外之比较（1923年所调查）：

所属国	日本	英国	中国	合计
工厂数	41	5	73	119
锤数	1218544	544566	2112514	3875624
机数	5925	2863	13689	22477

总之，据上种种为大量的观察，我国固有之市场已为外国割据一半，所以我国之工业发达能力，我国工厂仅占其一半，外国人分去一半，一般工业如是，特种之纺织工业亦如是。我国工业界，当然常呈受外国压迫之状态是必然的，非偶然的。前岁我国纺织界所遭之大恐慌，倒闭者十之六七，转卖与外国人者

又若干，真算我国工业界最可痛心之事！说者概归其咎于内部组织之不良，我则看为我国人经济上太无常识所致。经济界有周期法则，由好况而起恐慌，由恐慌而入沉顿，又由沉顿经几何时而入于恢复之途，以转入好况之循环是的。我民国六、七年（1917、1918年）之纺织界，岂非呈空前之最好现象吗？然系一时之现象，此种黄金世界，决非可以永久存在。乃我国人太无经济常识，以为好况长存，于是纷纷的群趋于扩张之一途，谁料狂风袭来，此种基础不固之公司，概随之倒地以尽。然而这根本上原因，还由于外国人工厂之多数存在，绢纱供给量超过于需费量所致。价格既落而我国之纺织工厂遂蒙致命之打击。不单是纺织工业受外国工厂之压迫，极端言之，我全国工业，几无有不受其威胁。我们如欲我国工业之发达，补救方法是不可不一讲求的。

我国工业界所受外国资本主义之侵略，已如病入膏肓，不易治疗，不得已而讲求补救方法。从理想上说，首先要求国人一致习用国货，拒用外货；其次则以全国人之精神，作废约之运动，而图达使外国工厂撤去之目的。然此为事实上所难办到，欲求比较上有可能性之补救方法，则惟有要求改约之一途。因条约不是永久不变的，实可以随时改订的。改订之要点，以我们之见，仍应挽回我之征收税权。对于外国人在我国所制之工业品，有自由课税之权力。诚如是，则可借此以驱外国货物于市场外，而我国工业或有可发达之希望。但此亦非易事，国民苟不欲我国工厂发达则已。如欲其发达，则应以四万万人，作最热力、最坚毅、最一致之国民运动，否则实难达改约之希望。

三、矿业投资

矿业与国家土地有密切之关系，而土地又为立国要素之一，万无任外国人直接投资之理。然我国自甲午战败后，外人群起攫取我国各种经济利权，矿业亦为各国逐鹿之一。光绪二十四年（1898年），德人借口曹州杀戮教士，除攘得胶州及胶济铁路外，沿线铁路30哩之采矿权，亦归其掌握。同年英商福公司又攫我山西平定、孟县及煤泽之煤矿。第二年，德商瑞记洋行得山东之五矿。自庚子之乱，直隶开平煤矿为德璀琳卖入于英人之手后，外人之要求矿权者，日益众，或沿胶济先例，攫取铁路傍矿权，如南满铁路公司之取得抚顺煤矿，及中东铁路公司之取得满洲里札赉诺尔煤矿是也。或指定矿地得政府之特许，如凯约翰之于铜山铁矿，立德乐之于四川江北煤矿，柯乐德之于外蒙金矿是也。或先与人私人订立合同，而迫政府追认，如直隶井陉、临城各煤矿是也。虽以日俄战争之激刺，国民之自觉大半收回，然公私所费实已不赀。其后各国以矿权相要索的，仅民国三年（1914年）日本大仓洋行，借矿师被杀要求合办热河阜新煤矿；民国四年（1915年）二十一条之交涉中，又有东三省九矿之要求。此即外人直接向我矿业投资之大略情形。综计各国向我国取得矿山之方法有二：其一即以附于铁路之权利而获得者；其二即直以矿山攫取为目的而获得者。前者之例，当数胶济铁路附近德人之矿山采掘；后者之例为山西福公司之矿权获得。至外人同我矿业之关系可得而论的有三：第一即以资本直接投下，是属于本篇内讨论的；第二是由外人以资本与我合办的；第三是单纯借款与我开办矿山事业的。此二者当于间接投资节内再说，兹列属于外人直接投资之矿业一览表如下：

矿 质	煤	煤	煤	金	褐 煤
地 名	奉天抚顺县抚顺千台山	奉天辽阳县烟台	吉林宽城子	外蒙图车两盟	满洲里札赉诺尔
国 籍	日	日	日	俄	俄
矿权者	南满铁路公司	南满铁路公司	南满铁路公司	中东铁路公司	中东铁路公司
备 考	初为中俄合办日俄战后为日人所占我国承认	初为中俄合办日俄战后为日人所占我国承认	初为中俄合办日俄战后为日人所占我国承认	光绪二十九年（1903年）俄人阿罗德呈请试办	光绪二十八年（1902年）中俄协约

此外已经政府赎回或取消者从略，兹仅列悬案未结之外资关系矿。

矿 质	金	矿	煤油	煤	煤及煤油
地 点	黑龙江岸	四川	新疆	广东	山西
国 别	俄	英	英	英	英
备 考	光绪二十年（1894年）订立草约二十三年（1897年）取消两国互索赔偿延未解决	光绪二十四年（1898年）四川矿务局与摩尔根订立合同逾限应废累次争执未决	民国九年（1920年）中华矿业公司（中英合办）呈请有案因新疆反对未决	英国嘉素于民国九年（1920年）与广东省署订立合同尚未决定	民国九年（1920年）福公司与山西省署订合同政府未决

四、航业投资

（一）外人在我国航业投资之情形

我国航业，在二篇第二章中已详为说明，至在本篇内应说的，则为航业投资之关系。关于航业之投资，各国在我国之情形，有一般的，有特别的。什么叫一般之投资？即各国不仅以我国为航业之投资地，并且以本国为航业之根据地而航行各国，并经过我国。从我国而论，各国每年在我国出入之轮船，即是属于此类的。什么叫特别之投资？即各国以自己所有之轮船直接航行于我国之沿岸内河，而图资本之增加。试列1920年列国在我国航业势力比较表：

国籍	日本 一般贸易 特别贸易	英 一般贸易 特别贸易	美 一般贸易 特别贸易	法 一般贸易 特别贸易	俄 一般贸易 特别贸易	丹麦 一般贸易 特别贸易
只数	8060 17087	8393 31150	1638 3909	458 145	509 1957	29 49
吨数	923936 18267656	303866 3102841	3203934 1514319	66076 192,251	225314 708242	133519 50645
贸易额（两）	506583957 200626537	51855747 644366434	115844131 2858998	43314714 131660	3143985 491960	266717 186612
贸易额百分比	36.73 12.97	37.60 41.66	8.41 1.93	3.14 0.15	3.35 0.62	0.67 0.01
总贸易额百分比	24.17	39.74	4.98	1.56	1.43	0.32

	荷 一般贸易 特别贸易	意 一般贸易 特别贸易	挪 一般贸易 特别贸易	葡 一般贸易 特别贸易	瑞 一般贸易 特别贸易	其他 一般贸易 特别贸易	我国 一般贸易 特别贸易	总计 一般贸易 特别贸易
	307 102	48 269	108 363	547 9	22 —	66 3	41609 93768	61798 148811
	394452 164368	174031 21869	121829 296683	95875 2989	70418 —	72211 2413	4473014 230180295	28853127 75413568
	16833024 164338	3497274 185	230936 8528556	1551440 37561	3830734 —	304484 12470	124993329 65356915	137301482 1546858745
	1.22 0.01	0.25 —	0.17 0.55	0.11 —	0.28 —	0.02 —	9.06 42.10	100.00 100.00
	0.58	0.12	0.37	0.06	0.13	0.01	26.53	100.00

据上以观我国之航业界，一般贸易船舶，在 1920 年出入于我国的，为 61798 只，吨数为 2885 万吨，其贸易额约 13800 万两。

而特别贸易出入于我国之沿岸内河船舶，合计 148811 只，吨数约达 7500 余万吨，贸易额约 154700 万两。结局由航运所生之内外总贸易额，共达 292600 万两。而一般贸易为总贸易 47%，特别贸易额为总贸易额之 53%。而一般贸易总吨数 2885 万吨中，有 2370 万吨，实为我国与英日三国之所占，约为八成二；美国八分，其他皆不足云；英国约占三成七，日本三成六，我国约九分。

以上为一般贸易之状况，更就沿岸贸易以观，亦约与上相同，中日英三国共占其九成七，而总吨数 7246 万吨中，我国约有四成二分强。英国四成二分弱，日本一成三分。又从内外总贸易额而观各国势力之比较，英国约占四成弱，我国二成六分，日本二成四分，美国五分，法国一分六厘，其他则毫不足道。

据以上观，我国对于特别贸易，虽占四成二，但实包有帆船在内，其实在一般贸易上仅占贸易之九分，合算内外总贸易额，不过全数四分之一，而其他之四分之三，则依然落于外人手内。此即外人在我国航业投资之情形！

（二）外人在我国航业投资之机关

外人在我国从事航业的，大小公司不知有若干，限于纸幅，难以枚举，兹就最有名之四公司一为略说。

1. 日清轮船公司

日清轮船公司为日人所经营，其资格在我国航业界实算后进，原名叫大阪商船公司。初入于我国时，以受三公司之猛烈抵制，经营极形困难，旋又以德、法轮之加入，其事业益见不良。于是日人在我国经营航业者，为增其抵抗力起见，而有航业合同之提倡。议成，在我国之日本邮船、大阪商船、湖南轮船、大东轮船四公司，遂改组为一公司，定名为日清轮船公司，设本店于日京，资本金增加为日金 800 万元。其后事业渐臻进步，大行扩张，资本至现在，增至 1620 万元日金，添设支店于汉口、上海，又设代办处于芜湖、九江、长沙、重庆。

2. 中国航业公司

本公司于 1875 年为英人所设立，资本金 100 万镑，设本店于伦敦，是年即建造船只，开始航行于我国。国人常称此轮船公司为太古，殊不知太古不过为该公司之一大股东，原名为太古洋行，而航业不过为该洋行经营之一种。此外尚兼办有海洋轮船公司及中国互助轮船公司、制糖公司、香港造船所等。属于自己经营之货物，实是不少，到处设有支店而活动于东洋一带，水陆设备均甚完备，信用亦甚优厚，在我国之外人经营事业中，当首屈一指。

3. 印度中国航业公司

本公司与上所述之中国轮船公司均为英人所有，该公司系创于1875年，资本金为120万镑，于伦敦设有本店，而从事于我国之沿岸内河与东洋各港之航行事业。其一切之营业，一如中国航业公司之于太古，概托之怡和洋行代办，我国人不察，常称怡和即是该轮船公司，误也。原来东印度公司当解散时，其股东渣甸氏（Iardine）与马日逊氏（Matheson）等合股另组公司，此实为怡和洋行之前身。更于1905年，该公司遂改组为股份公司，除代办内外航业及上海虹口栈桥营业外，与太古同样，并营其他各种事业，如制糖公司及其他之输出输入事业等，成绩甚佳，信用亦厚。我国人称之为怡和洋行。

4. 招商局

招商局实为我国最大之轮船公司，又有最古之历史，于同治十一年（1872年）即行创立。最初是以民营为主而受官厅之补助，其后至于光绪六年（1880年），返还官金，而纯为一民营公司。

论招商局之开办，实始于李鸿章之倡导，怡和洋行买办康景星、开平公司胘东朱云甫等之发起，以资本金百万两，于1872年开办公司，而购买"亚丁号"一只，航行于未开港地间，此实为我国自己航行事业之嚆矢。适彼时运河漕运以南北战事中断，北京政府以迫于漕米之需要，遂拟改轮运，而对于前记公司，命江浙二省出官金补助，使成立一招商局，从事于漕米之海运，招商局之为官商合办的缘故，也是由此来的。至1877年，更买收得旗昌洋行之船只而开长江航路，此即成为今日之招商局。

旗昌洋行本为美国罗素商会之所设立，开办时，资本金约100万元，后增至220万元，轮船有18只，而归招商局之所买收。招商最初为官商合办，其后改为商办，至1882年，增资为200万两。创业以来，弊窦百出，亏折甚大。

1912年有所谓改革问题之发生，增资本至800万元，然卒以种种阻力而不得彻底之改革，纷争以至于今，股东数年未分红利。综该公司营业之失败，由于内部之舞弊者半，由于外人航业之压迫者半，由于我国军阀之不法扣留迫害者半。

以上所说的外国之三大公司与我国之招商局，实为我国航业之骨干，其他属于各国与我国之小轮船公司，实难以枚举，只得从略，兹列四公司之航业势力比较表如下：

公司名	招 商	怡 和	太 古	日 清
所属国	中	英	英	日
资本金	8000000元中币	1200000镑英金	1000000镑英金	16200000元日金
船只	35	52	47	12
吨数	34683	58847	60495	25807
成立年	1872年	1875年	1875年	1898年
航线	（一）汉宜线 （二）宜昌重庆 （三）沪汉线 （四）沪宁波 （五）沪福州 （六）上海温州福州 （七）沪津 （八）大连汕头 （九）上海香港 （十）香港天津	（一）沪汉线 （二）汉宜线 （三）汉口湘潭 （四）上海青岛 （五）沪津 （六）上海广东 （七）广东香港天津	（一）沪汉线 （二）汉宜线 （三）汉口湘潭 （四）粤津 （五）沪宁波 （六）沪安东 （七）沪牛庄 （八）津沪 （九）上海青岛广东 （十）沪粤 （十一）香港大连 （十二）宜昌重庆	（一）沪汉线 （二）汉宜线 （三）汉口湘潭 （四）汉口常德 （五）鄱阳 （六）大阪汉口 （七）沪粤 （八）宜昌重庆

五、电线投资

外人在我国之电线投资，可分为三种：（一）陆上电线之投资；（二）海底电线之投资；（三）无线电之投资。陆上电线，系由我政府自办，归交通部管理，与外人仅有借款关系，无直接投资之可言。

至海底电线，可分为三种：1.为我国政府之所有线；2.为中外合办线；3.为外人直接投资线。属于我国政府所有的，仅有由广东省之徐闻到海南岛海口之徐海线，及从上海经芝罘到大沽口之沪沽线，与由烟台到大沽口之副线。

属于中外合办的，则有中日合办从芝罘到大连线。属于外人之直接投资，其属有六：

1. 属于英国大东电报公司之经营线：（1）香港川石山线；（2）川石山上海线；（3）香港檀香山线，新嘉坡欧洲线；（4）香港柴棍新嘉坡线；（5）香港海阬线。

2. 丹麦大北电报公司经营线：（1）香港厦门线；（2）厦门上海线；（3）上海长崎线；（4）厦门海防线。

3. 法国经营线：厦门鼓浪屿海防线。

4. 美国太平洋商务电报公司经营线：（1）上海马尼拉线；（2）香港马尼拉旧金山线。

5. 日本经营线：（1）上海长崎线；（2）福州台湾线；（3）大连佐世保线；（4）旅顺芝罘威海卫线。

6. 德国大德电报公司经营线：（1）烟台青岛线；（2）青岛上海线；（3）上海约浦（Yap）线。按上述各线，日德战后为日人所占领，后由《山东条约》，青岛佐世保间日人有利用权，其他皆还于我国。

无线电信，第三种之无线电，在我国可分为两种：有属于我国自办的，有为外人直接投资创办的。其属于我国的，共有十二处，地点为北京、武昌、上海、崇明、吴淞、张家口、广东、库伦、福州九处，合南苑、天津、保定共十二处。其中之吴淞、福州、广东、北京、张家口、武昌、库伦系属交通部，供一般之使用。其他则属于军事上使用，归陆军部管辖。

至外人直接投资所建设无线电台，据华盛顿会议所列出者如下：

属于日本者，其地点如下：1. 北京日本公使馆；2. 天津租界；3. 汉口租界；4. 大连；5. 济南；6. 满洲里；7. 青岛；8. 秦皇岛。

属于美国者，其地点如下：1. 北京美国公使馆；2. 上海新闻路水道公司；3. 天津租界；4. 唐山。

属于法国者，其地点如下：1. 天津；2. 上海济南路；3. 上海霞飞路三七五号；4. 广州湾；5. 上海佛兰西军营。

属于英国者，其地点如下：1. 上海公共租界芬兰路；2. 上海四马路外滩。

属于俄国者，其地点如下：哈尔滨。

据上表以观，外人在我国所设之无线电台，实达二十处（外国军舰上之无线电台其数不明），即日本八，美国四，法国五，英国二，俄国一，均有外国兵队保护，故其电力之大小与电波之长度，实非外间所能推之。至关于外人在我国所建设无线电之解决，则有华会议定之办法，已详于第一篇一般商埠之交通行政节。

六、银行投资

金融界之银行与银公司，在今日经济、政治、军事上，均占有极优越之势力，已详于本书资本帝国主义在我国之史的发展章内。因为从前银行之职务，单止于存款、放债、兑换。然今日之银行，除此数种营业外，更进而直接向各方面投资，隐然为一国工业生产之原动力，甚至势之所趋，有银行团银行公会之产出，结合成大团体，以垄断把持一切，其结果，即一国之政治关系、军事行动，亦大有仰其鼻息之概，此在国内银行一般之概状。至在外国之殖民银行与银公司，其势力之伟大，更较国内为胜。质言之，该银行银公司，即殖民地之支配者，凡一切之施设，无不在其掌握。赫鲁发丁氏（Hilferding）[①]于所著之《金融资本论》一书中谓："现代银行，实为产生帝国主义力之原动力。"洵属的确之见。

所以各国在我国开设之银行，关系我国极大，从其性质而言，实为直接投资之一种，应于本节内研究。

（一）各国银行在我国投资之略历

各国银行在我国势力之发达，间接实可操纵我之财政经济，已不是我们一人之私言。然考溯其略历，各国在我国最初为银行之开设的，实以1845年英国东洋银行在香港成立支店为嚆矢，其次则为麦加利银行，于1853年设本店于香港，于1857年设支店于上海。至汇丰银行，则于1864年始在香港设置本店，更三年成立支店于上海。中日战后，日本之正金银行、英国之有利银行、俄国

[①] 赫鲁发丁氏（Hilferding），即鲁道夫·希法亭（Rudolf Hilferding）。

之道胜银行、法国之东方汇理银行、德国之德华银行，相继设立于上海。庚子议和后，美国之花旗银行、比国之华比银行、荷兰之荷兰银行、日本之台湾银行，依次成立。此等银行皆不消说是以本国对华之贸易发展为目的而创设的，实含有帝国主义侵略之色彩，故凡遇我国有政治经济利权之获得，无不见该银行等之活动，其政府且为之后援，此风至欧战起时为极盛，欧战停后，其势为之一顿。

（二）各国银行在我国营业之情形

各国银行在我国之营业，系各依其国之法律以为行动，故甚缺共通一致之步调。惟近年鉴于我国银行之兴起，遂以共同利害之关系，相率为共通协约之规定，谋为抵制，禁相侵犯。

其业务可得而说的有两种：1. 普通业务，即存款、放款、汇兑等属之。国际贸易信用状之发行，尤为他们之重要任务。2. 特种业务，即金块银块之买进卖出等属之。然均以榨取我国民经济为目的。

至各国银行在我国商埠所发行之钞票，亦有略说之必要。原来各国银行在我国所发行之兑换券有两种：1. 为两券，2. 为元券。而元券占其大部分。其流通最广、信用最厚的，首数汇丰，其流通市面为香港、上海等处。麦加利、正金次之。正金所发行之兑换在我国东三省一带甚多，东部则少；华俄则于北满洲有其势力；华比、花旗、荷兰等银行，则常流通于上海，台湾银行则于福建、台湾发挥其势力。至其纸币之流通额，通常为100元、50元、5元、1元四种。其发行数目，通常付于秘密，不易得知。惟据调查得的：

	原发行数	15000000元
汇丰	---	---
	追加数	53191元
	法定数	9000000元
麦加利	---	---
	流通数	822591元
	法定数	2626641两
德华	---	---
	流通数	2595968两

(三) 各国在华银行一览表[①]

名　称	所　属	资本金	总行分行所在地
麦加利银行	英（镑）	法定 2000000 实际 2020000	总行伦敦 分行广东福州汉口天津上海青岛
汇丰银行	英（镑）	法定 15000000 实际 15000000	总行香港分行上海北京天津青岛 汉口福州厦门广东
有利银行	英（镑）	法定 1500000 实际 750000	总行伦敦分行北京上海天津
东方汇理银行	法（佛郎）	法定 45000000 实际 250000	总行巴黎分行上海香港
花旗银行	美（弗）	法定 8500000 实际 8500000	总行纽约分行北京上海
友华银行	美（弗）	法定 4000000 实际 4000000	总行上海分行北京天津汉口长沙 广东香港
大通银行	美（弗）	法定 4000000 实际 4000000	
运通银行	美（弗）	法定 4000000 实际 4000000	
美丰银行	美（弗）	法定 4000000 实际 4000000	总行重庆分行上海
荷兰银行	荷兰（弗）	法定 70000000 实际 70000000	总行亚姆斯特丹分行上海
安达银行	荷兰（弗）	法定 70000000 实际 70000000	
华比银行	比（弗）	法定 70000000 实际 50000000	总行北京分行上海
正金银行	日（日元）	法定 100000000 实际 100000000	总行横滨分行上海汉口天津香港 大连北京青岛牛庄奉天长春哈尔 滨开原济南
台湾银行	日（日元）	法定 60000000 实际 45000000	总行台湾分行上海福州汕头厦门 广东九江香港
朝鲜银行	日（日元）	法定 80000000 实际 50000000	总行北京分行上海奉天大连辽阳 铁岭营口四平街旅顺郑家屯
住友银行	日（日元）	法定 70000000 实际 40000000	总行大阪分行上海
三井银行	日（日元）	法定 100000000 实际 60000000	总行东京分行上海
三菱银行	日（日元）	法定 50000000 实际 30000000	总行东京分行上海

[①] 原作中以"弗"作为美元单位，等同于"美元"。

以上六种，为各国向我投资之大概。至其他尚有渔业、农业、林业等。先从渔业而论，我国沿海七省之沿海区域，产鱼之处实多，多为日俄两国所窃渔，亦算外人在我国直接投资之一种。其最著者，则为日人在我旅顺、大连之渔业，每年产额约达170余万元。至农业，日人在东三省间有从事开垦，然其详则不得而悉。林业则有鸭绿江中日开办之采木公司，吉林之森林借款，然均为间接投资，不应在本节内讨论。

第二节　各国在我国之间接投资

关于我国直接投资之讨论既完，现在我们应该讨论的题目，就是一间接投资。什么叫间接投资呢？即是外国资本投入我国时，须经我国人之手。其最著之例，如我国之借款及外人购我公司之股票等是也。外人只能照借约上收入利息或照股票额面收入红利，其他一切之管理经营权皆属于我。至间接投资之种类，从其投资之客观物，可分为向政府投资与地方团体投资及向私人团体之投资三种。兹说明之；

一、向政府投资

向政府投资，换言之，即是我国政府向外国之借债。论我国之外债问题，关系错综，种类极繁，断非本篇内所能尽。无已，只论其要略。我国政府之借债，从其用途，可分为政治借款、经济借款二种。前者大概属于消费的，后者大概属于主产的。先一论政治外债。

（一）政治外债

我国的财政，是纯以借款为生活。从前清以至民国，起债之纷繁，种类之复杂，古今万国，罕有其比。欲求于此有限之篇幅而明其大概，殆戛戛乎其难。我们从便宜上姑分为五期：

第一期：中日战争以前

第二期：自中日战争至庚子事变

第三期：自庚子事变至清末

第四期：自民元至袁氏殂逝

第五期：自袁氏死后至现在

第一期：我国财政第一期，为收入有余之时代。而开借款之嚆矢的，实为同治四年（1865年），向英伦银行借款1431664镑。其用途系以之支付赔偿俄国损失之用。照约于签字四月后开始偿还。自同治四年（1865年）至光绪十三年（1887年），共借外债六，总数约近4000万两。此项总债务，至光绪二十八年（1902年）均行偿清，此为我国外债流入之第一期。

第二期：本期为我国财政之受创期，亦即外资流入之渐盛期。然其原因，则由于甲午之败战。因我国自甲午战后，骤加两种之负担。其一即因战争所发生之军费，其二即因战败所负担之赔款，均不能不仰给于外债。计从光绪二十年（1894年）到二十四年（1898年），五年间所负之外债，实达54455000镑。其中6635000镑，则为战费所消费，其他之47820000镑，则为充作赔偿金之用（赔款2亿两）。由是每年由偿外债之原利合计，实应支出2500余万两之多。而当时之关厘等税收入，不过2100万，纵以之悉充此项外债之偿还，犹有不足之势。我国财政入不敷出之状态，其端则开自本期，而为他日财政紊乱之伏线。

第三期：后五年而有拳匪事变之发生，我国竟以此负担巨额之赔款，除应偿原金为45000万两外，此款本金如每年以4厘息作算，至39年偿清之日止，尚应付利息53230余万两。是因庚子事变，我国名义上虽为45000万两之负债，而实质上则近10亿两，此为我国人应所深知的。赔款本不是外债，我何以要列入借款项中说明呢？因赔款虽为我国向外国赔偿损失，不算是外债，然各国竟如以外债借之于我一样，公然加算利息，使我增重负担，不算是一种借债是什么？我们说他们行的是帝国资本主义之经济的榨取，由此可以证明。我国自经此项负担后，初年之偿还额元利合计约1883万两，与旧债合计每年实应偿还4243万两。加之当时条约规定，须以银合金币偿还，而彼时之银价，逐日跌落，初三年归我之损失，已至800余万两之多。综计我国自本期起，每年应付之外债为：

赔款元利合计	旧外债元利合计	共合计
1882500 两	23660000 两	4242500 两

由上面看来，庚子赔款实占我国当时外债之一半有奇，而我按年应付外债中，庚子赔款亦几占一半。是庚子事变可称为我国财政一绝大打击。以后财政之愈加紊乱，胥庚赔之所赐，故称庚子以后为我国财政之致命伤期，亦无不可。

第四期：本期实为我国借债之滥觞期，亦即外资之流入最盛期。因民国承清衰敝之余，各省解体之日，地方解款既绝来源，中央军政各费，又需用多端，于是遂不得不以借债为生活。而为本期之特色的，即尝以经济借款为名，而流用于军政费用是也。

本期内借款可分为两种：1.零星借款；2.大借款。前项借款，亦有因大借款或立而偿还的，亦有未偿还的，亦有于大借额成立后而尚有小借款成立的。至后项中应说的，即民国二年（1913年）所成立之善后大借款。本大借款，一称为"1913年五国善后五厘金币借款"。五国借款团以汇丰、德华、东方汇理、华我道胜及正金五银行为代表，借款额共2500万镑。

总之，从民国元年（1912年）到民国三年（1914年）之外债，实达4580万镑之多，然此等皆消费于政费，此三年中，就单算其利息，亦达2519万两。袁氏势力极盛时，各省尚有解款，中央所起公债，尚有信用。故当时之财政收支情形，颇能勉强相凑，殆夫帝制风起，袁氏仆焉，而我国财政愈不堪问矣！

第五期：袁氏逝后，段氏秉国。会欧战发生，我国为参战问题，与联合国协商结果，庚子赔款允延期五年，我国于此期间内，每年遂得免支约1989万两。又由对德奥宣战结果，遂得解除债务约5000万两。是从支出而言，我国彼时每年至少可减少2000余万两之负担，加之，自欧战起后，银价腾贵异常，金价极贱，如以银偿还外债，为利实大，而当时之盐余，每年且增至8000万元，关税每年增800万两。从改革我国财政而言，当时实一绝好之机会，乃当局诸人，利令智昏，贪婪卖国，不特对于我国财政未加整理，且从而滥借外债，不惜举四万万人所负担之金钱，卷入于私囊内！国家仍是困穷，财政愈为纷乱，抚今思昔，不能不令人痛恨于安福诸人卖国肥私也！综计是期内我国所借外债，大概日款居多，此则以欧战关系，欧美各国资本家，皆无力借给所致。本期所借外债，总额为日金 17000 万元，有名之参战借款、济顺高徐铁路借款皆于此期内成立的。此即为外资流入我国之大概。兹将每期所负外债列出于下：

第二期：54455000 镑[①]

第三期：67500000 镑

第四期：47800000 镑

第五期：15800000 镑

上列各项外债合计约达 18300 余万镑。然此项债务，我国按年应有偿还，而其利息每年又有增加。据最近调查，我国政治借款，长期外债约 18700 余万镑，短期外债 740 余万镑，合计 1500 余万镑。至民国十一年（1922 年）未偿还之款，尚 14000 万镑，合我国银元约 121000 万元之谱。如至于还清期，和利息合计，须 23000 万镑，而各省所负之外债，尚不在内。计此项总债务中，可分为有确实担保之外债，与无确实担保之外债二项。前者约有六款，共 10 亿元，后者共有七十七款，约 22000 万元，刻下元利大有不能偿还之势。

担保确实之外债一览表

借款名	俄法借款	英德借款	续英德借款	庚子赔款	五国善后借款	克利斯浦借款
起债原额	400000000 佛郎	16000000 镑	16000000 镑	67500000 镑	25000000 镑	5000000 镑
未还原额	164130000 佛郎	7466550 镑	11960050 镑	57588432 镑	25000000 镑	5000000 镑
利　息	年4分	年5分	年4分5厘	年4分	年5分	年5分
起债期	1895年	1896年	1898年	1901年	1913年	1912年
偿清期	1931年	1932年	1934年	1945年	1960年	1952年

各国别政治外债

1. 日本债权二十八款，共英金 7688867 镑，日币 162482103 元，银洋

[①] 原文中无"第一期"。

1500000元。

2. 英国债权十款，共英金1450247镑，银洋1200000元。

3. 美国债权九款，共美金12338698元，英金2517359镑，银洋830000元。

4. 法国债权三十三款，共法金165291325佛郎，英金15726228镑，银洋634100元，银860083两。

5. 俄国债权九种，共英金2701467镑，银洋887904元。

6. 德国债权六款，共德金4481185马克，英金102000镑，银136917两，又银800000两。

7. 奥国债权八款，英金4266314镑。

8. 比国债权五款，共英金1182356镑，法金10000佛郎，银洋80000元。

9. 意国债权——团匪赔款——英金5882046镑。

10. 西班牙债权——团匪赔款——英金24565镑。

11. 葡萄牙债权——团匪赔款——英金20386镑。

12. 瑞、挪债权——团匪赔款——英金11405镑。

13. 荷兰债权二款，共英金141984镑。

14. 共同债权，英金43663600镑，法金164438290佛郎。

我国之债权国共计十三国，现在我国每年应付外债元利合计，实近1亿元之谱，试将以上各项借款换算成元，以求其百分比，则（按本表采自日人书籍，故所载我总外债17亿元为日币）：

国 别	金额（单位：万日元）	比 例
日 本	60620	34%
英	40350	23%
美	1992	18%
法	2714	16.9%
俄	33776	19.3%
比	8726	5%
合 计	170517	100%

由是观之，各国在华之政治债权，日本实占其首，其次为英，法、俄、比又其次也。

(二) 经济外债

关于经济外债，由我政府借的，可分为两大项，一铁路借款，二电政借款。

1. 铁路借款

于欧洲市场而见我国铁路公债之发行，实为光绪二十四年（1898年）京汉京奉两公债，其后渐次增加。现在我国铁路借款之总额，实达于1.14亿镑，然其中实含有未发行额及偿还额，如从此中控去此数，尚欠4390万镑，其债额如下：

起债期	名 称	起债额（镑）	现在额（镑）	债权国	偿清期
1898年	京奉	2300000	1380000	英	1944年
1898年	京汉	5000000	偿清	俄法比	1930年
1902年	正太	1600000	800000	俄法比	1932年
1903年	沪宁	2250000	250000	英	1953年
1903年	汴洛	1640000	1236000	比	1933年
1905年	道清	800000	643000	英	1935年
1905年	粤汉回收	1100000	偿清	英	1917年
1907年	广九	1500000	1500000	英	1937年
1908年	新奉	32000	15000	日	1927年
1908年	沪杭甬	1500000	1350000	英	1938年
1908年	津浦一次	5000000	4800000	英德	1940年
1908年	邮传部	5000000	4750000	英德	1938年
1909年	吉长一次	215000	151000	日	1934年
1909年	赎路	450000	450000	英	1930年
1909年	赎路乙	230000	230000	日	1930年
1909年	赎路丙	194400	194000	英	1930年
1911年	津浦二次	4800000	3000000	英德	1940年
1911年	整理铁路	1000000	1000000	日	1936年
1911年	粤汉川	6000000	6000000	英德法美	1952年

续表

起债期	名称	起债额（镑）	现在额（镑）	债权国	偿清期
1913年	沪宁二次	150000	135000	英	1923年
1913年	海兰	（未发行）10000000	前贷4000000	比	1953年
1913年	同成	（未发行）10000000	前贷1000000	法比	1954年
1913年	浦信	（未发行）3000000	前贷200000	英	1953年
1914年	钦渝	（未发行）24000000	前贷1284624	法	1964年
1914年	宁湘	（未发行）8000000	前贷500000	英	1960年
1914年	沙兴	（未发行）10000000	前贷500000	英	1954年
1915年	交通部	300000	偿清	英	1919年
1916年	四郑	500000	500000	日	1956年
1916年	滨黑	（未发行）5000000	60000	俄	1962年
1917年	吉长二次	425000	435000	日	未定
1918年	吉会	未定	先交1000000	日	未定
1918年	济顺高徐	未定	先交2000000	日	未定
1918年	满蒙四道	未定	先交2000000	日	未定
1918年	四郑二次	260000	260000	日	未定
1919年	道清二次	350000	350000	英	未定
1919年	交通部	100000	100000	英	未定
合计		114146400	43935270		

注意：本表内海兰一名陇海，滨黑一称对大。

其间未发行及已偿还之铁路名称数目如下：

既成线未发行额（镑）	未成线公债未发行额（镑）	既成线偿清数（镑）
沪宁 350000	海兰 6000000	京汉 5000000
津浦二次 1800000	同成 9000000	粤汉收回 1100000

续表

既成线未发行额（镑）	未成线公债未发行额（镑）	既成线偿清数（镑）
合计 2150000	浦信 2000000	合计 6100000
	钦渝 22715380	
	宁湘 7500000	
	沙兴 950000	
	滨黑 4940000	
	合计 62905380	

2. 电政外债

各国向我电政事业借款，据现在调查总额如下：

名　称	订借期（年限）	原有债额	利率	现欠额	债权者	备考
沪烟沽正水线借款	1900年（30年）	210000镑	5厘	101770镑	英大东丹麦大北两公司	
沪烟沽副水线借款	1900年（30年）	48000镑	5厘	23000镑	大东大北两公司	
大东北公司借款	1911年（20年）	500000镑	5厘	314845镑	英丹麦	
马可尼公司无线电垫款	1918年（4.5年）	200000镑	8厘	200000镑	英	
中日实业公司电话借款	1918年（3年）	10000000日金	8厘	10000000日元	日	
中华汇业电线借款	1918年（5年）	20000000日金元	8厘	20000000日元	日	
兴亚公司电报借款	1920年（13年）	15000000日金元	9厘	15000000日元	日	
天津电话借款	1912年（9年）	47000镑	7厘	不明	德瑞记洋行	
武汉电话借款	1916年（13年）	92281镑	7分	不明	日三井物产公司	
三井海军无线电信借款	1918年（40年）	536267镑	8分	536267	日	按上借款现在美日两国纷争未决
中美无线电台建筑借款	1921年（10年）	4620000美金	7分	4620000弗	美	同上

以上计现欠英金 1315671 镑，每镑以 10 元作算，实合中币 13156710 元。日金 4500 万元，每元如以 7 角作算，实合中币 31500000 元。美金 4620000 弗，每弗如以 1 元 3 角作算，实合中币 6000000 元。总计，我国电政借款共欠 50656710 元。

二、向地方团体借债

我国不仅是中央政府以借外债为生活，驯至近年，即各省亦几以外债过日子。因之，我国财政，更不容易整理，大批外资更源源流入中国。综计我国二十数行省中，借有外债的省区实是不少。原来地方团体之借款，必须经中央政府之许可，方能有效。各国法令，大概是同一之规定。我国在前清时代，中央禁令綦严，各省尚罕有外债之借入。降至民国，武人专恣，中央号令既不出国门，于是地方借款，遂成为各省武人、政客分肥之好机会，而各省之借外债，亦与中央借款同奏进行歌曲了。计民国成立以来，各地方所借外债之数如下：

名 称	订借期	数 目	年 利	偿还期	债权者
湖北汇丰银行借款	1909年	500000 两	7分	10年	英
维持江南市面借款	1910年	3000000 两	7分	1年	英德法
维持上海市面借款	1910年	3500000 两	4分	5年	英俄德比日法美
湖北四国借款	1911年	2000000 两	7分	10年	英法德美
广东市面借款	1911年	600000 元	6分	1年	日台湾银行
广东市面借款	1911年	1000000 元	6分	2年	日台湾银行
直隶瑞记洋行借款	1911年	800000 镑	7分	10年	德
浙江军器借款	1912年	5000000 马克	6分	5年	德
润北捷成洋行借款	1912年	3000000 两	7分	3年	德
京畿水灾借款	1917年	5000000 元	7分	1年	日本兴业银行
奉天一次借款	1917年	1000000 元	6分	2年	日本朝鲜银行
奉天二次借款	1917年	2000000 元	6分	3年	日本朝鲜银行
奉天三次借款	1917年	3000000 元	6分	5年	日本朝鲜银行
湖北实业借款	1918年	1000000 元			正金银行
陕西实业借款	1918年	4000000 元	8分		正金三菱银行
山西防疫费借款	1918年	720000 元	7分	2年	四国财团

三、向私人与私团体之投资

我国私人或我国私团体之借外债者，实繁有徒。惟以我国未有完全之统计机关从事调查，所以此项种类与数目，我们竟不得而知了。现在我们关于此个问题，只能将我国与外债有重要关系的私人或私团体，略为说明以概一般。

（一）汉冶萍公司

我国私人团体与外债最有关系的，首当数这汉冶萍公司。我们试分二段来说：

1. 汉冶萍公司之略历

要论我国汉冶萍公司之情形，必先从大冶矿山说起。因为汉冶萍公司是以造铁为事业，而大冶矿山，则为该公司采铁之地，连类而及，自是自然之势。原来大冶矿山为铁山铺狮子山之总称，属湖北武昌道大冶县直辖。光绪十六年（1890年），张南皮督鄂时，聘德国技师探矿于大冶县附近，发见大铁山。其技师竟以泄之于当时之德国驻华公使，该公使遂向我要求该地探矿权，并铁路建设权。经几许之折冲，始让步为凡技师聘用机械购入，须先向德国商议，该交涉始告一段落。

光绪十七年（1891年），购地于汉阳而建设制造厂，此实为汉阳铁厂之起源，原定资本为600万两，后增至1000万两。其经营筹划为德国技师，机械则从英国输入，大冶铁山之铁路布设材料，则仰给于德国。工厂完成后，由比国技师司掌一切。后三年，德人乘鄂政财政之穷，以300万两之借款关系，取比国技师而代其位。惟以德人过于横暴，我国复雇用比国技师，由比国借得300万两以偿其债，德人关系于是完全断绝。光绪二十四年（1898年）三月，张氏以该厂成绩不良，奏请盛宣怀招商承办。其后遂由盛氏添招商股200万督办厂事。光绪二十四年（1898年），复借德款400万马克经营萍乡煤矿，燃料有着，规模于是略具。光绪三十年（1904年），因张氏原建之熔矿炉与矿质不合，遂以日本所预付购铁代价日金300万元改造新炉，铁质于是转佳。光绪三十三年（1907年），更合萍乡煤坑改组称为汉冶萍公司，此后日人之势力，遂渐侵入，排去德、比之势力而代其位，今日已成根深蒂固也。

通常称为汉冶萍公司实合三种机关而成：其一即大冶矿山之采铁所，其二为江西萍乡之产煤所，其三即汉阳铁厂之制铁所，为我们该知道的。大冶矿山之矿区面积，约我国200平方哩，所藏矿质，大概由1亿吨乃至27000万吨，除象鼻山为官地外，其他悉属民地。凡足踏之所，无不见有铁矿之分布，通常露出于外的，称为露头，其高约九百尺。最丰富之处，经调查完了的，约十余个。现刻正从事采掘的，为得道湾之狮子山、铁门坎之铁山等处。全山尽为大铁块之耸立，用露天工作法之采掘即可采出，故其工作极为容易。采矿费每吨不过6角6分。至其矿质，大半为磁铁矿，而赤铁矿及褐铁矿亦多含有的。铁山的矿质虽不十分纯良，而狮子山铁矿，则平均实含有58%乃至65%之成分，较之世界最良铁矿之瑞士产铁亦无逊色。不过好的，则为日本独占，而质不纯的，则归我有，此不能不令人有利权外溢之叹！

至萍乡之煤炭事业，系因张之洞创设汉阳铁厂时，炼铁燃料附近甚难供给，于是分派德国技师马克斯及赖伦二氏，向各处探求煤矿。遂于光绪二十四年（1898年），于江西发现煤田，并测得其矿质甚适于大冶之矿质。张氏乃约同盛宣怀以资金百万两，从事采掘。然事业开始后，资金甚感不足，又于光绪二十八年（1902年），向德商礼和洋行借入400万马克，充作采矿一切经费，并以德人赖伦为技师。其后资金复告不足，向日本大仓洋行前后为二回380万元之借款。于1908年，遂与大冶矿山汉阳铁厂合并，属于汉冶萍公司之经营。萍乡之煤矿区域，现时为公司所采掘的，实以安源山为中心，东西10哩，南北20哩，更从其含煤区域而论，东北连亘约60哩。据专家推测，一年以100万吨采掘计算，亦可继续达五百余年不尽。其炭质为有烟炭，甚少挥发分量，并富于黏着性，故适于骸炭制造。质脆不变，故粉状多而大块少，一日出煤量约2400到2500吨，年产额约80万吨。

2. 汉冶萍公司与日人之关系

论我国汉冶萍公司与日人起初生关系的，实始于满清时代之《中日冶铁条约》，该条约系发源于伊藤博文之游历我国，向西太后以大冶铁矿之购入为请。遂于光绪二十六年（1900年），由日本制铁所长官和田维四郎与当时之鄂督张之洞及盛宣怀有上约之缔结。本条约所包含的要件是什么？约有四项：

"（一）日政府每年向该公司为5万吨之购入。（二）60%左右含铁矿，每吨定价2元4角。（三）本契约所载之平均价格，二年继续有效。（四）本契约期间十五年。"其后三年，复有所谓三十个年契约之缔结。其要点，即由日人预借300万日金与该公司，以后由购铁之代价作偿还，并限定铁质每吨日本金3元，此为日本同我公司关系之第二步。而此期间内，汉冶萍公司以内部种种舞弊关系，亏折不堪，遂累次向日本三井、正金银行借入大批外债，由是日本人之在汉冶萍公司遂根深蒂固，牢乎不可拔了。其中最大的，为1913年900万之大借款。原来在本条约以前，所借入外债概为零星之借入，于结算上、整理上，殊多不便。于是遂由双方同意一括的，有此借款条约之缔结，同时更为旧债偿还而有600万元之借债，以作矿石先交之代价。此二项借款之重要条件，则为技师长及会计监督均须采用日人。今年（1925年）又有800万日金之借入，由是汉冶萍公司名虽为我国经营，而其实与中日合办无异，一切大权皆操诸日人，甚至自中日交涉结果后，由我国以条约承认其严酷之要求，试摘其要点如下：

将来汉冶萍公司如同意与日本资本家合办时，中国政府须予以承认，对于该公司不可加以没收。无日本资本家之同意，不可收该公司为国有。除日本国以外，不得借入他国之资金。

（二）南浔铁路

本铁路实为我国商办唯一之铁路，其与日人生关系的，实为1907年向东亚兴业公司之借款。原来南浔铁路实为江西由九江到南昌之一段，为我国南浔铁路公司所创办，建筑费预定为750万两。惟以应募不如意，通共筹得资金不过150万元，去所预定额尚甚悬远，遂由该公司向日商兴业公司借入银100万两，始得开工。迄于1920年5月，仅得完成德安间32哩之一段，旋以资金涸竭，更向兴业公司借入500万元，工事赖以续行。无何二次革命事起，该线适当战事区域，所受损失实大，前所借款，消费殆尽，尚未竣工，于是复有第三次向兴业公司250万元借款之成立，尔来工事比较进步。至1925年，全线始得开通，而日人于该路之债权，实已得达于极强固之地步。

第三节　合办事业与公司事业

直接投资，是以资本直接投入我国；间接投资是以资本借与我国，已大概说明于上了。然间接投资，尚有一种我们应该说的，即公司事业与合办事业是。此种事业，与上二项有差别的，即一方面外国人不能如直接投资可将资本投于我国而掌理一切，而在他方面又非单纯借款可比。另一方面，除收利息保有债权之外，又有分享红利，以股东资格来干预一切事情。故从其性质而论，于上说二种外，当立专条讨论。

一、外国人在我国之有公司投资权与合办事业权，其根据在什么地方

外国人在我国通商口岸有直接投资工业之权利，已说明在前了。而外国在我国对于各种事业，有当股东之权利，实根据于光绪二十八年（1902年）之《中英续约》第四款，由我国承认英人在我国有投资于股份公司之权利，不单是股份公司，并且由光绪二十九年（1903年）《中日通商续约》第四款，凡关于以公司形式组织之投资事业，日人皆有参与权利，此即为外人在我之参与各种公司投资之根据，而中外合办事业之来源，亦由此可以明白了。此项投资与工业投资有差异处，即工业投资，外人只限于通商口岸，而公司投资则不问是否通商口岸，外人皆可一律投资，此则因前者由条约有明文限定范围，而后者则浑括规定一切，对于投资区域毫未加以限制的缘故。

二、外人之公司投资与合办事业对于我国经济之利害关系

此种投资事业，如从投资国而论，实为资本输出最好之机会，亦即为维持其资本主义之存在与促其侵略之一个好手段。我们知道，现在资本主义发达国家，已由货物输出而达于资本输出，所以只要有可以输出其资本之方法与机会，皆为彼等所愿意，而公司投资与合办事业，即为资本由彼国输入我国之一种，

当然对于彼等有极大之利益,然对于我国之利害关系则如何?我们实有讨论之必要。本问题如从我国经济而论,可云利弊兼备。先请说其利处。首先,我国是一缺乏资本之国家,利息又重,如为中外合办,或许外人公司之投资,则资本既得源源输入,各种事业即有开发之希望,其利一。其次,我国人民素对于公司经营能力,与各种事业所需要之技术,均不及外人之优长。如因此得与外人合办,则可取彼所长而补我所短,其利二。然在他方,其弊亦有不可胜言者:外国极富于资本,我国则短于资本,所以每一中外合办公司之出现,名为中外合办而实则我不过徒有其名,而一切之资本均出自外人,一切之经营权皆操之外人,垄断独占加之直接投资,无异于断送各种经济权利,间接投资不亚饮鸩止渴,所以皆为我国人极端反对,外人于近年亦有所顾忌而不敢发。惟至于公司投资与合办事业,既可免直接间接投资之名,而又可得其实,近年中外合办事业之愈见增加,也就是为此个缘故。我敢断言今后外资之输入我国,必取此种形式为多,为我国经济界将来之深忧,必数这公司投资与合办事业。何以有如此之戾害,即由我国人居其名而外国人取其实!由此形式,我国全部经济利权可以于不知不觉间移之外人亦是意中之事。关于此个问题,目下应由我政府设法取缔,实为急中之急。其最简单之方法,即如矿山条例,以外资不可超过全体资本之一半为条件,亦不失寓取缔于法令之一法。

三、中外合办事业之效果

外国人向我国各种公司投有资本若干?种类如何?则不得而知。惟至于中外合办事业,据现在调查所得,实有如次之结果。由此外人在我国之合办事业种类与势力,略可窥见一斑。

中外合办重要事业一览表

国 名	合办公司名	事业种类	资本金	成立年
中英法	福中公司	山西省煤油铁	10000000两	1898年
中英法	福中公司	河南省煤矿	10000000两	1898年
中英	会同公司	四川省铁煤	10000000两	1899年
中法	福安公司	四川省煤矿	10000000两	1899年

续表

国名	合办公司名	事业种类	资本金	成立年
中日	宣城煤矿公司	安徽省煤	5000000元	1898年
中法	和成公司	四川省煤矿	不详	1902年
中俄	穆陵煤矿公司	吉林省煤	不详	1924年
中法	元亨公司	广西省铅矿	2000000两	1924年
中法	来福公司	贵州省铅矿	2000000两	1924年
中法	亨利公司	贵州省锑矿	600000两	1924年
中英法	隆兴公司	云南省各种矿	50000000两	1901年
中法	大东公司	福建各种矿	7480000元	1902年
中英	江北片煤公司	四川省煤铁煤油	17000000元	1904年
中德	中兴煤矿公司	山东省煤矿	2500000元	1905年
中法	大罗公司	贵州省云母锑	2000000元	1906年
中俄	华俄道胜银行	银行事业	3500000元	1896年
中法	中法银行	银行事业	77000000法	1918年
中日	中华汇业银行	银行事业	5000000元	1918年
中意	华义银行	银行事业	22000000元	1921年
中法	振业银行	银行事业	不明	1921年
中德	中德银行	银行事业	公债3000000元	1921年
中美	懋业银行	银行事业	50000000美金	1920年
中德	井陉煤矿局	直隶煤矿	500000两	1905年
中日德	北洋保商银行	银行事业	3000000两	1911年
中日	鸭绿江采木公司	满洲木料砍伐	3000000元	1908年
中日	本溪湖煤炭公司	满洲煤矿及制铁	7000000元	1910年
中英	门头沟煤矿局	直隶省煤矿	1000000元	不详
中日	立大面粉公司	上海制粉业	200000元	1908年
中日	上海绢丝制造公司	上海制丝	400000两	1906年
中日	铁岭电灯局	满洲电灯业	1100000元	1910年
中日	昌图株式会社	不详	300000元	1906年
中日	营口水道电灯公司	营口水道	2000000元	1905年
中日	三泰油房	满洲制油业	300000元	1907年
中日	正隆银行	满洲及华比银行	3000000元	1906年

续表

国　名	合办公司名	事业种类	资本金	成立年
中日	沈阳马车铁路公司	奉天马车铁路	1900000元	1906年
中日	日清火柴公司	长春火柴制造	300000元	1907年
中日	信泰公司	长春豆粕	150000元	1909年
中英	开滦矿务局	直隶省煤矿	2000000镑	1912年
中英法	福中公司	河南省铁矿	1000000元	1914年
中法	中法实业银行	银行事业	45000000佛	1913年
中日	中日实业公司	企业投资	5000000元	1912年
中日	寿星面粉公司	天津制粉业	250000元	1915年
中日	鸭绿江制材无限公司	满洲安东县制材料	500000元	1915年
中日	顺济公司	上海矿业	2000000元	1914年
中日	大连交易所	大连交易事业	1000000元	1913年
中日	沈阳保信公司	信用事业	50000元	1916年
中日	开原交易所	开原交易事业	500000元	1916年
中日	长春交易所	长春交易事业	500000元	1916年
中日	电气兴业公司	电球及电气机械制造	1000000元	1917年
中日	上海电气公司	电气机械制造	1000000元	1917年
中日	公兴铁厂	工厂用工具附属品贩卖	200000元	1917年
中日	安川制造所	卖铁制铁	2500000元	1916年
中日	天图铁路公司	间岛铁路事业	1000000元	1918年

以上共计中日合办事业二十七，中法合办事业十，中英合办事业四，中德合办事业三，中美合办事业一，中英法合办事业三，中日德合办事业一。从合办事业而论，其势力当以日人为首，英、法次之。

第四节　我国之国际投资与资本帝国主义之关系

据第二章看来，各国在我国之投资是怎样的情形？我们是可以明白了。由是我们就知资本主义国家，必以其过剩之资本向外投出。理论上、事实上，都

不得不然。而我国以地大物博著名，适为其投资之理想地，故不期而外国资本，遂如排山倒海之怒潮，倾注于我国。其结果，因此金融资本之侵略，我国民之资本，遂被其刮尽无遗，而银根之枯紧，民生之凋敝，遂为不可免之事实也！现在我们如从一般之投资而论各国资本之向我国输入之理由，自因我国尚为农业国关系，由投资所获得之利息与利益，俱较他国遥为优厚，故外资竞集于我。而地理的理由亦甚重大，如日本之向东三省投资，俄国之向内外蒙投资，法国之向云南投资，英国之向广东投资，无不以地界毗连关系，易使地方资本之输入。至第一次之善后大借款与日人之参战军器借款，则显含有政治之性质也。各国向我投资之原因明矣。请论投资内容与贸易投资及于我国之影响。关于投资内容，不问其为直接投资与间接投资，实质上，仍不外各国货物之向我输入，是商埠篇之理论，亦未尝不可移之投资篇。要之，仍不外榨取我之剩余价值，以助其资本之增殖。至关于我国国际贸易与国际投资之关系，我国年年之对外贸易既为一继续之出超，则单从贸易而论，也算国民重大之损失，然如我国对外投资苟立于主动地位，则尚望如英国之年收利息以弥缝此失，无如自前章研究结果，我国对外系为债务国，为被投资国，不特对外无有收入，并且须岁岁付外人以巨大之息金，而投资又而为货物输入之变相，是投资之对于我实受二重大损失。盖因贸易，我之剩余价值既被其榨取，因投资，我国民之资金又被其吸收，欲求我国民不为贫窭子不可得也！所以我国在国际投资上，纯处于被侵略之地位。而况从直接投资而论，我国又为被投资之国家，各项利权之遭外人侵蚀者不知几许，由是我国民之财源穷。再从间接投资而论，我国又为无偿运能力之国家，由是我国财政将因之破产，而受外人之监督，故论我国今日之国际经济危机，实无大于此者。

结　论

　　由本书研究之结果，而近代国家之真相毕露，即外标文明人道之美名，内怀侵略野蛮之实者，近代之国家也。然其根柢，则在一资本帝国主义之发纵有以致之。顾为帝国主义所必要市场与投资之绝对二个条件，环顾今日世界，已多无存，是为其外围之区域日益减少，而崩坏之机迫于目前。惟我中国，土地则广袤数千万方哩，人口则拥有四万万众，对于货物与资本之需要量，对于原料品、食料品之供给量，大而无伦，恰为资本帝国主义欲继续其生存发达之最好的理想地。有此原因，必有结果。结果者何？外国之资本帝国主义国家，遂如万马奔腾之势，以践踏于我国矣。于是为解决其市场问题，而我有百个商埠之提供；为解决其投资问题，而我有20余亿元资本之吸收，而有数多利权之丧失；为圆滑其市场与投资地之经营起见，而我有巨大交通权之让与。我国一部之对外关系史，略具于此矣。不但此也，从政治而言，他们在我国又有治外法权、领事裁权利之设定，遂在我国俨成一支配阶级。从经济而言，他们向我获有关税之束缚权与投资之优先权，在我国遂成一剩余价值榨取之阶级。他们这一种行动，实如大盗之入我室而搜我财绑我票，使我身家财产荡然无存一样，特我国民不自觉耳！同胞乎，今日国家之大病，实在于国民生活维艰；而生活维艰之所以，即在外国资本帝国主义之侵略与榨取。管子云："仓廪实而知礼节。"孟氏云："有恒产者有恒心。"故欲解决中国之政治问题，根本上尤不可不使我国经济开发。顾我国今日之经济，从本书看来，已受资本帝国主义层层束缚，万不能有发达之势。换言之，即我们欲使我国成为万人诅咒之资本主义国家，亦事实有不能也，遑论其他！然则欲救我中国，非从经济改造不可；而欲改造我国经济，实非抵抗帝国资本主义国家不可。以个人意见，今日中国已成为国际资本阶级联合对我之局,并常唆使军阀以助长我之内乱,故我除一方联合世界无产阶级弱小民族以抗此共同之敌,他方内部实行革命使国家之公正得实现外,实无良法也。虽然此岂易易事哉!须协我亿众之力,出以必死奋斗之精神,建设强有力之国家始获有济。然此非使我四万万人个个都根本觉悟不为功。本书者,即为使我同胞人人皆悉帝国主义之侵略我之厉害,并促之起而奋斗者也。

附　录　五卅潮感言

　　吾书脱稿之翌日,即五卅潮起之时。呜呼!本书实一深痛之纪念物矣。吾书研究最后之结果,即断定不平等条约为我国致命伤,促我国人一致起而奋斗改约。苟有阻我者,于必要时,即与之实行经济绝交亦在所不惜。五卅潮起,烈士殉身,而我国民觉悟矣。已举国一致身临战线矣。即以对英经济绝交为战斗之利器矣。呜呼!国民!国家之生存问题,将于尔等能否奋斗卜之;既奋斗矣,将于尔等能否坚持卜之。呜呼!奋斗坚持!国之脉,民之命,皆在于尔也。

下编　漆南薰其他遗文

帝国主义底性质之研究[1]

现在这帝国主义侵略的怒涛,已经奔腾澎湃于全世界,我们弱小民族的同胞,遭其荼毒的,何止10余亿!我国亦是弱小国家之一,又以地大物博著名,当然不能幸免此厄。所以我青年,我同胞,大家都迫于这一种侵略之"水深火热"的痛苦,口内说的是帝国主义,耳内听的是帝国主义,心坎中,脑海中印的是帝国主义,哎呀!现在提起帝国主义四个字,几乎三岁的小孩子也都晓得的光景,但是,我们如一问这帝国主义究竟是什么一个东西?他的特别性质,在什么地方?恐怕一般人,瞠然不能对的。论起帝国主义,譬如是侵袭我国的一个最凶猛的病。我们要想救国的人,就像医病的医生一样,哪有病原不清,病症不明,能够医得好病?所以我们既是来讲救国,来讲反对帝国主义,那么,帝国主义究竟是什么一个性质?第一我们非把他拿来研究明白不可,我们如把他的性质了解,则对付他的手段,自然是容易讲求了。论起研究帝国主义的性质,好在研究他的学者,也不乏其人。但最可以供我们的参考,为我们最佩服的学说,不过有四。此四者,皆属于马克斯派(Marxism)。我们试一分述述于下。

(一)柯芝克氏 Kautsky[2] 之工业资本政策的帝国主义论

(二)赫鲁发丁氏 Hilferding[3] 之金融资本政策的帝国主义论

(三)列宁氏 Lenin 之资本主义最后阶级的帝国主义论

(四)巴布曾氏 Pavlovitch[4] 之钢铁政策的帝国主义论

---

[1] 出自《孤军》1925年第2卷第11期。原作署名"树芬"。
[2] 即卡尔·考茨基。
[3] 即鲁道夫·希法亭。
[4] 即米·巴·巴甫络维奇。

一、工业资本政策的帝国主义论

关于帝国主义（Imperialism）如马克斯派学者之意见，总认此为资本主义发达的极盛时代，始出现的东西，先就柯芝克之学说一观其定义。什么叫帝国主义呢？如从其性质而论，实含有征服一切农业国家之欲望，而为资本主义发达到极端时，始出现之一种产物。

因为工业国家，是以制造货物为专务。这一种大批货物造出后，单靠自己国内销售，无论如何，是销不完的，如欲其销完，则非向农业国侵略不可，于是帝国主义就从此发生的。何以要向农业国行侵略手段咧？则以工业国最富的是制造品，最缺乏的是原料食料品。制造品则实向农业国销售，所需之原料食料品，则要从农业国买进。而农业国则反是，最富的是天然物，天然物未见得有要求工业国购买之必要。最缺乏的是制造品，制造品则须仰给于工业国，如一切之机械钢条等，是其最著之例。此从经济方面观察，工业国有侵略农业国之必要。我们再从军事而论，农业国之最大缺点，即在于军器之制造，工业国之最大优长，即是在于握有最新军器制造之技术，设有多数军器制造之机关，因此农业国家，就全立于被征服地位。

我们试就英国一为观察，英国不消说是世界上第一大工业国。于陆地则设有数多之铁路网，于海洋则分布无数之艟艨巨舰，其对于殖民地之连兵，可以朝发而夕至。不特是交通机关占其优长，并且于此种机关以外，实拥有弹药制造工厂无数。既拥有如此巨大之军器，纵有四万万之印度民众，那能不俯首帖耳受其支配。不单是海中之小岛国英国因此尝为世界之霸王，即小如弹丸之法兰西，亦征服有多数之殖民地，如摩洛哥、安南、非洲等处。而此等农业国，对之实无何等之抵抗。请看拥有号称四万万民众之中国，连仅足以维持其国家独立的兵力，都创不出来。此无他，实由农业国第一之弱点，即在于军事。所以我国至1917年之参战而败北，中国与各资本家国之宣战，更形败北。所谓天津事件，仅以英兵4万而陷其首都北京，使其为不名誉之讲和。所谓拳匪之役，仅以联军5万，而镇止其暴动，都可以用此公式说明的。

然则帝国主义者，实一侵略农业国的资本主义工业国家的外交政策者也。

什么叫帝国主义呢？通常由不平等之二部分而成，于中央，则有工业国，于其周围，则有数多之农业国，实如各行星之拱绕太阳一样，而农业国常绕一工业国家以为行动。

以上为柯芝克对帝国主义说明之概略。即以帝国主义之根本特性，为在于农业地方之获得。以我们的见解，此说固然有一部分的真理，然实不能概得帝国主义之全部，因帝国主义之侵略，除农业地外，工业地亦为其欲望，所以我们再有研究第二说之必要。

二、金融资本政策的帝国主义论

此派之代表，当首数赫鲁发丁氏。他的学说之要点，大概以帝国主义为发原于近代之资本金融政策。试一述其大意如下。原来银行业之发达，从时间上可分为两期，即第一期为银行之借贷营业期，第二期为银行侵入于工商业期，兹就前期一述其大要。

第一期之银行，在经济界上，所做的事情，非寻稳当，其营业则常止于介绍金银之借贷。如资本家要用钱时，则加以一定之利息计算贷与之。如私人要存钱的时候，则出一定利息存储之。其对于政府，亦如对于资本家私人一样，通常附加一定利息，而为国家营借贷存储，已惟作中间之一种介绍人，将自己所集基金，作一种信用，而获其大入小出利息相差之一种利益，毫未与于生产买卖之工商事业。总之，在本期内银行所营之业务，极有制限，经济行为极形简单。质言之，银行简直是为介绍人民金钱借贷之一种机关，所以本期称为银行之营业期。

然银行此种营业之范围，终不能不与经济发达并行而形扩张计。自18世纪工业革命以后，欧洲各国之经济渐形发达，不单是大资本家得资本巨大之集中，即一般之工人劳动者，无不见有多少资本之蓄集。既个个人都有点蓄集，则利用金钱，存于银行，以图生利，亦属应有之事。然此实启银行以侵入工商业界之一种好机会，因为银行到了现在，已成为江海纳百川之势，所储集的金钱，也不知有多少，如仍靠从前放债生息之方法，未见得能将此项巨金钱安顿得完。就作算能安顿得完，放债之收入，那能及由经营工商业所得收入之大。所以银行家自此念头一起，遂一改其旧来之面目，而侵入于工商业界。从时间而论，此实为第一期之告毕，而蝉联于第二期。银行自达于此期后，有买卖就做买卖，有货物制造，就从事制造，不单是一切工厂归其支配，即远在数千里之铁路轮船，亦在其掌握，全国之市场，亦受其指挥，巨大之矿山，亦供其开采。换言之，银行一入此期，即向工商业界获得最高支配权之基础，而各工商事业之所有欲，即全部移于银行。新来之银行家，逐渐次变成工商业界之主人，而旧来之工厂主，商业主，则反降于一种代理人之地位。而原属于银行之资本，遂由此夺工商业之资本而代之。此种资本，即独为金融资本。如我们试一论此金融资本之机能，已不像从前时代单以周转借贷为满足，并进而向一切工厂货物买卖机械为资本之投资。这一种独占扩张结果，他们的力量，说来骇人听闻，简直可以操纵一国市场之供给需要。如见生产有利益时，则扩张之，如见有减缩之必要时，则减缩，务以达其大利获得之目的。一国的经济界，既到这样地步，则在实际上，为各种事业之支配人，一非是个人之资本家，二非其国之政府，乃是由无数之匿名存在之财阀集团，而握有其权力，起初是在一国内发生此这现象，渐次如波动状态，传播于各国。驯致国际间，亦见有银行团之联合，而全世界归其支配，此为银行宰割世界之时代。然此种联合，决不是可以持久可靠，苟对于地域分配上，因肥硗之不同，而利害亦自各异。所谓世界冲突之大战，即随之以起，资本主义之缺憾，亦实在这个地方。

以上为银行一期入二期，达于极盛之经过情形。然因此金融资本的政策，即能使帝国主义发生之理由安在呢？关于此个问题之解答，赫氏则有其见解，试叙其要点如下。金融资本实含有获得新领土最强之欲望，且最富于侵略性质，其侵略之程度，实较前时"工业资本"更为厉害，如据赫氏之意见。此次世界之大战之原因，实由金融资本可以说明。世界各国之所以相率卷入此项世界政策之潮流，热心从事于未经宰割的地球部分之分割，亦无不以此项金融资本为原动力。因为在金融资本以前之工业资本，是以制造货物输出货物为目的，而现在之金融资本，其特征则非在于货物之输出，乃在资本之输出。此一种货物输出与资本输出，实极端有其差异地方。盖前者以其为货物之输出，故受有限制极大，后者以其为资本之输出，故受的限制极小。试以例证，非洲之撒哈拉一带不毛之地，几乎出产也没有，人烟也没有，如在工业资本，则当弃之而不顾，因为他们是以销货为目的，那沙漠地方既没有顾客，当然不受他们欢迎，他们即不投资。然在金融资本则不然，不论沙漠地方也好，什么地方也好，只要能供他们要塞之修筑，铁路之建造，他们资本就算一种输出了，他们的目的就达到了，决不因地方之肥瘠，而有其限制，此为资本易于输出缘故之一。

其次资本如向殖民地输出，向有利益之事业投下时，对于银行实无何等之危险，不特没有危险，并且还有大利存在，因为此等银行，如于小亚洲或非洲某部分为一定铁路建设计划，则必以种种之广告方法，宣传其利，并为大批公债之募集。其结果，该公债必得大多人之购买，而资本输出之目的，遂得达到，这样看来，凡殖民事业所役下之资本，既非由银行本身所出之血本，又非向被征服之殖民人获得，乃由向本国一般国民募集所得。换言之，此种殖民事业，实为榨取本国人民经济最好之手段，此为金融资本之易于收集之缘故二。

资本既收集也容易，输出也容易，那金融资本遂可为无限之扩张，到处发挥其独占性质。铁路亦可建造于沙漠，军队亦可以运送之于沙漠，一切军用大炮军装，亦可以建造之于沙漠，是殖民地实为其榨取经济之一种手段。纵不贩卖物品，亦可膨胀其资本。此实为金融资本政策，含有侵略性质之原因，而为帝国主义发生之原动力。

三、资本主义最后阶级的帝国主义论

赫氏所说之帝国主义，我们由上段大概可以略窥其一般了。约言之，其要点即在于以金融资本政策，为帝国主义之定义。而金融资本是什么？即不外一侵入于工商之银行资本，或支配一切实业界之银行资本。然列宁氏关于帝国主义之学说，则较赫氏为更进一步。爰为介绍如下。

现在资本主义第一之特性，无论从那一方面看来，都是在一独占，但独占又是什么一个东西呢？是不可以不详论的。

旧时之资本主义，其特征系在于竞争自由，譬如在一个地方，有数个工厂存在时候——如制糖、制革、纺织、炼铁工厂等——他们为多得买主，制胜市场起见，互相必为极激烈之竞争，惟其为自由竞争，则价廉物美四字，实为他

们竞争制胜必需之重要条件。但此价廉物美四字，亦非容易可以办到之事，其根本上，尚有需乎技术之改良，经营之经济，新式机器之应用等是，这样看来，此自由竞争之时代，即一工业进步，技术改良之时代，不论何国，不论何方，不论国内国际市场，此种趋势，皆为普遍之传播。如欲在竞争上占优胜，无不以改良货物，低廉价格为前提。资本主义第一期之特质，也是在于此一点，而今不过仅留有余迹存在。

现时资本主义之特质是什么？则非自由竞争而为独占。什么叫独占呢？即由资本家团体，共同议定一定货物价格，不准任意放盘，设定一定规约，防止自相竞争是的，譬以制糖一项工业而论，此种工业间，即有脱拉斯（Trust）新底克（Syndicate）等。种种独占团体之组织。通常对于糖价，则一律为划一之规定，决不许任意照所定价格以下贩卖。如同行中有违背此项公约时，或于组合外，发见有其他商人任意减价时，则由此等组合，联合抵制，拼得以全体一个月之损失，务使之达于破产，其结果此等独占团体之威力，既得发挥。市场完全之独占权，归其支配，而独占之势以成。由是砂糖之制造主，不得超过公共组合所议定的定量以上为沙糖之制造，此即制造权之受限制的地方。其次凡砂糖贩卖主，不得照公同组合所定之价格以下为砂糖之贩卖，此即是贩卖权受限制的地方。又其次砂糖之存储者，不得超公共组合所定之界限外，在市场为多量之存储，此即是存储权受限制的地方。如生产存储过多之时候，又如何办理？则不外或烧之，或投之海中，务使砂糖不为过剩之供给，而达享有最高价格之目的。

一国内之糖公司之组织既得成立，则为避免世界市场之竞争，必起与他国公司相联合，如美国糖公司与英国、法国、德国诸糖公司之成立协定，亦属必然之趋势，于是国际间独占公司之形式遂从此产生。

现代资本主义新底克之制度，实以洋油脱拉斯为最完备之组织，最初成立于美国而渐次伸张其势力于全世界，收有全世界之油田于其掌中，其次美国之钢铁脱拉斯，亦声势浩大于全世界遍设其贩卖店，此等脱拉斯，惟其为大规模之组织，故先为一国市场之独占，而渐次企图全世界市场之独占，并以导其他工业独占制度之成立。此种独占制度既行成立，则旧来之自由竞争制度，已渐次归于淘汰。然如自由竞争果因此消灭，则工业之进步，亦不能不停顿，其结果，我们可以于此过程中，发见两个最好的对照。即在前时代之经济现象，实以技术进步，货物优良，价格低廉，为其特征，而一至时代之经济现象，则适与前相反，以工业退步，货色恶劣，价格昂贵，为其特征。然则此资本主义发达到最后阶级，已非是经济进步之时代，乃为经济退化之时代，我们由此可以断言了。

论起这帝国主义，如简单说来，实以资本主义为基础而继续发展的，而资本主义之所以成为帝国主义，实由资本主义发达到最后阶级，才形成的。这资本主义一发达到于此期，遂于其根本之性质上，发达一种正反对之变化。此一种变化为何？即由资本主义之独占性，取自由竞争之位而代之一事，其实自由竞争实为旧时资本主义及一般货物生产之特性，而独占则刚刚与自由竞争成为反对。不过后者，实由前者渐次变化而来，以达于一般人之眼帘前，一般人殊不觉耳，自这独占组织一成，小企业起，小企业仆。大工业更代以愈大之工业，而发生大公司之独占。

虽然，独占虽为从自由竞争而发生，而自由竞争，决不因独占之发达而即行废止，此二者之关系，到现在实有相并而行之势。于是，此二者间遂发生几多重大之矛盾、冲突，独占特不过为较高有秩序的资本主义之一种过渡形式。换言之，资本主义实着着的发展到独占权之确立。此与自由主义实为相对立之二大经济现象。独占从今以后愈将趋于发达之途，而自由竞争则为旧经济组织传来之剩物。惟其二个现象并存，所以现今社会上，实添了无数之纠纷。如我们试一分析其纠纷之所在，已非存于个人与个人间之轧轹，实为数多经济团体之交战。此种团体，至现在已成为无数工厂无数银行之包围混战，带有极激烈之性质，先以自身投于国与国之交战，终卷入于世界之漩涡战，此即列宁氏所述关于帝国主义综合观察的概要。若照他的简单定义，则所谓帝国主义者，实可云为独占期之资本主义者也。此种定义，最为重要。因为一方面金融资本实为与大工业独占团体资本相融合之少数大银行资本，而在他方面凡领土之侵略已由扩张领土之殖民政策，而移于以独占为目的之领土保持之殖民政策。

关于列宁氏帝国主义之综合的观察既明，我们再进而一研究其关于此的分析之议论。

帝国主义第一之特征是什么，其最显著可指的，即因生产与资本之集积，达于极端之发达，在经济生活上，必然的引起独占之发生是的。

经济史上之发展的阶段，最初为自给自足之家内工业，其次移于市场交换之手工业，又其次由手工业而移于工厂工业，以至于现在之大工业。这一种小工业遂以必然之势日趋于减少。彼等原有之资本，逐渐次移于大资本家之手。换言之，前次分散于无数小规模事业之资本，遂由此集中于少数之资本家。此种趋势既成，在社会上富者愈为有钱，贫者更为贫困。试以美国而论，其生产事业，异常发达，最大工业有三千，其所雇用劳动者数目，实占有全国事业所雇用者之半。其制出之货物数量，亦略达全国事业总制出品二分之一，而其他事业总数，虽为30万，而其制造能率，则仅得与三千之大工业相匹敌。是这样看来，美国全国生业之半数至现在已集于1%的少数事业家之手了。此种生产事业之集中，即不外表示全国之机械劳动者向全国之数十数百大工业家之集中，而向独占方面进行。何以向独占方面进行？如依列宁氏之意见，则不外在一方面以企业家既占少数，实容易得独占协约之缔结，而在他方面，所经营事业范围，既愈形扩张，则独占之倾向，亦自增加。这一种独占势力既愈趋愈强，则自由竞争愈受排除，而少数之数十数百之企业家，遂得握生产事业之最后无上权，敢于国内外市场，对于货物之量与价格，为一定限制之规定，而达操纵货物供求之目的。其结果，市场虽大，可以由少数资本家垄断一切，生产费无论如何减少，可以依然维持其高价贩卖，而使物价下落之重要动机，早已失其存在。此实为使近代脱拉斯发生之因亦即为近代工业发达之果，起初是由一国内之数多工业家相联合，而成立一国内之脱拉斯。其后由一国之脱拉斯与其他国之脱拉斯相联结，而成立国际之脱拉斯。

此种组织既成，则生产与资本之集积，均达于非常之发达，而独占至于发生。

帝国主义之第二特征是什么？即银行资本与工业资本之相融合，及以金融资本为基础之财阀独裁政治之创立是的。

现代资本主义之特质，实在于银行资本向工业界之侵入。由其侵入结果，各国内之少数银行地位，因之愈得巩固，而掌握各种工商业之实权。举例而论，于法则由四、五之银行，于德则由五至七之银行，于俄则由十乃至十五之银行，而支配其国之工商业界。而此等银行事务，又由其二三之首领而指挥一切。其弊之所极，势非举全国之工商业而移于二十乃至三十多的乃至四十成二百之少数资本家支配之下，使为其从属不可。所谓财阀之独裁政治，即由此产生，凡经济、财政、军事无不仰其颐使。

在昔欧洲地主与贵族当权之时，一国事无大小，皆受治于十万或二十万贵族地主之手，然自农奴制灭，资本主义代兴，一国之政治经济各种权力，逐渐次移于大工场主之手，而归其支配。虽有所谓民主立宪政治议会制度之创设，论其实，不过少数人行其专制。此实为最不良之政治状态，而其持质为我们不可不一说的。即一般民众，尚未识得何人为其真之统治者一事。所谓鼎鼎大名之库来满氏①Clemenceau、路易乔治氏 George Geoyd②等，一般民众皆信其为彼等之真支配者，然其实际上，彼等之真正支配者，则非库来满与路易乔治，乃为有些未知名之人物。顾此等人物之研究为何者，对于我们，皆弥封得紧紧的，大有不许我们窥探之势，惟留心国民生活之内行人，始能略知一二。此等人物为何，即一国之财阀是也。此种财阀之支配政治，实为现代资本主义发展阶级上最有特性之一种制度。故不论为德国之威廉二世之开明专制也好，英国之君主立宪也好，为法国之共和国也好。按其实，凡一切之军事、政治、经济，无不受有此等少数财阀之支配。此等财阀，我们可呼之为财政王金融界之贵族。现实为支配世界经济之中心点。

帝国主义之第三特征是什么？即与"货物输出"有别之"资本输出"在世界上占有重要之位置。

在自由竞争全盛时代之资本主义，实以货物之输出为其特征，而在独占全盛时代，则以资本之输出为其特征。试以英国而论，其国前期之经济特别现象，实在于货物之输出。是时之英国，实为世界经济最大之国家，然至于现在之英

---

① 即乔治·克里孟梭。
② 此处拼写有误，应为 Lloyd George，即劳合·乔治。

国,则情形与此相异,一方面虽有多数货物之输出,而在他方,更有数多资本之输出。试以列宁所列之三大强国之对外投资表以示资本输出之概势。

单位:10亿佛郎

年	英	法	德
1862年	3.6	—	—
1872年	15.0	10.0(1869年)	—
1882年	22.0	15.0(1880年)	—
1893年	42.0	20.0(1890年)	—
1902年	62.0	27.0—37.0	12.5
1914年	75.0—100.0	60.0	44.0

据上表看来,这资本输出之增加程度,实在令人可惊。在1862年,仅有36亿在外资本之英国,至1914年,(即约50年)已拥有33倍之资本于海外。其他之法国,约40年间,亦有5倍之增加。德国12年间,亦约为4倍之增加,于以知现代资本主义之根本特性,实在于多数资本之海外输出。且资本,不论对于如何缺少购买力之国家与贫乏之国民,都可向其输出的。现今世界之经济现象,可以说资本之输出,有渐渐的超过货物输出之势。

试以非洲而论,其地本极荒凉,其住民又十分贫穷,对于货物,实可云无有购买力,故此等地方,对于货物之输出,实为不宜。然一至资本之输出,则毫不以地方之情形而受限制,无论如何之硗瘠地方,亦能受此资本之输入,这理由无他,因为凡一领土之并吞,都需莫大之费用,到处须为要塞之建筑,铁路之建筑等。由这样看来,资本之输出,实足以致帝国主义极端之发达,而诱起帝国主义政策之树立。

帝国主义第四之特征是什么?即各国资本家,实际着手于国际的独占之组织,而为全世界之分割。

一国之脱拉斯,不论关于油与铁,砂糖与炭,已如前所说,既渐次组织于国内,其第一下手的地方,即为国内市场之分配,然国内市场,与国际市场实有密切之关系,如一国内市场分配之势既成,则联合他国而组织国际独占脱拉斯,亦属必然之势。由此英国之糖脱拉斯或与德国之糖脱拉斯相联合,德国之铁脱拉斯或与美国之铁脱拉斯相联合之事遂见发生。

此等之国际的新底克及脱拉斯常常为国际会议之开催，有时是公开的，有时是绝对秘密的。

因为世界资本家，须靠唆使世界各国之劳动者互相不和，才能保得其优越地位。所以他们如欲长久榨取民众之经济，此一种国际之联合，是必要的。然此种行动如取公开的态度，对于他们，自然是有不利，所以于1913年在比京①（Brnssels）开第一次之端的，即是万国钢铁业之秘密大会，约有400代表之出席，就是有产阶级（Bourgeosie）之新闻记者，亦拒不与旁听。究竟他们讨论的是什么题目？开会结果互相为如何之协定？则非局外人所得知。据我们推想，大概不外一世界市场之"独占同盟"。换言之，即分割世界于少数之新底克组合脱拉斯加喾儿（Karte）之间之一个问题。各国究应分取多少，其数量都由本大会决定，此实为国际联合独占同盟之一个好例。与此同样的，于1910年尚有铁路工业之国际组合大会。其会系为规定在世界市场各国应输出之钢轨额而开的，暂以向后三个年为有效期，计英国之应输出额为三成七，德占二成，其他各国皆有一定之规定。此种资本家大会，不单是能定世界市场分割之部分，即其对于货物之价格，亦为划一之规定。凡加盟于本团体的，不得在定价以下贩卖。此种联合形势，在讴歌资本主义的，以为借此可以废止世界市场之竞争，间接可以保持各国间之平和。其实此种意见，无异于痴人说梦，因为此等财阀，个个都是贪婪无厌的。而现代之资本主义又是以独占为特质的，故虽有此等名义上之联合，然而在他们自己本意，谁不想一个独占世界市场，谁愿意他人参加，只要有好机会来的时候，英国、法国、德国都是要做一做建设世界帝国之梦的。

所以在1910年之国际会议，本规定法国应输出于世界市场之钢轨数量为2.5%。然于1912年之会议，又因法国代表之要求，改定为5%，较前所定额不啻倍增，然此终不能使法国之钢铁业者满足。于是他们遂决心于阿尔沙土洛兰②（Alsace-Lorraine）产铁区域之获得，而图在世界钢铁市场法国独占支配权之确立，此即国际资本家不能始终联合之例一。

---

①即布鲁塞尔。
②即阿尔萨斯-洛林。

我们再一看大战前之摩洛哥问题。本来法、德二国资本家，最初在摩洛哥，曾为一法、德共同投资团之组织，以图向该处为经济之榨取。法国以特别关系，得占其投资额之六成二，德国仅二成。然双方则均满满的不平，在法国则欲其独占，而在德国亦更欲其独占，故虽有此种联合机关之成立，然法、德之关系，决不因是而改善，而反趋于决裂，不特不能保证世界和平之维持，反为诱起世界战争最失之原动力。

帝国主义第五之特征是什么？即资本主义国家之对世界领土分割，已经完了一事。列宁为说明此个定义，从地理书，曾引出欧洲列强之殖民地获得面积比较表，（含有美洲之合众国）列之于下。

地 名	1967年	1900年	增 减
非 洲	10.8%	90.4%	79.6%
南洋群岛	66.8%	98.9%	32.1%
亚 洲	51.5%	56.6%	5.1%
海 洋 洲	100.%	100.%	
美 洲	27.5%	27.2%	-0.3%

根据上表看来，凡地球上之荒僻地方，于20世纪初头，悉已为人所占领，于亚于非，实未剩有何物之存在。如要再分割，除了向其他所有者夺取而外，实无别法。这一种详细理由，我们可以稍伸论如下。

距今五六十年以前，在地球表面上，未经人占领之地方，实是不少，故凡有志于殖民政策之诸国，毫不与其他国家冲突，即可以获得若干之地方。试以数十年前之法国而论，丝毫未诉于战争即夺得并获得北非洲之领土大部分，不单是意大利，即同样之德意志亦全未与他国生镣辖，而获得中非洲领土之大部分，小如比利时亦于孔哥①获得殖民地。然至现在曾几何时，而世界之形势，已呈大变。世界前此未曾遭人占领之领土，至今已寸土不存。由是以来之殖民地问题，实为国际间最易诱起纠纷之一原动力。如德国要想染指于摩洛哥，则该处已成法兰西之势力范围，俄国如欲伸张势于波斯，即该处早已有先入为主之

---

①即比属刚果。

英国存在。由这样看来，现在之地球可云为已经列强宰割殆尽，如有万不得已之时须扩张其领土，则除与他国以干戈相见外实无他道。其所以然者，因列强间之境界，已成为犬牙相错，即仅前行一步，亦须侵入他国之境界，虽欲不起冲突不可得已。不单是侵入于非、亚二洲一等强国之领土内有其危险，即小如葡萄牙、比利时、芬兰之殖民地，亦不能任意许人侵略，盖非此等小国富有抵抗力之为可怕，实其背后大有人在，动辄即借保持黄色（亚洲）黑色（非洲）大陆之势力均衡为名，而干涉此行侵略主义之国家。

然则现在之世界，分割是已经被人分割了，分配已经被人分配了。故各国之境界线，不论在欧洲与在非洲，是不许乱移动的，苟欲移动，则不可不入于世界战争之危险。由此我们可以得一个结论，殖民政策者，实使资本主义之列强，为黑色、黄色最后大陆之分割，而终致世界战争之出现者也。

关于列宁氏对帝国主义之分析的观察既明，我们再一介绍其对帝国主义特别之见解。依列宁氏之意见，帝国主义，换言之，实不外一寄生主义。何谓寄生主义呢？则不能不一说明如下。原来帝国主义之特质，即是一资本巨大之蓄积，既有如是大批资本之蓄积，则代表此种资本之有价证券，实如前所述，可达 1000 亿乃至 1500 亿佛郎，于是专靠证券上之利息收入以为生活之一种阶级，遂从此发生。此种阶级之特征，是在与职业劳动离缘的，每天是以游荡过日的，如在国内资本过于膨胀须向外输出时，这一种倾向，愈足以使他们与生产事业生乖离，而惟以榨取海外殖民地方之劳动经济为生活，所谓帝国主义是寄生主义就由此起的。

试以英国而论，其海外一年总贸易额之收入，在现世纪之初，实为 1800 万镑，然同时投资于各种事业之收入，（即由证券券面所代表资本总数之红利与利息之收入）实达 9000 万镑乃至 1 亿镑。由这样看来，即在占有世界贸易最大之英国，其靠利钱以为生活阶级一年之收入，实为其贸易收入之五倍。所谓寄生主义之特质实存于此个地方。

英国本来是最富于资本的，所以商品输出虽渐不及后起之美、德二国，而资本输出尚在世界握有其霸权，然就在美、德二国，其资本之输出，亦实年年有增无已，而渐占经济之重要关系。由是在世界上，凡有可以输出其资本之范围，即为列强之竞争目的，而在国际经济帝政时代之俄国，实为各国资本之投下范围。曾未具有独立国之资格，不但是受支配于法兰西之资本，即美、比、德、英诸国之资本，亦尝发挥势力于其国内，所以当革命后，各国之财阀实尝助"白党"而抑苏俄之"赤军"，此缘故无他，一方虽由顾虑其投下之资本而欲有以收回，而在他方，则恐有失此15000万人口之投资地。

然则是这样看来，帝国主义及于一国最大之影响，当然要算由此产出一极大部分之不耕而食不织而裳阶级之出现。换句话来说，他们就是一种公债股票之所有者，虽然他们什么事情也不做，但是他们无论要什么好东西，都可以拿得来，甚至于有时，他们连以票领钱这一种手续，都嫌紧难，而托与信托公司或银行代办，已惟向银行领取现金。

忆昔一国在工业阶级时代，他们的情形是什么样？其组织之当否姑且不论，总之他们个个对于企业，无不亲身经营指挥管理，以图得最大之报酬，并借以增进其国之生产力。然至现在，彼等若祖若父传来资本主义企业之典型，与对于工业之指挥管理，已成历史上之陈述，而占有其势力的，只有靠利息以为生活之一种寄生阶级之逐日增加。这一种寄生阶级既逐日增加，则一国之各阶级，皆受其传播，亦属必然之势。所以在大战前，英、法、德之数百万劳动者与农民，皆具有小股东之资格，其势之所趋，显使有产阶级与无产阶级之利害，将有调和机会之出现。因为他们只要稍买有俄国公债与摩洛哥公债，他们遂亦变成与资本家之心理一样，仍是重视俄国同盟，与在摩法兰西行政之政策。如此同盟与在摩之政策得其成功，即当成他们之利益。然自大战结果，其受损失者，实为此大多数之农民与劳动者。因银行之所以能卖出此项无信用之公债，实在靠此种阶级。结局，俄国公债全部皆为法国农民与劳动者之负担。

要而言之，大战发生之间，多数之劳动者与农民，对于帝国主义之政策与殖民事业皆带有特别之兴味，亦为不可掩之事实。然此种阶级已非为纯粹之无产的，实多少带一点资本家之色彩。自大战后，有产阶级内之寄生阶级既逐日增加，则于此阶级内起解体之变化，自属必然之势，于是资本主义遂不得不入于衰颓之时代，因为在社会上既因此种寄生阶级之出现，而愈趋腐败，则在社会占有优势地位之有产阶级，亦将愈趋愈下，可以断言。

以上为列宁氏关于帝国主义一贯之见解。其议论虽浩瀚渊博，然归纳言之，其要点之所在则不外以独占为帝国主义发达之源，以寄生主义为帝国主义破灭之因，句句都中肯綮，而为现今说明帝国主义最有价值之学说。

四、钢铁政策的帝国主义论

钢铁政策的帝国主义，实为现在最新之学说。俄国之巴布鲁则为此学说之主张者，试一述其要点如下。

帝国主义是什么一个东西，简单说来，就是代表一个侵略政策之形式。然此侵略政策，实常依钢铁工业之利害以为左右。所以这钢铁工业在现在世界经济上，极其重要，而其他一切工业，大有为其从属之势，如众星拱辰一样。

钢铁工业不单是在实业界握有其霸权，并于一国之外交政策上，尤有重大之势力存在。凡帝王大总统，无不承其意旨以为行动，下至外交官吏更不必说了。故有一事如出于其他工业家向政府之要求，则不论此事之关国计民生如何重大，他们亦概置之不理。然如出自钢铁王之要求，则虽其事为毫无足关轻重，他们亦莫不受命办理，此为二者要求相异地方。然如二者以利害关系而生冲突之时，则胜利必归于钢铁王之胜利，若此实可视为一定之法则。

原来帝国主义之行侵略，实始于十九世纪。此时代之特征是什么？其最可令我们注意的，即当时资本主义之经济生活的重心，实渐由纺织工业而移于钢铁工业一事。此二种工业之交代推移，在资本主义发展上，实为最重要之一种事实。于是国际关系，更因此酿出重大之纠纷。所谓军国主义、大海军主义、帝国主义皆以此为原动力而发生的。先一论资本主义之重心在于纺织业之关系。本来纺织工业之特征，是在于以一般民众为顾客之一点，其工业之能发展与否，全视一般人购买力之如何以为定。如一般民众之购买力骤形减少，则此项工业必蒙重大之损失。然国际战争，实为减少此种购买力之原动力。所以一国之经济重心如在纺织工业时代，其国之资本家，通常对于战争，是持反对之态度的，不特是对于战争有其反对，即与战争有关系之殖民政策与武力政策，亦为他们不赞成的。试以英国而论，当其国之工业重心在于纺织之时，其政策即常倾于自由贸易、自由竞争，而反对殖民政策与武力政策，带有和平主义之色彩极厚。

这缘故无他，因他们用的为纺织原料之棉花，是要靠由海外为不断之输入，如战争一起，则原料之输入，必形杜绝，而起纺织界之恐慌。果如其然，拿翁①战争突起于欧洲，英国由美国输入之棉花，遂形中绝。于是该国之纺织界，顿呈极大之纷乱，无数之劳动者均陷于饥饿之状态，大多数之工厂资本家，亦遭倒闭破产之厄。

然而这资本主义之重心如从纺织工业一移到钢铁工业之时，这倾向遂与前大不同了。英国第一殖民地侵略之急先锋，首数这由巴民加姆区域②（Birmingham）所选之议员且母巴林氏③（Chamberlain），且巴民加姆区实为英国最有名钢铁工业之区域。钢铁工业系之输入英国政界，实以且氏为始计。自且氏执政后1884年到1900年之10余年间，英国所拓得之土地面积，实达400万平方启罗米突，此岂不是资本主义由纺织工业转入钢铁工业时代略带侵略性质之铁证吗？此外，次于英国之欧洲诸国，亦于此时群起向外发展，争取海外之殖民地。计法国从1884年到1900年之10余年间，实获得人口3600万面积360万平方哩之土地。而属德国领有的，而为人口1407万，面积100万平方哩之土地。属于比领的，约有人口2000万，面积90万平方哩之土地。属于葡领的，约有人口900万，面积80万平方哩之土地。

这资本主义之经济的重心，何以由纺织工业与其他工业，一定的、必然的，推移到于钢铁工业呢？此个缘故无他，如据马克斯所树立之法则，通常这资本中之不变部分，都是渐次趋过资本中之可变部分以上而增大的。换言之，即在资本主义之生产行程中，凡不变资本之量，都是以可变资本为牺牲，而渐次增大的。试一申明其理由，因为资本通常由二部分而组成，其一为可变资本，其二为不变资本。什么叫不变资本呢？即以资本投于一切带有不变性之生产工具，如机械、钢轨、工厂与其他之生产器具等是已。什么叫可变资本呢？即于生产行程中一回投下即消费得干干净净之部分是的，如材料、原料等属之，工钱亦是属于此类。如据马克斯之证明，这不变资本必然的是带有以可变资本为牺牲

---

① 即拿破仑。
② 即伯明翰。
③ 即张伯伦。

而增大之一种倾向，试举实例而言。如在19世纪工厂之资本中，不变部分与可变部分同占二分之一，而今则不变资本已占八分之七，而可变资本仅为其八分之一。

然而钢铁实为构成此生活工具之根本要素，所以在资本主义之过程上，钢铁工业对于国民经济、世界经济实负有极重大之任务。论起这钢铁之为物，虽然是在工作上消耗得非常之缓慢，然其消耗量，实较人类之食物与棉花、羊毛等，极为急速之增加。如换句话来说，我们人类对于铁之消费，好像比我们日常所吃的面包还有更大之食量存在。今日的文明说起来几乎是由一科学与技术所赐，然论起实无不以钢铁为其基础。

现在我们试一溯此钢铁工业发达之程序。原来这钢铁工业之发达，极为缓慢，然突为非常之发达的，距今不过五十余年之事。我们试以下列之数字以观，即可以知其发达之程度。计在1860年，全世界之钢铁制出副量，不过仅700万吨，然至1910年，实达7000万吨，50年间，实为10倍之增加。

欧罗巴诸国中，尤以德国之钢铁工业为最大加速度之发达。计在开战前欧洲大陆钢铁工业霸权，全握于德人之手。试以1910年欧洲各国之产铁额来相比较，德国一年钢铁制出量实多于英、法二国钢铁制出量之合计60万吨，多于俄、澳、比之合计400万吨。以前曾在世界占有钢铁工业第一位之英国，由是遂不得不降于第三位，而第一位被占于美，第二位则被占于德。计英国本国所产之钢铁，从20世纪起，即不足以供本国之需要，年年都要从外国为大批钢铁之输入。于是由德国输入英国之钢铁量，遂为急激之增加。从1891年到1900年之10年间，其输入英国额约13万吨，然自1901年到1910年10年间，遂增至60万吨，至1913年遂超过100万吨，计德向英全期间之输出额，实膨胀至8倍余。

是这样看来，德国在欧洲诸国中，实为最富于钢铁工业之国家，惟其执欧洲钢铁工业界之牛耳。所以德国在大战中，军事上之地位，亦极强固，约4年间保有其战胜者之地位。

钢铁工业为什么能使国家强大呢？则不外一军事工业之关系，换言之，即不外由与现代之军国主义及立于一切大兵工厂背后一切军阀银行团"工业大脱拉斯"有特别之关系。从这资本主义之组织而论，凡一切之军事工业皆为上层之构造，其下之基础，则实为一钢铁工业。所以在欧洲占第一等之军事国德国，即为欧洲大陆第一之钢铁工业国。实不是无故的。

论起煤炭工业，与钢铁工业，从来是并行发达而来的，然自这资本主义达于极端发展后，这钢铁工业遂一跃而为煤业界之主人翁。例如合众国本是一极富于产煤之国家，然走遍全国，却没有一个独立煤炭市场之存在，此何以故，则不外由彼并吞于钢铁市场，一切之炭煤，皆属之钢铁工业界。

钢铁工业之特征，不但此也，其于各种独占团体之组织，以时间而论，实较其他工业成立为早，以条件而论，实较其他工业联合适宜。所以这钢铁工业到了现在，已成为世界最大之一个独占团体，其他工业，实有望尘莫及之概！

若然，在现代资本主义之经济制度上，既有这样优胜的钢铁工业之存在，乃欲以言和平之维持，平和主义之实现，殆亦戛戛乎其难也。因钢铁工业，已如前所说，在军事工业上占有极重大之位置，断非其他工业所能企及。具体言之，如一国苟欲为军备之扩张，则凡一切军装之制办，要塞之建筑，巨舰之装修，迫击炮、机关枪、飞行机、飞行船、装甲汽车之制造，均在需要之列，顾此等物件，无一不以应用钢铁之材料为前提，如这材料一缺乏的时候，没有哪一样东西能制得出来的，是这样看来，钢铁简直为战争最有用之利器，钢铁工业，既日趋于发展，则军事上所需各种之精良武器，自然有增无已，战争当因之频兴，哪有世界永久平和之希望？不但是战争有需乎"钢铁工业"，即钢铁工业亦有需乎战争，因为世界上各种工业都是怕战争的，若战争一起，他们通通都要受损失的，惟有钢铁工业不怕战争，如若战争一起，他反因之还要赚大钱的。试以大战将起之前数年而论，各国无不备战汲汲，战机大有一触即发之势，所以此时之凡百工业之债票价格，皆异常跌落于国际市场。然一至钢铁工业之证券，则与此相反，而市价异常昂贵，一此为未入于战争时之现象。迨夫战争既起，其他工业，停业的停业，倒闭的倒闭，股票跌落之程度，尤其不堪言状。惟至于钢铁工业，战争一年之顾客买卖，反较平常之年多之数倍，所赚之红利，反较平常一年高之数倍。是战争不特无害于钢铁工业，并且有大益于钢铁工业，我们是可以明白了。

然则此钢铁工业者,实一最富于侵略性质好战性成者也。国家之能成强大国家,其实有赖于他,国家之易变成侵略的帝国主义,也是发源于他。其理由,其原因,我们可以由上面推得。

我们再一论钢铁与铁路之关系。我们据上面诸种关系看来,钢铁工业之所以富于侵略性质,实由与军事工业有重要关系,才致于此。我们可以了解了,虽然,钢铁工业之含有侵略性质,岂仅由与军事工业之关系而已哉,其他尚有一铁路之关系在。试以近世铁路发达之数字以观,1849年世界铁路延长之总距离,合计不过15000启罗米突,至1865年,约为145000启罗米突,至1895年为487000启罗米突,至1905年,为905000启罗米突,然一至1911年,则实超过100万启罗米突以上。如据此数字观察,钢铁工业之发达,大半由于供给铁路之钢轨,其关系之密切可以概见。

钢铁工业之发达既半受赐于铁路,而铁路政策,实为列强帝国主义侵略人国最露骨之一种手段。前半世纪之列强外交政策,大半消磨于铁路权之争夺。我们可不消说了,我们只就大战前大世界通路问题一一为说明,论起这个问题,实为诱起世界大战最大之原动力。其最著名的,即德国之企图修筑巴古达①(Bagdad)铁路一事,此为德国外交上最有名之三B政策。哪三B呢?即取柏林(Berlin),君士坦丁堡(Byyamtium②),巴古达(Bagdad)三地名之字首字母作表示。如德国此计划能实现时,则由德国汉堡经首都柏林,土耳其都城君士但丁堡及波斯首都巴古达,可以一直线达于波斯之海湾。此线如成后当继起为欧亚交通之枢纽,英之苏夷士河,必归无用,为其领土之印度亦濒危险。英国为对抗此种政策,只有三C铁路政策之计划。哪三C呢?即好望角③(Cape Town),埃及都城Caire④,英领印度本加尔⑤(Bengal)之首都加加达⑥Calcntta三字首字母是的。如英国此计划能实现时,则由非洲南端,

---

① 即巴格达。
② 此处拼写有误,应为Byzantium,即拜占庭,又名君士坦丁堡。
③ 即开普敦。
④ 此处拼写有误,应为Cairo,即开罗。
⑤ 即孟加拉。
⑥ 即加尔各答。

可以一直线贯通非洲,经埃及首都及亚拉比亚南部波斯,而达于印度。凡英国所有之殖民地,皆由此以铁路贯通,而保持其密切之联络。然处于北部之俄国,岂能坐视此形势不管?于是次于此二种政策,复有二P路线建筑之计尽以为抵抗。哪二P呢?Peterlurg①、Persia②二字首字母是的。如俄国此种计划能够实行,则由俄都圣彼得堡可以一直线直达波斯湾,而收波斯于其版图中。自此三种帝国侵略之铁路计划发生,欧洲大战前"列强"之外交,皆不外以此为中心点而行纵横侵略之手段,相激相荡以至于大战之勃发。然英国之三C与二P政策,尚未着手进行,而德国之三B政策,已一步一步将达于成功之前。南方之波斯既许其假道,欲利用之以制英。而中间之土耳其方苦于列强之压迫,亦欲借此联络德人以相抗衡。所以巴古达路线经过区域问题,皆无难,遂告解决,动工建筑之期,已是不远。此种形势既日形急迫,遂迫英、俄不得不为一致联合之对抗,而有英、俄协约之成立。由是前此不共戴天利害极形冲突之二帝国侵略国家,今竟因此联为一气,而造成一世界大战之局面。是这样看来,不单是军事工业富于战争性质,为世界大战之导火线,即铁路工业亦在现今世界常带有侵略之色彩,而为此次大战发生之一主要原因。然此项工业,均无不以钢铁工业为存在之前提。所以据巴氏之见解,而钢铁工业实为促成帝国主义发生之一原动力。而有钢铁工业政策的帝国侵略学说之建筑,帝国侵略之为何物,由上面四种学说,我们可以略知其概,试举其要点。

(一)由货物输出到资本输出

(二)由自由竞争转成独占

(三)由纺织工厂推移到钢铁工业

皆为帝国主义存立与发达之要素。

---

① 即彼得堡。
② 即波斯。

马克斯派之国家观[1]

国家一个形式，为人类生存上最重要之机关，且又为至难识得之一个机关，不但古时聚讼纷纭，即至现今，亦常为议论之中心点。在我国时下已有"国家主义""共产主义"二大学派之论争矣。余以为欲对于一个对象为得失之论断，第一须将此对象之性质为何？真相为何？确实分析而观察之，始有推理之可言也。我国今日之学者，虽各坚主其主张，似觉振振有词。然自余观之，于国家真相之研究，殊太空衍，以是而欲以衡断是非，争论可否，欲其不流于武断之弊，其可得乎。此余所以有本篇之介绍，而窃欲一补此缺陷也。关于国家之学说，宗历史观之，可分为七大派。

（一）神学的国家观之神意说

（二）自然派的国家观之契约说

（三）物理学的国家观之合力说

（四）生物学的国家观之实力说

（五）心理学的国家观之团体说

（六）法律学的国家观之规范说

（七）经济学的国家观之阶级说

神意说为关于国家最古之学说，其后嬗演成契约说而发展为规范说。此三说皆具有哲学与理想之倾向也。反之合力说及实力说则常带有极端之实验倾向。至阶级说则常求国家之一个观念于经济限制之中，并带有唯物论之思想，与前之实力说与合力说有其同一倾向，而又互为关系也。至团体说则以心理学为主

---

[1] 出自《长虹》1925 年第 2 期，第 7—15 页。原作署名"漆树棻"。

张，一方结合生物学之思潮，而他方又与法律学上之规范说相结，而自成为一学说也。

惟神意说则不免以神道设教之旨，而为君主尽其宣传之力，已为现今不取之学说也。契约说者，则为自然派之主张，用以摧破前说则有余，用以满足今日之民众则不足。盖其倾向，系立于有产阶级之主张，利于资本家阶级而不利于劳动者也。合力说与实力说则尚徘徊于唯心与唯物论之间，而不能成为一个学说。实力说者其立论，务重科学之根据，固有足多处，然其视社会现象为与自然现象同样，而纯置人类之心理作用，目的设定之特征于不顾，是其缺点也。规范说则主张人类之社会现象，为一个之法律关系，未免失之单纪。而团体说则烦闷于社会学与法律间，而不得其彻底也。是此诸说，皆对于国家有所蔽，而可以有介绍之价值者，则为第七说之经济学国家观之阶级说也。此说又可称为马克斯派之国家观。其论说派别亦有种种，如条分而缕析之，则于国家观念之考察，庶有孓乎。

马克斯派之国家观者，实近于实力说之学说也。然其以国家为第三阶级①（Bourgeois）对第四阶级②（Proletariat）之权力组织的榨取之手段一点上，与前说又不无差异也。其以科学为立论之根据，实自马克斯与恩格斯为其始，此为援用莫尔根之古代社会论（Lewis H. Morgen, Ancient Society）而以建设其学说也，莫氏之社会学说，于政治学上为重要，吾人实有研究之必要。惟其重要部分③，首当数婚姻制之论究。据莫氏之意见，人类实起源于：1. 血族婚姻（Consanguine Family），其次为团婚制（Punaluon Family④），又其次则以。2. 一时的单婚制（Synoly-asmian Family⑤）。3. 继续的单婚制一夫一妻制（Monogu-nian Family⑥），之次序发达而来也。而同时与此并行发达之财产制，则有如次发展之顺序：即 1. 同族分配制。2. 父系血缘分配制。3. 父系子孙相续制等。此

---

① 现一般译为资产阶级。
② 现一般译为无产阶级。
③ 作者注：L. H. Morgen, Ancient Society, 1877, New York, Henry Holt & Co.
④ 此处拼写有误，应为 Punaluan Family，即普那路亚家庭。
⑤ 此处拼写有误，应为 Syndynasmian Family，即偶婚家庭。
⑥ 此处拼写有误，应为 Monogamous Family，即一夫一妻制家庭。

为人类婚姻制与财产制发达沿革之大要也。然为其社会组织发达之过程，亦有略述之必要也。人类社会组织发达之程序，由莫氏之意见观之，大概最初之形式，为血缘团体之氏族（Glns①），由此氏族而进于血缘团体之部族（Phratry），再进于语言通用之部落（Tribe），最后则由占有接近地域之部落相集，而造成民族（Nation），于兹即见国家之发生也。而在此种发展过程上为此组织之统治作用，又有如何之变迁乎？此则为由民众选举之酋长会议之一元制（Council of Chiefs），而进于酋长会议及武将（General）之二元制。由此二元制，更发达成预备会议（Preconsidering Council），民众会议（Assembly of the People）及武将之三元制也，此为莫氏学说全部之概要。

然一至其国家观，称之为由恩格斯之祖述，始得其完成，亦无不可。然学说之精神，则显然与前者有其变更。盖据恩氏之意，以为原始社会系一极享乐和平之社会，然一旦由此社会而进于国家，则其阻值遂不得一变而化为财产掠夺之组织。②其第一举革命之旗者即此父系制之发生与以此为基础之财产继承制之发达是也。于兹遂见家族之富之集中。其第二革命者之进行，则为自给经济组织之破坏，与交换经济组织之发生。于是农工业遂起分工之作用，而于生产与消费之范围外，又有变生产品为商品特别现象之发生也。至兹遂见第一原始血缘社会之分裂，而代以职业的社会也。由此职业社会，更进为地方之社会，而国家之基础于以形成。然则此国家者，要不外为变原有之富之聚敛而生存之种族争斗为组织的掠夺之形式也。然与其视此为由对外关系之发生，毋宁视之为完成于对内阶级组织之榨取中为多也。

以此国家论为基础，而论证理想国家发现之形式者，马克斯与恩格斯之唯物史观论与共产主义是也。唯物史观更因唯物社会观（Materialistische Ger-ellschaftsauffasung③）而被其说明。唯物社会观者，即凡属于文化现象之社会上部构造（Urderban④），系由经济组织的现象而受其绝对之支配之一种主张

---

①此处拼写有误，应为 Clan。

②作者注：Engles, Ursprung der Famille, des Eigentums und des Staates Internationale Bibliothek 21, auf, 1922。

③此处拼写有误，似应为 Materialistische Gesellschaftstheorie。

④此处拼写有误，应为 Uberbau，现一般译为上层建筑。

也。①如于此社会组织之下层构造，有不公正之时，即将于上部构造，生不良之影响，而遗该组织以极大之缺陷。然为此不公正之原因为何？则当数劳动者与资本家二个阶级利害极端相反之一事，而造成此二个阶级不和之祸根，又当数资本主义之一个组织。盖于此种组织之下，资本家则据有一切之生产工具，而劳动者则从此而失其关系。如照此状态继续时，则劳动者即基于自然之限制 Naturbedingheit②，除自己劳动力外，实无享有何等财产之权利。其结果，无论有任何文化社会之出现，劳动者亦惟有为他人作奴隶，仅在现在劳动状态之下营其生活，其运命亦云酷矣。顾为榨取劳动者之手段为何？则实由剩余价值之绞取方法而行之也，此即资本主义发展过程之概要也。其次之代此组织而兴者，其惟以解放劳动阶级为组织之公产主义之社会乎？③而说明此资本主义之崩坏与共产主义实现之过程者，实一唯物史观也。撮其要言之，即凡人类之理想与社会之文化现象，皆由经济而受其制裁也。据马克斯与恩格斯之意见，则谓社会之历史发展过程，幸有向共产主义社会方面进展之可能性也，兹将恩格斯之国家观综要言之。④

（一）中世纪社会。自足之经济状态尚存在于此社会，其交易只于生产之范围行之，然此交易之无秩序之状态，已萌芽于此时代也。

（二）资本主义的革命。所谓资本主义的革命者何？即18世纪之工业革命是也。社会自经此革命，先于生产工具见其集中，其次即为资本主义生产组织之成立，而社会之根本的矛盾，即潜伏于其间也。由是于社会产生出二大阶级之对立，于工厂形成生产物生产手段与劳动者之过剩，而分配组织之革命以起。此时之资本家，亦渐悟生产方之应社会化，而承认以生产机关、交通机关归之股份公司或脱拉斯之经营为得当也。

（三）无产阶级之革命。然此股份公司与脱拉斯，不特不能解决此贫富不均之问题，并反积重此独占之趋势。于兹如欲除去社会组织之根本障碍，先不可

---

①作者注：Karl Korsch, Quintesseng Marxismus, Vivs Auagahe, 1922, S.S. 5-7。
②此处拼写有误，应为 Naturebedingheit。
③作者注：Korsch, a.a.o。
④作者注：Engles Entwicklung der Soziolirmus von utopil zur wissenschaft, vorwarts Ausgabe, 1920, VII Aufl, SS.52-53。（Cf Herren E, pubrings umwalzu ng der wissenschaft）

不使无产阶级占有公权之力。由此公权之力，庶得移曾为有产阶级据为己有之生产工具于公之所有也。诚如是此等生产事业，或可得免于资本主义之支配，而为全体社会之自由经营也。

马克斯没后，此国家观分为二派，一派系由"新底克主义"①（Syndical-ism）而发达成"无政府主义"（Anarchism），其他一派则由"修正派社会主义"（Reaisionismus②）而发展成"社会民主主义"（Sozial Demokiaie③）是也。马克斯常以革命为受自然之规定而发生者，故对于国家之政治权力，实无何等之否认。然在以梭列儿（Sorel）④为中心之新底克派，则驰于极端，而主张经济的社会革命，对于国家之政治权力，全出以否认之态度，是此派明明以经济为中心也。而由此经济的见地，更发展至政治范围，主张国家权力为全然不必要以建设政治之学说者，则已非"新底克主义"，而为"无政府主义"也。

近世纪之"无政府主义"系以哥典以（William Godwin）⑤为首倡者。彼之学说常为目的论与非科学论，其主旨在促进全社会之幸福反对强制，并国家之统治亦否认之也。其心中之理想社会，系在使社会各员承认财产之自由分配制度，而营共同生活也。惟此分配制度，不可不以社会各分子希望全社会之幸福而结合之。哥典没后，而有斯提尔拉（Max Stiner）⑥，彼之原名为 Johann Co-spar Schmidt⑦，与希腊时代之哥尔把斯（Gorgias）⑧相同，而主张利己主义的自

---

①现一般译为"工团主义"或"工联主义"。
②此处拼写有误，应为 Revisionismus，即"修正主义"。
③此处拼写有误，应为 Sozial Demokratie。
④梭列儿（Sorel），现一般译为索黑尔（Georges Sorel），法国工团主义哲学家。作者注：Sorel, Materiaux d'une tnsorie au prole'tariat 1921; Reflexion sur la violence' 1921; du l'utilite du Pragmatisme, 1921, (Cf. someart, Sozialismus U.S.W.)。
⑤哥典以（William Godwin），现一般译为威廉·葛德文，英国政治学家。作者注：Godwin, An Inquiry concerning political justice and its influence on general virtue and happiness。
⑥斯提尔拉（Max Stiner），现一般译为马克斯·施蒂纳，德国黑格尔主义哲学家。
⑦此处拼写有误，应为 Johann Kaspar Schmidt。作者注：Stiner, Der Einzige and sein Eigen tum, 1845。
⑧哥尔把斯（Gorgias），现一般译为高尔吉亚，古希腊哲学家。

由团体之组织，而否认义务心，推重"虚无主义"（Nichilism①）也。此两者，皆不免为无科学根据之"无政府主义"。而稍与以有科学之论证者，当数布尔顿氏（Pierre-Joseph Proudhon）②，其对于国家观，则否认为人对于人之支配形式并为维持社会之公正计以教会成立之可能为例，而主张国家为由契约之力所结合的职业团体之联合也（Federatif）。其他之"无政府主义"均主张以暴力为达目的之手段，反之布尔顿则主张适用立法手段，以为解决也。彼之所谓立法手段者，系以联合思想，向社会宣传而求得其同情之谓也。其次至白枯宁（Michael Alexandrowitc Bakunin）③主张唯物论的无政府主义再发展而成为库罗坡特肯说（Kroptkin）④。白氏系主张科学，只有自然科学，故人类社会，亦须以唯物论说明之也。于是乎有唯物史观之著作，综要言之，即说明人类原始社会之发展，非难宗教为原始时代之残物，否认国家之行动，希望发现最后属于理想社会之自由团体也。而为此团结之基础，则端在于契约之履行。欧洲民族如具有此精神，则欧洲民族可望结合，世界民族如有此精神，则世界全民族亦可望结合，此即白氏一贯之主张也。其所主张之社会，系与共产主义有别，而为生产手段公有之集团主义也。

库罗波特肯氏则首述团体之自由发展，而引欧洲铁道网之发达，职工组合及劳动组合之簇起，加奢儿（Kartel）之进步，救济遭难会之成立，红十字会之兴起诸例以为证。其与布尔顿之区别处，即在倾于共产主义之一点是也。其同点，则二者之手段均为采取革命之行动是也。顾为其主张之社会革命，与马克斯所主张者不相出入，仍视为一种自然成生之物。由是此库布二氏之思想，亦

---

①此处拼写有误，应为 Nihilism。
②布尔顿氏（Pierre-Joseph Proudhon），现一般译为蒲鲁东，无政府主义奠基人。作者注：Prodhon, qu'estec que la Proprietes 1840 Systeme des contradiction economiques, 1846; Confess, ions d'im revolu-ticn aire, 1849; I dee generale de la revolution an XI Xe siecle, 1851; De la justice dons la revolution et dans leglise, 1858; du Principe f'ede'ralif, 1393。
③白枯宁（Michael Alexandrowitc Bakunin），现一般译为巴枯宁。作者注：Bakunin, Dien et Petat, 1871 dentsche gesammelte Schriften, schone de Berschein。
④库罗坡特肯说（Kroptkin），现一般译为克鲁泡特金（Peter Kropotkin），俄国哲学家。作者注：kroptkin, la conquete du Pain, 1892; paroles dim revolte, 1885。

自相异也布氏之思想者，实成为巴黎之组合①（Commune）而发展为后世之"基尔特社会主义"也。而白枯宁与库罗坡特肯之思想，则发展成为马克斯与恩格斯所提倡之共产主义也。此外与此异其系统而主张"无政府主义"者，脱尔斯脱（Leo Nikolajewitch Tolstoy）②是也，其说之要旨，则不外为力遵耶稣山上垂训之无抵抗主义，如警察与军队为用武力者也，则废之。支配无产者之私有财产制度与契约为不合理者也，亦取消之。所遗者，惟爱与牺牲之爱与精神而已。其说之大凡如是。由是观之，"无政府主义"者，实可分为"唯物的无政府主义""唯心的无政府主义""虚无主义"是也。而唯心派又可分为伦理派、宗教派二派。

以上为"无政府主义"一派国家观之概略也。而与此相反，使马克斯之学说为稳健化，欲依立法手段以达其理想者，"社会民主主义"一派之主张也。自柏尔冷斯垣（Berstein③）之马克斯学说修正派为其始，经拉沙列（Ferdinand Lassale④）之政治手腕，而其说遂得固定其根基，此派一称为，马克斯修正派。综柏氏对马克斯说全部之批评观之，即与马克斯之唯物史观与社会观相对立，而以唯心的见解加以修正者也。故"共产主义"之实现，必非为历史过程必然之发展，由主义者之积极的参政运动，由人民将于现在政治及社会组织的立法政革之希望，亦有促进之可能性也，此即修正派之概要也。对此修正主张，更由马克斯之学徒而有马克斯学说拥护之主张，即以柯芝克（Kautsky）⑤为中心之共产党（Kommunisten）是也。由此更发展成为俄国之布尔什维主义（Bol-

---

① 现一般译为公社。作者注：Ogg, Economic development of modern Europe 1918 pp. 535-537。

② 脱尔斯脱（Leo Nikolajewitch Tolstoy），现一般译为列夫·托尔斯泰。作者注：Tolstoy, worin hesteht mein Glaube? 1884; Das Peich Gottes ist in Euch.1893.

③ 此处拼写有误，现一般译为爱德华·伯恩斯坦（Eduard Bernstein）。作者注：Berstein, die aussetzurgen des Sozialismus und die autgaben der Sozialdemokratie, 1899;（Wil ist wiss enschaftlicher sozialismus moglich?; zur Geschi chte und Theorie des sozialismus）. Sosaple, Gessomelte Reden und schriften, 12 Bande, 1920. Kautsky, Berstein und das Sozialdemokratische Program' eine Antikrt.k, 1899.

④ 此处拼写有误，现一般译为斐迪南·拉萨尔（Ferdinand Lassalle）。

⑤ 柯芝克（Kautsky），现一般译为卡尔·考茨基。

ishenism①）列宁（Lenin）②、突罗芝克（Trotsky）③、布哈林（Bucharin）、利罗维夫（Zinovief）④、拉德枯（Podekdk⑤）等之公产派，是其代表也。⑥

其次与俄国革命相前后，英国反德之学风，披靡一世。对于赫格儿（黑格尔）文化国家观之批驳，不遗余力。在此种倾向中，遂见属于社会主别派之基尔特社会主义（Gnild Socialism⑦）之发生而倡为联合职业国家之学说。其内容与苏维埃主义（Sovietism）相近，不外为理想的社会主义之一种提案，其代表此说之学者，则当数柯鲁（G.B.H. Cole⑧）也。本学说与"马克斯主义""布尔什维主义""亚拉儿把主义"等相等，同为社会主义中有力之学说。本说与上述诸说，与其视之为理想之差异，毋宁视之为技术之不同也，然其对于国家观，系与"布尔什维克"同其系统，主张以职业团体（Functional Association）为基础，而建设职业的联邦也，与国家教会为对等机关，不隶属之。而此联邦之组织，则基本上分为三个之地方的社会，此即称为组合是也。该组合系为一自足社会，且为一具有强制与服从的特质之社会，此其大凡也。如与苏维埃制度比较论之，从其同以职业为基础之一点而论，实有其近似之处。然如从组合之构成观之，则一为统一，一为联合，此其异点一也。又从军事司法观之，一为集权制，一为分权制，此其异点二也。"苏维埃制度"，已非为书上空谈之理论，而已入于实行之时代，此其含有实现之可能性，毫无可疑。然若基尔特者，则方为学者一种治国之提案，实现可能之程度如何，尚未敢语言也。

由上观之，上述经济学的国家观之派别，吾人可得详知矣。列举之，即分为

---

①此处拼写有误，应为 Bolshevism。

②作者注：Lenin, Staat und Revolution, 1917; Diktatur des Proletariats und der Renegat K. Kautiky 1918; Aut gahen des proletariats in unserer Revolution, 1921; Wahlen zur konstituierenden Versammlung und dil die Piktatur des proletaria's, 1919; Nachsten autga hen der Sowjet-macht, 1918; werden die Bolschewiki die Statmacht hehaupten? 1920; zur Frage der Dikt atur, 1920; usw, (Sie sind wichtig für Staatslehre Lenins)。

③突罗芝克（Trotsky），现一般译为托洛茨基。

④利罗维夫（Zinovief），现一般译为季诺维也夫。

⑤此处拼写有误，现一般译为拉狄克（Karl Radek）。

⑥作者注：Cf. §104（Trotzky, Bueharin, Sinovief, radeck）。

⑦此处拼写有误，应为 Guild Socialism。

⑧此处拼写有误，现一般译为乔治·道格拉斯·霍华德·科尔（G.D.H Cole），英国政治学家。作者注：Cole, gnila socialism re-stated, 1920. Cf. Hobson National Guilds and the state.

（一）社会共产主义国家观（Theorie des Kommunismus）

（二）社会民主主义国家观（Theorie der Sozial Demokratie）

（三）基尔特社会主义国家观（Theorie des Guild Sozialismus）

（四）无政府主义国家观（Theorie des Anarchismus）

1. 虚无主义

2. 唯物论的无政府主义

3. 唯心论的无政府主义

四大类，为现今国家观上最有力之学说，以之观欧美各国家之组织，则其内情为何如，则思过半也。然用此说以观我国家可乎，此则尚须考虑之问题也。以吾人之见，此学说之国家观，大别之，可分为二大系，即"共产主义""社会民主主义""基尔特主义"三者，均承认有国家政府之必要，而"无政府主义"则反是也。此说纯为理想，征以今日世界国家之状态，毫无实行之可能性，可为断言。而前三说，则须以工商业极达发达之国家为前提，始有充分实行之希望。我国则尚一工商业极幼稚之国家也，成此国家观之条件，尚未成熟，当不得以此国家观观之也。惟吾人之介绍是说者，其一以欧洲各国之社会状态，已陷于极端贫富之不均，而醉心帝国主义者，反以"民族主义""国家主义"为麻醉之具相号召。而欧洲大战之惨剧以作，人口死伤数千万，可云为世界空前之浩劫，天为之乎，抑自作之孽也。然列强尚不悟也，方日修其甲兵，以备再逞。然其根本上即一国家观之错谈为之厉阶也。既国家观有其错误，则精确之国家，果何在乎？此吾人所以介绍本学说，而示欧洲列强之趋向为可怕，但亦至可愚也。其二各国既因国家观之错误，以陷于今日不可收拾之局，则前车已覆，来轸方酋，此点吾人宜资借鉴也。即一方虽以我国条件未熟，不能骤采此说而施行之，然其弊，则宜深防，所谓杜渐防微，其兹之谓，此吾人所以介绍本说为不容已也。

本篇系著者参考日本同志社大学教授今中次磨所著之《政治学》参以己见而作的著者附识。

五卅事变之真因[①]

此次五卅事件，尽人皆知英捕为行凶首恶，余以为行凶首恶，实非英捕，乃英国政府。而英捕与其驻华公使及领事，不过禀承其意旨以为行动也。虽然，此就事论事也，如吾人根本究其原因，则此次事件，英国政府仍不任其咎，其咎乃在英国资本家阶级，而现在揽有政权之保守党内阁，无非为资本家阶级作鹰犬耳。国民乎！须知此次吾人之奋斗，实不啻对英国资本家阶级之奋斗，在我国为生死关头，不得不出全力以抗衡，是以有今日举国一致之坚持。其在英国，亦以生死存亡所关，向我极力撑持其强硬态度，世界舆论之指摘勿顾也，国内工党之弹劾勿顾也。最近更变本加厉于上海屠杀之后，又在汉口击毙我同胞，毙伤以数十计，视我国人禽兽之不若。英国之所以大肆屠杀政策者，实因复深知中国民众近年来之觉醒运动，将失其对华经济侵略之机会，而难以维持其帝国主义之命运；故对于中国革命势力，不惜采用严厉手段，以冀一网打尽，使中国永远陷于殖民地地位，而一任其宰割剥削。故五卅惨案之发生，表面上虽为英捕之行凶枪杀事件。论其实，乃一英国资本帝国主义经济侵略中国之一和必然结果耳。

今日为资本帝国主义生存发达之要素有二：一曰商埠，一曰投资地。商埠实为其过多货物消纳之尾闾，投资地实为其过剩资本消化之机关。如在地球上之商埠与投资地，一日开辟未完，即此资本帝国主义尚可一日继续其发展，然而地球之面积有限，资本帝国主义之侵略无厌，以有限之土地，供无厌之求，其发展遂不能不宣告停止，而最后之末运，遂迫于目前也。综览世界与国，美

[①] 出自上海《民族日报》，1925年6月23日。

国非曾为英国之商埠与投资地乎？今已高暨其保护关税政策使英国资本主义之侵略，不得不望洋兴叹也。日本在前数十年，亦曾供英法西荷各资本主义国之经济榨取，今已发达为工商业强盛国家骎骎乎反有吸收彼等经济之势也。至其他若印度、若非洲、若南洋、若坎拿大，或因互惠主义之施行，而已不能行其一方之榨取，或以地方渐异，而对于彼等过剩之货物与资本，再不能为大量之收容。环顾世界幅员，已无容彼等发展之余地，而硕果仅存者，唯有我中国一国。是在我国之商埠投资地，匪特为英国资本帝国主义存亡之所关，□□其他各资本主义国家生死之所系，特英国对我□特殊之利害耳！

我国被各国迫开之商埠，已达九十余处，此则纯为各国供其销货之用，而为商埠维系富源之手段。税关则已受其严重之制限，不特更改不能自由，即取税之轻，亦为世界冠。其结果，外货遂如怒涛之袭至，国民脂膏，遂岁岁有5万万元左右资金之流出矣。商埠而外，请论我国投资地之关系。我国自与各国发生经济关系以来，外人直接间接向我投下之资本，实是不少。凡外人在我国直接投资举办之企业，其一切经济管理权具非我所得过问。试以例言：如南满滇越之铁路投资，沿海内河之怡和太古航业投资，各通商口岸外人所设种种巨大之企业，无一不以我为投资地，而为之消纳其资本。间接投资则种种之借款属之，综计我国外债，全部约近30亿元，而每年应付之利息，实达1亿。总合此两项投资结果，我国民之脂膏，非供其吮尽于枯竭不止。将来劳资二阶级之对立，将不发生于一国内而发生于我国对各国之国际间。换言之即由此外人悉跻于有产阶级，而我则反跻于无产阶级也。然此胥商埠投资地为其原因也。是以我国之衰，实衰于资本帝国主义之经济侵略也。各国资本帝国主义之尚能继续其发展，谓之为受赐于我之提供商埠投资地可也。今日我国已处于我国强，他国即忧，我国亡，他国即强，势不两立之局。故在我国民之抵抗，是为争生存权之问题，各国之厌我，实为维系其资本帝国主义之发展。国民徒见此次五卅事件之为学生工人对英捕之抗争，而不知实我国民对英日生存权之冲突也。盖我国民以久受外人商埠与投资地之侵略，恢复国权诸运动与不平抑郁之气，不过借此机而触发耳。故我等今日对于英国应彻底的坚持与之经济绝交，使彼失去经济侵掠之可能，将见英国国内失业工人日以众多，劳资冲突日益紧迫，而英国资本帝国主义的命运亦必无幸存之望矣。可知此次事变之进展，实有根本打倒英国资本帝国主义的可能。我国人其勉之。

军阀膨胀法则之研究[1]

一、绪言

我们中国有两句俗话，即日中则昃，月盈则亏[2]，此虽为老生常谈，但亦可以说明宇宙万物盈亏之理。今天我来研究军阀膨胀法则，亦不外此旨，欲想把军阀的日暮途穷之日也是不远说来给大家听一听。因为我们宇宙公理，有膨胀必有收缩，如徒有膨胀而无收缩，则我们人类地球，早已不有今日之世界了。试看人类从原始时代以到现在，哪天不是在滋长生息？为什么我们到现在还没有感人满为患？是以膨胀法则之外，还有收缩法则的支配。我们试看微生物的增殖，他们膨胀力真大极了。据专门家言，分裂就是他的膨胀，并且为复数的分裂。如照这样的膨胀下去，那地球上岂不是全任他们充塞吗？但他亦有膨胀的限度，有时是要归于澌灭的。我们由这道理，可以发见两个通则，其一，即为环境所支配的法则，譬如以人类及微生物而论，如风寒暑湿及日光气候等之变迁，皆足以影响其生命之长短。其二，则为自身内部自然而起之分解作用，如经过一定期间生理上即呈老衰之现象是。而人类之相争相杀，尤为减少此膨胀力之一最大原动力。我们把这两种通则明白了，然后正式来研究军阀之膨胀。

军阀之穷凶极恶，为我四万万人之疾首痛心，不待他人的宣传，我们自觉上也是实感了。现在我敢断言这推倒军阀的心理，差不多已成我群众万众一心之的。那么，大家心理既到这个地步，军阀当然是快倒了，而何以反一天增加一天？在薄志弱行者流，一看着这个现象，以为中国真不可救了，便愈是消极。在热心者流，一遇着几次奋斗，都归失败，便嗒焉若丧，转成嫉俗愤世。我以

---

[1] 出自《独立青年》1926年第1卷第2期，第64—70页。原作署名"漆树棻"。
[2] 原文误作"日中则昃，日盈则亏"，应为"日中则昃，月盈则亏"或"日中则昃，月满则亏"。

为这是太注重于心理作用，而太置环境之关系于不顾了。换言之，即太重主观之关系，而置客观之物质与社会关系于不顾了。主观作用固该提倡，不能说任环境之支配，而不一为抵抗奋斗，但不能全说世界上，纯以自己之力，即可获得一切，支配一切。诸君如以此为怀抱，则不变成消极者流，亦不会转成愤世嫉俗者流了。我来研究军阀之膨胀法则，这心理现象与环境作用两方面都要注重，所以我结论军阀将来之应破灭，不单是根据于感情与愿望为推论，并以客观或实证之理为基础的说明。

二、军阀膨胀法则之说明

我中华民国，到现在差不多要满十四龄了。在此十四春秋中，究竟是哪一样东西膨胀得最快呢？屈指来说，当然要数这军阀。民国元年（1912年）全国尚不足七十师人，谁料到现在已增至几百师人了。就以四川而论，民元新军不过二师，到现在已膨胀至三十师数十混成旅了。这种膨胀率，说来真骇人听闻，或比几何级数还要大数倍的增加。这军阀的增加，反面即不啻百姓穷瘦了。换言之，这军阀如一增加，那实业教育文化法律社会通统遭到十二万分了。如照这样的增加不变，我们尚有噍类吗？然此种增加，必有增加之法则。人类之增加，是要靠生育。货物之增加，是要靠制造。是军阀之膨胀，亦有生产之法则，我们不可不一说明如下，其式如次。

金钱→货物（军）{1.军器子弹 2.兵工厂各种机器 3.兵士}→新货物（势力）→{发行不兑换券 临时军费 各种苛捐 贩卖烟土征收烟捐 预征地丁}→新金钱（原本+剩余价值）

即军阀以一定之金钱，来购买一种之货物，此种货物，吾人姑定之为军。此军如分析之，则大概由三种组合而成，即其一为军队所需用之军械子弹，其二为造一切军械之机器，其三为使用此兵器之兵士。军阀自有此数种要素，而由旧货物之军，遂得转为一种新货物之势力。此种势力如构成后，则原投下之资本,遂得剩余价值实现化之机会也。盖军阀自擅有此种势力后,一切生杀予夺,皆操其手,而凭借此种威力,遂得向老百姓发行无限制之不兑换纸币,或强制征收种种之临时军费,或设立无数之苛捐,以图榨取,或预征各年之地丁,以供挥霍,又其甚者则贩卖烟土征收赌捐、烟捐无所不至也。各种金钱既一到手,则原所费之资本,固得收回,而新得之剩余价值,实为巨大。此时之军阀,如将其赚项,概行作兽欲之消费,如广置妾媵,建构华居,任性嫖赌,而仅将其原本,仍如前式投下时,则为单纯复生产。如不仅将其原本,即所得赚项全部,亦一举而投诸军事用费,则为扩张复生产。单纯复生产之势力不易膨胀,而扩张复生产之势力,则易膨胀也。由是时间无限,循环之次数无限,兵士遂为莫大之增加,军械遂为极度之扩张,而军阀固日膨胀一日,但老百姓,则日穷一日了。民国十四年(1925年)之所以军阀日日增加,战争之循环不已,皆不外一军阀膨胀之法则所致。而此法则,大概如以上之说明,此即军阀致富之道。

三、军阀膨胀法则与资本膨胀法则之关系

现在世界为全人类所深恶痛绝的,有一最大恶物,此恶物即为资本主义。自世界此种恶物横行以来,我们十余亿人类,都辗转呻吟蜷在他势力之下。所以我们人类,是天天在设法想扑灭他,而此个恶物之能无限膨胀,就是靠一个资本膨胀法则。现在为我国四亿人之痛苦呼天的,也有一个恶物,即为军阀。所以我们也是天天在打算打倒他们,而他们之能无限膨胀,就是靠一军阀膨胀法则。我们如将此两个法则详细研究,不但发现许多有兴味的地方,并且对于打倒他们之有无可能性,可能性孰大之问题,我们就可以明白了。试列资本膨胀之法则如次。

资本膨胀法则 $\begin{cases} 1.\text{生产循环式} \ \text{金钱} \to \text{货物} \begin{cases}\text{原料}\\ \text{生产工具}\\ \text{劳动}\end{cases} \to \text{生产行程} \to \text{新货} \to \text{新金钱(原本 + 赚钱)} \\ 2.\text{商业循环式} \ \text{金钱} \to \text{货物} \to \text{新金钱(原本 + 利益)} \\ 3.\text{借贷循环式} \ \text{金钱} \to \text{新金钱(原本 + 利息)} \end{cases}$

军阀膨胀法则　金钱→军 $\begin{cases} 1.军械子弹 \\ 2.兵工厂之工具 → 势力 → 各种非法榨取征收新金钱(原本 + 赚钱) \\ 3.兵士 \end{cases}$

　　资本膨胀法则有三种：1.即生产循环式，2.商业循环式，3.借贷循环式，但2式系为1式中之一段，换言之即2式为1式新货物造成后买卖行程中之一分业，而3式之借贷，又系靠1、2两式以为消长。故在本篇，只就生产循环式与军阀循环式一为论究，其他皆可以类推的。

　　兹就二者之关系来看，此两式第一映于我们眼帘的，他们两端皆有其同处，即首端同为原本，而末端同为新金钱之回收。但我们如仔细析此二者之性质，亦微有不同之处。即生产式原本金钱之来源，大概由借贷资本家供给为多，而此借贷资本家，是以国内之资本行其借贷手续，其向外国借款者，是为例外。但在我国军阀原本之来源，大概不由借款而向民间刮取的，纵有借款，亦以借外债为原则，向同国人借款而为军备扩张是很少的，此其不同者一。其次一入于货物之购买，二者遂呈极端之相异，即生产循环式之货物，是由生产工具、材料、劳动力三种组合而成，而供给此工具原料则大概采自本国（工业未发达之国家为例外）。而军阀循环式则不然，其所汲汲扩张兵工厂之各种机器，概须由外国买来固不待论，即所用之大炮，步枪，各式子弹，亦无不由外国输入，此与生产式实有其重大之差异。其至于劳动力之雇佣，一为募兵，一为募工，且皆为极残酷之榨取，即一以极少之工资本，收最大之利益，一以筹饷为名，兵士则半不得饱，而彼等长官则已腰缠累累，固有其相同之点。

　　然二者之利害，则有其相异也。即前者之阶级限制，极为綦严，一降入劳动者地位，决难望踏入资本家之阶级，且此二者之利害又往往相反，资本家阶级之所利即劳动阶级之所害，劳动阶级之所利即资本家阶级之所害。而在军阀则不然，此二者之间，实无何等之阶级存在。今日为散兵，明日即有望升团长、督军，且其利害并不相反。兵士虽然于平时饷不充分，如一旦战争发生，则有老百姓之财产可抢，有老百姓之妻女可共，是军事不但于军阀有利，即于兵士亦有利，也是生产式之工人与军阀式之兵士之根本差异点。即前者除向资本家得点小利外，无何等可以生产之道，而后者则虽被榨于上级，而其他尚有一老百姓阶级可以供榨取也。此为第二段行程二者之差异。

及其入于第三段，二者之新货既成，则凭此以为使所投下资本得剩余价值之实现化上，二者虽有其相同之点，然一至实现之手段，则二者有其差别，即生产式是须经买卖之行程以任意为要件而化成者。其在军阀式，则无所谓交换之行程，以强制为特质，凡有所得，无非由凭借其威力而抢夺自民间者。其所发行不兑换纸币之对象物，则为一般使用货币者，其所征收各项苛捐之对象物，则为一般商民，其所派征之地丁，则为地主与农民，其所贩卖之烟土与征收烟赌捐之对象物，则为烟界赌界之二大阶级。概言之，即纯以民众阶级为目的而行其榨取也。不但此也，生产式之榨取目的物，不仅止于一般民众，即其所雇佣之劳动阶级，亦在其中。其在军阀式则受榨取者为老百姓，而兵士不与此强制征收也。此即军阀膨胀法则与资本膨胀法则关系之大概也。

四、军阀膨胀法则与战争

军阀之战争，与资本家阶级之战争无异，即皆以合并独占为目的。即资本家阶级，因商战之竞争，强者存，弱者亡，大公司并公司，其结果，小公司之资本，归大资本家之吞并，小公司之生产工具，归大公司之所有，小公司之劳动者，归大公司雇佣，而在一般消费阶级，则愈受榨取之痛苦。其在军阀战争亦然，即一旦战争发生，败者之军械子弹，归胜者俘获，败者之军队，归胜者编收，败者之地盘，归胜者占领。其结果，民众愈感痛苦，兵士愈为增加，是因战争而兵队愈见其增加。欲利用战争以消灭军队论者，阅此可以休矣。

但物之膨胀，皆有限度，断无有永久膨胀之理。惟此膨胀作用之停止，则不外有二因，一为受环境之压迫，一为内部之分解。我们今试应用此以说明军阀之崩坏也。军阀崩坏之途径，有数条可溯，但其可能性孰大，是在我们之科学的观察。其一为军械与制造军械手段供给之停止，其二为部下之解体，其三为资金供给之断绝，其四为榨取目的物之渐尽。因为如打仗无军械时，则失其威力之所凭借。部下兵士如解体时，则无人为之效命。目的物之榨取失其存在时，则购械即失其购买力。有一于此，皆足以覆亡。然军械之来源，是在于外国，外国是专以助长我国内乱为目的，帝国主义之露骨侵略，也是在这个地方，我们欲望其不供给军械及制造军械之工具与军阀，何异于痴人说梦？此第一之手段为不可能。

其二部下之解体又是如何？此种手段，今日提倡者甚大有人在，其理由则不外以军阀部下之下级军官士卒皆甚苦，军阀之上级，皆是处于优位，故下阶级对上阶级，必抱许大反感，如我们因此以为宣传，则部下必形解体，而军阀即可望打倒。此理由表面上似觉充足，其实根本上甚形薄弱，殊不知上级军官与其士卒，论地位，则固有甘苦之不同，然论利害，则上下为一致。盖此种阶级实一时存在，今日当士卒者，明日即可以当下级军官，今日当下级军官，明日可以当师长、督军，苟地位一升，则升官发财皆随之来了。此种风气如继续时，我们只有见其增加，哪里会减少？哪里有解体之事发生？故第二之手段亦为不可能。

其三之资金供给，其实亦为外债是赖，是可以用第一之理由说明之，以此而望军阀之崩坏，于理由亦为不可能。然则我们欲说明军阀崩坏之途径，只有最后之条件为庶几合理。因为军阀亦与资本主义一样，如欲其继续长久存在，非有此"非军阀外围"为之包被不可，此"非军阀外围"为何？即我们老百姓实为其榨取之目的物，苟此，外围而长久无尽，则军阀之崩坏即无期。苟此，外围而有尽也，则军阀之崩坏即为不远。由这样看来，我们老百姓一个外围，实为军阀生死存亡之所关。所以我们现在所应该做的工作，就是一脱去我们为他之榨取目的物。我们的资金，这军阀如不能榨取时，他们立地就可崩坏。但是他们是以暴力为后援的，是向我们能行使强制权力的。而我们是一盘散沙，毫无组织，怎么样能抵抗他们呢？我以为现在我们最大责任，就是在以武力抵抗他。而为武力之要件，就是在民众之武装的团结。只要我们有这一种决心，有这一种毅力，工团、商团、学生团、农团即是我们应该走的路。

国民哟！我们已立于同军阀不能两存之势，我们不打倒他，他就要榨尽我们的财产，屠尽我们的生命还不放手的！现在我们已经是入于实行时代，说干就要干，不要纸上空谈，吹吹牛皮，望他人去干。此就是我研究军阀膨胀法则，此就是我研究所得之结果。现在四川之农团，广东之工团，已登高在那里实行打倒军阀的工作，呼我们不要徘徊，快快起！快快武装！快快加入群众运动！同来打倒那罪恶滔天的军阀！

为日本出兵东三省警告国人[1]

我在《洪水》特刊中，本来预定著一篇《共产问题之我见》，但是，这几天，我见着日本已决定出兵东三省，我认定这个问题非常重大，关系我国生死存亡，所以我不得不将那个题目放下移于次期。

同胞们！我们的生死关头已迫在目前了，我们自己要救自己之责任，已牢牢靠靠的落在自己肩上不容旁贷了。同胞们！五卅事件，我同胞之碧血未干，现在在东三省，又发生日本人出兵干涉我内政。同胞们！你们有何感想呀？还觉得我们国家是独立存在么？我们天天在讲救国，天天在讲爱国，这国家偏偏一天更危险一天，外国人更一天一天的实行他们侵略的步骤。五卅事件后，不旋踵又有日本出兵来占领我东三省之噩耗传来，惊我的心，动我的魄。同胞们！这究竟是什么缘故咧？我以为这军阀内争的原因犹小，最可痛恨的，就是只顾自己权利，不顾国家危亡的卖国军阀，常常勾结帝国主义，常常取媚帝国主义来压迫我同胞，荼毒我人民。今回五卅事件，民气是如何激昂？以后是如何消沉下去的？同胞们想一想，上海的总工会，学生联合会，海员工会，工商联合会是为五卅事件，抵抗英、日人而组织的，张作霖偏偏要逮捕他，解散他。这还是帮中国人的忙，帮外国人的忙咧？山东、天津等处，大杀工人，大捕学生，表面上就是防止"赤化"，我恐怕内容是要驱我们变成帝国主义之殖民地。同胞们！总要记着军阀是帝国主义的走狗，他们只要有机会都要压迫老百姓来报一报豢养之恩。什么叫爱国？什么叫亡国？他们心目中，这种名词早已不存在的了。五卅惨案，张作霖之举动，就是第一个证明。

---

[1] 出自《洪水》1926年第1卷第8期，第234—237页。原作署名"漆树荄"。

同胞们！东三省是我们中华民国的领土，是中华民国的版图，你看现在成了如何的景象？铁路附近，既非为专设之租界，又非租借与他人，现在日本人，已经作为己有，已经行使支配权，反转来警告我们真正主人说："你们军队，不许入内，入内就要缴械。"你们天天要打倒帝国主义，天天口讲抵抗帝国主义，现在这日本的帝国主义，侵略得这样的厉害，你们反噤若寒蝉一样！同胞们！你以为这就算厉害吗？这还不算。现在日本人又要增加大队军马，来占据我们的满洲了。同胞们！想一想在东三省日本兵队已经不少，保护他们居留民是仅够的，并且我们中国近时，人民程度已经进步，证于近年之内争，对于外人毫无加以伤害，是中外已经知道的。但是他们为什么还要增兵？增兵的必要在什么地方呢？我敢大声急警告国人，这是日本人要灭我国之第一步！这是日本人实行帮助卖国贼张作霖之第一着！同胞们！近代灭国家顶厉害的方法是什么？就是买通内奸一事。英国以是亡印度，日本以是亡朝鲜。现在日本又以这种故技，施之于我们。张作霖甘为石敬瑭似的皇帝，日本人自乐得为契丹。同胞们试一看报，郭松龄为什么要反对张作霖？这可说郭松龄尚是一个有人心的人，他实在由近年不忍见张作霖之卖国丧权才有此举义之行动。但是郭松龄自在锦州大败张作霖后，为什么迟迟难进，不能长驱直入，张贼尚得苟延残喘呢？就是一日本人为之保护。今日的路透电（十二月十九日）已载有日本兵占据奉天之消息，同日电通社亦载有日本干涉郭松龄军队之自由。同胞们！此次实为日本灭我国家之第一步，其居心欲使郭军溃败，无所不用其手段，时而以飞行机为张作霖放散传单，时而以领事处名向郭松龄交涉借作缓兵之计。同胞们！此次我国战争，不是我国之内争，不是张冯之战争，实为郭冯军与受帝国主义帮助的张李之战争，质言之此次战争，实为我国民反抗帝国主义战争之序幕。此战争如归我国失败时，则为帝国主义支配我第一步之成功。此战争如归我胜利，则为我国民第一步之战胜。同胞们！现在日本人已经实行出兵了！你看他们宣传这爱国的郭松龄、冯玉祥就是"赤化"，居心是如何毒狠呀？我国情势已危到十二万分了！帝国主义已实行进攻了！同胞们！快快起！快快起来救国！快快起来反抗日本人！什么"赤化"问题共产问题反共产问题，请牺牲一下，这是内部事件，因为国家在，还有地方争论，国家亡，连争论的地方都没有，这道理是易明白的。同胞们！请立在一条战线上来合作！请立在一条战线上来打倒勾结帝国主义之军阀，反抗实行出兵之日本！

但是我们如要来反抗日本出兵，如要来工作打倒勾结帝国主义的军阀，没有一种组织，没有一定步骤，没有一定方法，征之于往回事例，反抗也是徒然的。这组织就希望于各个工会、商会、学生会。第一，以内部团结与整顿为重要。第二，以互相谅解，切实联络，一致动作为要件。至关于进行步骤宜从速唤起全国民气，先打倒勾结外国之军阀，否则抵抗日本出兵之举动，实为无益。因为你要抵抗日本作种种组织与举动，这军阀偏能禁止你，压迫你，今年五卅事件，就是一前车之鉴。所以要抵抗日本出兵，须先从勾结日本之军阀打倒起。第三，抵抗日本之方法，除与以经济上之打击，实无别道。但是这经济打击之手段，约言之，就是抵制日货，与经济绝交二种，历来行之都没有持久性，我们惩前毖后，当特别的让之于另篇精密讨论。同胞们！事已急！国已危！此次日本之出兵，实为帝国主义实行助长我内乱之表现，实为我卖国军阀引鬼入宅之铁证。我们如置此事于等闲，则天津外国也要来兵，山东外国也要来兵，浸假我中华民国全国四万万同胞一个一个都要辗转呻吟于外人铁蹄蹂躏之下，及今不图！祸将噬脐！同胞们！快快起！

十二月二十日

编者按：日来各团体对于此事已有严重表示，可见爱国心是大家一样的。但总望能如漆君所云，大家团结内部，互相谅解，立在一条线上来作战。庶不致再似从前一般得不着什么结果。

归川所见①

——军械的世界，鸦片烟的世界，老百姓要死完

  如果有人问我去年腊底返川沿途所见，我只得赤裸裸的告白四川就是一军械世界，就是一鸦片烟世界。走到了汉口就见着我们船上（永安轮）运有三十多箱子弹到四川，又走到夔门，使我起了最深之印象的，就是那趸船上堆着高如山积的一大堆子弹，七横八倒的约有数百箱。听说此批子弹系由福来轮船运买，被该地驻兵查觉起下的。以后我们轮船又被强制装兵，于是半夜三更，破人清梦，那丘八爷来上船了。闹哄哄吵嘈嘈的是那人声；呼姐喊妹说人家的铺位在那儿的，是丘八爷带的家眷的声；又听着一阵的拍搭拍搭的，就是那丘八爷带的枪械走路的声；呵喝呵喝喊起来的，就是那拉夫的老百姓抬子弹来的声，挤满了一船，立锥的地方都没有，一直闹迄天亮方行船，害得我们饭都不敢出来吃。万县以上那光景更不同了。

  忠州也要停船，丰都也要停船，叫停船的都是手拿着枪，腰缠着弹的丘八，于此我觉得四川真是成了军械的世界。

  丰都以上，岸上军队都成了人线子一样，我也不知是何种军队，我只晓得他们在那里开差。开到什么地方我也不知道，只见着拿着枪背着弹，大步大步地往前走，随后又见着无数的褴褛同胞，抬着若干箱的子弹。船一直到重庆大抵所见皆然。我觉得真是成了军械世界了。四川全土，想必也成了军械化了。此是我回川第一桩印象。其次为我第二桩印象的，就是四川之鸦片烟。我初到夔府，上街散步，令我大惊的，就是有种小馆子门前，贴着什么"一道南烟""闻香下马"等标语，比纪念孙中山所选的什么打倒帝国主义还要精阐。此实为

---

①出自《新蜀报》，1926 年 3 月 17 日。

五六年来回四川第一次得的贵重土产物。我觉得四川真成鸦片烟世界了。

船到万县，我们起岸去耍，忽听着有人在喊"先生先生！抽签……"我心头想又不是神堂庙子，为什么叫"抽签……"及仔细一听，才晓得不是叫"抽签"，是在喊"烧烟……"到了重庆城，我看着沿街告示，什么烟捐所，什么瘾民要注册等等……唉！我方确信下江的报纸说的是真话，四川政府不是在禁烟，是在奖励抽烟。这不是政府行为，而是一种强盗土匪行为。什么毒国病民是不管了，外交问题是不管了。说到底，要钱才是真话，只要钱到手，什么无廉无耻的事情都要干。

据我看来，不是政府，是土匪行为，是土痞行为。你们不信，请看到处都摆的是烟馆，场面都不顾了，体面也不要了，只是要钱。此就是政府之行为，呜呼！四川竟成鸦片烟世界。

说来伤心！说来惨目！老百姓！你晓得这鸦片烟与枪械的关系不？你们吃鸦片烟好比吃毒药一样，吃久了就会死。为什么政府要叫你们吃，要强制你们种咧？他是图取你们的钱，要钱用，什么都不管的。这是因为他们取你们的各种杂税，还不知足，还要靠鸦片烟来取你们的钱。钱拿来就买军械，就打仗，就杀人。因此我们财产荡然，生命乌有，赢得一个家破人亡！

所以四川如成了鸦片烟、军械世界，就是老百姓自己在吃红砒、吃水银，自己在开机关枪向着自己射击一样。可怜的老百姓，你还在天天求和平，求军阀大人们起点良心；他在旁止不住哄哄笑，心里说着"不屠尽你不算脚色"。呜呼！军阀大人之德政，德政碑到处皆立得有。

一团应声虫[①]

时令一到夏秋之交,那昆虫类便大唱其求友声之调子,这边在呜呜!那边就唧唧;真好闹杂,闹得我们耳内都烦了;这种东西,无以名之,名之曰应声虫。万不料这应声虫的势力,竟拓殖[②]入我们人类范围内来了,尤其意想不到蓦入军阀大人们之脑内去了。你看从民国元年(1912年)以到现在,那军阀大人们打的电报才成一团应声虫去了。你打一通,我就要应一通,一通两通以至数百千万通。你看那内容才愉慰人啊!什么"努力国家""为民请命",什么"保障和平""造福黎庶"等。我们说不出来的冠冕堂皇的话,也被他们说完了;道不尽悲天悯人的话,也被他们道尽了。

唉!哪晓得他们才是一群大骗子,哪晓得他们高挂的是羊头,贩卖的是狗肉,嘴内说得尽管好听,做的事情,都是些神奸巨憝的行为。

军阀大人们,我老老实实告诉你,我们吃你的亏,也吃够了,我们已根本觉悟了。我们起初见着你说得好听,我们还相信几分。但是以后你们渐次露出凶恶的本相时,我们已经不相信你了。到了现在,在报上我们不见着你们的电报,心内还熨帖,一见着你们的电报,我们眼睛就会生火,如再见着,我们便只好拿背来向着你,如再见三见,我们就倒抽一口凉气,抛了就走。这是为什么?这是因为你们说的话通通破了产。

我实在劝军阀大人们,那种电报,何必打,何必要做那甲打一张,乙也就打一张的应声虫咧?因为以言欺对手方,那对手方同你都是行的是一样的法术,哪里能生麻醉的功效;以言欺老百姓,我们老百姓已经觉悟了,就是刀加在头

[①] 出自《新蜀报》,1926年3月21日。
[②] 旧指开辟荒地并把居民移去居住。

上，我们还是说你们在欺骗我、欺骗我……

良心！良心……你们究竟还有点不？如当清夜扪心，请想一想你们说的话同做的事，我肯信你天良一点都不发现？一点都不肉麻？

电报何必打？何必打那些不生效力的话？倘如你们跟我们裁去十分之二三苛捐，我敢断言胜过打几百通电报；如果你们严厉禁烟——禁种、禁卖、禁吃，我敢断言胜过几千封电报；如果你们禁铸二百铜元等，生活程度稍微低下，多为贫人留几条命，那更功德无量胜过几千万通电报。我们当馨香九叩首以颂，哪里敢于说为一团应声虫咧？

请国民一致声讨媚外成性之段祺瑞[①]

咄咄！卖国贼段祺瑞！亡国奴段祺瑞！尔竟忍心下此毒手枪毙我数百之爱国青年耶！尔竟敢于诛除我志士消灭我民气以媚外人耶？呜呼！北京十七、十八两日之惨杀，实我国最近最可痛心之一大事也。枪声砰砰数百发，我同胞之碧血横飞，刀光闪闪数十挪，爱国志士之尸骸遍地。吾书至此，我心痛，我手颤，我不能往下写也。段贼段贼！尔非中国人乎？尔独无人心乎？尔何惨酷一至于此也。黄花岗、南京路，一为尽忠异种之惨杀，一为帝国主义向我之残杀，使吾先烈士前仆后继之殉难者以数百计，吾人至今思之，犹有余痛。不图碧血淋漓之惨剧，又于本月十七、十八日演于北京；不图身为执政之段祺瑞，竟出此屠刽之行为；不图我爱国志士青年为外交请愿，竟遭此不测之结果。呜呼！惨矣。

抑段贼何以出此毒辣之手段乎？则以段贼之行为综其一生，无一非卖国毒民之举：如徐州之召集督军团会议以抗黎，实启今日军阀割据之先声；军事协约之连结日人，实为借重外力借以把持政权之地步；至若军械借款，济顺高徐大借款，取之尽锱铢，用之如泥沙，使我负债至数万万。今日祸国殃民之贼，殆无出段祺瑞右。是残民以逞者，段贼之特长也；不惜丧失国权以媚外人者，段氏之惯技也。乃我青年志士，偏以爱国为号召，为日舰炮击大沽炮台事件向之请愿，日人又适为彼伧之最所恃以为符？宜乎大触其怒而以无情之枪弹相向。

同胞同胞！今日帝国主义之勾结军阀与军阀之袒护帝国主义，已明目张胆，肆行无忌矣。外患不足忧，惟内奸之私结外人为可忧。故朝鲜之亡，非亡于日

[①] 出自《新蜀报》，1926年3月27日。

人之能灭朝鲜，乃亡于李完用之勾结日人；明朝之亡，非亡于满清之能灭明朝，乃亡于吴三桂之引清入关。今日我国之亡，已迫于眉睫，彼李景林、张宗昌、张作霖者，非纯靠日人以为外援乎？非欲掩护在日本旗帜之下以便由水路进攻津沽乎？是国民军之严重检查，封锁塘沽，固其宜矣。乃日人竟妄据辛丑条约为口实，炮击大沽，且联合各国向我抗议，其显祖张李二卖国贼，所谓司马昭之心，路人皆见。试问炮击我大沽，干涉我内乱，凡有人心谁不愤慨？！故学生向执政府之请愿，是纯出于一片热忱也，是纯出于爱国也，万不料段贼竟以如此之毒辣手段相对待。呜呼！我知之矣，今日国民军已处由帝国主义卖国军阀四面环攻之秋，日人明助张李，段祺瑞又袒助日人，内外相勾结，欲一举以扑灭我北京新兴之民气。三月十七、十八之志士青年，适为此次首先之牺牲者，此一幕已明露出帝国主义勾结军阀以与国民战，段祺瑞实为袒护帝国主义之一个大卖国贼。现在北京爱国青年，已毙于此大卖国贼之手，换言之，即无异于断送在日本人之手。郭松龄前赴而我爱国青年又后继，现在已入于军阀帝国主义与国民白刃战之时候，我敢涕泣陈辞，我敢挥泪誓师，愿率我四万万众一致趋于革命战线，先斩段祺瑞之头致祭我死难诸烈士，然后向帝国主义与卖国奴总攻击，以拯救中国之危亡。

为北京惨杀事件敬告国人①

盛电传来，天日愁惨。我爱国青年志士，死于段贼之弹下者，已达47人，伤者无算，今后尚将有陆续之死者出现。呜呼！我青年，我志士！汝竟忍心撒手吾侪而去耶？汝等竟为吾侪奋斗而殉其生命耶？汝等之父母妻子将何以为情耶？枫林黑塞间，魂兮归来否？痛哉痛哉！

国民国民！此次北京死难诸烈士为谁而死？为吾侪奋斗而死。汝等如悲诸烈士之死难，哀此纯洁青年之无辜受祸，义愤填膺，目裂发指，则祈一谛听吾言。

诸君诸君！抑知不平等条约为我之致命伤乎？抑知北京诸烈士为废约运动而捐其躯乎？溯自满清失政，列强交侵，遂强制我为不平等条约。不平等条项与内容，虽复杂万端，而概括言之，约有最关系重要之数项：第一为关税值百抽五之协定条款，我国关税自主权自经此束缚后，而我之国民经济穷；第二为治外法权与领事裁判权条款，我国司法行政自经此束缚后，而我国民遂立于被压迫地位；第三为租界与租借地条款，在我国自有此设定后，而外人在我国遂成为无数割据之独立王国；第四为外国军舰商船之自由航行于我国条款，我国自比项主权丧失后，而我之海防户门洞开，金融更形外溢。故不平等条约者，实为帝国主义侵略我最厉害之工具而我之致命伤也。

吾人如欲争生存，首先不可不取消此等不平等条约，然此犹就其直接及于我之厉害关系言之也。如就其间接及于我之厉害言之，则此不平等条约，实为帝国主义保护卖国军阀之要具，换言之，实为卖国军阀依赖帝国主义之护符。

---

① 出自《新蜀报》，1926年3月28日。

如列举事实证明之，自我之海关管理权操之英人，大批军火遂得自由输入，而军阀遂愈得延长其生命。自外国军舰商船之在我国自由航行，军阀如失败时，遂得凭借之以为逋逃之工具。自外人在我国之有租界与租借地之设定，此处即为军阀之世外桃源，其生命财产，由此即得保护安全。此即军阀勾结帝国主义之铁证，此即帝国主义与军阀狼狈为奸之写真，由此狼狈为奸而我国之循环式内乱以作。若然，吾人如欲制止此循环式，则不可不首先从打破不平等条约起。虽然以上犹就一般之军阀之受庇护于帝国主义言之也，如帝国主义憎一军阀爱一军阀时，或遇有卖国军阀与爱国民军争斗时，则此不平等条约，尤为帝国主义滥用以为"杀甲活乙"最厉害之工具。诸君，试一思我爱国志士之郭松龄，去岁反戈讨奉，何以被歼于卖国贼张作霖？则以被阻于南满铁路一带属地之不能侵入，使张作霖得徐为之备卷土重来。南满铁路何以不能侵入？则即由于日人所继承俄国与我们结加西尼之不平等条约。夫张作霖已为日奉之顺民，郭松龄系为新进气锐之改革家。在日人眼中视之，当然爱张而憎郭，当然滥用不平等条约以行其杀甲活乙之手段。于是乎郭松龄死矣。

不谓日人行之更无厌也，乃欲用此以助张宗昌、李景林而杀国民军，因大沽河口为两军必争之地，遂以《辛丑条约》为口实，极力向国民军抗议使其不得封锁海口与检查外船。他一方则使奉天军舰尾随己之军舰而向天津航进欲使张宗昌、李景林一举而下天津。犹幸国民军不为所屈，开炮轰击，彼竟敢于还击，伤毙国民军多人。呜呼！此其侵害我主权，助长我内乱为何如者。乃彼犹不稍悛，更联合七国向我严重通牒。即据我外交部之来电，亦谓此通牒实超出《辛丑条约》范围以外。蔑视我国民压迫我中国竟到如此地步，凡有人心，孰不怒发冲冠，热血沸腾乎？然则我北京市民，我北京学生之奋起以争此主权，不但无可非议处，其行为实可钦佩也。我北京市民学生之力争废止辛丑条件，实有远大之见解也。乃恶贼段祺瑞不特不许进行交涉取消不平条约，乃为外人护约；不但不为民众外交，且为外人压制争外交者；不但不为民众向外人抗议，乃媚外人而枪杀我学生。呜呼！段祺瑞自此次出山时，即宣言凡有条约均属有效以媚人外，今竟因民众之运动废约，而出此毒辣之手段，使我爱国青年志士累累骈死于北京，惨矣！是全国之大军阀，当可视为外人护约之大功臣，而段祺瑞尤为外人护约之急先锋。盖以不平等条约不但外人借之为宰制我国之工具，即彼辈军阀，亦无不由此而得生存发展也。此不平等条约如一废，彼等皆有覆灭之忧，此即此次北京大惨杀案之原因也。现在我青年，我志士，已在北京为废约而为第一战之牺牲，吾人如徒作楚囚之对泣，则有负泉下诸烈士矣！吾人惟有前仆后继誓死进行先除去为外人护约之卖国贼，然后进而作实际之废约运动。此种不平等条约若除，吾人始有解放之望，国家庶可以跻于富强。诚如是，则此次北京死难诸烈士庶瞑目于地下而吾人亦有以慰之矣。

循环式的内乱又将告一段落①

据近日京电冯以吴张联军日逼，拟将京津让出，退守南口察哈尔一带以为卷土重来之计。果尔，政局至此，又将呈一大变更也。惟吾人据今日之情势以预测将来，张吴之胜利，不过一时之现象，不旋踵间，即有覆亡之势也。何也？第一从民心卜之，张作霖之勾结日人，已为全国人民之深恶痛绝，无论英日帝国主义之如何卵翼扶持，终亦不免于败亡。若至吴子玉此次之出山，既困孙传芳、张作霖以成大功，而以大义相号召，又不过撤销贿选，护曹氏宪法等之令人掩耳而走之名词。其与当年威镇洛阳之威望相较，直有天渊之别。故从得道者多助失道者寡助之义言之，吴氏今后亦将无能为也。然此仅从理性上判别之也。如从张吴之结合而论，有若犬猿之不相容。今次对冯之能一致，实以大敌当前，不能不彼此迁就，若一旦大敌引去，则争端又复现于目前矣。呜呼！今后之猪仔议员，将乘势蠢动。摧残民气之举，更将层出不穷，皆为吾人意中之事。然此犹非吾人之所痛心也，为吾人之所痛心者，英日帝国主义之能助长我内乱，左右我政局，使吴三桂、李完用辈得以猖獗，非断送我国于外人不止，此则可为痛哭流涕者也。国人国人！若欲保持正义使不沦亡，则惟有努力团结，联合战线，起而扑杀此獠而已。

---

①出自《新蜀报》，1926年3月29日。

令人悲愤的北京惨杀案[①]

一、这个问题关系万分重大

北京出了一个惨杀案，在偏见的或腐败的国民，则以为是一个学潮或一个共产潮。如果这样的想法，那简直是错了，简直是错到了十二万分了。国民国民！这一次北京的学潮，不是我们内政的问题，不是简单的外交问题。截直的说，实在是日本帝国主义之极力卵护卖国军阀以图扑灭我民气之极严重的进攻，是帝国主义集团联合起来向我民众压迫所举行之大抄围，是卖国军阀滥杀民众来表示他们忠于帝国主义之表现。现在帝国主义与军阀已呵为一气了。我爱国之志士青年，已为争自由解放而牺牲，已遗留最伟大之精神于我们群众。我们已处在重重压迫之下，我们已走到只有死中求活之一途，我们惟有努力奋斗继续烈士们的工作。

二、日本扶助卖国者之铁证

去年五卅惨案，我同胞之累累骈死英囚枪弹之下的，是何等可悲可哭之一件事咧！以后我们民气激昂，全国鼎沸，极端的为反英之行动，那偏偏认贼作父张作霖系的军阀到处行其大压迫的手段因以取媚英囚，真为李完用、吴三桂第二。我国之五卅潮，就之受其影响，渐渐消沉下去。我国民恨之刺骨。

哪而为我们国民最深恶痛绝之军阀，就是为那帝国主义最爱护之军阀。所以新民屯郭松龄之反戈讨奉一战，张作霖竟因日之援助得以反败为胜，郭松龄竟至兵败身殒，使卖国贼反得卷土重来。我们至今思之犹有余痛！

[①] 出自《新蜀报》，1926年3月31日。

哪晓得狼子野心之日本，犹不以此为满足，且进而务欲使张作霖得志于关内，以便达其间接宰割我国之目的。所以对于国奉之战，他举国官民上下，无不为卖国贼之奉系军队尽力。尤令我们痛心的，莫过于炮击我大沽口炮台一事，据今日京沪各电，彼竟敢以堂堂之军舰率领奉天兵船二三只拟一举而闯入大沽口内。此非明目张胆帮助奉天而何？此非侵犯我主权助长我内乱而何？及国民军以旗语相问又不答，且以全速力驶进河口，未几彼竟敢以实弹轰击，致国民军死伤十余。其存心扶助我国之卖国贼，已昭然若揭。呜呼国民！帝国主义勾通军阀以侵蚀我国权，军阀勾结帝国主义以榨剥我民众而循环式之内乱以作，致我国年年战争，经济困穷，饿殍载途，死亡枕藉。伤心伤心！痛恨痛恨！

三、帝国主义之联合向我压迫

以上所说的，是大沽口问题发生的概要。不料那穷凶极恶之日本，因此小题，要想大做，要想学那年对待南京城张勋误任其理发匠之故伎，反诬我先开炮，诬我伤毙其水兵，而水兵究竟受伤与否！又无以证明，只扬言运往旅顺医院去了。一面且谓我不守《辛丑条约》，联合七国以最后通牒限我二十四小时答复，否则取自由行动。

不说起那《辛丑条约》犹自可，说起那《辛丑条约》，我心痛极，我泪盈眶。我国关税之纯为外人把持，我民众负担之四亿五千万两之巨款，弄得我国困民穷，就是由此个条约来的。现在我们已为不平等条约层层束缚，心腹病、附骨疽。我们如稍有点自由行动，他马上还说我们不遵守条约，条约神圣，我们以前只好泪吞在肚子内罢了。

但是，人类都有生存权，都有平等权。条约是彼此共同合意行为，只有平等的，哪有不平等的？如有不平等的，我们就非废除不可非打破不可。我们中国一部不平等条约尤其是《辛丑条约》，就是帝国主义榨取我们的工具，就是帝国主义不当利得之工具。庚子赔款他们尚且天良不昧主张退还，其实这一种条约，我们有什么遵守之义务呢？

唉！这狼子野心之日本，不但要我们遵守这条约，并且超出范围以上肆行极苛刻之要求，你看他串同七国提出那个通牒限定我们不得作战，不得检查他们的船只，限定二十四小时答复。这明明干涉我国之内政，明明袒护奉系军阀。呜呼！我们已一步一步走到亡国地步去了。孙中山称我国为次殖民地，殊不知已将降于纯殖民地之域了。我们天天怕他们来干涉我内政，他们此次已实际在干涉我内政了。帝国主义见着我国方有一线萌芽之民气，他们遂联合帝国主义的一个战线来向我们进攻，现在我们已身陷于帝国主义之重围。国民，你作如何感想？还是起来奋斗咧？抑还坐视不管呢？

四、卖国军阀媚外滥杀之真相毕露

由上面看来，大沽口炮台之击事件，是出日本人袒护卖国军阀干的，我恨极了；八国通牒事件，是帝国主义联合起来干涉我内政，我们是更气极了。我们皆眦欲裂、发欲指。我们当然要激起民众运动，我们当然要求政府强硬驳回。万不料！万不料那执政府不是我们中国的政府，是英日帝国主义的政府；不是我们中国国籍的段祺瑞国务院，是外国豢养的奴隶走狗。他们竟效忠帝国主义，不特不容纳我们请求，并且于十七日刺刀搠我们群众，十八日枪毙我们国民，只听外人呵呵笑！我们受伤未死的志士唉哟唉哟叫！我们国民气愤愤的怒，含血喷天的哭。杀之不已，又于事后，捏造证据，通电诬我们为共产党。以为一说我们是共产党，那就把我们九族诛尽都无罪的，国务院与段祺瑞之媚外滥杀之罪，就可以免的。这一种阴贼险狠、卑鄙无耻的东西，都可以称为政府，都可以称为国务院咧！依我看来，只可以称为外国之顺民，英日豢养的刽子手。

五、我们今后怎样办？

国民！帝国主义已向我们联合进攻了。军阀已投降跟他们当顺民了，而且为他们当先锋来屠杀我们了。我们如愿意蠢然如豕，缩头如龟，则听来霍霍的宰割，坛子内擒拿。如一息尚存，如尚热血喷腾，则不要冷淡，请来大家工作。存亡之机，迫于眉睫！来！来！来！先诛尽卖国军阀以除内奸，再进而做那打倒英日帝国主义的工作。要做那肃清内奸打倒帝国主义的工作，请注意下列数项：

（一）促进国民政府北伐！

（二）联合农工商学阶级一致团结进行！

（三）打倒那不革命反革命派！

（四）实行国民革命！

北京政府之帝国主义的基础[①]

一、北京惨杀案直接之责任者

北京之惨杀案,以政府而屠杀力争外交之国民,国民以爱国而见戮于本国之政府,是诚古今万国不易见之痛事也。近日迭接北京来电,段祺瑞与其党徒之阁员,犹复怙恶不悛,一方面通电诬当日群众为共产党,他方面则下令逮捕徐谦、李石曾等爱国志士。此种倒行逆施,凡有人心,无不悲愤切齿。虽然,吾人对于此次遭难烈士,岂仅一伤悲足以了事哉?对于此次出手行凶之段贼,岂一愤恨足以了事哉?吾人尚当问其责任也。吾人尚当止其罪而置之于法,方足以慰死难烈士在天之灵也。盖此次关于北京惨杀事件,应当坐首罪者厥惟段祺瑞与其党徒。彼段祺瑞与其党徒,实为国人欲得而甘心之国贼。

二、国民一军何以不讨段祺瑞?

然吾人于兹有一疑窦生焉,则以段祺瑞素仰国民一军以为生活,而国民一军又素能爱护民众,此次民众又系以后援国民一军而牺牲,今竟于段贼演出弥天之罪恶后,未闻有所声讨,此岂国民一军所直出者?吾人如重思之再思之,而知国民一军有难言之隐也。何也?则以国民一军虽号为接近民众之军阀,而其基础亦实建于帝国主义之上面。惟其理由,则不可不一论也。

三、列强实为北京之太上皇帝

概自武昌革命,各省独立,攘扰纷乱以至今日。各省应解向中央之款项概

[①] 出自《新蜀报》,1926年4月2日。

行停止，即为中央应直收之各线铁路收入，亦悉为地方军阀之所截留。于是乎北京政府遂穷之达于极点，而为其独一无二之财源，即在于一关税与盐税二项之收入。北京政府之所以维持生命者在兹，而把持北京之军阀所靠以挹注者亦在兹。然关税已因《辛丑条约》而作赔款之担保，盐税已因五国银行团而作善后大借款之担保，我所用者，不过其剩余，且又归外人之所管理。彼外人实为操纵北京政府财政之最高机关。如外人一旦不通融此项款项时，北京政府立地即有破产之忧。故历来在北京之执政者，无不汲汲于求得外人之承认者，即以此故也。段祺瑞于前岁出山时，竟以无条件承认列强在华一切不平等条约为有效之一事，尤为此例之特著者。是段祺瑞之地位，非得之国民之承认，乃为帝国主义一致所保证。国民二、三军于去岁战争发生时，每欲去段而不能，今次国民一军于段贼恶贯满盈之时，尚不敢予以声讨，非不敢也系有所畏也。畏去段而外交生关系，畏去段而不得列强承认，畏去段而关余盐余均将受帝国主义之停支，军队之军饷，即将根本上受危险。此即国民一军宁受国民之非难，而不敢下手去段之所以也。呜呼！北京政府早已寄生于帝国主义上面，彼安格联[①]事实上为北京之太上皇帝。故北京政府一日无国民尚可，一日无安格联则不可也。彼国民一军素称爱护民众，尚受帝国主义之挟持，有所制而不敢发，而其他之卖国军阀如入主北京，则惟知结欢帝国主义以图存者更无论也，吾尝说经济侵略，更较政治侵略为厉害，观于此而益信。（按段有缴械被囚说惟尚未证实，故作此论）。

[①] 安格联（Francs A. Aglen），英国人，曾任第3任中国海关总税务司。

军阀与帝国主义[①]

此次津沽战事，直以影响段贼之滥杀我力争国权之群众。如不幸而昨日本报所载之无线电为确实，则间将出此关系及我国运前途，异常重大。然其原因则实由于奉系军阀之仰日人为后援以图胜利，日人利用奉系军阀以图侵略有以致之也。故吾人如欲打破此种军阀与帝国主义之勾结，则不可不论证彼等互相狼狈为奸之内容。

一、帝国主义资助军阀之第一证

为我人最伤心之事，莫过于我国内乱之永不止息。而造成此循环式内乱之原因，则当数外人供给军阀以军火。查我国自民国元年（1912年）以至现在，内乱凡十有五载。年年打仗，处处干戈，直接间接所消耗之军火量，其价值之巨大，殆不可以计算。国内兵工厂所造出之军火，不过占其中之最小部分，而其大部分，则率购自外人。外国政府之公然许其出口运至我国。外国商人之公然大批贩卖，致我国之内乱愈不可收拾。军阀实靠外人资助利器以榨群众，外人实靠军阀之内乱以侵蚀我国权。此次因大沽问题竟引起八国通牒之干涉我内政，即足明证。外人若无军阀之捣乱，则无机会以宰割我国；军阀若无外人之资助利器，则实难以生存。国可亡，富贵权利决不可放弃；民命可牺牲，而帝国主义不可放弃。此即今日中国一般军阀之心理状态也。

二、帝国主义勾结军阀之第二证

以上为帝国主义资助军阀之第一证，盖以军火当出口时，如外国政府不知

[①] 出自《新蜀报》，1926年4月4日。

情时，即私带一支手枪，亦不能飞渡，何论乎大批军火也。然此系就由外国运到我国言之也。如以输入我国之情形而论，帝国主义与军阀之有勾结，尤为铁案不移。盖我国沿海与内河均有海关管辖，海关行政之特权，又为英人之所攘有。吾如夹带有手枪过关时，即为数仅一支，亦心存惴惴，益以其为违禁物，恐遭其没收而身逮禁锢也。海关之禁令綦严如此，然而在军阀向外人所购买之大批军火则不然。我四川军阀之由外购回枪支，未闻在宜昌有遭没收者；张作霖向英国购回枪支，未闻在牛庄、天津二关有遭没收者；吴佩孚、方本仁向日本所购之枪支，未闻在沪、汉有遭没收者。呜呼！我国十余年来之内乱攘扰不息，实英人掌海关者之故意纵容有以致之也。说者每谓英人管理之海关成绩甚良，而不知已受帝国主义之流毒至于此极。阴险哉英帝国主义！可怜哉我国民！

三、帝国主义庇护我军阀之第三证

由上二段观之，即知我国之军阀所用之军火，系向外国可得自由购买也，又由我海口可得自由通过也。于是军阀杀人之利器遂得大批入手，而老百姓之厄运到。所谓苛捐、杂税及兑换券、二百铜元、预征地丁、临时军费、赌捐、烟捐等，遂层出不穷加于老百姓之头上也。由此等榨取手段而大批款项遂得卷入私囊。然军阀犹不以此为满足，当然更图扩张势力而复向外人购买军火。其结果，老百姓大部分之钱不过经一次军阀之手，而归于外人；而军阀不过在其中吃一点剩余，是军阀之有德于外人者大也。故如军阀有失败时，则外人在中国之军舰商船，即提供作彼等着载以逃之工具；外人在中国所设定之租界租借地公使馆，即为军阀托庇外人之逋逃薮；外人在中国所占有之房屋，即为军阀暂时之避难所。外人实借在我国所享有之特权以横行于我国，而军阀复借外人在我国所享有之特权以为护符。于是每一次政变，不过为军阀循环攘权夺利之现象，乙来甲去，甲去乙来，吾人方深恐战祸之屡起，而在彼等则惟恐战事之不发生。盖纵有战事，因有外人之特别保险，于生命无关，而反有升官发财之机会。是彼帝国主义者，实为军阀之重生父母，方媚之不暇，遑敢撄其怒乎？不但此也，军阀如抢有大批巨款，则特设有银行为之存储；如置有价值巨万之不动产、动产，则设有领事为之移转国籍。是彼帝国主义者，军阀得之不但生命可望安全，即半生吃着不尽之财产，亦因之受其保护也。嗟夫！今之绾虎符坐皋比者，望之俨然，其实无一非李完用、吴三桂之流也。华国不幸，降此恶魔，伤哉痛哉！

　　最后我敢呕心剖胆告同胞曰：帝国主义实豢养军阀以杀吾侪，军阀实依赖帝国主义以取权利，绳之理论，证之事实，昭昭然在人耳目。呜呼！国危矣，事急矣。同胞同胞！速去尔葸缩之劣性，奋百折不挠之精神，联合亲爱之国民，作百战之血斗以扑杀此等卖国之军阀，以打倒此吃人无厌之帝国主义，则死中或可求生，国家或可转危为安也。

论不平等条约[①]

一、不平等条约关系于我国之重大

说起这帝国主义，真是令人伤心令人发指，自从在鸦片战争后侵入我们中国以来，他们遂以经济侵略为前提，以大炮军舰为后盾来敲我们的精，吸我们的髓，我们遂到现在已成奄奄一息垂毙在即了。尤其可恨的，他们每欲买通我内奸来炮制我们，偏偏不幸的，我国运不可造，又出了一批大卖国军阀，甘愿跟他当走狗。现在他们这两个东西已联成一气，严重向我们进攻了。军阀则纯仗帝国主义供给其枪支子弹，以保护其财产生命。帝国主义则纯利用军阀以酿起我循环式之内乱，以便括取我们之利权，令我们不知不觉枯竭而死。然而为其侵略我们最有力之武器，尤当属一部不平等条约，现在我们四万万同胞，已经呼号宛转蜷伏在此不平等条约之下了。这不平等条约，实为束缚我们的桎梏，禁锢我们的陷阱。我们苟欲求解放与自由，则不可不打破此不平等条约。

二、不平等条约之内容是什么

"不平等条约！不平等条约！"我们说起来，真是伤心！好好一个金瓯无缺之中华民国，已经为他成了一个破碎河山。生气蓬勃之四万万民众，已经为他化成泥犁道中的饿鬼。前途有望之青年志士，已经为他在五卅时候，在三月十七十八两日二次牺牲其最可贵之生命。同胞同胞！你们如果恨毒这不平等条约，如果看了我平常做的文字大概内容，可分成两种。

[①] 出自《新蜀报》，1926年4月5—8日。

三、政治上之不平等条约

政治上之不平等条约，可分为五项如次：

第一项之不平等，就是警察行政。警察行政是什么咧？即是关于保安卫生交通警察所执行之行政，譬如以我国人之在外国而论，倘如有何种事故发生，外国保安警察要入我们家宅检查搜索，我们是不能违背的，要逮捕我们，我们是不能抵抗的。要押收我们的动产不动产，我们也是没有办法的。至关于卫生警察与交通警察之行政，我们尤不能不遵守他之处分与命令，如传染病发生时，我们当然受他之家宅消毒与物器消毒。如我们要在他国行驶汽车时，则不能不服从该国交通警察之命令遵守每点钟只能开足速度至若干哩。此种统治情形，英国人到美国，美国人到英国，都是一样要遵守的。所以我们如欲外国人与我不平等条约，则外国人之到我国亦如我们之到外国一样，应遵守我之警察行政。

但一概之实际，则外国人之到我国，不但我警察行政不能侵入彼等之房屋逮捕其人民，即遇有传染病发生，如不经其领事许可，我即不能向之行使卫生警察行政之事务，即在河川内行驶轮船，开足满车，淹没民船，我水上警察，亦不能取缔他们的。他们满口说的"此是为我们由条约许可于他们的"。你们看此种条约是不是平等咧？

第二项之不平等，就是财务行政。我们如到外国，外国财务行政，是直接可以施于我们的，如我们在外国开铺坐店，我们是要纳营业税的，如在外国租置土地，是要纳地价税的。如在外国贩卖货物，是要贴印花税的。他们要发行公债券，我们有代派之义务的。但是，外国人在我国是怎样的呢：那才是一点税都不纳，我们财务行政简直不能及于他们。你看他们在我国买置几多之田地家屋，做多大生意呢！然而我们不但地价税营业税不能向他们征收，即其他之印花税公债券，亦不能向之课取摊派。他们在我国可说是纳税义务是全要豁免的。他们仍说是为条约上给与之特权，此种条约，究竟是否平等呢？

第三项之不平等，就是教育行政。我们如在外国办了学校，当然是受他们教育行政之支配。所以学校一概之办法，自非依照其规定之各级学校条例办理不可。其结果，虽然我们在他国可以自由设立学校，但对于他们是毫不能产生影响的。然而外国人之在我国办理学校则不然。试看美人办理之协和医科大学，在上海美国人所办之圣约翰大学，与其他之教育学校，我教育行政能够及之么？"不能"，所以他们如多办一个学校，即无异于为外国人养成奴隶之奴隶制造场所有多增一个，对于我国影响极大。此仍是不平等条约所赐的结果。

第四项之不平等条约，就是司法上之民刑事诉讼。以上为外国人在我国行政权上享有特权之大概，其他外国人在我国尚享有交通行政，实业行政之特权，如邮信电报等，我交通行政不得向之行其检查之职权，公司商店之设立，我实业行政不得向之强制其登记与施行其监督是的。我们在此处只举其重要地方。现在我们第四项应该说的，即是在司法上，我国同外国系绝对立于不平等地位。譬如我们走到外国，只要在诉讼上与他人发生事故，不论其为刑事也好，民事也好，都应受其裁判官厅之管辖裁判。但在我国就不然，只要与我结有不平等条约之国人，纵然在刑事上民事上与我发生关系，我们是不能向我国司法官厅起诉的，我们司法权力是不能向之行其传讯逮捕与拘禁的，能行使此种权力的只有他们领事。他们说"此种特权还是有我们条约赋予的"。你们看此种条约是不是不平等呢？

第五项之不平等，就是租界与租借地之设定。租界是什么？就是由我以条约租与外国人使其在我国贸易经商，其他之地方行政权俱归之该租借国人自由处理，我行政司法权，是不能干涉的。但是我只有听着说我们到外国只有服从外国统治权之管辖，万无有组织一团人住在他人国家内可以自由发号施令不服从他国之管辖，俨为一小小割据国家之理。有之就从我国起。租借地是什么？即是变相之割据，不过在条约上美其名曰九十九年制租借，而其实一切军事设备行政司法，皆为外国之所专有，我统治权是丝毫不能及的。此亦为其他各国所无而为在我国所独有，此亦由不平等条约发生出来的。

四、经济上之不平等条约

经济上不平等条约内容，虽不亚于政治不平等条约之复杂，然概括举之可得四项。第一项之不平等就是关税。关税为保护一国生产事业发达之最重要工具，是谁也知道的。所以各国对于由其他国输入其国之货物，无不详密规定，只要见有对于他们之制造品稍形压迫之货物，即是要抽重税的。有值百抽百者，有抽百分之四十乃至六十者不等，此名曰保护关税。但是我国则不然，我国只能值百抽五，税率税目是不能自由变更的，是要得外人之同意的。国家之主权何存？言念及此，痛心实甚，至关于由我国输出之货物，在他国则莫不减免此项出口税以图增大其国货在外之竞争力。但在我国，他们偏偏由条约规定要使我们抽出口税，此非使我国货物不得存在于外国市场之居心而何？自此关税不平等条约一缔结后，我国民经济即因之陷于衰败涸泽。不但此也，连管理权他们亦要夺在手内，而图输入其大批鸦片烟军火，使我国民饱受精神身体两俱被戕不远于骨化神销之域不止。你们看这不平等条约关系大不大咧？

第二项之不平等，就是在我国设置外国工厂。关税条约既已经使我们吃大亏了。他们还美中不足硬要我国开设工厂，以他们资本之雄厚，技术之精熟，营业之练达，来利用我最丰富之原料品与最廉价之劳动力，于是我国生产事业遂受二重之压迫，而远于绝不易发达之域，此就是由马关条约弄出来的。试问我们到外国去开工厂行不行呢？不行，借令曰"行"，但是也非受其重课不可。而外人之在我国，我政府既不能禁止彼等之开设工厂，又不能向之行使课税，这可算是平等条约咧？

第三项之不平等，就是外国人在我国之行业。试问我国军舰可以走到外国之领海与其内河呢？不能，试问我国商船可以走过外国之内地河川？不能，但是外国在我国之军舰商船，不但可以走遍我所开之通商口岸。并全国不论大小河川内地与非内地，都为他们航线之所驰驶，我国遂成一门户洞开之国际商场，仁外货遍中国，利源向外溢而无所维护，此岂不是一件大伤心事咧？然此仍是一不平等条约弄出来的。

第四项不平等，就是外人借款契约。法兰西借有美国大批外债，没有见他向美国出最高之利息咧？英国亦借有美国大批外债，仍没有见他提供有最确实之担保品咧？但是看他们现在，不但本钱不能还，即利钱还在要求美国豁免，究竟他们又有什么信用哟？还不起又有什么来头哟？但在我国利钱是不能豁免的，担保品是要的，还不起是大下不去的。试以我国借款契约来看，第一是确实担保品之提供。第二优先权之保有。第三杂项特权之享受。第四借款用途之监督。第五财源管理之经营。第六关于铁路则有管理支配权。第七禁止提前偿还之债权等项。凡此皆为各国间之借款条约所绝无，而为我国所独有，此岂得谓平等条约咧？

以上所论的大概为我国不平等条约之内容，有属于正式条约的，有属于章程的，有属于契约的，然不论其名目之如何，而属于不平等条约则一也，我们如要下手废除不平等条约，则内容之了解当为第一要务。

五、在我国条约上那些条约是不平等咧？

由上文看来，我国条约的内容，包含着什么东西，我们是已经知道了。应该废除，我们是已有确信了。但是在我国条约上哪些是不平等条约，我们尤当有了解之必要。说起我国一部条约史，大概属于不平等的，占十分之八九，卷帙浩繁。我们以限于篇幅，固不能逐条列出，但亦可指摘其重要以概一般。关于司法行政之受限制的，如《中英续约》第十五、十六、十七共三条，《中法条约》第三十九条，《中美续约》第四条，《中瑞条约》第十条，《中丹条约》第十六、十七两条，《中荷条约》第六条，《中西条约》第十二条，《中比条约》第十四、二十两条，《中意条约》第十五条，《中奥条约》第四十条，《中日条约》第二十条，《中秘条约》第十四条，《中巴条约》第十二条，《中葡条约》第四十七条，《中墨条约》第十五条。

关于关税之受限制的，则有中英《江宁条约》附属通商章程，中英《天津条约》二十七、二十八两条，及附属通商章程第十六条，《中法条约》二十七条。

关于航权丧失的，则为中英《江宁条约》第二条，《中英续约》第十、十一两条，中英《烟台条约》第三条，《中英续议缅甸条约》附件，《中英续约》第十条，《中日续约》第三条。

关于内水航行规程的，关于外人在我国设置工厂的，则为《中日马关条约》第六款第四项。关于租借地，则有中俄之《旅顺大连租借条约》、中法之《广州湾租借条约》、中英之《九龙威海卫租借条约》等。至关于外人在我国租界之设定与我国同各国之借款契约,则汗牛充栋,殊非一时可以尽举。无已,惟举其重要,如上海津泾滨租界章程、长沙租界章程、五厘金币善后大借款合同、京奉铁路借款合同是也。要之,帝国主义之在我国,其处心积虑,皆在于步步行其政治与经济之侵略。故对于各项不平等条约,或以利诱,或以威胁,务必使我与之缔结而后。试查以上所列各种条约,其内容之不平等,皆斑斑可考的。

六、不平等条约之三重保险

以上所说的,如列强在我国所得的不平等条约之约束,而在上面更加了三层保险工夫的则为"利益均沾""门户开放""机会均等"三个铸成的铁板。本来"利益均沾"之一语,无论我国同任何国家缔结条约,皆有此一句之规定。换言之,即我国苟以利益许与第三国时,则与我缔约之国,即有同等享受之权利。此为我外交上最大失败之地方。因为苟由我国与他国缔结条约或许与利益时,其他各国皆得均沾,所以我一国变而成国际之竞争目的,也就是在这个地方。举一浅显之例来说:如我国许日本能航行于我国,其他各国皆援此例得享有航行于我国之权是的。并且此"利益均沾"之一语,又纯为单方的。换言之,即各国在我国完全为权利享有者,我完全为义务负担者。又举一个例,如入国问题,他们虽得自由来于我国,我毫无加以限制之权;而我国人如入他国时,则受有极大之限制。是知所谓"利益均沾"者,只有他们在我国有享受同等之权利,我则不能享受他们何等之利益。此一语实为不平等条约中最扼要之点。我国那时外交官之昏庸,轻轻地就许与此种特权与列国。当时倒也不警觉,到现在,真坑杀我们四万万人了!他们的肉,其足食咧?至"门户开放""机会均等"二语,虽为当时美国用以反对列强之宰割我国,然其实,此二语自今思之,仍不失为保障不平等条约之作用。为什么呢?则以门户开放,系不外由我向万国公开利权;"机会均等",则不外使各国向我为权利分配之平等。而在我是不能向英日要求开放他们的利权,同等分配他们的利益。所以此三语合拢来看,可当作不平等条约。由此又多加一层保障,亦未尝不可的。

七、帝国主义联合战线组织之成立

帝国主义各国家本来是利害冲突的，何以在我国能联合一致咧？此一点实有注意之价值。则以他们在其他国家，利害甚难相同，而在我国则却为一致。例如在统治权上，他们是一样享特权的；在关税上，他们是一样蒙优待的；在航业上，他们是一样能自由航行于我国的；在租界上，他们是一样能在我国设定的。其结果，凡一外交事件发生，如对于一国有利益，直无异对他们全体都有益。所以他们通通都为此一国主张的。而与此相反，如对于一国有害，即无异对于他们全体都有害，所以他们全体都为这一国向我反对的。此次大沽口事件，竟至惹出八国通牒，即其明证。而为他们具体联合之组织的，于政治则有八国公使团，团有代表，此代表即不啻向我总指挥作战的；于经济则有六国银行团，各团皆有首领，系向我一致经济进攻的。国民国民！我国今日之局势，百倍艰难于土耳其与苏俄之改造。因为苏俄外力既未深深侵入，而国境悉属陆地，又未重门洞开；而在我国则不然，外力既已侵入腹心，而沿海已无险可恃。其在土耳其，则以各国之于土耳其，决不如在我国之利害一致。所以他们未拂有若干大之牺牲，而已达革命之目的。我国是不比他们的，是受有重重压迫的，我们对于今日我国，如要改造，决无侥幸可言。惟有加几百倍之努力，下最大之决心，百折不挠，誓死进行，庶几于事是济。

八、不平等条约应不应该废除呢？

"条约神圣，神圣条约"，是帝国主义常常诏我们的金语；"条约有效，奉命惟谨"，是军阀大人们出山的时候，向着洋大人开宗明义第一章讲的诚言。偏有我们这回北京不晓事的青年，竟向段祺瑞说要废除《辛丑条约》。咳！"大逆不道，该诛九族"，殊不知你们已犯弥天之罪了。开起机关枪，砰砰地打得你们尸横遍地，死了还要加你们一个罪名说是"共产党"，看你们还敢不敢说废除不平等条约？

但是，我心未死，我血沸腾，我也顾不了许多。我为我四万万同胞父老子弟、诸姑姊妹将来的生活打算，我硬说是这不平等条约应该废除。这不平等条约如不废除，那我们的生存就从此算了。就是刀加吾身沸鼎在前，我还是这样说。怎么样应该废除？我举一个浅显的例来说与你们听。倘如一群棒客①，捉了一个肥猪，他们当然威胁着这个肥猪叫他写一张契约。契约上面写着"你的房产是我们的，你的一切存款现金也是我们的"，这个自然是一个条约行为，照例呼为"条约神圣"。但是究竟从实质上看这条约，该不该废除咧？硬是条约神圣呢？又如几个赌哥，把一个"生毛子"②包围着，做些假手假脚，要取他的现钱，没有现钱，就叫他写一张借约，说是由借款发生的，以后硬问他要钱，若不拿钱，便说是"条约神圣，神圣条约"。但是从实质上这一种赌约都可以配得上称"条约神圣，神圣条约"吗？

但是，不幸的，那被捉的肥猪、吃亏的"生毛子"，偏偏他丧心病狂自己站出来说是"条约有效"，就是弄到破产人亡，也就是应该的。他家子弟如出来说"这种条约不应该遵守，应该废除"，那子弟连性命都有不保之虞。呜呼！此就是"条约神圣，神圣条约"的真相。

我国一部不平等条约，岂不是与此一样的吗？我们伤心的回想《南京条约》，是英国要估着我们买他的鸦片烟，我们不买他的鸦片烟，他就一仗把我们打赢了缔结的。又看《天津条约》，则为英人包庇奸商，甘为戎首，勾结法人，攻我大沽，归我失败缔结来的。至《马关条约》，则为日本侵略我藩篱之朝鲜，因而有中日之战争，此战争结局归日本之胜利，迫我不得不与之缔结此约。最后说到了《辛丑条约》，令我们尤其伤心，我们不过杀了他们十余人，他们便逼迫我们结了几乎至于亡国之苛酷条约。但是试看美国之虐杀我华工，日本大地震后之乱杀我侨工，五卅事件英囚之杀我学生工人，他们连一点罪过都不承认。这两相比较，这《辛丑条约》有什么遵守之义务呢？

以上为强迫我们弄出来的。从前例来说，可看为"捉肥猪"之契约。那像

---

①四川方言，意为土匪。
②四川方言，大概意思是说一个人傻，好骗。

赌哥"烫毛子"①之条约，更说不完了。如内河航行条约，各种政治经济借款条约，或以利诱，或以威胁，使此种条约至于成立。这种条约可以看成"条约神圣，神圣条约"咧？既不能看成神圣条约，又为桎梏我四万万人最厉害之工具。则此次北京群众之要求驳回八国通牒，进行废约运动，亦如被捉"肥猪"之家人子弟，不承认有此绑票契约；吃亏的"毛子"之子弟，不承认有此赌钱契约一样，虽办得到与否，尚成为问题，那子弟之心可以说是纯洁无疵的。哪晓得那位肥猪、那位毛子，反说是"条约神圣，应该遵守"，竟把主张废约之子弟致于死命，并且诬他在谈"赤化"、在讲共产，你们说天地间有此种道理没有呢？唉！罪不容诛的段祺瑞！应该千刀万剐的段贼的狐群狗党！你真是忍心昧良心的杀我青年子弟来谄媚那洋大人！我们恨不得生啖汝之肉而寝汝之皮。

九、我们要怎样才能废除不平等条约呢？

说起废除不平等条约，与打倒帝国主义与军阀之工作，同是一样艰难。因为帝国主义与军阀如能打倒，不平等条约亦易废除；反之如打不倒军阀与帝国主义，那不平等条约，也就难废除的。但是，不平等条约，已为我之腹心疾、致命伤，因为其难，我们就不进行废除工作咧？我以为国民苟不欲自存则已，如欲自存，则合全国四万万众，下卧薪尝胆之决心，大规模地唤醒全国民众，作废约之运动，誓死如归，前仆后继。以团结民众一致进行，着手废约之第一步。以公理为武器，以民气为后援，以达到废约为最终目的。一争不已，再争，再争不已，而至于任何之牺牲，都在所不惜，务必达到目的而后止。此即我向国民告诉我之决心。呜呼！北京同胞，已因废约而牺牲其最可宝贵之生命，我们还不赶快起来继续他们的工作？要继续他们的工作，第一须自动地宣布其中最苛刻条约之无效，其次或分头向各国要求改订最不公平之条约。但是他们当然不答应的，要压迫我们的，我们惟是举热烈之民气以相抵抗，据是持久性工作以相奋斗。头可杀，此志不可灭。愿同胞们！快快起来！起来废除不平等条约！不平等条约若取消，我民族始有自由解放之希望。

---

① 四川方言，意为欺骗生人或不明情况的人。

什么叫帝国主义①

一、打倒帝国主义之先决问题

"打倒帝国主义！打倒帝国主义！"我们已经呼得天摇地动了。但是我们实际上如问这帝国主义是什么东西，他的特别性质在什么地方，恐怕不仅一般群众瞠目不能对，即专门学者，亦未见得个个都能了解清清楚楚的，然而为我们现在一刻不可缓的，就是要做那打倒他的工作。如对于这个问题尚在麻麻糊糊，则病症尚可诊断得确，如何能说得上开方投药的话。所以为我们做打倒帝国主义之先决问题，就是在分析这个帝国主义之特质，特质既明：则打倒之工作，始有着手之余地。

二、帝国主义之特质

说起这个帝国主义，历来解释他的学者，颇不乏其人。有的说他是武力侵略，有的说他是领土扩张，我们固然是不能说他们此种解释为错谬。但是不免太过于浑含，太偏于政治之要素，而略去其经济之特征。依我们的意见，帝国主义之意义有四：其一为武力侵略，其二为领土的侵略，其三为文化侵略，其四为经济侵略。然而前三者之侵略基础，皆建设在经济要素上面的。我们如略去经济要素而论帝国主义，是犹不学数学而妄谈测量，不用望远镜而管窥天文，哪能得精确之认识呢？所以欲论帝国主义，必白经济之要素始。顾为其经济要素之特征，就是在于资本主义。试借列宁列举之一句话来说，"什么叫帝国主义呢？即是资本主义发达到极点而表现之于政治是的"。可见帝国主义是建设在资

---

①出自《新蜀报》，1926年4月。

本主义之上面，由此我们可以明白了。现在我们要详析这帝国主义为何物，应该注意有四点，即第一，资本主义生存发达之重要条件是什么？第二，资本主义发达到一定程度，何以必然的要成帝国主义咧？第三，资本帝国主义及与我国之影响？第四，打倒帝国主义方法之商榷。

三、资本主义生存发达上之两个重要条件

资本主义是以资本之膨胀为生命的。如资本一失其膨胀作用时，资本主义这一制度即有破坏之忧。顾为其膨胀之重要手段有二：其一靠制造货物而扩张其资本，其二为投下资本而赚大钱。惟欲制造货物，则必须有多数之市场，以供其货物之贩卖与原料之采买；欲投下资本，则必须有无限之投资地以供其红利之增殖与利息之收入。如无市场，则必致生产过剩，工厂倒闭，劳工失业。如无投资地，则必致金融充斥，利息低落，物价腾贵，企业困难。所以这市场与投资地之有无，实关系资本主义一制度之安危。这两个条件，实为资本主义生存发达之所系。从资本主义发达之过程而论，最初必在一国内觅市场与投资地的。一国内如尚未开辟得完，则必尽量在本国内扩张，而为其榨取之对象物，则必属之一国之无产阶级。然而一国内之市场有限，资本之膨胀无穷。其结果必致向外发展，而海外之市场与投资地，遂为资本主义国家独一无二之目的物。一资本主义国家如是，他资本主义国家亦如是，而彼等遂以万马奔腾之势而群趋于农业国，未开化国与殖民地之略取。请看近世纪之世界舆图，因之常大变其颜色。英国之经营印度，法兰西之拓并安南。日本之吞灭朝鲜，欧洲列强之瓜分非洲。推其原因，无一不是维持其资本主义之生存发达，而为商场与投资地之拓取，商场与投资地既一旦到手，则彼等之资本遂可为无限之膨胀，而达其经济榨取之目的，其为彼等海外榨取之目的物，则为资本主义外之各弱小民族。所以自这资本主义发达以来，国内为他们而牺牲的，就是无产阶级。国外为他们而牺牲的，就是弱小民族。现在资本主义国家内之无产阶级，其表同情于弱小民族，与弱小民族之表同情于无产阶级，并不是无故的，是有由的。其由即在此二者皆立于同一被压迫之战线上，今后只有见他们日增团结的。

四、资本主义何以必然的变成帝国主义咧？

资本主义之重要条件，我们已于上面说明了。现在我们应选而讨论资本主义何以必变为帝国主义。关于这个问题，我们顶应该注意的，即资本主义诸国家之货物输出与资本输出并见注重一事。而为之消纳的，系靠向外获得市场与投资地。他们苦心孤诣到处寻觅的就是为这两个目的物。既获得后，他们兢兢业业地保守维持，也就是为这两个目的物。不过我们从各资本主义国家之发达过程来看，大概向外发展，是常经二个阶段。其一为"自由竞争"，其二为"独占"。因为地球上之资本主义国家，固不止一国，而向外发展，又常为并驾齐驱。故于一商场与投资地之获取，甲国故思染指，即其他之乙丙丁诸国，亦无不思分得一脔，其结果遂不能不出于竞争之一途。或以政治权力而图扩张其势力，或以外交手段而巩固其根基，或以文化，或以传教，而示惠于该地之住民，勾心斗角，极纵横捭阖之能事，其最终之步骤，则不能不出于武力冲突与武力联合。

什么时候必为武力联合呢？则以资本主义之侵略，其方法大略有一定。即占据商场，必限制该地方之关税，使不得不自由增加；略取投资地，必为铁路、矿山、航业诸种权利之获得，势之所趋，必然的惹起该地住民之反抗，而各国武力联合遂为必要，此为资本主义化为帝国主义之一形式。因为在此处地方，既不能由一国肆其吞并之野心，而以各国利害关系错综，战争又相制而不能敢发。所谓变瓜分为共管，变各自进攻为联合战线，我国今日所处之境遇，即是在受此种侵略之过程中。

什么时候必出于武力之冲突呢？即数国之利害关系既不易调和，而该地又为消纳货物与投下资本万分所必要，所以武力遂为资本主义诸国间互相解决武力之最后手段矣。如昔日印度之英法冲突、美洲之英荷冲突、菲律宾之美西战争，皆由此可以说明。此又为资本主义化为帝国主义之一形式。换言之，即由"自由竞争"而达于"独占"一定必经之程序。"自由竞争"是为他们迫不得已之举，"独占"是为他们衷心所欲，如苟能达"独占"之目的，则无不急起直乘的。但如情势上有不许可之时，则亦只好暂安于"自由竞争"。只为商埠之设定，而不为殖民地之获取，我国今日，就处在此境遇内。

不但化竞争的商埠为独占的殖民地有需乎武力，即以后如能继续维持殖民地之治安，备该地住民之反抗，亦必以武力为后盾。所以在该地之设官分治与修筑炮台等之军事行动，亦在所必需，而其原因系在于保持其大批货物之消纳与资本之投下。此即资本主义所以带有政治侵略武力侵略之色彩，而为帝国主义化之原动力。

加之一国家如达到资本主义之最高度，则各种货物大有取用不竭之势，而关于军械军需之制造，尤为其特长。即第一钢铁工业是非常发达的。钢铁工业如甚发达，枪炮子弹之制造，当然不成问题。第二为金融之充裕。战费为行军之基本要件，金融如甚充裕，则军费之调济，亦很容易措置。第三为各种货物之饶富。各种货物如既饶富，则为战争所必要之军实，亦可取用自如。于是资本主义遂一转而变为帝国主义，不但是富于经济侵略，即武力侵略政治侵略文化侵略亦均能同时并进，此即资本主义必然的变为帝国主义之理由。然而为我们不可忘去的，即经济侵略，实为其因，而政治侵略、武力侵略、文化侵略，实为其果，后三者实常建设于前者上面的。故须资本主义发达之国家，始能称为帝国主义。如经济尚未十分发达，则纵有武力侵略与领土掠夺，亦只能称为野心国或军国主义国，不能称为帝国主义。

五、帝国主义及于我国之影响

说起这帝国主义，我们世界上的民族，也不知有多少蜷伏在他们铁蹄之下过日子。由我们祖宗传来之宝贵河山，悉化成他们的投资地与商场。倘硬宰割得下来，他们便毫不容情的倾覆我们的国家，夷我们于殖民地之狱。如时机尚未成熟，他们在形式上姑让我们国家之虚名存在，而实质上则尽量行其经济之侵略，以达其货物之贩卖与资本之投下。所谓印度、安南、朝鲜、非洲、南洋、埃及已变成前者之例，而我国则刚刚在后例中为最受侵略之一国家。

总一句话说，帝国主义诸国家若英美若法日皆为纯粹之商场与投资地享有者，我们则纯为商场与投资地之提供者。此即帝国主义与世界生关系之地方，现在当专门来讨论及于我国人之影响。

（一）直接的

1. 我国化为商埠之第一铁证

帝国主义侵略我最厉害之工具，首当数一部不平等条约，而占不平等条约中最大部分的，就是一通商口岸之开放。如略述之，则以中英《江宁条约》之五口通商开其首，其次则为中英《天津条约》由五口而扩为十口。自时厥后，在我国条约上，属于开放商埠的几于纸不绝书。从全国大都市起，以至穷乡僻壤，为他们所开放之商埠，达百个左右。由是他们所运来之货物，势若潮涌席卷我四万万人于商战旋涡中，而榨取我之经济，以供其资本膨胀之用。

2. 我国化为投资地之第二铁证

帝国主义之侵略弱小民族，不但是以货物来刮剥金钱，并常以资本来榨取经济，要得双管齐下才能达到敲精吸髓之目的。试看他们在我国直接投下之资本，于铁路则有滇越铁路南满铁路之经营，凡一切营业管理，都为法日所擅有，我毫无权力可得过问。于航业则有英之怡和、太古与日之日清三大公司及其他各国无数之小轮船公司，任听他们走遍全国河川，我惟唯唯承诺。讲制造，则有外人在我国到处设置之工厂有若林立。谈金融，则有各国遍设银行于我国之各商埠，以图操纵我经济。至其他之开掘矿山，垄断我电信，彰明较著之榨取我经济更无待论。其结果，他之资本投下，即我之红利为其收入，每年之损失，岂可以道里计？他们不但以我为直接之投资地而已，并且间接向我投下金钱，以图生利者，亦为数甚巨。如言乎政治借款，则由我已负债至十二三亿元，每年单就利息一项而论，已近七八千万元左右。而我国税盐税，已将其指定为此项确实之担保品。试言乎经济借款，于铁路的，则有五亿元左右，属于电信的，则有五六千万左右，每年应付利息，约三千万左右。总计一年由外人投资所得的，至少也要超过一亿元。若至各省之借债，与私人团体之借款，每年尤不可得确实计算。此二项巨大之直接间接投资，不算是帝国主义诸国家之收得咧？不算是我之损失咧？货物既赚钱、投资又赚钱，二重榨法，于是我国经济，遂自然趋于涸竭。

3. 保护经济侵略之第一重铁板

经济侵略，是维持他们资本主义的生命，而保护经济侵略的，首先数中英

《香港通商章程》。因为此种条约缔结后，我国关税自主权遂牢牢为他人所束缚，不能任意变更，值百只能抽五，于是各国入口货遂如潮涌之杀至，我出口货逐日减少。盖以应纳重税之货，我国只能为值百抽五，无怪乎外货大批输入。以不应取税之出口货，我由条约束缚，偏要值百抽五，无怪乎我输出不振。输入既超过输出，则第一即为金融之向外流出，第二则为我工业之大受压迫，而我之国民经济遂日涸一日。

其次保护经济侵略的，则当数中英《天津条约》之外商，只限定上子口税一项，因为我国商民是最苦于厘金苛税的，至现在为尤甚。然自经《天津条约》缔结后，凡外商之向我输入货物，或从我买出原料，则仅出以税代厘一次之值百抽二元半之子口税外，其他任遍运天下皆可豁免的。而我国商人则不然，须逢关纳税，遇卡出厘方能通过。人说是中国政府是在保护外商摧残本国商人，外国商人焉不得不大赚其钱呢？我国国民经济岂不大受损失呢？

至其他之保护经济侵略的条约，试举其重要。如《马关条约》，外国人由此可在我国开工厂，如各种航业、铁路契约的外国人，在我国即能行驶轮船、经营铁路。如中日中英续约，外国人可在我国有当股东与经办权。其结果，我之经济固然愈被其榨取剥削，而他们在我国所获取商埠与投资地，因此愈加一层保障。

4. 保护经济侵略之第二重铁板

保护经济侵略之条约而外，尚有政治条约、武力条约二种。此二种实为维持经济侵略之第二重铁板。属于前者的，有治外法权、租界设定法权二种；属于后者，有租借地设定权、行驶军舰权及使用军队权。外人如在我国擅有此治外法权后，则我国司法行政权力均不能向之行使，其结果，他们在我国显成一贵族阶级愈促进他们向我行其经济之侵略。如外国人在我国有租界设定权后，则外人之居住于我国，俨成为数多之独立割据国，非我统治权所得过问。其结果由此愈助张其经济侵略之毒焰。而我国民遂为惟有奄奄一息，听其宰割矣。至租借地之设定，则不外在我国为军事根据地之建设；军舰之能遍驶我通商口岸之河川，则不外为保护他们之商务；外国军队之能驻扎南满、京畿、汉口等地，则显系以武力维护其居留民。凡此其目的皆在于汲汲保护其商埠与投资地

以图其资本之膨胀。苟时机成熟，则责我于殖民之域亦无不可；如形势未许，则只为联合战线之组织。各帝国主义国家的大本营，在我国之公使团为总指挥、银行团为军需官、各地驻在领事为别动队、各外国商人为战斗员，遂向我为大围攻之迫击。辅以我军阀之为内应，资助我军阀以军火，于是我内乱迭起，外刀乘之，吾民遂死无日矣。此即是帝国主义及于我国之影响。

（二）间接的

以上为帝国主义直接及于我国之利害关系，现在我们应言其间接的。帝国主义及于我之间接利害关系，首当数专门制造我循环式之内乱。而循环式之内乱之元素可得而数的有三：其一为捣乱分子，其二为军火器械，其三为大宗款项。一国如有此三种要素存在，则其内乱必循环起伏无时，而帝国主义遂乘势为积极之侵略。所谓国民外交、爱国运动，无不受此影响而停止其进行。试看我国，有一次国民之对外运动，即有一次内乱之发生，如响斯应，即是由此关系来的。

1. 包庇我捣乱分子

一国之不容易太平，质言之，实由一好乱成性之分子常得存在。如要国家归于平治，则此种乱贼，非锄而去之不可。试看法之大革命，断头台边，白骨粼粼，似觉残忍刻骨，然法因以太平。其次苏俄大革命后，对于帝党贵族，为极端之诛杀，世界人士啧有烦言，然俄则因以统一。由此看来，诛戮如得其当，则未尝不为惠及群黎之大德。惟独至于我国，因有外人在我国享有治外法权与租界设定权，其结果他们总不免流于滥用，其最滥用之恶例，则首数借此以包庇我之元恶大憝。凡为我天怒人怨之分子，只要要求他们保护，无不乐于应命。试看每次打败之军阀、席款而逃之官僚：如遁入其家宅，我即不能进内搜索；如乘上他们所办之轮船，我即不能临检；如寄居他们在我国所设定之租界，我即不能越界逮捕。质言之，帝国主义实为我捣乱分子之韦陀护法菩萨。远之如安福俱乐部之避向日本军营，近之如段贼祺瑞遁入东交民巷。以曾为总长或为元首而仰庇于外人非特可丑，抑为可悲。其他之各省小军阀靠外人以生活者，尤指不胜数。政局一变甲仆乙兴，乙兴甲又仆，我国内乱遂如走马灯之团团转，他们皆得升官发财，而老百姓遂疲于奔命，此即是帝国主义酿成我内乱之一。

2. 供给大批军火

帝国主义酿成我内乱第二之最大原因，即为供给我大批军火。因为现代式的战争，刀枪矛杆是没有用的，有用的只有数隔山取命之军械子弹。然此项东西我国兵工厂制造的，极占少量，哪里能够用？此外天上不落，地不会生，除了向帝国主义购买而外，实无办法。而此项军火，又为军阀富贵利禄之所系，一旦得了军火，则权高势大，即向我们征地丁，设苛捐，设烟捐，发行不兑换券，滥铸二百铜元，我们是不能抵抗的，只有惟命是从照纳的。是这样看来，帝国主义实为军阀之衣食父母，帝国主义如一旦停其军火之供给，则军阀立地即有覆灭之忧，他们惟有谄之媚之之不暇，哪里敢得罪外国人？尤其不敢得罪的是英人。因税关是操在他们手内的，如一旦得罪，则军火即不得过关，即不得输入，他们用什么来威吓我们呢？所以军阀是只有仰外人之鼻息的。而外人因此遂得二重之利益，其一以军火可以掉换我之现钱，每年我百姓之向军阀贡纳若干，除少数部分军阀存为己有外，外人即可归纳若干。其次则为造成我之内乱，因我之内乱既循环起伏，则他们愈得行其帝国主义之进攻。此为帝国主义酿成我内乱之二。近年京奉川湘无不见大批军火之输入。或以军舰运送，或以商船代搬，几于报不绝书。呜呼！我国运已危急迫于眉睫，国民其再不醒悟耶？

3. 借给大宗款项

捣乱分子，既因帝国主义而常得存在，而军火又出，他们得大批买入。其结果我之内乱，遂发动无已时，国民遂达于水深火热之地位。他们尤以为未足，有时且积极资助我军阀以大宗款项，其最显著的，即袁世凯时代之五厘金币善后大借款、段氏时代之参战大借款。此项款项，现在他们已用得干干净净的，但试问对于我们有若何之大利益？只赢得大战之发生，赢得老百姓之痛苦日深一日。然而这帝国主义因此前者已得着我全国盐税之把持，后者则极力想以此次加增关税归其担保，此项利息是年年要我们支给的。以上二款为最彰明较著的，至其他之各省小借款之外债，变形之经济外债，结局仍归于打仗之消费的，尤不胜枚举。我国之循环式内乱，因此愈大张其凶焰，而民愈不堪命矣。

总之，帝国主义是利用军阀以助长我之内乱，军阀是勾结帝国主义以图抢钱，其最终之甜头，则仍归帝国主义之所得。因为供给枪支子弹，是要代价的；借给款项，是利上得利的；使内乱长久发生，因此更愈得侵略之机会的。有此直接间接向我国之侵略，而我国遂贫乱兼乘愈濒于亡国之境。

六、我们要怎样才能打倒帝国主义呢？

由上文看来，帝国主义是什么东西与他及于我国之影响，我们是大概已经知道了。现在我们应进而讨论打倒帝国主义之工作。帝国主义之重要条件既为向全世界攘夺投资地与商场，则我们打倒他们最紧要之工作，非从取消此商场与投资地下手不可。因为资本主义之能颠扑不破，也是靠这两个东西，他们之能以武力金钱征服全世界，也就靠这两个东西。惟为我们打倒帝国主义之工作，其进行方法，当分成二种，第一种当联合世界弱小民族各自独立起来恢复固有之领土，以杜绝其货物与资本之输入，务使我们土地，得免去为他们畅销货物与资本投下之尾闾。如果此步工夫办得到的时候，则他们国内一定发生工厂倒闭、社会恐慌，劳工反抗，连他们资本主义一组织，根本上尚有破灭之忧，何况乎帝国主义。但是此非一民族一时间所能办到，势非联络被压迫之民众，如印度、朝鲜、安南、叙利亚、波斯等大家起来合作不可。现在被压迫民众已根本醒悟，一致加入打倒帝国主义之工作，则此恶魔之末运总赶快到了罢！

第二种，就是我国打倒帝国主义方法之商榷。我以为居今日而言打倒帝国主义，其艰难实百倍于推倒满清之革命工作。因为自帝国主义侵入我国以来，已垂八十余年，其根深，其蒂固，我国人之食其唾余以生活者，无类数千万，首先数军阀，其次为商人，无一不是靠其军械之资助，货物之贩卖以营生活。所以我们欲研究打倒帝国主义之方法，最要紧的，就在于明白我国病症之所在。为我民穷的第一之病症，当数这关税条约。现在我们应以全力恢复我们关税之自主权，此主权如得恢复，则外国货物不易阑入我国，工业金融，始有发达充裕之望。为我们国乱的第二病症，就是包庇我捣乱分子，现在我们应严正宣言，不论何国家何人民，只要隐庇我国之元恶大憝之分子。当与以一律之严重搜查。租界也好，商船也好，住宅也好，我们都要行使主权的。此种助长内乱，硬把我们害伤心了。如倘他们顽强抗拒，我们宁为玉碎勿为瓦全，也要贯彻此个主张的。因为此主张如不贯彻，我内乱一百年也不会停止，哪里能打倒帝国主义咧？试看今日之广东国民政府，他们也在这样办法，没有见他们会把他怎么样？为我内乱第三病症之所在，就在一外国商船之私运军火与海关之故意纵容一事。现在我们应下决心的，即对于任何国之商船，凡驶入我们内地，我们都要施行严重检查。如查觉海关任意姑容放纵，则即其将海关管理权收回；如发见有外国船装运军火，即将其船没收充公。此二点如办得到，则我国之贫与乱之问题，始有解决之曙光，帝国主义始有打倒之希望。最后我谨向同胞声明军阀帝国主义不平等条约这三种东西，俱有密切之关系。因为帝国主义是靠军阀造起内乱，他好从中取利；军阀又靠帝国主义之供给军火款项以便刮剥老百姓之金钱；而不平等条约，则为此二者之互相勾结与向我们进攻最厉害之工具。所以我们如要打倒帝国主义，不可忘去打倒军阀，尤不可忘废除不平等条约。此三者同时并行，我国难始有解决之一日。

战事痛言①

这几天街谈巷议,听说又要打仗了!山雨未来风已满楼了!为的是扩张地盘,为的是袁大脑壳。枪拿在你们手头,弹装你们囊内。要干就干,要打就打,我们老百姓其奈你们何?只有噙着一股眼泪自己咽着下喉去罢了。准备着逃难,背起包包跑!在你们看来,"是老百姓之故伎,其伎亦实止于此"。

军阀们!你们错想了!你看这几年民气已经大不同。你们只知老百姓是载舟的水,哪知道水能覆舟。你们试看此次北京死难诸烈士是如何舍死的精神!你们以为老百姓可欺,哪知老百姓已经觉悟了。又看去年,洪兆麟是如何死的,徐树铮是如何死的。人生自古谁无死?逼着老百姓没有路走时,你们的命就危险了。试问你们要打仗,是不是为的是钱,为的是利?如有钱无命,那钱抢来做什么?你们是当局者迷,我们旁观者清,现在你们所行所为,已极人间之恶事了,真是天怒人怨了。你们末运总赶到了罢!不说别样,单就你们所打的通电之表现与你们实际上之行动来看,口内说的,是霭然仁者之言;实际做的,是神奸巨蠹。如果你们尚有丝毫良心存在,稍稍替吾民着想,断不至于如此之背谬,可见你们良心早已没,天理早沦亡了!已变成一群豺狼虎豹而食人肉,我们只等你们屠刀霍霍的下落,尚有何话之可矣?

本来明晓得我们的呼号,是你们认为弱者的哀音;我们的主张,是你们认为无足轻重。然而不管你们认为哀音也好,无足轻重也好,我们为自己之生存,自己之利害,我们不得不严正宣言。

"吾川已经糜烂不堪了,不堪再战,如有甘为戎首,我六千万人必起而扑灭

---

① 出自《新蜀报》,1926年4月24日。

此公敌。"

你们想一想！现在农事将要播种了，如一旦兵连祸结，则春既不能耕，秋当无所获，我们因然是饿死瘠死，但看你们又吃什么？我们肯信你们是神仙不吃饭可以过日子。就从此点而论，从本身之利害着想，你们亦不应发生战事。

军阀们！民怒深矣！我很希望你们放下屠刀成一尊万家佛，不愿见你们残民以自残！何去何从？请自择之。

我之请愿于当地官厅者[1]

昨日商业场一带，纯化为暴力下武力下之世界。该处一带开铺坐店之居民，与通过该地之市民，已因之受惊恐不少，今日谈论，犹在咋舌。吾于是不能不怪当局之事前疏防范也。遥忆前日青年军人会开会，犹有宪兵在会场一带担任保护之责，何以于昨日之市党大会开会，并未见官厅有何等维持秩序之设施。卒至酿成昨日之惨剧，几一发而不可收拾。推原其始，本地官厅实不能辞其责也。惟吾人应向本地官厅一言者，该两派之争执既已各趋极端，将来难免不再演出事端，瞻念前途，不寒而栗。第一甚望司法官厅之依法办理，以平众愤，第二则望负有维持地方秩序之责者，严重执法以绳其后也。否则以军警林立之重庆，任听暴徒到处横行，借端报复，挟忿寻仇，则一般无辜良民，将何所借以托命也，愿有地方之责者，其注意焉。

---

[1] 出自《新蜀报》，1926年4月27日。

敬告国民党员[1]

国民党员是救我们中华民国唯一的党了，我们之所以属望于国民党，表同情于国民党，也就是因为他们负有拯救我国之责任。不幸的，自孙中山先生逝世以后，内部竟分成两大派，分门别户，势相水火，全国骚然。漫道他们内部积不相下，即我们当中立人，只要稍带向一派表示好感之色彩，他一派即衔之刺骨。有时且将给吾人以重大之恶声的。所以现在一般人对于国民党，不但不敢加以批评，连国民党三字都不敢提及，大有避之惟恐不及之光景。

吾川亦不异是，自这回商业场之凶殴事件发出，两派更相疾若仇雠，我们局外人当然更不敢加以月旦了。但是，我相信国民党是救中国唯一的党，现在又遇着帝国主义与军阀之大敌当前，我们实不忍见两派之互相内讧，所以我不得不表示我良心之主张，我实垂泪而道，我敢泣血以请，尚希诸君一谛听者。

一、两派之主张哪点不同呢？

国民党分了两派，自成不可掩之事实。但是，他们究竟是哪点主张不同呢？据我个人看来，他们两派都是表示遵从中山先生遗训，服膺三民主义、五权宪法，进行总理所主张之打倒帝国主义与废除不平等条约，差不多点点都相同的。他们唯有一点主张不同，此一点就是此两派生大问题的地方。哪一点呢？即一派主张与共产党合作，实行与苏俄携手，他们认此为解救中国独立无二之善法，为打倒军阀与帝国主义万不可缺乏之良方；而在他一派则主张刚刚与此相反，谓"共产党之加入国民党为大害，国民党与共产党之根本合作为绝对不可能，

---

[1] 出自《新蜀报》，1926年4月28日。

非取消曾参加于国民党中共产党分子之党籍不可",且言"联俄亦于国家为无益"。如再简言之,即一派主张联俄的,坚持有加入共产党之必要的;而在他一派,则主张排除共产党的,无须乎联俄的。前者称为左派,后者称为右派是的。此就是两派根本之不相容,其不相容也只此一点。请大家紧紧记着,至其他你骂我是"赤化派,共产党",我呼你为"假革命,反革命"皆是言外生枝驰于感情的话,不可以作两派争执之理由,亦不可以作两派判断是非之标准。

二、哪一派主张是对的呢?

两派根本上之差异点我们既明白了,现在我们应进而讨论两派之是非得失。据我个人意见,两派所执之要点,已离去绝对可以判断是非之范围而入于相对是非之区域。哪些是绝对判断是非之范围呢?即论理、道德、审美是的。今两派既已于服膺三民主义同其趋势,则绝对标准上自无问题可生。所余的,只有在相对是非上可否容纳共产党与联俄之一政策问题。既属于政策问题,则大半因主观之不同而所见亦自差异。即彼认为是的,此未必认为是;彼认为非的,此未必认为非,如质言之,左派认联俄与加入共产党为于国于党俱有利的,右派未必认为利。右派认排除共产党与拒绝联俄为于党于国俱有利的,左派未必认为利。各执一辞,两不相下。此即是两派最大冲突之地方。庄子说的"此一是非,彼一是非"两句话,确可适用于此。究竟哪一派是对的呢?此种问题除实施之于国家而发生最大之效果外,实无正确判断之方法。

三、我诚恳地讲几句话

我以我敢敬告国民党诸君,君等既非主义上之冲突,又非利害上之不相容。不过稍于采取救国建党方策上有所差异,打倒帝国主义与军阀,又都是同立于一条战线上,都是为国家为人民而牺牲的。唉!前日为手足为弟兄,是何等的亲爱!今日因小故则为陌路,为仇雠,是何等的可悲!中山先生在天之灵有知,当亦痛哭无暨!我愿我国民党员!既主义上为一致,又立于打倒帝国主义与军阀之一条战线上,初无利害冲突之可言。各行其是可也,互相仇视,实为不必。如诸君因拙著而能谅解一切,则不但吾川之幸,抑中国前途之幸。

重庆金融界之又一大危机[1]

一、停铸当二百铜元之原因

大铜元[2]！当二百铜元！我们小民请愿停铸的哀求，终不敌他们兵队要饷的理由正大，竟至实行已约莫一年了。结了什么一个果呢？举一个最简单的例，今年朝天门所施济掩埋露尸之薄板总数，由今正到今不过二三个月，已超过往年一年所用之数，可见今岁死的人是明显显的超过于往年三四倍了。言之真骇人听闻！这个就是由拜受铸铜元者所赐，因为由他的铜价与铜元表面定的价格差得太远。第一生影响的，就是惹起物价腾贵。物价如一腾贵，小民生活愈形艰难，此就是他们第一道催命符。第二生影响的，就是使小钱当五十、当一百之铜板绝迹。此等良货币既一绝迹，则沿街乞食者更不容易得人周济，此就是第二道催命符。

大铜元！当二百铜元！你真是杀人不见血，比机关枪还厉害，我们已经伏尸累累。现在我们听着你要遭停铸之厄，我们真是谢天谢地，阿弥陀佛！

哎呀！我们天地尚未谢，阿弥陀佛尚未拜，我们的厄运又加重了，重庆城之金融界又发生重大之危机了。我听说此间当局又要新铸银辅助货币了，有半元、五分、二分不等。我们方晓得，我们方晓得要停铸二百铜元，并不是对于我们有若何好意，他们是因为二百铜元价值太贱，赚钱不多，不得不改弦更张，而来铸造辅助银货币。但是他们愈想赚钱，我们老百姓更要送命；他们在源源收入，我们便奄奄垂毙。现在我们危机已迫于眉睫，一刻不容再缓了。我首先

---

[1] 出自《新蜀报》，1926年4月29日。
[2] 清朝铜元面额原有二十文、十文、五文、二文和一文。大铜元即"铜元当二百"，实际上是虚增价值，等同于滥发钱币，直接导致通货膨胀，物价飞涨。

申述我反对的理由。

二、辅助银币，无铸造之必要

凡辅助银币之铸造，是纯因买卖关系找补不灵才发生的。而一顾我渝城金融，大洋之下有半元，半元之下有铜板，一般流通自如，已成习惯，未感有何等之不便，此无需铸造之理由者一。

三、搅乱重庆金融市场

因为铜元之制造，照古赉夏姆之恶货驱逐良货①的法则，小钱及当五十一百之铜币，已经销灭于无形，铜币界因之受弊不少。今如于银币界亦任恶币充斥，则将来重庆之大元半元之良货，将从市上绝迹，试问彼时影响金融界至如何程度！此其不可铸造者二。

四、影响于物价腾贵

现在物价腾贵，已令人咋舌不置。靠铜元收入之下层，农工穷民阶级，已自吃亏不少。差可的呢？只剩有银元收入之阶级，今若发行辅助银币，则银价必日益贱，而银元收入之阶级，亦将一齐下灌口，惟静待宣告死刑罢了。因为银币一贱，势所必至的，使物价增高。物价既一增高，则一般人民将愈陷困难。前途实有不堪设想之势。银价一贱何以能使物价昂贵呢？举一个例来说，如一零卖商人，收入的必多为五分半元之辅助银币，而向批发店买货的时候，必要大元。于是实生以辅助银币掉换大元之必要。因辅助银币价贱而大洋贵，遂不得不以自己之辅助币打几个折扣始能掉得。此项损失，遂不得不转嫁在卖价上面，而物价因以腾贵，则当然使一般消费者吃亏了。此就是我不赞成之理由者三。

---

① 古赉夏姆（Thomas Gresham），现一般译为格雷欣；恶货驱逐良货（Bad money drives out good），现一般译为劣币驱逐良币，是指当一个国家同时流通两种实际价值不同而法定比价不变的货币时，实际价值高的货币或银子（良币）必然要被熔化、收藏或输出而退出流通领域，而实际价值低的货币（劣币）反而充斥市场。由16世纪英国伊丽莎白财政大臣格雷欣提出，也称格雷欣法则（Gresham's Law）。

五、影响及于国民之收入

薪俸工钱之增加，通常比物价之腾贵是迟缓的。而尤以银元收入作生活者为最受影响。银元收入之中，尤以每月仅有数元或十数元之小学教员、书记官、店员等之收入者为最吃大亏。

六、我谨代小民说几句话

现在我敢说一句话，"铜元之滥铸，我们贫民阶级，已经痛苦不堪言状，今又滥铸银辅助币，则不但工商学界受其影响，即重庆全城四川全省之金融界亦将呈大危险，此实非等闲之事"。我为此惧，我敢正告当局者，我们已不堪命矣，我们究竟还有哪样苛捐杂税没有承担？如务必不为小民留一线生路，务要追尽杀绝，竭泽而渔，则吾侪为生存计，惟有誓死出于反对之一途。最后我严重警告重庆之金融界，我们不论农工商学各界，都是立于同一吃亏之地位的。如有敢于冒大不韪牺牲民命以为之推销的，则吾人当誓死与之周旋。

五四运动感言[①]

距今八年的今日,在我国政治史上,发生一件最重大的事件,即是北京学生为巴黎和议之失败,群起为示威大游行而有火焚曹汝霖宅,殴击章宗祥之举。

一、五四运动(揭露出的)是旧社会极恶劣之表现

学生可否干预政治之一大问题,已为我国现在议论之焦点。不过据我个人意见,外国学生,只有一面之责任,即分在于求学而爱国运动不与。此何以故?因为他们学生阶级之外,尚有农界工界商界教育界之社会分子,对于国家事情、外交事情,都是积极负责任的、不妥协的、主张正义的。所以在那些国内学生,也乐得于求学,凡关于外交事件,不但无过问之必要,且事实上,亦无须乎过问。但试看我国社会之情形是怎样的?举凡教育界负有声望之人士,其实就是一群以教育界为瞰领地之乞丐;赫赫濯濯之商界巨子,其实不外一惯捧军阀,图吃回扣鱼肉商民之商贼;在社会上同出风头之名流,其实就是欺世盗名以图自利之巨奸;行动俨然道貌严严,竖起一块招牌叫"老成持重"之绅士阶级,其实不外一鱼肉乡里摆肥而噬之蟊贼。而一切关于外交之重大问题,或有关于一国生死之问题,则他们都屏声敛气,噤若寒蝉,不但不能出头露面,来为国家争人格,为同胞争生存,且望望然去之惟恐不速。呜呼!此就是我国自命为中坚分子十数年来之成绩。诸君如以余言为过酷,其实余言尚过于宽恕。君等如不信,请一按从民元以到现在,发生外交上一切重大事件,不下十数回,彼等哪一回不是默尔而息的。此种"阅历深趋避巧"之卑缩畏葸态度,言之实令人可悲可痛的。国势危急之情形既如彼,而彼等麻木不仁之态度又如此,则青

[①] 出自《新蜀报》,1926年5月4日。

年学子之投袂而起，义难坐视，亦势所必然。"读书所以救国"，"救国才能读书"之二个大担子，遂同时落在我国学生之肩上去了。

五四运动！五四运动！此就是我国中坚分子放弃责任之铁证，恶劣社会之表现。学生要救国才能读书之变态作用之发生，其心可嘉，其志可悯！假使我国中坚阶级能积极负责，哪有此一回事实之发生。

二、五四运动与此次北京惨杀案

山东青岛，是英、法帝国主义者以之为赃品而饵日人参战以制德人的。以后段祺瑞既以军事协约参战借款而臣属于日人，巴黎会议又以英日法之狼狈为奸而迫之以签字。当时北京同学见事机之危急迫于目前，爰有五四运动之大示威，因之有上海大罢市罢工之激烈后援，虽以段祺瑞之专横，英、日帝国主义者之阴狠，亦不能不稍有所顾忌。巴黎和约始得不签字之保留。然而段祺瑞之怨毒学生，已伏机于是，此为学生打破帝国主义与军阀勾结之第一幕。

不幸的，去岁郭松龄败死，吴、张实行携手，外有英、日帝国主义为之后援，内有诸卖国贼为之划策。于是国军败退，天津危急，更有日人为奉军强装军队以入大沽，而八国通牒压迫我之重大外交事件以起。北京市民学子，不忍见国家之沦胥，愤军阀与帝国主义之勾结，于是有三月十八日大示威游行请愿之举。哪晓得，哪晓得段祺瑞，恨毒学生之心遂一发而不可制，演出为中外古今人类罕睹之惨剧。是这样看来五四运动，实为北京惨杀案之因；北京惨杀案，实为五四运动所结之果。因为不但段祺瑞恨毒学生，即段祺瑞之左右，亦恨毒学生，始有此次惨案之由来。何以他们这样的恨毒学生呢？即是愤懑其惯攻击帝国主义与军阀之勾结。

三、今后应进行之方策

五四运动，是彻底的表示现存阶级之不可靠的，是为攻击帝国主义的第一幕，是表明学生爱国运动为万不得已之举的。以后之五卅，及今岁之北京惨杀案，皆向此方向进行而牺牲的。我愿我国人不要忘五四运动，尤不要因此忘去五卅案与此次北京案之牺牲，更不可忘去打倒军阀与帝国主义之勾结。

北京政变与时局[①]

最近北京，已成为一僵局，国民一军早已撤退，吴（佩孚）既迟迟不来，张（作霖）又珊珊不进。事实上实陷于无政府之状态。如综合各种情势察之，黄陂复立，断难成为事实，曹锟复职，亦不易得各方之赞同。舍此而言其他，则终不出乎二径：其一即仿段祺瑞之故伎，推王士珍为临时执政；其二则由吴张合执政权。证以昨日本社之专电，后说较觉可靠。本来北京政府，久已离去各省而孤立，各省之解款，既莫名一文，中央应有之各项收入，又多为大力者所截去，事实上实无存在之必要。然而各大军阀之务必留此虚名者，则一以图财政上调达之方便，二以图外交上之种种便宜，而外人亦乐得有所挟持其短长，以为己利。于是遂发生帝国主义与军阀勾结之现象。此种关系我们如详细言之，政府如得外人承认，不但岁入有一亿元以上关余盐余之收入，即靠此为担保而发行公债，亦可得数千万元之巨额，而军费于以有着。不但收入有此一项之可图，关于庚款，则有金佛郎俄款之岁入千万。关于外交，则有军械子弹之可输入，政治经济外债之可融通。试看段祺瑞以手无寸柄之身，入掌北京，未及二载，毫无得各处解款之一文，而收入且近二万万，此种款项由何来？即由上面关系来的。所以说起这个北京表面似觉已成一块"鸡肋"，"食之无味"，而"弃之可惜"；所以冯玉祥舍不得，吴子玉不忘情，张胡子食指动，都是由此缘故可以说明。但是为其根本上最有关系之地方，就在勾结帝国主义。因为须有帝国主义诸国之承认，始能达此目的。你看段祺瑞上了台，慌得来连一切不平等都宣言承认，是为的什么？且看现在吴张联军入京后，急急于组织政府求外人之

[①] 出自《新蜀报》，1926年5月5日。

承认，吴也可，张也可，为的是什么？惟其求承认心切，而帝国主义者便有所挟制，帝国主义与军阀相勾结之理由也在兹，军阀易变成卖国奴之理由也在兹。虽以冯玉祥之号称接近民众，亦经不住帝国主义者之层层压制，迫而出于不得不洗刷"赤化"嫌疑之一途，请君入瓮而遂变成帝国主义之顺民。于是乎段祺瑞敢于开枪矣，我青年学子为请愿救国，反以害身而受死刑之宣告矣。此都是帝国主义在我国势强力固之铁证。如吴张据有北京后，不论政府之名目如何，其勾结帝国主义以鱼肉吾民，更不言可喻了。

要之，自帝国主义之侵入，既以经济的侵略榨取我们之脂膏，复以贩卖军火刮剥我们之油髓，年年岁岁，川流不息；而我们遂陷于贫乱交乘之境，愈贫愈乱，愈乱愈贫，而循环式之内乱以作，如走马灯、如无端环。帝国主义遂愈得进攻之机会。我国尚配得称独立国家自决民族？痛切言之，实一国际殖民地。

此一回北京政局，不过循环式内乱中之一幕，我对之毫无希望之可言。但是我可以向国民告白的，循环式内乱一幕一幕又一幕，国民已觉帝国主义与军阀之勾结为事实。起初由不信而怀疑、由怀疑而确信、由确信而决心，不单是一人之决心，实大多数人之决心，而此时之军阀即入于崩壤之运，帝国主义才可以打倒。此就是我遇此回北京改变，堪可以自慰的，并可以告国人的。

帝国主义是什么[①]

近来中俄携手的声浪，一天高似一天。可是，又有人说，苏俄并非和我亲善，实是怀有侵略的鬼胎。举例来说，如占据中东铁路，侵略蒙古，及向我国内宣传共产主义等来作证明。这么一来，就引起了国人许多的争执。我国今日处此列强重重压迫之下，现在如要问和俄国携手有无利害？那就首先不得不解决苏俄是否帝国主义这个问题，很是重大，而且有亟待解决的必要。但是，要想解决这个问题，就首先非从下面的两个问题分析起不可，一、帝国主义是什么？二、苏俄是否帝国主义？

一、帝国主义是什么？

从来解释帝国主义的都脱不出武力侵略与领土侵略两个范围，质言之，就是政治的侵略。可是帝国主义怎么能这样厉害呢？诸位要晓得，帝国主义是建设在资本主义的上面。什么叫资本主义呢？就是对内剥削压榨本国劳动阶级，对外搜刮弱小民族的财产。列宁说："帝国主义是资本主义发展到极端而表现于世界。"这话真不错咧！说到这里，我们必定再问，资本主义何以要行经济侵略的政策呢？即为两个东西：（一）货物，（二）资本。前者，是要攫取一块良好地方，来做货物之集散场所，譬如物品之售出，原料之输入，皆以此为重的。所以外人每次和我订条约，起码都要抓住一个商埠，由是他们的货物，遂源源大赚其钱了。后者，是在投资地之争取。譬如有了商业地盘，而没有投资的地方，则其资本即无从投下，而无红利与利息之收入。设使有了银行储蓄机关、

[①] 出自《新蜀报》，1926 年 5 月 7 日。本文为《俄国是否帝国主义》之节选，标题为编者所拟。

工厂生产机关、航业铁路之交通机关、数多之借债人存在，则他们此项目的就达到。但是为他们之护符的，跟他们作经济侵略最厉害之工具的，在政治上则建设上有治外法权；在经济上，则缔结有"限制关税增加""划一子口税""开设工厂"，种种不平等条约。由是他们来在我国的人，遂若天皇一脉之尊贵；他们来在我国货物，遂充斥若过江之鲫。而他们在我国所行的经济侵略，其结果，遂若封豕长蛇，非将吾侪荐食罄尽是不止的。所以现在之中国问题，实一世界生死存亡之问题；今日中国之销场，实一世界货品投资地之销场。试以最近之海关统计调查，每年入十亿两出六亿两。哪怕我国物产丰饶，譬如像吸水车的刮水板在一个池塘里刮水一样，如昼夜在辘轳旋转不息，就是一亩大方塘也终会被他吸干。我们且以一件小事情来说，外国纱厂的棉纱，在我国境内，虽是穷乡僻壤一块地方，都有很多的棉纱担子挑去织布，由是可知经济侵略之深入于我国之腹心了。照此看来，我国的商人的血本，已大多数变成外国货物，我国商业早已建筑在外国资本主义的上面。现时要叫国内商人和英日经济绝交，无异叫他们饿起肚皮去爱国，这是千万做不到的事实。所以无怪乎每次经济绝交不长久。国人只知道经济起了恐慌，人民困穷，死亡枕藉，却不知道外国的商轮，每运一次货物到我国，就要运一船银子转去；他们的银行，每发一次纸币，就要获利几百倍；我国的军阀，每打一次仗，他们就售枪弹银若干。国人能递此推想，即可知道国内的金融往哪里去了。

由上看来，我们就知道帝国主义必须借重资本主义，资本主义必须实行经济侵略，经济侵略又必以商埠投资地为必要条件之缘故了。设使我们全把商埠收回，外资全行排斥，则他们经济政策必失败，资本主义的根本就动摇，他们也就没有钱来办学校，设教堂，实行文化侵略；制枪弹，练兵，实行武力侵略；建工厂，开银行，实行经济侵略。那么，帝国主义根本上不打也就会倒。所以帝国主义诸国家，为维持一己之生存计，遂不得不于单有经济关系之商埠与投资地，进而还要攫取含有政治作用之殖民地（独占地）。此就是帝国主义一转而为武力侵略与领土侵略之缘故。简括起来说，即是帝国主义是经济侵略为前提，以武力侵略为后盾的。经济的侵略是无形的、间接的，武力的侵略是有形的、直接的。无形的侵略，甚于有形的侵略，诸位切莫要忽略过了。

帝国主义铁蹄下之北京[①]

奉直军进了北京了。奉军是英日帝国主义之走狗,大和族撒克逊之顺民。奉直军之侵入北京,直无异英、日势力之侵入北京。现在北京当然蜷伏在帝国主义铁蹄之下了。帝国主义是顶恨反抗势力,所以作为他的走狗军阀,也当然秉承意旨奉命唯谨来严厉处置这反抗势力。作为帝国主义反抗势力之代表,首先当数北京之报界,其次数北京之学界。于是乎在北京发生了两个大事件:

一、两大事件[②]
(一) 枪杀《京报》社长邵飘萍

奉军枪杀邵飘萍一事,本社早已得有专电,惟以京蜀距离太远,汉皋间空气作用太甚,故尚不敢信以为实。及今昨披阅《京报》,始悉邵飘萍君果毙命于无情弹丸之下。唉!"赤化""赤化"!将来尚不知更有多少青年志士受汝之罗织以死。

概自五卅惨剧以还,国民反抗英、日帝国主义愈趋激烈,英、日帝国主义之压力亦日形严重。有沪上英领之授意,而沪上总工会会长刘华一命竟毙于孙传芳;有无锡绅士阶级之罗织,而上海大学教授周刚直之身首竟二断于钢刀;有八国最后通牒之压迫,而北京学生竟累累骈死于执政府门。至邵飘萍君,已算第四次之"血化"。人权何在?公理何存?以言论界之应受保护,而反被戕贼;以爱国而反害身。呜呼!黑暗世界!黑暗之北京世界!英、日势力下之北京世界!我知道我同胞心伤极,愤恨极,但是为此大逆不道的,

---

[①] 出自《新蜀报》,1926 年 5 月 13 日。
[②] 此处标题为编辑所加。

就是一奉直军阀。

（二）大肆株连溢兴党狱

北京现已入于恐怖时代、黑暗时代。最高学府之北京大学，已受严厉之搜检，爱国有为之志士，无不变服而逃，刘清扬以一女子，亦遭逮捕之厄。所以今日之北京，人人自危，达于极点。凡平素言论之稍过激烈者，皆可蒙"赤化"之名立时就可杀首。北方数省之同胞，已处在天愁地惨之境遇。国民国民！我看我们，不上梁山，也逼得要上梁山泊了啊！军阀假面具是揭开的，国是不要的；英、日之欢心，是要买的。说他是卖国奴，他也不睬的。今日国民与军阀，可谓入于最后决战时期。军阀生，我即死；军阀死，我即生。可走之路只有一途，决无徘徊之余地。请看现在北京，是成如何世界！国民国民！还不快快起？

二、军阀的自杀

国民国民！你看今日之以"赤化"头衔杀人的，与满清末年之杀革命党，袁世凯之杀乱党有何以异？但是，你看满清现在何处？袁世凯又在何处？本来武力是寄生于思想的，偏欲以武力来解决思想问题，其愚真可叹可悯。我谨向国民说几句，旧势力与新势力是不两立的，爱国者与卖国者是不并存的，姑无论如何演进，旧势力是必崩坏，新势力是必战胜。今日北京的现象，实为新旧势力相战之一幕，此次奉军之枪毙邵君，直无异军阀之自速其亡。北京虽在军阀铁蹄之下，解放终当有日。国民如尚怀疑，请悬吾言以验。

时局前途之推测①
——中国之五大势力、将来时局转换之方向

今日中国，纷乱极矣。国人望时局之转换甚于望岁。虽然，此种希望，岂易一旦实现哉？吾人惟据现今之局势以推测将来，虽不中，可云不远，斯为可耳。惟欲预知将来政局转换之方向，不可不首先明白现在我国之形势。居今日而综论我国之势力代表，可得而数者有五。

其一为奉天张作霖。该系系挟日人之势力以自重，又据有东三省以为后援，对于目前政局，似具有几分控制之力量。然以该系之卖国营私，黩武殃民，人心叛之久矣。而人心之向背，系为武力最后之胜败之关键。故该系崩溃之命运，不过时间之问题。

其二为吴佩孚代表之直系。该系自以贿选之秽事彰闻后，国人谈之辄为齿冷，沪上各报且相约不登载其伪命令，其见屏于舆论为何如者。果也讨贿一战，曹以身囚，吴逃遁汉皋幸以身免。近以孙馨远起讨奉之师，吴遂得乘时活动。乃无何而朝言联冯以讨奉，夕即变化联奉以讨冯，出尔反尔，狐狸狐猾，真不知人间尚有信义存在。而且一阅最近京沪各道来电，"护宪，护宪"之声不绝于耳，猪仔数百头又将鱼贯入京，势不至使首都之地化成猪天猪地不止。以如此颠行逆施之措置，谓其能长久宰制政权，谁其信之。是吴佩孚之倒，亦指顾间耳。

其三为国民军系②。今日国民军系所处之地位，与前岁吴佩孚败后所处之境遇绝似。即前次为张冯连横以倒吴，今次为张吴合纵以摧国。如一旦吴张有隙，国民军得乘机而起，亦属自然之理。加之苟一查考国民军在北京张垣一带之措

---

①出自《新蜀报》，1926年5月15日。
②国民军是从北洋政府直系军阀部队中分化出来的，以冯玉祥为首的一支军队。

施，无论对手方如何宣传其为"赤化"，总不能蔽其纪森严爱护人民之美点。故国民之对于国民一军，虽不能即断言有大属望，然至少亦不得谓为绝望，此又事之明若观火者。似将来国民军有再起之可能吾人可为预言也。总之吴张一日能合作，国民军即一日无再起之可能。然证以近日之事实，二派近畿权利之分配已数起争端，而"护宪"问题，又成为二派相持之焦点，其希望吴张之能始终合作者，殆近于痴人说梦而已。故北京之政局，迟则一年，早则数月，势又将呈一剧大之变化，可为断言。

其四为孙传芳之长江系。孙原隶于吴系，然自讨奉战后，孙已独树一帜，一跃而为五省联军总司令。今俨然以长江一带之盟主自命。其不愿居吴佩孚之下者，固无待论。现在极倡言保境安民。将来举足之有轻重于全局，又不言可知。惟一按其杀刘华以媚英人，诛周刚直以悦滥绅，近复大兴文字狱以残舆论，禁止结会以剥自由，充满一脑袋之迭克推多其与现代之思潮可云相背驰。欲望其有造于社会，殆为不可能也。

此四系势力将来消长之推测略毕，兹请一论最后之广东国民政府。现在为我国最大一之隐患，厥惟帝国主义与军阀相勾结以压迫国民，榨取国民。现在环顾中国欲求为吾民尽打倒军阀，抵抗帝国主义之责者，惟广东国民政府而已。

一查现在广东政府所实施之政绩，于此二点之努力为事实，是人心已归之也。加以彼等军队之有主义信仰，政治之有严密组织，农工界之有团结，将来之能发扬光大自在意中。如北方有变，国军复起，此方如能实现北伐目的，会师于武汉，则中国大局之转换，亦为期不远也。

惟吾人应再向国民一言者，即以上所推论，唯心论为议论之一贯骨子，然吾人绝不可忘去唯物观也，唯物观者何？即现在军阀与国民所处之环境不能不深加顾虑是也。军阀则有英日帝国主义为后援，而吾民则反受其联合压迫也。如吾人认识唯物观为必要，以力来者，须应付以力，是联俄以对付英、日，实为政策上应有之举也。惟联俄一事，俄化又一事，读者勿以二者混谈为一也。

谁是我们的敌人[①]

现在我们老百姓已经民穷财尽了，看看青山都会不在，哪里还有柴烧呢？我们只有坐以待毙了。为我们先驱的同胞，都已是辗转呻吟，奄奄一息，我们不过多挨时日，到头还是到那一天罢了。

同胞同胞！四万万同胞！你们是已经受了宣告死刑的罪囚，你们是已经生命迫于俄顷。可怜可怜！你们至死还没有把你们的敌人认得清，真正持刀在剥你们的皮的人们，你们还把他当成朋友。我劝你们，我劝你们快快觉悟，赶快把真正敌人认清，这敌人便是帝国主义与军阀。

一、帝国主义吸精吸髓之二凶具

哪些国家是帝国主义呢？凡强迫我缔结不平等条约的，都可看成他们是帝国主义的国家，如英、美、法、日是其代表。他们都是以武力来维持其经济之侵略，为他们第一凶狠的工具，就是以条约来限制我关税，不得自由增加，只能值百抽五。其结果，不论由他们国内运至我国之货物，与夫在我国由他们工厂所制出之货物，都能大批充斥于我市场，使我全体国民纯立于消费者地位。你看哪穷乡那僻壤没有外国货物呢？由是我们之精英如大河之决口，遂奔放而流注于外人手内。我们遂变为穷婆子，他们遂成大资本家。所以我敢说经济侵略是间接的，是不痛苦的，是慢性的；然其厉害，实百倍于兵戎与武力之侵略，足以使我们髓尽精竭而向来醒悟，怨天！

帝国主义向我进攻第二之凶毒工具，即是以大批军械子弹来榨取我们经济

[①] 出自《新蜀报》，1926年5月17日。

之循环式的买卖。从我国民国元年（1912年）到现在，军阀刮取我们的钱，何止千千万万。但是你问他们这些钱到哪里去了呢？敢断言大都是拿去买军械子弹了。不说别处，单就我四川而论，据善后会议明算得出账的，已达六千万，那背地里向老百姓取的，更不止其数了。但是你如问几个大首领，大首领则说他穷得很；你如问丘八爷，他说他们在吃汤粥且不得一饱；你如问秘书参谋，他说他们只领半薪或二成三成不等。这也是实情，但是这笔大钱往哪里去呢？还是金钱从夔门口出，枪弹从夔门口入，通通都归外人拿去了。

是这样看来，军阀大人们之发行军用券，滥铸二百铜元，设了无数厘税关卡，贩卖大宗鸦片烟，预征丁粮，肆行苛税，把老百姓弄得来颠连沟壑，死亡载道，不是为的他人，却是为的是洋大人高鼻子，通通往他们腰包内去了。我们老百姓之经济有限，怎经得住这一种川流不息之流出呢？一方既有购买外货所流出之漏卮，他方又有购买军械流出之代价，我们怎样不穷，怎样不困？

二、军阀之为虎作伥

由上面看来，军阀所打仗之利械是外人供给的，军阀所发动之内乱是外人助成的，是外人之有德于军阀者甚大。不但此也，军阀如败亡时，有外人家屋可躲，有外国军舰商船可坐，有外人租界可居，有外国银行可存现款，有外国领事可庇财产。是外人实军阀衣食父母之源，军阀哪里敢于得罪他们。所以我们如主张废除不平等条约，他们便要诬我们为"赤化"；我们如言论过激，他们便说我们是共产，以媚外人；有时硬要杀颗血淋淋的头来求信于外人的。然而我们老百姓就苦了，就死了，就一百年也不得翻身了。我敢言如老百姓尚在听他们的话，即是认贼作父；如听我们的话，那便是认清楚了敌人，认清楚帝国主义与军阀才是我们之大敌，那便有下手之处了。其他之国家主义与共产党之争，国民党左派与右派之争，以我看来，皆把真正敌人放过，而在自戕自贼。我劝你们迷梦快醒，赶快一致起来，打倒帝国主义与军阀。

成都官吏之糊涂①

我常说人太糊涂，不要做官，因为官吏是职在掌理万民事务，判断务须确切，手腕犹要灵敏。但今人偏是愈糊涂愈要做官，所以做起事来，闹的笑话也就不少。但是老百姓因之就大吃其亏。甚至于有时外交问题，地方治安问题，也就未免不堪言状了。

成都之地方官吏之办事糊涂有两桩事可数的：

第一是一个月前，由一封不负责任之匿名公函，攻击某为共产党，某为宣传"赤化"，这种信函明眼人一见而知其为倾轧陷害，付诸一炬可也。乃公然有这样糊涂的省公署，公然行知各地方官饬令查拿。试问宣传共产之证据在何处？出手密告之团体孰负其责？凡此种种，皆应精确考察。殊竟漫不加察，遽尔采用行政方式通令各处，难道当今之世，尚可以用"莫须有"三字杀人乎？此其荒唐糊涂者一。

第二则为因京案游行大会与成都日领事馆冲突一事。我要问当局的，成都何地？是通商口岸呢？不是。是未经条约开放之内地。若然，日本设领事之根据在何处？英国设领事之根据在何处？英、日在成都设领事，条约上既无根据，国人又在极端反对，则成都当局理应根据条约，命其撤退，乃不但不据理力争，反应英、日驻成都领事无理之请，公然命群众撤去爱国标语，且通令各警署妥为保护，以符条约。我不知符什么条约？搜遍一部条约史，实觅不出成都应设外国领事之根据。以堂堂行政长官，而外交知识如此浅薄，还是存心媚外呢？抑有他故？请当局有以语我！

---

① 出自《新蜀报》，1926年5月18日。

我因成都当局作事之糊涂，致我不能不联想到全国官僚之糊涂。以关系全国百姓生死存亡之政治，而操之于一派乌七八糟满脑肥肠滥官僚之手，吾侪宁有幸耶？我因成都之事件，概念及我川人之不幸，并以悲我全国人之不幸也，噫！

为今后当局进一言[①]

现在军事尚未终结,当局者方旁午于军书,我们反以治平之事相聒,岂当局所乐闻耶?但是,我环顾世界之大势,与今日中国军阀之演进过程,皆以迫于无路可走不得不入于转换之途。我们小民是受痛苦到十二万分了。我们心内所想说的话,不能不赤裸裸的说出来了。我敢言我们的话,不但是对于我们在希望减免痛苦,并对于军阀之本身亦未尝无益的。当局如能容我们刍荛之献,则祈谛听一言:

一、宜取消黔军在川时所行之一切苛政以示与吾民更新也

川军何爱于川人哉?则以其同为川中同胞爱乡情切,吾侪不能不欢迎之也。黔军何仇于吾民哉?则以其视川省为征服地,非法设了无数恶政,故吾民不能不反对之也。黔军之恶政为何?其一为滥铸当二百铜元,以致百物腾贵,小民乞活,陷于极端惨淡之地位,每日饥毙以死者不知其数!此不能不望以当局毅然表示永久停铸之态度,与吾民以来苏之望也。黔军其次之恶政为公然贩卖烟土,奖励种烟,沿街遍设烟馆,致吾渝几成为一烟山烟海烟世界,毒雾熏天,红灯射日,号称改近社会之市政公所亦在东施效颦,设法在瘾民身上取钱吃饭。此弊不除,将来父老子弟,不将陷于米荒,亦将陷于烟毒。所谓外人不以兵临我,我自己即将赴灭种之途。此不能不望今后之当局,毅然严禁贩卖栽种嗜食,以自别于黔军,且为吾民留一线生机也。黔军其次之恶政为沿河旱路苛捐关卡之林立也。计自朝天门至黄沙溪即有关卡无数,由重庆以至江津、合江,沿河

[①] 出自《新蜀报》,1926 年 5 月 22 日。

之关卡又不知凡几。查多设一处关卡，即不啻小民生活又多艰难几倍，换言之，即无异于小民之家资又多破产几处。现在已经哀鸿遍野、饿殍载途，如再不体恤民艰，暴敛如故，则吾侪真不知死所。此不能不望今后之当局者改弦更张，毅然裁撤此项毒国病民之机关以惠群黎也。如黔军之所不能为而川军能为之，则吾民之感激于我省军者为何如哉？所谓不战而已得人心之归顺也。

二、宜取精兵主义分期裁汰无用之军队也

今日吾川之症结在兵多，而拥兵自卫者又以努力扩张军队为能事，朝甫颁旅长委任之文，夕又发表扩张师长之诰。故吾民虽岁竭尽脂膏六千万元，而彼绾兵符者犹以为不足，然而吾民已涸竭待毙也。今日不言整顿四川则已，如言整顿四川，除切实裁兵而外，虽有圣哲，亦莫可如何？吾民惟望拥多兵者之根本觉悟，根本觉悟是什么？其一根本觉悟多兵之不可靠，岳维峻拥数十万，未及一月，即行溃亡，是其前车。其二根本觉悟直取精兵主义，蒋介石以数千党军，横扫陈炯明、杨希闵数十万众，是其好例。苟如是，则一军阀首倡之，而他军阀法效之，使吾川以兵额而言，纵不过为数万众，而以战斗力言，则胜乌合数百万，兵少饷源即易筹，吾川财政始有统筹之一日。财政如能达于统筹，则其他凡事业始有着手之可言，小民负担始有减轻之一日，然此非望下大彻悟之贤如军阀不为功也。吾川军阀中其有首先提倡之是人在乎？不禁企予望之也。

三、宜从有主义有信仰之军队训练入手也

今日军阀之一组织可言已达破产之域，尾大不掉，已成诸大首领之致命伤。言名分则已无上下之观念维系于其间，论信义则早已失其断断斤斤之操持。故朝为部属而夕为仇雠，昨为至交，而今则变为陌路，盖上以诈行，下以是效，相习成风。以揉水施为能事，以惯会扯谎为漂亮，几亡军人之天职在打仗，而军人之风遂以扫地。故今日内战之分歧点，与言乎解决于战争，毋宁视之为决之于背后之种种不正当手段。以如是不能相信之部下而委之以战争，其能幸免于覆亡之大军阀首领，环顾当今宇内，能有几人存在。故今日实为旧式军阀应归淘汰之日，接近民众之军队应运产生之时。居今日而言训练军队，官衔是不

足以縻之，因官衔是虚空的；爵禄是不足以羁之，因爵禄是有限的；金钱是不足以系之，因金钱只能维系一时的。其能号召军队使之死心塌地，相信不疑而甚至以生命相殉者，其惟以信仰主义为训练军队之基本要件乎？广东黄埔之学校，即是其好例。然此非以所望于今日之四川军阀也，因为以人格相号召，则首先军阀本身之人格，非为全军信仰不可。试问四川今日之军阀，能有几人有此资格也，虽无此等资格，而在吾人，则不能不望今后彼等勉为之也。

总之世变日亟，来轸方遒，吾人不能不望吾川军人发愤有为，一洗前十数年囿于内争之弊，根本以爱民为天职，则川局其庶有豸乎？夫川军川人也，惟其为川人，吾人不觉爱之深而属望之切，故勉为数言，以希其为刍荛之采择，则川人幸甚。

五卅惨案周年纪念[①]

——重庆纪念会宣传大纲

一、宣传应注意的事项

今大凡宣传一件事情，务要留最深刻之印象与民众。而留最深刻之印象与民众之要点，就是使所欲宣传之事件务要与民众之生活问题痛苦问题直接能生关系，才唤得起他们义愤心同仇心的。由唤起而确信，才能使他们决心参加爱国运动一条战线上去。所以这回关于五卅惨案周年纪念宣传，大家顶要下工夫的，也就是在此一点。换言之，即如何宣传方能使五卅惨案与民众之生活艰难生密切之关系，如何方便五卅惨案与民众之痛苦生连带问题。以我们所见，我国民生活艰难之原因是什么，即是由没有职业没有钱用。而我们没有职业没有钱用之原因，就是由大家都立在消费阶级，不能立在生产阶级。掉句话来说，我们大家没有职业没有钱用之原因，就是由无事可做，只会穿，不会做；只会用，不会生，大家都成一有出无进之破浪子弄出来的。然而以何因缘，弄我们到这个地步呢？我们如欲明白这原因，首先非明白这用经济侵略来敲我们的精，吸我们的髓之英日二个大强盗不可。因鸦片战争，我国被英国打败，由这《南京条约》与《通商章程》之缔结，他就把我们海关抽税权跟我们限制了。继而又用种种鬼蜮手段又把海关管理权跟我们霸占了。于是我们应该把外国洋货来抽重税的，我们只能抽他们之值百抽五，他们的货物遂如潮涌之流入我国。他们的货物输入愈多，即无异我们之钱流出愈多，因为这些货都是我们拿钱买的。其次我们不应取出口货以税的，他们偏偏要使我们值百抽五。于是我们之货物输出愈少，即无异我们之钱收进愈少。因为我们的出口货，通通都靠在外国拿

[①] 出自《新蜀报》，1926年5月29日。

钱办来的。自这入口货多出口货少而我们全国不论穷乡僻壤都充斥的是外国货物。你说我们是不是光是立于消费阶级呢？他们货物既多，价钱又廉，我们开办事业，如何不会折本呢？既不能开办事业，又光是晓得消费不能生产，哪有职业可寻，哪有钱可找，看我们生活艰难不艰难？但是此都是由英国限制我们关税害我们的，而上海又为英国向我国豪强霸占以去，美其名曰租界，而用为货物侵略我之根据地的。那上海去年之五卅惨案，就是因学生工人反对英国人，反对上海英租界，才酿成大大流血的惨剧。是学生工人之死，不是为他们个人之私争而死，是纯粹为的是我们，为的民众之生活艰难，才把宝贵之生命牺牲了。此为我们第一应注意之点。

我们的生活艰难，不但因外货之大批输入而已，并且由外国人在我国内地到处通商口岸开大工厂，到处造出大批货物来榨取我们的金钱。于是外头又有无数轮船装进外国货物来卖我们的钱，内地又有外国人造了无量的货来赚我们的钱，又不能取他们的重税。这样的两重榨取，我们的工业是绝对不能发达的；我们的金钱，是自然会枯竭的。而估着我国，硬要在我国通商口岸来开工厂之原因，就是由中日战争后，日本强制我缔结《马关条约》，由我许他们可以在我国开工厂弄出来的。而去年上海五卅工人学生之牺牲，就是由反对日本人开设之内外纱厂。他们既是为反对纱厂而致毙于英人枪弹下，他们岂不是为我们而牺牲的呢？岂不是为我们生活问题之艰难而反对榨取我们经济之日本纱厂以丧其躯的呢？

第二我国民之痛苦，莫过于战争，莫过于种种苛捐杂税，莫过于贩种鸦片烟，而为此战争苛捐杂税贩种鸦片烟之原动力，当然要数这军阀。现在请大家顶注意之点，这军阀是纯靠外人卵翼，靠外人援助才能生存的，而外国之中，尤以英日二国为尤甚。这原因是由下可以说明。第一因军阀靠的是军械子弹，而英日就专以供给他们军火为目的，致我之内乱愈延长不可收拾。不但供给军火而已，英国人管理我之海关为我之雇员，照其职责，凡属军火，是要没收的，而英人偏故意纵容，任听军阀向外国购买之军火大批小批输入而不之禁，英人之肉其足食乎？第二因外国人尤其是英日人在我国恃其有治外法权，有航行权，有租界设定权，遂得专包庇我国之滥军阀滥政客官僚。他们如败亡后，则有外人之家宅教堂可躲，有商船军舰可乘以遁，有租界可以托足，有外国银行可以存钱，有领事可以出告示保护他们之财产。而我国之主权遂对之不敢谁何，任令他们身家得安全，财产得安全，逍逍遥遥此来彼往，彼往此来，而我国永久不息之循环式内乱以作，此皆是英日等国，故意包庇我国之捣乱分子弄出来的。第三是由资借款项，如民国三年（1914年）英国之资助袁世凯五厘金币大借款，而二次革命之内乱以作；民国七年（1918年）日人之供给段祺瑞之参战大借款，而护法之战以兴。此二役致我们百姓生命财产丧失者不知凡几，至今言之犹有余痛，这岂不是英日二国赐于我们的吗？合以上之三种原因，军阀与帝国主义相勾结之真相于以毕露，而我国民之水深火热之痛苦，遂日加一日。我们恨毒的是帝国主义，尤其是英日帝国主义。而去年五卅死难诸烈士，就是为英日而牺牲的，你说我们该不该纪念他们呢？不但我们应纪悼他们，因为他们是为我们而死，我们是应为他们复仇为他们奋斗。此为我们宣传应注意事项。

二、五卅惨案事实纪略

五卅惨案是怎样发生的呢？其事实可以简单说明，自《马关条约》缔结后，外国人在我国通商口岸，遂可自由建设工厂雇用工人以制货物。现在日本人在上海开设纺纱工厂，实繁有数。去岁五月初，日本人在上海开设之内外纺纱工厂以工人罢工为由与工人生冲突，遂枪毙我工人一名，伤工人无数。此一名名顾正洪。殊英租界捕房，对于此种劳资问题，竟用高压手段，于肇事后，逮捕工人七名以聚众扰害罪，向会审公堂起诉。而对于出手行凶之日人，则毫不过问。于是上海学界因之大愤，首先由上海大学文治大学学生多人出面在英租界内演讲代为工人呼冤旋被捕，不但不准学校保释，而且待遇十分苛酷，与盗匪同样严密桎梏监视。于是上海学生界因之愈形激昂，遂于五月卅日组成无数分队，向英租界发出讲演宣传，沿途被英巡捕捕去无数，学生遂通通拥至南京路老巡捕房请愿释放，而英人遂以无情之弹丸相见，致我五卅学生工人市民死于枪下者数十名，以后英租界连续戒严，此风潮由上海而汉口，由汉口而沙基而南京而重庆，致演成我国对外未有之惨剧，此就是五卅惨案之要略。

三、五卅惨案之前因后果与今后国人应下之决心

（一）不平等条约与五卅惨案。我国人外受帝国主义之侵略压迫，内受军阀之横暴摧残已达其极了。而帝国主义与军阀在利害关系上、臭味上又是互相勾结的，而为他们来束缚我榨取我最厉害之工具，为他们最便于勾结之工具，就是一部不平等条约。五卅惨案之远因，可算是由不平等条约来的；五卅惨案发生之近因，亦可算是出不平等条约来的。哪些条约是最不平等的呢？第一数条约上滥扩张之治外法权。外国人自有此种特权，他们在我国遂俨如天潢一脉之贵族，举凡我国一切警察、教育、财政、实业、交通、军事、裁判、诸种行政司法权都不能管辖他们的。他们这种特权，在我国可称为政治上极优越之权，换言之，我国之大总统，恐尚不及一外人之剃头匠、看门头。第二数条约上之关税优越权与航业之占有权。外人在我国擅有此二种特权后，他们的货物，遂得免课重税而大批输入于我国。他们的轮船军舰遂得自由航行于我国，以侵犯我国权，榨取我经济，而我陷于国困民穷。此可视为经济上武力上之特权。第三数条约上之各种租借地与租界。前者是等于与割让无异，一切统治权皆归他掌握；而后者，虽觉仅限于地方行政权，而他们早已尽量扩张，已在我国土内俨建为无数之独立国，一切司法行政，皆为他们攘而据为己有。第四数条约上之单方利益均沾条款。我们纯为尽义务者，他们为纯享权利者，如许一国以利益，他们即群起而要索。此仅就关系顶重要说的，其他尚一时不能说完。总之，我国自受此不平等条约束缚之后，举凡"专恣""横暴""压迫""侵略""榨取""骄傲""优越"诸疏状词，皆为描写他们之专用语；而"悲惨""沉沦""穷困""屈服""畏葸""痛愤"诸形容字，皆为我们之独占品。此百余年中，此疆域之数千万方哩中，皆我数万万之同胞悲声忍痛之时与地，积而不得不发，一旦遂发之于五卅。以上所说，可视为五卅案之远因。说近因则上海之会审公堂之黑暗，只有判决而无上诉机关；巡捕房之专横，专媚外人而鱼肉我国民；日本工厂之虐待工人，视作工者若牛马。侨居之上海外人之骄暴，视一般国民若牛羊，在在皆为引起上海工学界之公愤，而五卅事件，当然随之以起。总而言之，统而言之，去岁五卅事件，实为我国民第一次算英日帝国主义侵略我压迫我之总

账,实为我国民参加打倒帝国主义之第一次集合战线。

(二)"野蛮人""奴隶""动物"与五卅惨案。拿去年上海一般之外国人,上海之英国工部局,各国之政府之态度来看,他们尚得以我们为人类看待吗?据我呕心裂胆的说句话,非洲之黑人,台湾之生番,任人鞭笞之奴隶,任人宰割之牛马,就是我们的代用词,就是我们的徽号。如你要反抗,他们便说:"呸!尔是什么东西也要动一下,跟我杀杀……杀无赦,诛尽杀尽,也是这么样大的事情。"你们不信,请看去年上海五卅案前后事实。内外纱厂劳资争议问题试问可以枪毙人吗?为什么英捕房不捉杀人凶手而反逮捕我工人咧?徒手请愿学生可以自由枪毙呢?何不幸而英国有此张作霖,何不幸而我国出此不肖子孙之张作霖。

英捕既这样颠顶,驻上海各国领事何以偏袒他,公然调海陆战队来压迫我们咧?以后汉口沙基反陆续在杀我们的人吗?英日政府竟冒世界之大不韪反极力庇护英工部局呢?唉!犬羊蚂蚁!真是我们的美号!什么叫文明国人呢?狞鬼,恶魔,是资本帝国主义诸国真面目,已经剥尽无遗了。

(三)卖国贼与五卅案。五卅惨案可算是我四万万同胞至死不忘痛心彻髓之事件!但偏偏有卖国贼亡国奴来跟英日当走狗,跟他作伥来摧残我们民气。卖国贼亡国奴是谁,就是万恶滔天应碎尸万段之张作霖,自从他得了英国汇丰银行资助数千万款子后(为此事英国议院曾提出质问),他便在上海山东天津等处大力摧残爱国运动,大逮捕工人学生,而五卅抗争事件就受一打击。又益以我国之内争,此内争系由英日之助长起来的。而英日何以要助长我内争?则以内争为打消我国民对外反抗运动之一种最良工具。于是国奉战争以起,而五卅之国民运动,遂不能不宣告死刑,此为我国人最可痛心之一件事情,但此都由卖国贼张作霖弄出来的。

(四)今后我国民应有之决心。由上面种种看来,英日帝国主义是向我极猛烈进攻的,待我如奴隶牛马的,与我存亡势不两立。尤为我们痛心疾首的,就是他们惯勾结我国卖国军阀以压迫我民众之一种把戏。现在北京五六省已陷于黑暗时代中,而吴佩孚张作霖遂以他们为后援极力摧残民众,压迫民众。所以我们已到最后之一途。畏葸也是死,与他们妥协也是死,仅有一路可走的,惟有废除不平等条约，打倒帝国主义与军阀。现在我广东工人，已将攻破英国东方帝国主义之巢穴香港，英国遂因此发生了大破绽，演出空前未有之大罢工，英帝国主义之末运总赶快到了，广东国民政府已在出师北伐，我国之恶势力滥军阀之倒已迫在目前。我盼望民众团结起来！武装起来，为五卅死难烈士复仇，为中华民族图解放。

噫！去年之今月今日[1]

——冷雨凄风！何处招魂！

今天是什么日子？是五月三十日。去年（1925年）之今月今日，是我爱国同胞，在上海中弹殒命之时；是我学子市民，伏尸累累之节。噫！南京路上，血痕滴滴；黄埔江畔，逝水咽咽！我心凄怆，我心碎破。此情此景，我岂得忘咧！我铭心刻骨都不忘的。

英囚帝国主义者！尔非人类乎？尔竟忍心以枪弹向我手无寸铁之学子市民下毒手乎？说聚众为扰乱治安，说讲演宣传就是捣乱，竟以枪弹从事。尔今岁本国罢工至数百万众，其聚众扰乱情形，远在去岁上海之情形数百倍以上，没有见尔用枪炮来轰击群众乎？就至于军队与群众冲突，亦仅逮捕了事，何以尔偏用此野蛮手段来施于我上海爱国同胞乎？呸！亏得尔平素自诩为最讲政治精神之国家，自矜为文明国家，自经去岁五卅事件揭破后，才晓得汝是挂羊头卖狗肉的恶魔、狞鬼。吃人无厌、强暴横恣，就是汝最适当之称号，就是汝实在之行为。

不单是上海一处汝示其凶狞之面目，俄而汉口、沙基、九江等处，又见汝逞其狠毒之手段，我同胞毙于汝弹下者，又数十。英囚英囚！尔真极人间之恶事了。惟汝为最野蛮国最横暴国家，汝以外，再没有第二国了。

汝为何这样凶横，这样残毒。哦！我知道了。我国之一概特权，是应该汝享受；一部不平等条约，是应该束缚于我身。再具体言之，租界是汝应占据的；关税自主权，是我们应与汝限制的；治外法权，是应该汝保有；全国航业，是应该汝来侵略；关税盐税，是应该汝来把持。在我国开工厂来卖货，是汝之自

---

[1] 出自《新蜀报》，1926年5月30日。

由任意；买通卖国军阀来祸我们，是汝顶高明之神通。眼看着经济侵略、政治侵略、武力侵略，一齐袭来，致我于贫乱交乘、纷无止境，我只有忍受的、容忍的，不能反抗的、不敢反抗的。若又反抗，便为大逆不道，便为过激，便为"赤化"。你便说，"蠢尔野蛮人种，牛马奴隶，汝敢在太岁头上动土，老虎嘴上拔须，非迎头痛击不可，非格杀勿论不可"。在这种蛮横心理、顽固心理状态之下，于是我青年学子死矣。如要援助内外纱厂工人，便是牺牲自己生命；如要于五卅日在英租界游行讲演，便是举枪自杀。此就是去岁五卅案之起因，此即是五卅起事之真相。

然而人类是解放的历史，自由是压迫的反响。共和幸福，是赤血购来的；独立平等，是生命来换得的。哪有盛极不衰之国家，哪有终久屈服之民族！我曾见法兰西举革命之旗、苏俄揭独立之帜，是对内的；又曾见美利坚之宣布独立、土耳其之抗拒列强、埃及得自主之权、波兰复已覆之邦，是对外的。他们都尚且能拼命，难道我们为炎黄子孙，反无坚决之牺牲精神？我们是已觉悟，已经觉悟到十二万分，那确打不倒的英帝国主义？我们如要进攻，他的无产工人在内夹攻，我们联合世界弱小民族在外冲锋，第一着打破不平等条约以祭旗，然后犁庭扫穴的对付卖国军阀与帝国主义。我们五卅死难诸烈士在天之灵，已在佑我，佑我们旗开得胜，马到成功。

一

巍巍昆仑，

浩浩长江，

是我四万万人之故乡。五卅惨案，黄浦悲声，

是英人摧残我志士，压迫我民族，倾覆我家邦。

吾惟以"坚决""奋斗""牺牲"自誓，

并以最大众，一致冲锋前进，

废除不平等条约，

打倒英日帝国主义，

以保我国家。

金瓯无缺，万寿无疆。

二

太平洋卷起了怒潮，
扬子江澎涨了狂涛，
血染洞庭湖，
蹴破昆仑巅，必死决心，
是我们决心必死。
愿我四万万同胞，
成城众志，众志成城，
来摧大敌除大憝，
去死中求活绝处求生。

联省自治之宣告死刑[①]

现在我国是纷如乱丝了。我顶望一般人对于救国想出一种彻底办法，决不要随随便便挂了一块招牌，就算了事。这几句话，我并不是无因而发的，是感于"联省自治"之失败才说的。

"联省自治"，这是近时我国救国最时髦之呼声，为名流学者宣传救国最耸人听闻之标语，他们确是持之有故言之成理的。他们以为这一块挡箭牌，第一可免去中央集权之弊，第二可避免外势力之侵入，得保境安民之实。此制发端于袁世凯帝制后，盛行于山西湖南之二省，我四川与浙江，则有类东施效颦而未得者。山西确因此得十余年之安宁，湖南亦以此为号召得数年之苟安，此即我国人所得联省自治之成绩。于是我国遂大多数人醉心于联省自治而倡为"联治主张"。现在我国智识阶级主张之者颇不乏人，"联治自张""联治主义"之声浪，到现在已高唱入云了。

然而我们试一看现今"联省自治"之倾向是怎样的？素以闭关自守之山西，万不料因此次国直战争，卷入战涡。北半部已经被国民军之占领，东部直军业已长驱直入，眼见昔之保安自治地，今将任金戈铁马之驰骋纵横。联省自治大有变为他省支配之势了。

其次我们再看湖南，自经湘赵[②]之出走，叶唐[③]之交战，所谓省宪法也，湘省自治之招牌也，业被摧毁无余。到现在行将化为南北大战之争点。试问湘人之自主权何在？联省自治之成绩何存？其他如云南，如贵州，上既不听命于北

[①] 出自《新蜀报》，1926 年 6 月 15 日。
[②] 湘赵指的是赵恒惕。
[③] 叶唐指的是叶开鑫和唐生智。

京，下又对百姓为极端之强暴专横，是所谓宗法社会之封建遗物，为地方之恶魔，那里配得上称"联省自治"呢？所以居今日而欲以"联省自治"来救国，"联省自治"已经宣告了死刑。湖南、山西就是一前车之鉴了。喂！主张"联省自治"的朋友！实行"联省自治"的衮衮诸公！你们总可以觉悟了啊！至少的限度，你们总可觉悟"联省自治"是不能救国。

我反对联省自治之理由有数点；第一，他们太昧于国家组织之特性。按国家是一集合各小社会之组织而成，常有波动状态之传播，单是其中之一二部分是好不起来的，必要各部平衡发展，才能保此国家组织之调整。如其中之大部分均坏，其他之好部分亦难保不受其影响。而联省自治，系在谋各自发展，以为弄好一省即为一省之益。此种理想，高则高也，其如有背国家组织之特性何？宜乎归于失败的。第二，是表示我国人之惰性。我国人最不良之缺点，就是有得过且过之惯性，凡事都不爱为一劳永逸之谋，只爱因循敷衍。所谓"各人自扫门前雪，休管得他瓦上霜"。这两句话，活活地把我国人之特点描写无余，联省自治亦不外由此派衍出来的。以为只要我这一省好，其他别省之如何是不管的；以为只要我能对我一省尽保境安民之能事，其他国家之治乱安危亦视若无睹的。总之联省自治，确适合于我国富于妥协性，流于惰性的国民之心理，所以在时下也相当得一部人赞同的。但是我视此种惰性，此种因循，救中国则不足，亡中国则有余。

最后，我顶不满联省自治之处，即是一般谋国者不从救济我国病源下手，而惟局部之诊治是图。我国今日之大病是在什么地方呢？从唯心观上说，即因人心之"畏葸""贪鄙""涣散""因循"，而演成人格之不可救药，从唯物观上说，即因帝国主义与军阀之榨取掠夺，而演成环境之压迫。合此二者而酿出一贫乱交乘之中国，养成一极腐败势力压迫革新势力之趋势，这就是我国唯一之症结所在。救之之道，联省自治是不行的，立法救济是无效的，无已，只有促起国民革命之一途。但是，此并不是可以随便说说即能实现，势必有充分之宣传以唤醒民众之同情，有严密之组织以集中革命之势力，有极充分之物质补充以完成民众之武装。有了这数个条件，庶几恶势力可以扫除，新中国可能建造，四万万人生存问题可以解决。

告鱼肉人民之滥军阀[①]

现代军阀是谁人造成的呢？是袁世凯种的苗，帝国主义培的干，到现在他们已经由虺而蛇，到处择人而噬。我们老百姓，就变成他们膏牙吮血之目的物了。

唉！老百姓，你们的命真是不辰，平时你们就受他们之榨取，你看那苛捐恶税、预征预垫、估发钞票、滥铸货币之方法层见迭出，小民之经济就愈是困穷。小民之资产一日不尽，他们是一日不放手，如一旦战事发生，那更不堪言状了。凡一切奸淫掳掠、虐杀、焚烧、绑票，就是丘八爷之拿手好戏。奸淫，是奸淫敌人之人吗？掳掠，是掳掠敌人之财产吗？虐杀，是虐杀敌人之生命吗？焚烧，是焚毁敌人之财产吗！绑票，是绑敌人之票吗？通通都不是。说一句实在话，老百姓才是他们施行此种手段之对象。哦！我们已经明白了，我们已经觉悟了，我们才晓得他们打仗是打的"假叉"，甚么"通电讨贼"，甚么"讨贿""护法""讨赤"，表面看来，无不冠冕堂皇，视民如伤，满口的仁义道德，满纸的公理良心。而按其实际，则都是图借此来作幌子，以掩盖他们所做之恶迹。我们老百姓才真正是他们的敌人，为他们心底中真正申讨的，就是我们老百姓。这就是全国军阀所演之把戏，亦即是四川军阀所演之把戏。

但是任他们如何麻醉我们，我们是已经苏醒了；任他们如何哄骗我们，我们是不相信了。我们是已经彻底觉悟，我们是已经有一个精确之认识力。军阀此种制度，是民治之对头，此种武办不容他们长久把持，应早一日从他们手内夺还于我们民众，此为我们民众应有第一之决心。

---

① 出自《新蜀报》，1926年6月29日。

其次的，我们应有一种识别能力，我们应对于爱民之军阀加以同情，对于害民之军阀加以极端之排斥，凡鱼肉我们之滥军阀，我们非诛锄之不可。此点我们既有一定之正当见解，"讨赤""护法"诸美名，皆不足以动摇我们的，我们自有一定之从违的。

我敬告我四川之军人，诸公之关心民瘼、同其好恶之军队固不少，此种实值得我们称赏；而纪律废弛、横征暴敛、绑票勒索之军队亦甚多。一手断难掩尽天下人之耳目，孰为好军队，孰为坏军队，我们是都知道的，我们不过敢怒不敢言罢了，此种乌七八糟之军队，我们是应该反对的。

我要问诸公，何苦出此种天怒人怨之举动以为借此可以成大事业呢？凡违反民意鱼肉百姓而可以成大事，实反乎历史之规律，在人类实决未之前闻，请诸公一谛听者。

如以为非如此不足以安富尊荣呢？则多置娇妻美妾，徒为马弁开方便之门；多积金银，则为儿孙启堕落之路，甚至象齿焚身，身家且不旋踵而破产。前者，如王文华、洪兆麟、谭浩明之饮弹以毙，诸公且未之闻耶？后者如冯国璋死后，以后裔不肖，致数千万之家资，不旋踵间而化为乌有；贾氏弟兄一囚一死，而家产损失殆尽，此非彰明较著之例耶？

何苦来？诸君何苦来鱼肉我们老百姓？既不能借此以成家业，又不是真正爱其家庭与爱其本身之正道。诸公如彻底观察，当亦废然思返。我劝诸公几句话：现在民众解放自由之思潮已日甚一日，联省自治之声势又与时并增。放下屠刀，立地成佛。请诸公再不要行绑票式之政策，专以勒索榨取为能事。如能帮我们做些卫乡卫民之事情，我们实不胜感激。否则民怨极矣，暴动之来，未可逆睹，此时再为让步，恐亦不及。总之，得民心者昌，失民心者亡，此为千古之箴言，我顶望诸公注意的。

四川民众快快起来[①]

我有八个年头未回故乡,我借暑假这个机会回乡逛了一趟,遂在本报上不觉与读者别了二十余日。这是记者很抱歉的事情,不能不望读者原谅。现在我有几句话要说一下,请大家一谛听者。

同胞同胞!这几天报上很说得热闹的,岂不是关于长岳之战事咧?但是大家须要注意,此不是南北之战,不是蒋(介石)吴(佩孚)之战,乃系为国民生死存亡之战,换言之,即为全国被压迫阶级对压迫阶级之战。谁是压迫阶级?曰帝国主义与军阀。谁是被压迫阶级咧?曰士农工商。同胞同胞!我们之命已危若朝露,财产已荡然无存,一切苛捐恶税战事滥兵,俱为我们的追魂夺命之符。我们正在辗转号嘶,帝国主义与军阀方显共掀须大笑的得意之态度,这是何等可悲可痛一件事情!

北伐北伐!这是中山先生生平未得贯彻之遗恨,是我国民引领仰望之云霓。现在何幸得已经实现了,国民革命军如火如荼的出发来三湘了。我国民生死关头就在此一举,为奴隶或为自由民族也在此一举。"号令风霆速,天声动北陬",这是北伐军之声威。现在岳州已攻下了,蒲圻、城陵矶已占领了,吴贼之军势已瓦解崩溃,会师武汉为期不远,此可视为民国十五年(1926年)以来一大转变之枢纽。对于全国固然生不小之影响;而对于我四川犹有重大之关系存在。因为不论从物质环境而言,地理环境而言,四川俱有不能不受湖北支配之势,如湖北一旦入于国民革命军之手,那四川当然内部要发生大变化。所以我应向四川民众说几句话。

[①] 出自《新蜀报》,1926年9月1日。

军界同胞们！你们系立于有权力之地位，为政治改造之原动力，我们老百姓要求减免目前痛苦增进幸福，除属望你们而外还有何人？但一看你们十余年来究竟对于我们是怎样的，我不但不欲言也不忍言。我现在也不苛责于你们，只望你们今后彻底觉悟，贪赃枉法之坏人宜少用，品学兼优、有才干经验之人才宜多用。烟捐可以不抽了，抽收实为文明国人之羞；苛税恶税可以酌裁了，不裁实为毒国病民之举；劣质银元铜元可以不铸了，仍铸不免提高物价扰乱金融。我犹有不已于言者，今日的吴佩孚，已成众矢之的；南方之国民政府，实为人心所归。我愿我四川军界同胞，如以吴为可讨，则应出兵向外发展，以建立不世之勋；如以国民政府为可仿效，则应切实联络，一致进行；如光是通电声讨，坐观成败，则不但受笑于袁祖铭[①]，并将影响于吾川之省格。此则不能不望当局加以审慎而当机立断的。

[①] 袁祖铭，贵州军阀。

时局今后之趋势[①]

我国民的困苦，已经到十二万分了。国民望良善政府之出现，有若大旱之望云霓了，霹雳一声，风云变色，国民革命军以破竹之势席卷衡湘，进据岳阳，东下武汉。骎骎乎有囊括东南半壁之势。地发杀机，龙蛇起陆，今后吾国之趋势当令全国人值得注意。

惟欲观察我国今后之趋势，首先应测量我国民之心理，尤贵乎分析我国之环境。现在我国人之心理是怎样的咧？除少数顾重私利之军阀官僚而外，敢断言都是倾向国民革命军的。为什么他们要倾向革命军咧？因为他们的政治是以造成廉洁政府为目的，不征苛税，不用坏人；他们的军队，是以卫民为天职，不绑票，不拉夫，不扰民。这都是事实昭然，凡到过广东回来的，几成为众口一词，所以全国百姓当然衷心悦服。虽由反革命派诬以"赤化""共产"之名词，然而他们是不信的。我们如观察我国今后之趋势，就从此点而论，得道者多助，国民革命军，今后实有成功之可能。

虽然，人民的心理是主观上所表示之象征，如客观的事实不许可，或环境不许可时，即有一般人之趋向亦是无益的。所以欲观察我国今后之趋势，尤不可不分析我国之环境。我国之环境是怎样的咧！概言之，实一奖恶惩善之社会。其最下者，则以解决最低之生活问题而至于放辟邪侈，无所不为；其稍上者，则以虚荣心重，丧名辱节等事，皆为之而无所顾惜。今日中国，如严格言之，无一人不是坏人，无一事不是坏事。然而造成此种环境之原动力，则罪魁就是帝国主义与军阀二阶级，帝国主义有三种特征：第一就是经济侵略。因此经济

[①] 出自《新蜀报》，1926年9月6日第二版。署名"南薰"。

侵略，由数多精巧货物之运入，提高我奢风，吸取我现金，而我国民之经济遂日趋于穷，我国民之道德，遂日趋于坏。第二之特征就是靠大炮军舰之武力压迫。因此武力压迫，而我国权遂日以丧失，我国民之媚外性质遂日以养成，此就为卖国派洋奴等阶级之所从出。第三之特征，就是助长我国之内乱。因其为军械款项之大批供给，而我国循环式之内乱遂攘扰无已时。试问以既贫且乱人心又无道德之社会，国事焉有可为呢？环境焉得不恶劣呢？所以造成我国今日之环境，帝国主义实为其主要原动力之一。

军阀阶级何以亦为酿成我国环境之重要元素咧？这个理由很易明白。因为军阀是一帝国主义豢养之走狗，是一贯图私利之恶魔。一脑筋充满了封建专制时代之腐坏思想，而包围其左右之宦僚政客，又悉为社会最肮脏最龌龊之小人。至其部下之散兵，无非为失掉生活能力之游民。有此二种之元素构成，而我国之社会遂坏至于不堪问，此即我国环境之现象。军阀与帝国主义，实为造成此种环境之唯一原因。所以欲救我国之唯一蹊径，就在此环境之打破。此环境如不打破，则任何良善之方法，对于我国之救治，均可云为徒劳。而国民党就是一打破此环境中心思想之团体，国民革命军就是一打破此环境之手段。

今日中国的趋向国民革命军，已成群众中心思想之集中点；而中国之环境，又成为一般民众心理与国民革命军之大敌。今日实为民众心理、国民革命军与军阀、帝国主义决战之时期。武汉之攻下，不过为达到国民革命之第一段过程。今后的趋势，尚有两个大问题存在，其一为国民革命之完成问题，其二为新国家之建设问题。现在之工作，已趋于前者而渐移于后者，请先言前者。

中国今日之大势，可分为冯（玉祥）张（作霖）孙（传芳）吴（佩孚）及国民政府五大中心势力。以利害关系而言，吴张为一致，国民军与国民革命军为一致，而孙则依违于其间。然如证以现在之情势，武汉既下，江西不稳。孙以卧榻不容酣睡关系，必起西北附吴张，亦意中事。然孙之实力，究有如何把握，内部有无问题，恐孙亦难以为答。所以今日大局之形势，奉张既受牵于北冯，不能大兵南下；而吴又以迭次败亡，实力已损无能为力；苏孙系一外强中干之虚势。所以今后时局，实以国民革命军为最有利之发展，先平大江以南而后北伐，亦自易事，是国民革命之成功，为期当亦不远。

最后关于建设之一问题当如何？我则希望我国民勿蹈民元之覆辙，勿以国民党为幌子而图升官，勿以党同伐异而排斥异己，勿恃势以邀功，勿自满而放志；宜警惕自省，宜研求真实学问，宜励志工作。苟能如此做法，则今后国民革命，庶得收彻底成功，我国之前途其庶有豸。

要求国人必死决心[1]

血和泪呢？泪和血呢？是我心内之悲痛。血肉模糊呢，一片瓦砾呢，房屋一炬呢，哭声震天呢，是英囚屠杀我万县同胞之惨状。唉！说什么文明国家，道什么正义人道，我早已晓得是英囚欺骗他人之工具。野蛮！生番！狰狞鬼！食人魔！这才是英囚之真正面目，这才是英囚露出吃人之凶相。我恨不得生吃英囚之肉、寝英囚之皮，我热血喷腾，我心弦紧张。我愿意牺牲生命、财产、劳力，都在所不惜的，我愿意我同胞牺牲生命、财产、劳力，都在所不惜的。

同胞同胞！此而不争，以后将何以生存呢？此而不争，有何面目立于天地之间呢？同胞同胞！我们是决心要牺牲的，无论牺牲到什么程度都不顾的。但是，事情已经严重到十二二万分了。已经演成如此之重大了。我们既非鹿豕，岂能坐以待毙？我们是要想方法的，是要尽力的。我有最简单最扼要的方法，请同胞，一谛听者。

一、目前最重要之办法：

（一）警告重庆当局及万县当局，千万不要让步，务要强硬坚持到底。

（二）请沿河一带军民长官严重戒备，因此次万县以事前失于防范，致酿出重大不幸事件。现在英囚之举动，尚不可测，岂可再蹈前之覆辙而陷川民生命于危险。

（三）速向全国同胞呼吁请求援助，其请求之方法宜先之以电文，继之以代表。

---

[1] 出自《新蜀报》，1926年9月10日。

二、根本经济绝交办法，共分三种：

（一）抵制英货。

（二）不以一切关于衣食住材料食品供给英人。

（三）凡服务于英人之一切工人不论男女老幼一致罢工。

以上三种，是为目下抵制英人最紧要之方法，但现在我可代表民众说几句话：

（一）凡罢工工人之最低生活费，应由全国民众及川省同胞及川当局一致供给。

（二）军阀如以别种关系，有心软化，视民众之伤亡、中家之体面于不顾者，则愿全川民众一致起而申讨扑杀此僚。

（三）凡不顾国家贪图私益甘与英人当走狗之奸商工贼，则打杀无赦。

呜呼！事急矣！国危矣！我愿我同胞一致起而积极参加抗英行动，取消英人在华一切之特权，凡英人在华之一切不平等条约宣告无效。此目的不达，宁为玉碎，无为瓦全。人生生命，不过百年，死以何惧。

呜呼！同胞！事急矣！国危矣！愿国人一致起而救亡。

与国人为万案作最确实之商榷[1]

现在九五惨案,各处的应援的电报雪片飞来,宣言传单,遍城张贴,细绎其内容,类皆痛哭陈词,慷慨悲歌。似国人之对英囚,已具有重大牺牲之决心,我们宜如何可喜可感。然而我们如一证之前例,通电宣言,已成照例之文章,以后大概是不作如何之进行,其结果每每阻外交都归失败。此次万县事件既关系我国万分重大,影响民族生死存亡,所以我们惩前毖后,于事件开始进行之际,不能不作一种充分绵密之计划,以期交涉之胜利。兹谨拟管见数条,以供国民之采择:

一、官民须一致合作

此次万县惨案,我默察各政府当局对此事件态度,仍是对付的,敷衍的,处处打算,还是以私利为前提的。如果以此存心,即非卖国汉奸,亦不免为凉血动物。须知此次事件,不仅川民生死之所关,亦为政府存亡之所系。试问皮之不存,毛将安附?所以我敢警告政府当局,应认识此事件万分重大,须与人民诚意合作。不要打打通电,会会代表,说几句应酬话,即算了事。因英囚为强硬之敌人,如我国政府与人民尚不能一致进行,尚有何胜利之可言。

二、经济绝交办法须川中将领全力为之后援

去年(1925年)上海五卅惨案,国民抗争结果,上海何以失败何以解体?则以卖国贼张作霖不但不保护民众爱国行动反摧残爱国行动弄出来的。广东省

---

[1] 出自《新蜀报》,1926年9月12日。

港罢工，所以能致英港之死命，则以广东政府为之后援以致罢工得长久持而无懈。于以知，凡遇一次外交事件发生，政府为后援与否，实为决定外交前途胜败之关键。所以我们对于此次惨案，政府如为我们之后援，则终局之胜利若操左券；如政府以别种作用反起来压迫我们，结局于政府固不利，而于外交亦因之有大害。我是顶希望政府为我们之后援的。我不愿他们口内说得好听，我希望他们在事实上表现的。要表现必先从经济绝交之援助下手。因为武力解决，在现在川中将领，说来可怜亦可笑，名目虽有几十万兵，然竟把二三只英兵轮无可奈何的。他们的武力，拿来私斗是非常之愿意，但你叫他与外人打仗，是靠不住的。没有法子，只有从经济绝交下手以制英囚之死命。而经济绝交，总不外罢工与排货，排货难免不有奸商卖国渔利，此则望政府为严重之制裁；罢工则工人之经济立地就要靠国民为之供给，此则望各将领每月指定常款切实维持，非仅一捐款可以了事。我们老百姓每年为你们养兵置械七八千万元都负担了，难道处吾川生死存亡之际，你们连每月数万元都不为我们筹措吗？我肯信你们无人心一至于此咧？须知罢工如有常款维持，领江不往英船行船，工人不往英人开设工厂上工，雇员不往洋行为之经商，则英人在吾川之经济根据可以拔除。然此不能不望政府与吾民以积极援助。以上所说二种是最切要之大法，希望大家注意。

吾人对于官厅方面之怀疑

现在万目睽睽之万县惨案，已由官厅方面在进行了。但身当交涉之要冲的是谁呢！为季叔平①交涉员一为杨子惠总司令。不幸的是近日据他们的表示，使我们如骨鲠在喉不得不吐的有几句话。

第一，季交涉员无论在何处公开谈话都说外人主张谓外轮之在我国为流动领土，我国不应干涉，并且他也承认国际公法，有此法理。我认定季交涉员此话为万分谬错，不如辞而避之，否则将影响于我国民心与交涉前途甚巨。我要问季交涉员，川河为公海？为内河？如川河为公海，则当然外轮可视为流动领土。然而我川河并不是公海，实为内河。既为内河，则我有绝对领土主权之支配，无论何项外轮是不能阑入的。纵能驶入，亦非受我统治权支配不可的。即退一步而言，外轮有可以驶入之权，然此系不平等条约所例与（《内河航行章程》），我们非取消否认之不可，如何能说得上是国际公法有此解释呢？季交涉员！官可为而不可为，请以后极力进行交涉。否则吾人不能为君恕的。

第二，即为前日万县杨总司令致此间当局之议和条件，我有二点应代表民众表示不承认的。其一杨总司令谓遵照吴玉帅命令如何如何个人于此窃所不满。吴子玉何人？实一受英帝国主义所使用之工具。以英帝国主义者屠杀我川人而令我们承认英帝国主义者之工具所提出之条件，试问我川七千万众人格何在？面目何存？此不可者一。且吴子玉已为吾民深恶痛绝之挑拨川乱之罪魁，方为各将领一致声讨之罪人，如之何能以彼之命令为媾和之条件耶？杨总司令何未之思耶？不但此也，杨总司令所提出之四款，吾人亦认为太过让步。英人此种

---

① 季叔平，刘湘的老师，早年留学法国，曾任重庆海关监督。

行动岂仅一区区赔偿道歉所能了事呢。以吾人之意见，至少限度非取消在川之航业权不可，非保证以后再不得有此行动不可。各位想一想，义和团不过是杀了他们外国人，而我们由此竟负担四万万五千万两之大赔款。但此次万县惨案，乃为英海军屠杀我们中国人，我们非要求其为重大之赔偿不可。至少限度亦须与该项赔款相埒才是。

我相信杨总司令将来为立于民众前面之军人，我才能一尽善言，希望严重坚持，不望以吴子玉之命令来作讲和之条件。

外交失败三大原因与万县惨案[①]

万县惨剧系英囚狠毒残忍行为，我们已经发欲指眦欲裂了。人心之慷慨激昂，已普遍于群众了。我们只有血泪和悲愤，怨毒和激烈。但是，我们此次应充分注意的，应惩前毖后的，即往回外交都归失败一事。往回外交何以会失败了咧？其原因有三端。

一、引起内战

兵乃凶器，战乃危事，是人人都知道的。这是因为战争为破坏人类生存发展之大敌，只要战争一起，凡人类所视为最重要之身家财产，俱可荡然无存，所以人类视战争如蛇蝎，避战争若避寇仇，亦不是无故的。

我国外交历次常因内战而停顿，尤其因内争而停顿，这最大原因，即是由人类之本性，系好生而恶死，虽觉外交为义务所必争，然战争亦不可不避。人人皆在趋避内争之时，即外交问题无形停顿之日。所以内争实为外交问题之大敌，可云有内争即无外交，有外交即无内争，内争与外交是不两立的。试征之前例，讨袁师兴而五七之二十一条件外交遂告失败，苏奉战争而五卅问题遂宣告绝命。所以由此公例，外人要使我外交失败，常行其纵横捭阖之操纵，使我不得不起内战。此次英人乘我革命军兴时始有此残忍行为，亦无非由此关系来的。而我们要图外交胜利，亦不得不力避此内争。所以我们欲决定此回万案之有无胜利，当以吾川于最近一、二年中能否避去战争为决定。

[①] 出自《新蜀报》，1926年9月14日。

二、故意迁延

我国近年来凡发生外交事件，外国人之能胜利我们之秘诀，固在一迁延；而我们之最吃大亏，也就在这迁延。迁延！迁延！实为我们外交失败之大敌，一即外国人制我外交死命之工具。因为民情之慷慨激昂，是一时的，是冲动的，此可说为人类心理之弱点，尤为我中国人心理之弱点。英国人既为极狡狯之外交国，对此弱点如何不乘？所以每次如与英发生外交事件，我以急迫，彼以迁延；我以热烈，彼以冷淡。去岁之五卅交涉即其明征，由此类推，此次万县交涉，彼必出于迁延，无可疑义。我们对付之将奈何将奈何？亦惟有始终坚持而已。非坚持不足以破其迁延之政策，非坚持不足以促其屈服。我誓为万县惨案坚持，我愿我四万万同胞俱誓为万县惨案坚持，如为五分钟之热度或虎头蛇尾者，我们当与众共弃之。

三、战线分裂

我国外交失败第三种最大之原因，当数这内部破坏一事。须知我们今日是同舟共济的，若非丧心病狂，何至认贼作父，引虎入室？但是我们如一征之前例，往回外交事件之失败，竟常因于内部之破裂。我悲痛填胸，我愤怒难名，我痛思往事，我警戒将来。大抵破裂之途径有二：一由成见之挟持，一由利害之冲突。然而当兹生死存亡之秋，成见是可以牺牲，利害是可以调和。我愿我同胞捐除成见，调和利害，一致来捍御国难，共救危亡。如必固执成见、贪图私利，不顾国家之存亡，破坏国民之联合战线者，我们必执行国民最高之制裁，扑杀之无赦。

呜呼！万县事件，已到千钧一发之秋。内争，迁延，破坏战线三者，实为外交失败之大敌。愿国人力避内争、始终坚持、巩国战线，愿国人万分注意、万万警戒。

千钧一发之时局[1]

国民国民！时局之危险，汝知之否？形势已到十二万分之严重，汝知之否？我心弦紧张，我心中危惧，我愿我国民觉悟，我不得不垂涕而道：

今日的中国，一言以蔽之曰，受各帝国主义之层层束缚而已。所谓不平等条约，实是他们全体加于我们之桎梏。惟其他们利害相同，所以无时无地不是取的联合战线来压迫我们。纵有时他们在起初立于相反地位，然在最后亦无不串通一气，向我们取一致进攻之态度。我告诉国民，我们实处于帝国主义之铁蹄下，实处于帝国主义联合战线之铁锤下。

国民革命军北伐，实为国民打破他们数十年来苦心孤诣所经营势力范围之表现，尤其是为英国人视为己有之长江流域最受其影响。武汉要镇，已次第陷落了；为他豢养之吴子玉，已奔窜逃亡了。这一种趋势，可算是国民革命军之一种进展，一即广东人民对英抵抗之一种进展。香港既因他们之抵制，发生破产荒凉之惨象，于国内已发生大罢工现象，如此种势力再扩充于我全国，则英人在华之销场将全部放弃，试问此时英国之剩余货物，将从何处销售咧？货物既不能销售，则必发生工厂倒闭，资本家折本，劳动者失业。事情既到这个田地，可算是英帝国主义之宣告死刑。所以此一回国民革命之北伐，同胞同胞！不要把题目看小了。痛切言之，可说是我国民生存败灭之分歧点，一即是英帝国主义存亡之分歧点。

英国是知道的，所以自从北伐军兴以后，他无时无地不出全力在破坏革命军进行工作。第一次由香港政府无条件的借给吴子玉二万元，第二次英美

---

[1] 出自《新蜀报》，1926 年 9 月 16 日。

烟公司又续借四百万元。然而吴子玉偏不中用，他竟不能仰体圣意，给国民革命军以大打击，反使他如旭日升天大有席卷长江进捣幽燕之势。既在此个时候，那英国硬就不客气了，他便要来寻我们开衅端了。他以为衅端一开就有借事与国民革命军大打击。同胞同胞！万县惨案就从此发生的。他对我们的计划，第一要借此在长江一带采取军事行动，第二要用种种方法卷各国入漩涡。如在长江一带采取军事行动，当然有形无形中可以给国民军一种大打击，一方就可与吴佩孚一种大便宜。去岁郭松龄之败亡，即其章明较著之例。现在已经将有此趋势了。同胞同胞！时势紧急了，我们要万分戒备。至引各帝国主义者加入漩涡一事，此在理论事实上都有可能。因为如美法如日意凡将于我国之关税问题、治外法权问题，利害上都是一致的。如再明确言之，凡我国对于不平等条约如主张取消，无论对于他们任何国家皆为不利的。即对于一国主张修改，他们也非一致联络起来压迫不可的。今岁大沽口案系我国对日本之一国外交问题，公然闹到八国通牒，岂非此例之最章明者而何？同胞其知之否？

现在已经又要演成这种形势了，英国正想利用各国卷入漩涡了。各国亦皆有剑拔弩张之势了。他们将一致联合起来，将一致联合打破国民革命军，帮助反动势力，仍欲压迫民众于九幽地狱之下。

城陵矶发生南军炮击美国军舰事件，其内容纯由英囚之存心鬼蜮挑拨嫁祸弄出来的。事情既到此种紧急时期，我愿我全国民众大家要明白现在所处局势之危险，生死存亡，间不容发。

同胞同胞！须认定为我们独一无二之敌人只是英国，其他各国俱为我们友邦，切忌乱开衅端。就有其他国家对于我们不好，我们从作战计划打算，亦不应多树敌人的。此为我们应注意之一点。

最后我谨告英国以外其他之各友邦人士，欧战之惨状，诸君尚记忆否？参战各国人士之毙于枪炮下者数千万，财产消耗在数千亿两，现在妻哭其夫，父哭其子，泪痕犹湿，何苦来？为何来？无非受催眠于少数之野心家，帮大资本家牺牲其生命与财产。诸君试一追溯既往，想亦痛悔交集的。

然则我中国之问题，岂不是足以惹起世界战争吗？诸君岂无前车之鉴咧？

在我们已经是争亦亡不争亦亡,所以才有国民革命之主张,才有对英抵抗之行动,然在诸君何苦来为一英人牺牲。试一追忆欧洲大战之惨状,当亦废然思返矣。帮助英人之念头可以休矣。

为万案失败勖民众根本觉悟[①]

万案失败了，万案因万县当局与季交涉员之态度软弱，竟失败到无可奈何之境了。我们渝中同胞呢？惟有"悲哀"和吁叹。那不是我们应取之态度，那是劣败国民所表示之象征。我们是隐痛的，我们心热于火，力弹过钢，到海枯石烂我们都要奋斗的。国民国民！如根本要报万案之仇，那么，我首先就要你们根本觉悟。

国民国民！我告诉你们，大凡关于外交问题，要希望胜利，如没有足以代表民众之政府出现，那是绝对无希望的。请看一看我国近时发生外交事件，究竟有几次胜利？是恐百不得一的。这是因为我国自从袁世凯起以到现在，凡号称为政府者，大概皆是英日等国帝国主义之走狗，以曾充彼之走狗而欲望其为我们争外交胜利，国民国民！你们无乃太过于唯心观了。此等希望，真是等于水中捞月。

这个万案不是这样一回事情吗！我们的仇人是英国，吴佩孚即为英帝国主义者之工具，而万当局又直接秉吴佩孚之意旨以为左右的。国民如了然了这种关系，那便可断定万案之失败是必然的一定的。不过以季叔平之媚外性成，毫不去力争，现在完全弄成代他人受过了。现在我们要争万案胜利，只有一条路，这一条路就是集合我四万万众一致参加广东国民革命军，打倒我国一切之卖国军阀，建设最廉洁之政府。国民政府才能真正维护我们民众利益，不为帝国主义所挟持。如彻底言之，此次北伐军胜，我们外交就胜；北伐军败，我们外交就败，如响斯应。最可恨的，我国一切之高等华人，我国一切之伪国家主义者，

---

①出自《新蜀报》，1926年10月3日。

他们偏昧着良心说假话，硬派广东政府为"赤化"，设了种种之恶名词如共妻仇父等，来倾陷国民政府以淆惑一般人之观听。他只知大仇敌为苏俄，他可以把奸淫掠掳他们妻女财产的军阀之仇恨忘去；他只晓得非难广东政府之联俄，他可以把敲精吸髓般厉害的帝国主义侵略之深痛忘去。论其极，胜过张献忠之屠杀。张宗昌，他可以崇拜，他偏不满意于视民如伤之冯玉祥。极端肮脏龌龊吴佩孚的吏治，他不非难，他偏吹毛求疵于政肃刑清之广东政府。若尔人者，民之蠹欤？国之妖欤？不仅全国不乏其人，即吾川亦多有此辈存在。且尝大放厥词，乱谈主义，试问古往今来，谁可昧着良心挟着成见来谈主义的。如此种人都可以谈主义，那可以说狗嘴内可以长得出象牙来了。我只问谁是爱民的，谁真能代表民众利益的，这不是空谈可以了事，这是要见诸事实的。现在我国已入于与外之帝国主义内之腐败势力最后决战之日，我们只有无条件的衷心的拥护国民革命军，我们要争万案外交胜利，也非援助革命军不可。我们已联合各阶级民众一致起来参加国民革命，我们要认清吴佩孚、孙传芳、张作霖是我们的敌人，国民革命军才是我们解放，求得自由平等的救星。如有人故意对国民革命军取反对或怀疑的态度，那么，我们便认清这便是帝国主义的走狗，四万万人的汉奸。这邪与正、好与坏之两方面是明明白白的，不容淆乱黑白的，我希望同胞觉悟，我希望同胞根本觉悟。

双十节的几句话[①]

双十节！我们每回遇着汝之降临，还是心酸咧？还是欣慰咧？这两种矛盾观念存在我们心中，我们实在不晓得如何是好。心酸呢，堂堂皇皇共和民国招牌高高挂起，由数千年之专制帝国而一变为自由平等公民，有何心酸？欣慰呢，自从民国元年（1912年）以到现在，兵乱频仍，百业凋敝，民众偕亡久矣，有何欣慰之可言？

现在已经是十五个双十节了。我们一念共和民国缔造艰难，不能不令人追想黄花岗之七十二烈士与努力一生之孙总理。但是我们感念总理、追悼烈士，而我们国民之境遇日非一日，不但共和之益处丝毫未曾享受，并且重重苦痛纷至沓来。然此岂共和之咎哉！岂民国招牌之不良哉！实缘我国内受数千年专制组织之遗毒以养成诈伪、姑息、贪婪之德性，外受帝国主义之侵略，以致民穷财尽，发生多数坏德败事之丑行。现在我国社会，几乎无一人不坏，无一人不贪，愈坏愈贪而我国之环境遂恶劣到十二万分。民国成立，已经十五年了。我们在这十五年中，受的外交羞辱实在不少。我们是要革命的，我们是不妥协的，我们是要以最大之武力来打破一切因循姑息，我们是要以最坚决之武力来打破现在之环境。我们讲求革命来打倒帝国主义与军阀，第一就是革心，心如不革，改良之事，当然无从说起。

收复武汉之呼声，已经由革命军高唱入云了。今年（1926年）是国民彻底革命之年，回想十五年前之双十节，正值武昌高举义旗之日，前后不过十五个

[①] 出自《新蜀报》，1926年10月10日。

年头，国民革命已为长足之进步。

且看今日！游行大会，庆祝灯笼，是何等可庆慰一件事情咧？唉！国庆国庆，我愿汝长久都来，我愿汝空间时间都不可消减，我们宝贵我中华民国，我尤愿努力奋斗来解决我国之困境。这便是我今天当双十节说的几句话。

孙中山之诞生日[①]

世界上之伟人诞生日，大概世界人民都有极热烈之表示。宗教方面之深入于人心者，如耶稣，如释迦牟尼之诞生日；政治方面之有功于国家者，如华盛顿、列宁之诞生日。举凡宗教信徒，各国国民届时无不有最盛大之纪念表示。

我国今日，是手造民国之孙中山伟人的诞生日。六十年前之今日，先生系一呱呱坠地之赤子，六十年后之今日，先生已成为我四万万民众瞻仰之国父，已成为受世界人类崇拜之伟人。我们回忆此六十个年中，我国民在世界人类生活过程中之苦生涯，我们缅怀先生奋斗一生之经历，我们分析我国民客观所处之环境，我面临于先生之诞生之今日，实有郑重向国民谈几句话之必要。

我们是称颂先生之功呢？先生功在民国，尽人皆知，无待赘言。我们如当作大英雄崇拜呢？我以为先生始终为我四万万民众奋斗，纯系第一平民色彩，决不可以此渎亵先生。我们应该说的，应提出晓譬于国民的，即在此近数十年中，我国民所处之环境，先生所处之环境，可谓极其复杂坎坷。此数十年以前，无此艰难之环境；此数十年以后，亦断无此艰难之环境。而我国民不幸，偏生逢其时；先生不幸，亦诞生斯会。环境之危我们窘我们，憔悴呼号数十年；环境之迫先生苦先生，使先生努力奋斗凡四十载。所谓环境愈难，愈见先生之行事不易；我们境遇愈苦，愈显先生劳苦功高。现在，我们由先生的指导，已发现打破环境之方法，我们的环境，已将有被我们打破之势。我们将创造环境，我们可望适应环境，可望生存。这不是先生之有造于我民众是什么？我们饮水思源，躬逢先生之诞生纪念日，岂无表示于中呢？

[①] 出自《新蜀报》，1926年11月12日。

要说我们环境恶劣之原因，第一首当数我国政治组织之不良。我相信环境是产生于社会的，政治与经济组织均足以影响此社会的，如政治与经济之组织不良，则贻患于此社会实大。试看我国政治经济之组织是如何？经济则我国数千年来完全停滞于农业、手工业之一段过程。其不能与机械工业发达之国家相抵抗，容待后论。至政治，则数千年来纯为一家一系人之所把持，朝代虽有变更，而组织则毫不差异。所谓国家也者，表面虽为我汉民族集合资以为号召之招牌，而其实内容则纯变为君主阶级与附属于此之官僚乡绅地主阶级压迫大多数民众之一种工具。君主阶级自组成此种组织以后，凡为共帝王皇族与其贵族，俱得安富尊荣；一切作威作福之统治大权，悉为随其喜怒而发之手段。"天皇神圣，臣罪当诛"之口号，遂深深麻醉于人心，至满清末年为尤甚。虽以岳武穆之英伟，曾国藩之敦学，终不能打破此忠字，而为一家一姓人尽其忠贞。此种城社既已高高建筑，则狐鼠当然凭依。而我国历史上之官僚阶级，摧除善良，压榨民众，可谓无恶不作。乡绅地主阶级，则凭其一乡一邑之势力，朋比与官僚为奸，而老百姓遂只有听其鱼肉。我国一部数千年之历史，大概皆是阶级压迫之日记。政治是绝对不公开的，黑暗秘密的。此种中间阶级对上则尽其阿附之能事，对下则惯作威作福。在此种政治制度之下，当然我们社会，是成一最无政治训练之组织，人民当然成为一种涣散之人民。以这涣散之民众，而遽欲以之共跻民治，如何能有希望呢？这就是我国政治组织之不良影响于我国社会。我国环境之恶劣，确是由此造成的。

要说我国环境恶劣之原因，第二首当数国际资本帝国主义。自欧美各国工业革命以后，机械工业遂极形发达，他们的武器遂为极其锐利，金融遂为极其丰富，交通机关为极端之发达。挟此以临农业国家，农业国家如何能与之抵抗呢？尤可注意的，他们惯以资本主义来侵略榨取农业国家之经济，他们的目的，就是向全世界掠取商场与投资地，以图其货物贩卖资本膨胀。我们中国亦为其最重要的目的物，他们的大批货物运来，直无异我大批之金钱往外流出。他们在我国行驶轮船开掘矿山建设工厂，直无异我国资本被其榨取。他们借许多外债与我们，直无异利上加利来榨取我们之脂膏。更可痛心的，他们惯会帮助大批军火子弹与军阀，助成我国循环式之内乱。试问此项军械，是否国民之血汗

脂膏归军阀刮取去向外人换来的？我们遭了这种侵略，当然我们就穷，此就是造成我国恶劣环境第二之重大原因。综一句话说，我国现代环境之恶劣，古今中外罕有其比。而我孙先生就是产生于此种环境中，要来打破环境改造环境，你说艰不艰难呢？

但是我孙先生对此环境是认得很清楚的，毅然决然的来改造中国。第一就以君主政治为社会不良之源，主张非打破不可，于是而有民国之建设。以汉族人不应受少数满洲人之支配，主张排满以达民族主义之目的，于是有清帝退位于汉人之事件。然而我国以受数千年政治组织不良之遗毒，外面仍有帝国主义之压迫，内部君主阶级虽然打倒，而寄生君主阶级之官僚乡绅地主之腐败势力仍是绝大，所以特设民权主义以培养下层民众之参政基础；特于民国十三年（1924年）改组国民党以巩固革新派之势力；联俄联共，意欲借此打破国际帝国主义之环境。提倡民生主义，以解决世界上经济不平等之问题，为我民众谋生存之权利。犹知欲打破旧势力，非练党要不为功；欲图政治经济之解放，非废除不平等条约不可。先生此种苦心，此种志向，是百折不挠，平生心血，都付在上项各种工作之奋斗中，为我民众谋利益，为我四万万人图解放，不图先生竟以身殉。我们每一阅及先生之遗嘱，不禁令我们悼哲人之早逝。然而先生之志不负，先生之志得偿，先生所创造之国民党，已能继先生之遗志，努力于国民革命过程中。我们的民权，由他们扶植训练，已一天伸张一天；帝国主义所培养之滥军阀，如吴佩孚、孙传芳，已次第覆灭。现在两湖底定，闽赣肃清，中华民众已大部分得就解放之途，这确是一种可喜的现象。我们的恶劣环境，因之将有打破之势；革新环境，出现就在目前。我在先生诞生日，谨向群众说的，就是这几句话。

祝重庆市总工会[①]

　　昨日是重庆市总工会成立之第一日，我们是很不自禁其欣慰之情来说几句话。我首先要向大家述明的，即是我们如要来庆祝这重庆市总工会之成立，我就要求大家对于劳工之意义有彻底之了解。劳工——我们人类最必要的产生物质条件之一，是谁人也会知道的。然而自古迄今，人人都说是劳工可贵，而终于贱视劳工，或轻蔑劳工之原因是什么？则以人类之同情心，终不敌自己之自利心。于是或倡为主仆之名分，而麻醉工人于奴隶地位；或行其地主之权威，而侪劳工于世袭农奴之境遇；或貌假劳资协调之美名，而阴由资本家阶级独占其剩余价值之结果。呜呼！自此等经济组织之不良，政治机关之为特权阶级独占，而劳工之生活，愈趋于暗淡之境，以自己之血汗势力，供他人之榨取，他人则因此享尊处优，而己则饥莫得一饱，寒莫得一衣，父母妻子俱不能得所事蓄。社会惨状，宁有大于此者哉？自18世纪工业革命一声霹雳，震破数千年之沉迷历史。工业组织根本上呈一大变化，一工厂可以容工人至数十万，一资本家管辖之下，至少工人也有数万千，于是工人愈入于机械生活之途，而生活益形恶劣。

　　然而因此确与劳工一大改造之机会，第一工人由是便容易团聚了，第二工人由是便自觉了。有团聚必有团体，有团体必有组织训练，而工人始有势力对抗之可言。有觉悟必有决心，有决心必有奋斗，而工人始可以与于牺牲二字。既有势力之形成，牺牲之决心，工人之生活始可以言改善；资本家之压迫，始可以言减轻；社会之畸形，始可以言救治。这就是世界劳工之进展情形。

[①] 出自《新蜀报》，1926年11月22日。

我们重庆市总工会岂不是这样的吗？他们系由确实之数十工会合组而成，中间经无数艰难无数障碍始得有今日之成立，这是何等一件难能之事呢！我们由前段劳工之历史的发展情形以看，我们是相信他们已经有觉悟了，已经有团体之组织了。从今以后便可以谋工人本身之利益，并可以救社会之畸形了。我是欢喜无限，我于昨日该会之成立，不得不略表数言。不过我有数言一贡献于总工会者。

第一，希望其认识我国之环境，第二，希望其力谋自身组织与不断之训练。我国之环境是如何呢？即系一工业落伍之国家。从国内言之，确无资本阶级与劳动阶级之形成。然从国际言之，我国全国民都立于无产阶级，英日法美各国民都立于有产阶级，只有他们绞取我们之经济的，我们系处于被榨取之地位的。所以，第一，我希望我工友应严重向外人罢工，不可向我国人自己罢工，因为外人都在我国开有工厂，并且我们又立于工业幼稚地位，如内部动辄就行罢工，徒使外人得利。第二，我希望我工友一致起来争回关税自主，进行打倒帝国主义工作。因为税权才是挽救我国工业之良方，扶高我工友生活之关键；打倒帝国主义，才是解救世界劳工之福音，救济我国民生存危险之要图。第三，我希望我工友大家团结起来参加国民革命，摧灭卖国军阀。

但是以上我所说的，是我主观上所存之愿望，我现在应对于总工会内部之组织聊贡一言。我国数千年是一专制政治的组织，所以一般人民最不惯于团体生活。所谓"涣散""退缩""萎靡""黑暗"，皆为我国民具有之特征。但是从今以后是民国了，是民众政治了。所以国民当然要严密其组织，实际训练其团体，才能生存的。总工会既为重庆重要团体之一，我是很希望其前途发展，所以不能不望其注重其严密组织与团体训练。

川局之一大变化[1]

自国民革命军北取武汉，东下江西，吴佩孚狼狈北窜，孙传芳弃甲东逃，又加以国民军南下陕甘，孔繁锦败溃江油，刘镇华逃入昭广，于是素号顽固闭塞之四川，亦不能不受此洪流洗礼而呈震以撼之状态。果矣，霹雳一声，宜万变色，杨子惠氏已决心加入国民革命军，在宜通电就职矣。阅者诸君！试一瞑想此举，影响于川局之前途为何等重大？第一，从地理关系而言，自兹以后，宜万联为一气。川省之东道既开，革命洪涛，滔滔卷入，渝中首当其冲，泸蓉次蒙其卷荡。此种革新势力之所及，即川局变化之所在。关于政治军事文化各方面将呈剧大之变化，必无疑义。第二，从吾川之政治而言，吾川类多英俊，当不独令杨氏一人见义勇为，专美于前。此后继起而加入革命军者，必大有人在。既接受党义，忠实履行，则影响于我川之前途，良非浅鲜。若然，杨此一举，不啻为我不生不死之川局，投一兴奋剂；不啻为我垂死之川民开一新生活。故此举殆为十五年来吾川未有之重大事件，顶望我川人急起觉悟，一致奋起，拯救川局。自救并以救国。

惟有不能已于言者，国民革命军之受人赞美，全在事实上之表现。事实为何？即用人重在德才，全不援用亲戚；办事全副精神，都在励精图治，全无半点腐败因循习气。此系就其内部而言者。如一观其军事时期，不拉夫、不筹款、不扰民、严禁鸦片、扶助农工，种种政绩昭昭在人耳目。如我川中当局，不从事实表现，光是挂了一块招牌，内部还是一团糟，则殊非吾人之望也。

[1] 出自《新蜀报》，1926年11月24日。

国民革命军成功原因之研究与今后川当局应有之觉悟①

国民革命军出师北伐，是有极端欢迎的，有极端反对的，有观望怀疑不表示态度的，但不管赞成与反对之如何，而国民革命军之势力，已长驱直进所向无敌，两湖闽赣既平，会师燕幽当在不远，革命成功指在目前。究以何因而致此呢？从来主张武力统一者，类皆失败，而何以于国民革命军有成功之可能性？我们如寻得其原因，则为川当局今后之所借镜实大。

一、国民革命军成功之原因

第一原因是武力建设于主义上的。从来我国军阀之倡言武力统一，其一贯方针，都是孜孜于谋武力为私人之所有以达其大权独揽之目的。殊不知其崩坏之端，亦即造端于是。因为政权之所在，即为政争之所伏。一个军阀之目的如是，他之军阀之目的亦如是，其结果终必致内部之分裂。老实说来，从民国元年（1912年）以到现在，那一回之胜败，是由战争得来，都是由内部分裂以决定战争胜败之分歧点。袁世凯之失败不是这样的吗？段祺瑞民国七年（1918年）之武力政策失败不是这样的吗？即降而至于讨贿战役之曹（锟）吴（佩孚）失败，则出冯（玉祥）氏之反戈；此次吴（佩孚）孙（传芳）之一败涂地，则由刘佐龙、夏超内部之响应国民革命军，都可用此定律说明的。所以闹成中国军阀今日之末路。我们四川连年战争之解决，亦何莫非循此法则以行。而国民革命军则不然，军队的信仰，不在私人首领而在于福国利民之三民主义。军队之所有，不归之各上级军官，而属之国民。今日国民革命军，可称为以主义相

---

① 出自《新蜀报》，1926年12月2日。

团结之团体。如具有牺牲的决心，爱民的观念，则称为同志，反是则为敌人；如一致不争权利，不争地盘，不敛民财，则为战友，反是则为反革命。长官如是则拥护之，反是则击杀之。既以此至善之主义为依归，复以党代表监随其后，我只见其决心拼死的，决无自相争持的，所以师出长岳而不留一兵，攻下武汉而分兵四出。吴佩孚、孙传芳内部之裂痕层见累现，而国民革命军之组织坚固有若铁墙。所以此次党军之胜，不是胜于武力，是胜于内部之团结；孙吴之败，不是败于武力，是败于内部之瓦解。而团结力所以有疏密不同之原因，则全在于有无主义以为结合。党军的武力，就是建设于主义上的，个个甘为主义而死，所以有今日之成功。

　　第二原因是由武力与民众相结合。我国军阀素来很蔑视民众的，以为蚩蚩者氓，有何重视之可言。殊不知民众有绝大之无形势力存在的，民众势力决不可侮的。党军是受了孙中山先生深刻之教训，知武力非得民众援助，不能表示最大之威力；知武力非以爱民为前提，不能达铲除军阀之目的。所以每次出师，俱实行不拉夫不筹款不住民房以为民众之基本，实行军民联欢会，使武力渐成为民众化，不论农工商学，俱视为好友，一律爱之敬之，惟恐不至。所以北伐军得民众之援助，力也就绝大。试问岳州之役，不由农人之引导，何能得掳断北军之右翼而使其一败涂地；汉阳汉口之役，不由工人之声援与折断路执，何能使汉阳唾手即得，吴部部队片甲不留。若说到九江江永轮船之爆沉，损失孙氏军军械无算，此种海员之舍生取义，何等悲凉凄壮！不但此也，革命军略地数千里，不留一兵驻守，而后方无抄扰之虞，其原因则由工农商学为之看护，此其深得民心为何如者！这都是由武力与民众相结合才能得此的。是党军之成功，大部分由民众之帮助。我们可以明白了。

　　第三原因是由接受政治训练。历来军队之组织，都是重在黑暗的绝对服从，故训练军人常以脑筋单纯为第一要务。然其弊即易流于军人成为个人私兵，对于国家社会各种情形一无所觉，此系为专制时代帝王养成军队之最要方式，为封建诸侯资本社会保护自己特权之最要良图。然而其结果总不免以力役人，非其心服，故必然的自会产生内部之破裂倒戈之现象。而国民革命军则不然，对于国际情形务以政治训练使其军队明白我国病根之所在，对于人民务以政治训练使其知所爱护之理由，对于政治经济务以政治训练使其知重要常识之点，此种训练，洵可张为"有勇知方"。故当其临战也，三军之士无不视死如归，舍生取义；当其接近民众也，无不和蔼可亲，同民好恶；当其有事于行政也，（军政时期）尚能知所整顿，识别大体。此非由使其素有政治训练，曷克臻此？然此犹不足以言其政治训练之优点也，他们之特征，更在一政治宣传部。军队未经之地，宣传部早已降临；凡宣传部所经之地，农工商学均了然于革命军之宗旨，无不争先恐后乐为之用。所以此次北伐军胜利之原因，虽泰半出民众之协助，而民众所以出于此者，则以政治宣传部之唤起民众之功作居多也。故政治训练之教育方式，现在除特权阶级国家外，今后将为一般平民国家教育军队之方法。可以断言，苏俄与国民革命军即为首先采取此方式而生效者。

第四原因是南军队建设于党之上面。历来军队之易流于专横，系由于其军队以上无特别可以指挥监督机关之存在。而在国民革命军则不然，军之上有党，军纪之外有党纪，军队是要受支配于党，军纪不能与党纪矛盾。如以军纪破坏党纪，如以军队反抗党之命令，则为叛党，则为反革命，人人可得而诛的。不但此也，于实际上行动上，复派有党代表监督军队指挥军队以防军队叛党。而党又系以民意为依归，以民众之利益为利益，凡党纲一二次代表大会宣言及历次决定政策等，无不同民好恶。故军队之受支配于党，即无异受支配于民众。武力为民众之武力，于是始可以言实现武力与民众结合，于是始可以收言行一致之效。

合以上述列四种原因，方成为此次北伐军之大胜利。不图古时称为箪食壶浆的王者之师，至今于以实现，岂偶然之事呢？

二、川省当局应有之觉悟

我们勘破了北伐军胜利之原因，我不能不以此为川当局之借镜，希望其一为觉悟。第一希望觉悟的，须明白北伐军此次胜利，并不是系于蒋介石一人，而大部分之成功，应归诸于国民党与湘赣民众。如徒视蒋介石即为此次胜利之唯一人物，未免流于封建式英雄思想，殊难与言今后之平民政治。第二希望于当局的，须从事实上表现革命精神。因为从民元以至现在，一般民众最痛心疾首的,即受够了假招牌之欺骗,如"自治""护法""讨贿""护宪""讨赤"等,名目则堂堂皇皇,而一按他们之行为,则无不极其穷凶极恶鱼肉人民之能事。今后民众是不受骗了,是纯要以事实表现才可以使民众翕服。此次北伐军之能得民众同情与其帮助,其最要原因不在乎宣传而在乎以后军队到时确能表现爱护民众之事实,所以民心才如水之就下翕然归之,革命军美名之洋溢速于置邮而传命。我们四川民众已受假招牌之骗受够了,今后能有在事实上表现者,民众自然欢迎,自然拥护。我希望我四川当局详察革命军成功之原因,以为今后表现事实之借镜,所以才草成此文,以促当局之彻底觉悟。

今年之我[①]

"我"是代表个人本身之名词,时间是表示万物行程之单位。"今年之我"的一句话,是拿来表示我从今年起,须与去年有如何之不同。换言之不管从主观客观来说,我之精神我之身体,须视从前种种事譬如去年死,以后种种事譬如今日生。不必先责备人之能否遵守法律,首先要紧的,就是自己要严守法律;不必先谈论人有无良心,首先要紧的,就是自己要有良心。我固知道今日社会是坏的,人心是不堪问的,但是试一反省自己究竟是如何?此反省实为最切要的。什么叫革命呢?一般言之,是革社会恶势力之命,然自己如不先从革自己之恶习入手,则此种革命实为假革命。所以今日革命群众,尤其是革命党人,革心之工夫,是一刻不可容缓的。

挂了一块青天白日旗的招牌,戴了一二个青天白日的徽章,口头开腔就说打倒反革命派,打倒帝国主义。此种之我从今年起实为形式上之表示革命。但是我们如一察其实际,打起青天白日旗,唯是拿来作装点门面的幌子,戴的徽章,乃是用来作欺骗群众之工具,而内心仍怀的一肚子升官发财钻营幸进之材料,一旦权势到手,则立地露出其狰狞之面目。什么叫民众之利益?只知我之私利,毒国病民之事,为之都在所不惜。是此种今年之我,乃是与去年肮脏龌龊之我何异?我们是极端反对的。我们如有此种思想,就希望从速改革的。

我们希望的今年之我是怎样的呢?不但是形式上改成革命招牌,并且实行上也要决心革命。要革命首先从革心起,即自己反省自己,自己曾贪财否?良心丧失否?人格卑污否?对民众之利益,曾损伤之否?反省了后,有则改之,

---

[①] 出自《新蜀报》1927年1月6日。今年指1927年。

无则加勉。第二步之工夫，即自己周围之小人，则极力摈去之；社会上有道德才能之士，则极力延致之，以严律己，以诚待众。去其怠惰姑息徇情诸恶习，出以踔厉奋发励精图治之精神，认定贼己贼民之大敌为帝国主义军阀污吏劣绅土豪恶棍洋奴，不要因贪图攫取权位而与彼等妥协，使又蹈民国二、三年（1913、1914年）国民党之覆辙。不以接近政权而趋于腐化，使今年革命之我，复成为他日万人诟病之我。决必死的心，涨高潮的血，向着革命战线前进，为我大多数民众图解放，为农工商学兵各阶级谋利益，以达到国民革命成功，四万万人齐登衽席。则此种今年之我实为革命之我，彻底觉悟之我。否则为社会之蟊贼，人类之公敌，革命云乎哉？革命党人听者！投机派听者！末了，我说几句收尾的话，须知革命不是一个人一派人包办之事业，是群众之事业。革命是要首先革自己之命，然后才可革他人之命。我自己相信我是一个新人，但中外道德俱严格要求如此做去，才可譬称为革命志士。上说的话，决不是陈腐的。如懂了这个道理，什么思想之争、主义之争，以至于各种政策之争，皆可迎刃而解了。

存亡之秋①

国民国民！我常说英国在借端挑衅，意图一逞，此话果验了。据本报汉电，英囚竟于本月（1月）三号在汉口又枪击我演说群众，死伤至数十人之多。

呜呼！英囚虐待我同胞，草菅我人命，视我四万万人奴隶牛马之不若，已不自今日始。他行的是炮舰政策，我民族就是刀俎上的鱼肉，我们如不彻底觉悟，奋起一致，真是死亡无日。

好在我们国民政府，已作积极行动，收回英租界，设置管理委员，增收二五附加税，及五十奢侈税，此举可谓为我国民族吐一口气，为我国自有对外交涉以来未有痛快之事。

但是我们要彻底觉悟，要狠下决心。我们已是大敌当前，已处在生死存亡危急之秋。英囚是决不会甘心的，是要用全力来压迫我们的。我们此时，亦可视为庚子事件以来最大之危机。我要问同胞！我们国民政府已经为我们当先锋向前敌奋斗击了，我们四万万同胞，是愿意坐待以死？还是愿奋斗以死，如不甘心死，要奋斗生存，则请大家速速起来，决心拼命，冒死以抵抗此强敌，救我国于危亡！现在，我们的要求是对外一致，对内团结，肃清反革命派，扩大对英反抗工作。人民为政府后盾，政府为人民先锋，一致向前抵抗此横蛮无道之英囚。伸张我国权，挽救我国运，就在此一举！愿我四万万同胞，不问男男女女大大小小，起！起！起！存亡之秋，在此一举！

---

① 出自《新蜀报》1927年1月9日。

时局严重中国民应有之觉悟[1]

此次汉口事件，关系我国存亡。国民国民！我们已走到最后之生死关头，我们应有十二万分之觉悟。须知此次收回租界，不但是惹起英帝国主义者之恐慌，将要必死的向我们严重压迫，并且可影响至各帝国主义者之共同利害，有一致向我们进攻之可能。所以我们应有十二万分之觉悟。我们应该觉悟的，即是"对外策略"与"对内决心"之断行。

一、对外策略

我们对外应取何种策略呢？即第一联合世界被压迫民族第三国际之无产阶级及由无产阶级组成之苏俄政府三方面共同奋斗，抗此大敌。我们是要准备对英作战，我们是要使英帝国主义者蹈德俄旧君主时代之瓦解覆辙。历史公例曾经告诉我们的，大凡帝国主义，因为他们本身具有必然之劳资争斗危机，故"外部战争""内部革命"就要实现。我相信此次汉口事件，有惹起国际战争，世界革命之可能，所以我们第一步应取的策略，不可不切实从上说的三方面下手。第二我们应取的策略，即极力运用外交手段，使日本、美国、法国不致协同英国一致向我压迫。何以有此可能呢？因为法与英是相水火，美与日不啻犬猿，如我们手段运用得当，他们绝难一致援助英国加我以打击的。此为今日从国民政府起以至一般国民最应急起直乘的。

---

[1] 出自《新蜀报》1927年1月10日。

二、对内决心

对内决心是什么？即举国一致，准备对英作战是的。立于卖国军阀如张作霖、吴佩孚、孙传芳等下面之军人，应从速打倒其首领而参加对英作战；立于国民政府下之各部队，应于最短期内准备武装及各种军严阵以待。凡我农工商学群众，则凡有资本者输其财，贫乏者尽其力，甚至牺牲生命亦在所不惜，以抗此大敌。时局严重，千钧一发。政府、军队、国民！其速起而图之！

我之所望于省党部者①

自中央相继发表杨子惠、刘甫澄、赖德祥、刘禹九、刘自乾五军长新职以来，迄于今日，杨、刘、赖、刘、刘五氏均各已就军职，而邓晋康、田颂尧二氏亦有二十八、二十九军军长之任命。是今日之四川，已成整个的革命势力之四川；今日之川民，已渐趋于解放之路程。但是，我们如一察吾川之现状，军人拥兵自卫之专横恣睢如故，各处苛捐恶税之横征暴敛如故，鸦片烟之吸食贩卖栽种如故，各官吏之贪赃枉法如故，各劣绅、土豪团阀之鱼肉人民如故。综合言之，我们全川人民，仍是水深火热，仍是宛转呼号。这种革命，都譬称为革命咧？据我看来，这种办法，只可以称为假革命，反革命；假革命，不革命。在国民党党律之下，都是严重要受讨伐制裁的。因为鱼目不能混珠，薰莸是各异臭。现在我们群众已受够军阀之欺骗了，什么"护法""护宪""讨贼"诸把戏，我们已经看够了，我们眼巴巴只有望在事实上表现了。除了在事实上真能表示爱民外。我们是决不相信的。

在事实上之表现是哪些咧？

第一是关于财政的。你们天天都在叫唤钱不够用，但是为什么财政不公开呢？冗员为何不裁汰呢？为何税收人员只是用亲戚故旧呢？他们舞弊如何不严重惩治呢？常常还要招匪成军溢编队伍呢？总之以前之事，我们不说。从今日起，不管四川何部、何军，财政是应该绝对公开，收入支出是要弄来相合，才可以言有革命之诚心。否则人民之脂膏有限，万不能应无厌之求，我们只有视之为假革命。

---

①出自《新蜀报》1927年1月16日。

第二是关于训练的。今日四川军队内部之腐败，就是由于素无纪律，缺乏训练，以致平时只知骚扰人民，战时战斗力极形薄弱。今日既言革命，则第一应打破的，就是以军队为私人所有。须知我们之军队，今后应为党之军队，应为民众所有之军队。然此尚为抽象之空谈，而为我们实际要求的，各师旅各团营，俱应一律加以充分之军事政治训练，党的训练，俾军队渐次趋于纪律化革命化。于各军部各师部应从速成立政治部，以便向民众与军队内部作积极之组织及宣传工作。渐次施行党代表制，连坐法，以增加军队之团结与战斗力，如是方不负为革命军人。否则军队仍是腐败军队，革命其名军阀其实，吾川又何贵乎有此假革命。

第三是关于用人的。四川各个军阀，我可以说一句，从来关于行、财、军政之用人，只知人用其所私，阿其所好，哪里会知道敦贤进能以才为治呢？此为川省不易太平之一大原因。所以我们四川军人如真正决心革命，则首先非打破此种偏私之见不可；非极力延致人才赞襄改革不可？况且国民党是以党治国，是要实行三民主义种种宣言政策政纲，故凡从事于革命工作之人士，尤必有赖于熟习党务，精通治理之人士辅助擘画。但是一看我们四川之军人则如何？率皆未有此决心，仍狃于情面故旧关系。旧时极不堪之腐败恶化之私人亲戚故旧，则仍滥用之，新进有为之士，则摈绝之。欲以旧角演新戏，惟仅换其装束，而曰我在革命也，我在积极进行工作也！革命工作有如此之易，则中山先生可以不奔走四十余年，辛亥一次之役即告成功，何至待于今日？天下事宁有是理哉！我敢正告四川军人，自今日起，既挂了一块革命招牌，则应该切实彻底进行革命事业；要彻底革命，就应从用人起。第一凡关于税务知事人选，则直取考试制度以敦进之，今日邮局海关与乎湖北省政府，皆采取此制而生速效者也。如以此等机关仍作为酬报亲戚故旧之工具，则行、财两政只有日糟一日。第二凡关于左右赞襄人才，则宜虚心延致极有道德才能之人才充任斯职，尤非以熟习党务之党员为指导不可。这是今日表示是否有革命诚意之考金石，我顶希望四川军人及时觉悟的。

但是要望军人自身觉悟是很难的。我敢正言以告社会，国民党是以党治国，党系以民意为基础，党有绝对的权威，因为党之下为政府，政府管辖之下始为军队。所以我四川省党部之责任是很重大的，凡参加革命军队非受省党部之指挥不可的。省党部有鉴定吾川真革命与假革命之权威，有时时刻刻向中央党部军人部报告之义务，有促进各军长努力革命之资格。今日的省党部，系立于代表民意之地位，主体之地位，平时向各军长可以指导一切，至必要时可以监督纠正一切。换言之，省党部实为今日四川促进革命之推进机，打破黑暗势力之原动力，尤应对于各革命军人之财政、用人、军队训练三项，加以严密之指挥监督，此为省党部独一无二之责任。我是希望省党部以不客气的毅力负担执行。